AN INTERPRETATION OF HENAN
ARTIFACT TREASURES VOL.5

品鉴·卷伍
中原藏珍

河南博物院/编

中州古籍出版社
·郑州·

《中原藏珍品鉴·卷伍》编辑委员会

河南博物院　编著

主任委员：马萧林
委　　员：（以姓氏笔画为序）
　　　　　　丁福利　马萧林　王景荃　刘　康　李　琴　张得水　张建民
　　　　　　武　玮　林晓平　单晓明　信木祥　郭灿江　曹汉刚　翟红志
主　　编：翟红志
执行主编：古花开　张延红

撰　　稿：（以作品顺序为序）
　　　　　　蔡　杰　贾齐超　杨晓燕　陈晓琳　李　洁　杨红梅　李　晶　朱宏秋
　　　　　　杨　扬　李庆玲　龚　曼　熊丽萍　李诗海　郭灿江　闫　睿　梁　爽
　　　　　　王文析　顾永杰　贾雪飞　周　伟　许小丽　张　滢　杨伟朋　刘　战
　　　　　　何　娟　古花开　吕恩子　郝飞雪　季　伟　李　莎　李　琴　袁鹏博
　　　　　　刘　芳　张帅华　韩凯英　张建民　王　琼　赵　乐　王元黎　段佳薇
　　　　　　张超华　杜　卓

英文翻译：安超凡
摄　　影：牛爱红等
版式设计：李彭燕

序 PREFACE

近年来的中国博物馆工作，随着免费开放而越来越面向普通大众。二十一世纪的博物馆，已经成为了多元文化汇聚的中心和展现华夏民族人文精神的平台。以多种形式保护和传承文化遗产，变单纯的实物展示为与观众就国家与民族的历史、艺术、科学等方面的互动，是当今博物馆工作者追求的理想境界。

中原文化是华夏文明发展史的缩影。河南地处中原文化的核心区域，沉积着无数祖先创造的丰厚文化遗产。河南博物院是收藏、保护、展示中原文化遗产的重要场所，目前拥有代表性文物藏品十七万余件（套），尤以史前文物、夏商周青铜器、历代陶瓷器、玉制品及石刻最具特色，这笔珍贵的历史遗产是中华民族乃至全人类共同的宝贵财富，同时也是珍贵的文化资源。

在信息化社会趋势飞速发展的今天，传统的博物馆的文化传播模式已经不能满足社会公众多方面的需求，利用现代信息技术创造性地展示和传播文化，是每个博物馆面临的新课题。2012年元旦，河南博物院同时在本院中文、英文两个网站推出了一个全新的栏目——《每周一品》，每周定时面向社会公众推介、深度解读一件（套）馆藏文物精品，通过网络的力量，将中原藏珍的面貌与文化内涵送入千家万户，以弥补常设陈列的不足，产生了良好的社会影响。遵照社会公众的愿望，作为我院文物藏珍系列研究成果的一部分，我们将《每周一品》栏目所发表的文章汇集成《中原藏珍品鉴》系列图书出版，以飨读者。

《中原藏珍品鉴》以学习和理解为导向，诸文以文物名片为导引，在对文物进行深度品鉴、纵横对比研究的基础上，深入揭示、解读其丰富多彩的文化内涵，就历史疑点与读者进行趣味互动，并通过知识链接帮助读者拓展知识面。通过考据品鉴文物，尽可能将文物还原到其原生的时间、空间、人文环境之中，解读信息，发掘现象，厘清问题，还原事实，彰显精神，呈现出文物与地域、文物与历史、文物与文明的关系，为观众打造沟通历史与未来的桥梁。

品，从三口。品鉴意即众多的人观察，审察。《中原藏珍品鉴》的作者不仅汇聚了河南博物院的专家、兄弟博物馆、著名高校文博专业师生，同时也吸引了外籍学者以及社会公众的积极参与，品鉴视角与风格多样。所述观点，或已是学界定论，或为尚容商榷的一家之言。不仅如此，还通过"趣味猜想"的方式吸引社会公众的参与，尽全力扩大公众享有社会公共文化资源的权益。

通过对中原文物的品鉴，传承中华文化遗产的精华，传递勤于思考、勇于探索的科学态度，始终是我们编撰《中原藏珍品鉴》系列丛书的主旨和初衷。河南博物院意图通过这种传播形式，营造出尊重文化，崇尚科学，追求创新的学术氛围，还请诸位方家与读者指正。

博物馆是公益性的文化机构，理应成为智慧探索的思想渊薮，文明传承的精神家园。河南博物院愿借现代传媒的力量，使社会公众更多地参与文化精神的传承，实现民族精神的复兴，这是历史赋予博物馆人的社会责任和文化担当。

河南博物院
二〇一八年七月

PREFACE

With the implementation of the free-admission policy in recent years, Chinese museums have been brought closer to common people. In the 21st century, museums have become a center where multiple cultures meet and a platform to present the cultural spirit of the Chinese nation. It is the ideal pursued by today's museum professionals to preserve and inherit cultural heritage by various means and to change simple artifact presentation to interaction with viewers in terms of history, art and science of the country and nation.

The Central Plains culture is a miniature of the development history of the Chinese civilization. Located in the heartland of the Central Plains culture, Henan has accumulated rich cultural heritage left by ancestors. Henan Museum, an important place dedicated to collecting, preserving and presenting the cultural heritage in the Central Plains region, has collected over 170,000 pieces (sets) of representative artifacts by far, among which the most characteristic includes pre-historic artifacts, bronze ware dating back to the Xia, Shang and Zhou Dynasties, ceramics, jade ware and stone engravings of various previous dynasties. These precious historic legacies, as non-renewable resources, are valuable wealth of the Chinese nation, or even mankind as a whole.

With rapid development of the IT-based society today, the traditional way of culture dissemination in museums can no longer meet the public needs in multiple aspects, and it is a new topic for each museum to innovatively present and disseminate cultures by making use of modern information technology. On the New Year's Day of 2012, Henan Museum launched a new section, "Weekly Selection" on both its Chinese and English websites, to introduce, with detailed information, a piece (set) of masterpiece in our collection to the public regularly on a weekly basis. With the enormous power of the Internet, the appearance and cultural connotation of the treasures in the Central Plains are showed to the public, making up for the limited outreach of the Museum's permanent exhibitions and causing a sensation in society. We have collected all articles published in the "Weekly Selection" section in 2013 and compiled the book Great Collection of Central Plains Artifacts (Vol. 2), which, as one of our results from studies of treasures in our collection, will be published to fulfill the public wish.

Articles in Great Collection of Central Plains Artifacts start with artifact information, reveal and interpret the rich cultural connotations on the basis of detailed description and comparative study, put forward interesting questions to interact with readers, and broaden readers' knowledge by providing background knowledge. By examining and appreciating the cultural relics, the book will try its best to date them, find out information about their cultural environments as much as possible, decipher the messages they convey, delve into phenomena, answer questions, manifest spirits, demonstrate the relationships between the artifact and the region, history and civilization, and bridge history and the future.

The character, pin, in the Chinese title of the book is composed of three kou's ('mouth'). Therefore, pin-jian-or 'appreciative study'-means 'observation or appreciation or review made by many people'. The authors who have actively contributed their papers to the book include not only experts from Henan Museum and her sister museums, teachers and students from department of museums and cultural heritage in renowned universities and colleges, but also foreign scholars and the general public. As a result, the book features diverse perspectives and styles. The views stated are either established conclusions in the academic circles, or personal opinions that call for further discussion. Moreover, by attracting the participation of the general public through Interesting Questions, the book strives to expand the public's rights to access public cultural resources.

By means of interpreting and "savoring" the cultural relics from Central Plains, in the course of compiling the series of Great Collection of Central Plains Artifacts, we have been aiming at inheriting the essence of Chinese cultural heritage, carrying on the scientific attitude of thoughtfulness and brave exploration. With this spreading ways, Henan Museum intends to create an academic atmosphere of respecting intellectual, revering science, pursuing for innovation. We are sincerely expecting for correction and comments from experts and readers in all walks of life.

As a non-profit cultural institution, museums should be a place to gather wisdom for exploration and a spiritual home to inherit civilizations. Henan Museum would like to make use of the power of modern media, get more people involved in the inheritance of cultural spirits, and reinvigorate the national spirit. This is the historical social responsibility and cultural cause the museum professionals shall undertake.

Henan Museum
July 2018

目录 CONTENTS

白陶猴头埙	001	"凤凰成韵"琴	130
诰封圣旨	008	青釉伎乐俑	136
黄釉㿽斗	017	黑陶圈足尊	142
青花花鸟纹瓷盘	023	林则徐行书轴	150
耳杯	028	彩绘陶鸭	157
相州窑青釉辟雍砚	034	错金镶嵌带钩	164
白釉褐彩诗文碗	041	绿绸绣花鞋	170
仿海螺像生瓷杯	046	伏羲式古琴	176
如意形菊纹瓷枕	051	红绿釉陶鸮壶	186
线刻纹天禄	057	"飞泉漱玉"琴	193
萧瑾墓志	062	彩漆木雕镇墓兽	202
青釉环形鸡首壶	074	三彩文官俑	209
青玉鸟形佩	081	绿釉陶水榭	215
青玉兔形镇	088	刻符龟甲	222
元延明墓志	095	潞王琴	234
钧窑天蓝釉瓷盘	110	南山四皓画像砖	242
三彩天王俑	117	无名七弦琴	251
彩绘天王俑	124	三彩童子荷叶枕	261

乐舞百戏画像石	267
原始瓷尊	275
填漆描金云龙纹菊瓣式盒	283
三彩童子傀儡戏枕	289
崔暟墓志	297
乐舞画像石	304
甲辰贞祭祖乙刻辞卜骨	313
龙纹玉璜	323
白釉玉壶春瓶	332
云纹铜禁	341
黑釉双龙柄尊	348
红绿釉陶灯	356
"黄夫人"甗形盉	362
黄绿釉狩猎纹陶壶	367
何次飤簠	377
四神柱础	383
后　记	400

白陶猴头埙

作者：蔡杰

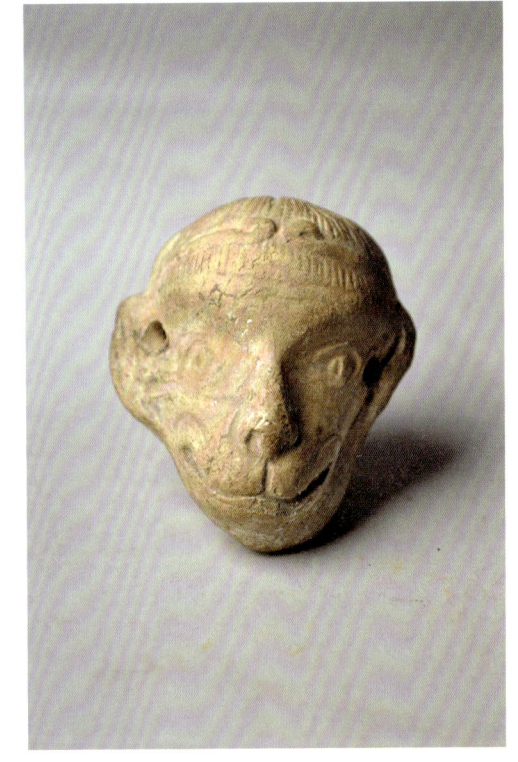

白陶猴头埙，陶器，宋代，高6.30厘米，现藏河南博物院。

深度品鉴

1954年，河南省文物工作队移交河南省博物馆（今河南博物院）一批藏品，这件白陶猴头埙是其中之一，为宋代制品。就其外观来看，它上宽下窄，上粗下细，整体呈倒鸭梨形，体形相对较小，高只有6.3厘米，类似于唐代巩义黄冶窑烧制的儿童三彩玩具埙[1]。

整个白陶猴头埙为白陶胎体，造型为猴子头部形象，头顶梳发，戴有一戒箍（图1），鼻梁突起，鼻子细长，其嘴部呈半圆形，双目深凹圆睁，额头突出，尤其是其嘴部被刻画成了三瓣嘴（图2）的形象，与真实的猴子形象有所差别。另外在这件埙的顶部和两耳处各有一小孔，可以用来吹奏。

图1 白陶猴头埙头部的戒箍

图2 猴头埙的嘴部

图3 猴头埙头顶部分

这件陶埙的头部有明显的模制痕迹，上范印制出猴子的眼睛、鼻子、嘴巴、头发以及戒箍等，下范印出耳朵，然后合范，合缝在正中间。（图3）

观察陶埙顶部，它的中部应为空腔，头顶和两耳的小圆孔与中腔是相通的，从顶孔吹气，两手按双耳上的孔，按与不按交替，便能发出不同的声音。整件陶埙造型相对别致，形象十分生动可爱，是一件极具观赏和实用的宋代艺术佳品。

文化解读

吹奏乐器泛指利用空气在管体流动而发音的乐器，目前出土最早的吹奏乐器是河南舞阳贾湖出土的骨笛，证明中国民族乐器已经有8000年左右的历史。

埙，是一种用陶土烧制而成的古代吹奏乐器，是我国最早能演旋律的乐器之一。早在3000多年前，依据制造材料的不同，中国古人就把乐器分为"金、石、土、革、丝、竹、匏、木"八种，称为"八音"。其中埙占八音之中的土，我们知道，气鸣乐器中的乐音的高低，一般都以空气柱的粗、细、长、短决定。虽然埙没有青铜乐器华贵，也没有石制乐器那般灵秀，但气息经过埙上的小孔，它所独有的深沉、忧伤、凄凉、古朴的音色与品质，最擅长表达人们哀怨的心情，这种独特的音乐意境，是其它任何乐器所不可替代的。

关于埙的分类，宋代聂崇义集注《新定三礼图·卷五》中，依据埙的用途将其分为雅埙和颂埙，即"大者如雁卵，谓之雅埙。"，而"小者如鸡子，谓之颂埙。"[2]而我们依据制埙的用料，可以将埙分为：陶、石、玉、木、象牙等；以其外形则分为：梨、鱼、球、卵、橄榄、人头、圆锥、兽头、鬼怪等类，甚至还有立方形的；以发音体可以分为：双葫埙、握埙、鸳鸯埙、子母埙等；以装饰类型分为：红陶、白釉、三彩、漆绘、彩绘（网纹、米纹、条纹、龙纹）、刻画（刻花、兽面等）；按音孔分为：一孔、二孔、三孔、五孔、六孔等，春秋时已有六孔埙，现代普遍流行八孔埙和九孔埙；以发音分为：吹单音至小三度，发展到吹奏五声音阶、七声音阶；现代新研制的埙保留着原有音色的古朴、低沉的特点，并大幅度地扩大了音域，达到二十一个音之广。[3]

历史文献记载：在2000多年前战国史官所撰的《世本》中就有："埙，暴辛公所造。"[4]而在考古发现中，埙早在原始社会就已经出现。浙江省余姚县河姆渡文化遗址一期发掘出土的埙一件，蛋形，一端有椭圆孔。长9厘米、孔径0.7-1厘米（图4）。该埙工艺技术比较原始，只有一个吹孔，无按音孔，只发一个音[5]。经考古测定，该文化遗址距今约有7000年，故此埙为我国最早发现的埙之一。

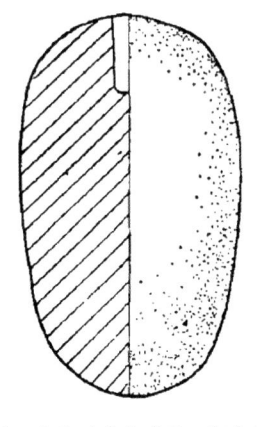

图4 河姆渡文化遗址一期出土陶埙　　图5 西安半坡出土陶埙

西安半坡仰韶文化遗址同样也出土了两个陶制的埙，距今6700多年，保存完整，形状大小亦相同，全用细泥捏制而成，表面光滑但不平整，灰黑色。形如橄榄，两端尖而长，中径略作圆形，上下贯穿一孔（图5），全长5.8厘米，中径2.8厘米，孔径0.5厘米[6]。一个无音孔，一个有一个音孔，开闭吹奏，可发出小三度的两个音。又在四川巫山出土一件石埙，打制而成，外壳有凿迹，凹凸不平，内孔经磨制，平滑无磨损痕迹。橄榄形，通高6.63厘米。全闭下孔吹奏，音高明确清晰。年代为新石器时代大溪文化，距今约6000多年。[7]

关于埙的产生，学界的专家们观点不一。有学者认为：埙早期雏形是狩猎用的石头，由于石头上有自然形成的空腔和洞，当先民们用这样的石头掷向猎物时，空气流与空腔激荡形成哨音，这种哨音启发了先民制做乐器的灵感，早期的埙就这样产生了[8]。有学者则根据半坡和荆村无音孔陶埙推测，可能是模仿一节竹管，一段骨管之类的自然元素而制成的，开始并不一定有吹乐的目的，可能是一种配合生产活动的工具。还有学者认为：早期乐器的制造或模仿鸟鸣之音，如哨埙[9]；或表现流水击石之音，如磬。[10]以上各位学者的观点只能说明埙的乐音是如何由来的，并没有谈到埙的形制外观。

通常，人们会认为吹奏乐器的出现与发明，应当与原始的狩猎活动有关。原始的人们经过长期的狩猎，积累了丰富的经验，创造出了诱捕动物的各种模拟声音工具，从而捕获更多的猎物，吹奏乐器应当是在这种模拟声工具改造后而产生的，从而出现音乐。这些原始的乐器随着生产力的进步，逐步扩大和增多，变得复杂多样，从最初的音阶不全、旋律不畅，逐步发展成熟，可以形成简单的音乐和乐曲。因此，埙成为人类早期的娱乐工具，它在先民的音乐文化生活中非常活跃，不仅如此，还广泛运用于原始的巫术宗教礼仪。[11]

夏商时期，埙享有特殊地位，在宫廷贵族的乐舞生活中成为代表性乐器之一。甘肃玉门火烧沟文化遗址共出土20多个彩陶埙，9件保存完好。[12]据考古报告说：这些埙的外形均呈扁平圆鱼状，下有尾饰，埙体多呈现网纹或条纹彩绘。埙体上有一个吹孔和三个按音孔，能吹出相当于后世五声音阶中的do、mi、sol、la四个音，有的还能吹出fa音；曾被誉为"音乐史上最古远的文明"。1960年，河南偃师二里头出土陶埙，形似橄榄，肩部有轮制的弦纹痕迹，底部有二次修整时的刀削痕，经测音，可发出两个乐音：C^2-47、$^\#a^1-40$ 音分。

前面我们从半坡遗址出土陶埙测音分析可知，其音程结构为小三席，表明了远古时期的先民们在听觉上已有形态化的尺度感，以及他们的音乐听觉思维模式也初步形成。而到了甘肃火烧沟遗址出土的陶埙，则以三度音程为特征的四声音阶结构的萌芽和发展，进一步反映了中国先秦五声音阶之前所形成的雅乐四声音阶，其形态结构和审美听觉所表现出思维和情趣，对我国古代音阶发生学的发展具有重要的意义。

进入商代，埙有了很大发展，在晚商时期已经基本定型。1988 年，河南安阳刘家庄北 121 号墓出土 4 件陶埙（图 6），均为泥质灰陶，保存完好，形似鸡卵状，素面磨光，顶有一吹口，腰下部一面有 3 个音孔，呈倒品字形排列。另一面有音孔 2 个，呈一字形横列。经测音，结果如下表：

编号	全闭孔	前右上	前左上	前下	后左	后右	全开孔
M121：10A	$^\#g-26$	$b-26$	$^\#d1-26$	$^\#f1\pm0$	$g1-30$	$f2+4$	
M121：10B	$g+35$	$A+35$	$^\#d1-30$	$^\#f1-30$	$g1-5$	$^\#f1-5$	
M121：10C	$b1\pm0$	$^\#c2+10$	$^\#f2-45$	$^\#g2+9$	$f2-4$	$^\#g2-32$	
M121：10D	$b1-26$	$^\#c2-30$	$f2+30$	$^\#g2-10$	$f2-39$	$g2+30$	$c3+6$

同样，1976 年春安阳殷墟妇好墓内出土陶埙 3 件（图 7），皆为泥质灰陶，表面光滑，其中两件较大，一件较小，埙体呈倒置陀螺形，尖顶，小平底，中空，有五个音孔。顶端正中有一个圆形吹孔，近低处一面有倒"品字形"音孔三个，另一个有左右对称的音孔两个。[13]

学者们通过上述殷墟出土商代埙的测音研究表明，五音孔埙甚至能发出连续十一个半音，李纯一先生在《先秦音乐史》中指出，商代发达的音乐实践，已经为十二律的产生创造了坚实的基础。

周代，埙已经进入音乐演奏的行列，成为一种专门的吹奏乐器，因为其常与篪配合演奏，所以就把二者称为"伯仲"乐器。在传统的"八音"里，埙是土类乐器，但随着其不断发展，汉代以后，由于种种原因，埙的影响逐渐衰退。特别是隋唐以后，雅乐逐

图 6 安阳刘家庄北 121 号墓出土陶埙

图 7 殷墟妇好墓出土陶埙

渐走向衰落，外来的胡人乐器及其他类型的乐器得到快速发展。同时，由于埙本身的发音音量相对较小等因素，其使用的范围也越来越小，数量也越来越少，就连历史文献中对埙的记载也是日渐减少。

唐代《埙赋》中载有"至哉！埙之自然，以雅不潜，居中不偏，故质厚之德，圣人贵焉。"可见当时人们对于埙文化带来观念已经发生变化。宋、元、明、清时期的埙虽然在形状、质地等方面仍有所体现，但是由于各种原因，埙的研制、开发和推广难以进行，除了民间流传了一部分外，只有在宫廷中少见的雅乐中才被使用。

比较研究

宋代的埙，已经只是存在于少量的宫廷雅乐中，就其造型和用途而言，基本相同，现以河南博物院收藏的一批宋代陶埙为主要对象，选取其中几件代表器，以探讨这一时期埙形态特点及其差异。

白陶马面埙（图8），宋代，高8.20厘米，1954年河南省文物工作队移交河南省博物馆。陶埙通体为长扁园形，呈马头状，为白陶模制作而成，中空。正面为长面阔额，齐嘴圆眼，头上附有短耳，两耳向前紧贴额端，鼻与耳有笼套。头顶部有一孔为埙的吹口，两音作为音孔。

白陶人头埙（图9），宋代，高5.80厘米。1954年河南省文物工作队移交河南省博物馆。整体埙体态呈椭圆形，白陶胎，由模制作而成，中空。埙为人面形象，高额头，头梳两髻，面带微笑，额两旁与顶端各有一小孔，可用作吹奏。

黑彩怪人头埙（图10），宋代，高7.20厘米。1954年河南省文物工作队移交河南省博物馆。埙体怪人头状，呈椭园形，其为模制而成，中空。正面浓眉暴目，宽鼻大嘴，额头突起，两耳与顶端各有一小孔，可作吹奏使用。整个面部施黑彩，其状十分狰狞。

红陶埙（图11），宋代，高6.1厘米。1954年河南省文物工作队移交河南省博物馆。埙造型为锥状形，由红陶模制作而成，中空。腹部与顶有三小孔，可作吹奏使用。顶至腹部刻划有七个相连的莲瓣纹，

图8 白陶马面埙

图9 白陶人头埙及其俯视图

下端则刻划有连续勾云纹和三角纹以作主题装饰。

上述四件陶埙,均为宋代河南出土,其体型近似,形态各异,但就其形象而言,应为民间流传和使用的陶埙,其主要有三个方面特点:一是均为陶质胎体,制作材料主要是陶土,保持八音古制;二是埙均为模制而成,一吹两音,制作工艺简便。

图 10 黑彩怪人头埙

图 11 红陶埙

三是埙的造型各异,表达不同的意境,其形象生动,通俗大方,一般百姓皆可以使用,在注重艺术美感的同时,兼顾与实用性相结合,对研究我国民族音乐史发展有着参考价值。

综上所述,宋代的陶埙,特别是河南地区的民间流传的陶埙,多数采用制模而成这种简便的制作方法,其兼顾了实用与美观的特点,充分体现了宋代时期埙由宫廷流落民间,完全脱去其庄严、神秘的外衣,人们将娱乐的概念和因素融入其中,一吹孔两音孔,就是这种变化的实例证据,白陶猴头埙及这四件陶埙与宋代雅乐中的七孔埙和八也埙形成了鲜明的对比,为我们进一步研究宋代音乐形制走向,以及其不同的演奏方法提供了重要的实物研究依据。

 趣味猜想

埙在八音之中独占土音,那么古人为何要用土壤来造埙呢?

 相关链接

宋代陶瓷玩具

宋代,陶瓷类的玩具在各地窑口普遍生产,有相当的一部分人在专门从事玩具的制作。

宋代陶瓷玩具的兴起,与社会的发展有着密切的关系。首先,宋代城市商品经济的发展和市民阶层的形成。五代以来,坊市制度被逐渐打破,至宋代时,城市中已经没有了严格的坊市,城中的居民可以开店铺、做买卖、从事商业活动。[14] 同时,在城市中,为了适应商品流通需要,还出现了挑担货郎,他们走街串巷,往来于城市与城乡之间,兜售各种妇女用品和儿童玩具,《清明上河图》(图

12）、《货郎图》上均可以看到当时儿童与货郎之间的亲切关系，以及儿童买到喜爱的玩具时兴高采烈的心情。

宋代人们十分重视儿童，认为他们是吉祥的象征，能够驱灾降福。北宋"熙宁间，京师久旱，皇帝曾下令让城中的儿童前去求雨。同样，在遇到喜庆活动的时候，儿童参与更是必不可少的。北宋时，每逢皇帝寿辰，宫中除举行盛大活动外，都会由教坊中数百名男女儿童组成的歌舞队伍参与。

商品经济的发展，社会上重视儿童的风气，为儿童玩具的创作提供了良好的社会环境，反之，儿童的丰富多彩的生活则为陶塑艺人的创作提供了丰富的素材，因此，宋代的陶瓷玩具品种很多。我们现在所能看到的宋代玩具中，以动物和人物造型品种最为丰富。

图 12 清明上河图中的货郎

动物造型在陶瓷玩具中较多，是因为动物的造型便于进行艺术的夸张和再塑造，从而引发儿童的兴趣。不仅有狮、虎、鹿等野生动物，也有家养的猪、狗、牛、羊、马，还有水中嬉戏人鸭、鱼，以及天空中的鸟、雀，它们大都有着美好的象征意义，以及温暖动人的形象。

人物玩具的造型非常生动，夸张的人物外貌和物征，表现出人们娱乐的心理需求，使这件器物更加的滑稽生动，例如前面我们所看到的白陶人头埙、黑彩怪人头埙。

此外，还有一种人与动物结合的陶瓷玩具，这种玩具大都带有祝福的寓意。如马上封侯：塑一猴子骑在马上，寓意着即刻就要加官进爵。

参考文献

[1] 巩县黄冶"唐三彩"窑陶瓷玩具中的埙 [J]. 乐器，1986（2）：40.

[2]（宋）聂崇义集注. 新定三礼图 [M]. 北京：清华大学出版社，2006：45.

[3][7][8] 宋静，赵晓明. 陶埙源考 [J]. 山西农业大学学报（社会科学版），2011（5）：535.

[4] 林俊卿，梁继林. 中国民族器乐精要（二）[J]. 中国音乐教育，2002（12）：35.

[5][11] 周和明，铁梅主编. 中国民族乐器考 [M]. 沈阳：辽宁民族出版社，2013.

[6] 中国科学考古研究所，陕西省西安半坡博物馆. 西安半坡：原始氏族公社聚落遗址 [M]. 北京：文物出版社，1963：190.

[9] 何德亮. 山东史前乐器初探 [J]. 中原文物，2003（4）：14.

[10] 幸晓峰. 巫山出土陶响器、石埙、石磬考略 [J]. 四川文物，2003（2）：15.

[12] 刘文荣. 由陶器向乐器的过渡——玉门火烧沟出土陶埙再探究 [J]. 河西学院学报，2013（1）：116.

[13] 中国音乐文物大系编辑委员会. 中国音乐文物大系·河南卷 [M]. 郑州：大象出版社，1996：22.

[14] 白建国. 中国古代瓷塑玩具大观·图版集 [M]. 北京：光明日报出版社，1995：5.

诰封圣旨

作者：贾齐超

诰封圣旨，丝质，南明，长205厘米、宽30厘米，现藏南召猿人博物馆。

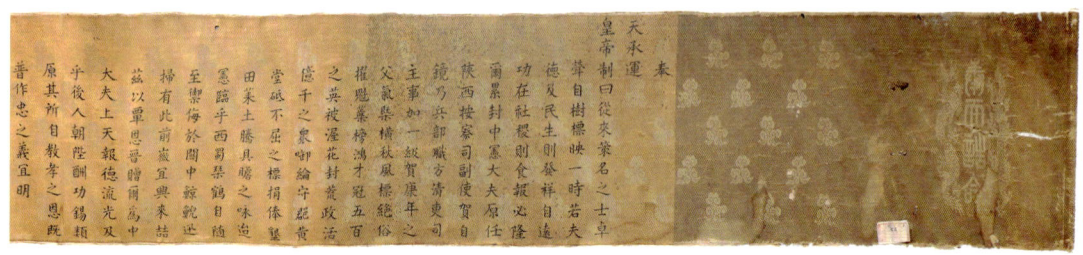

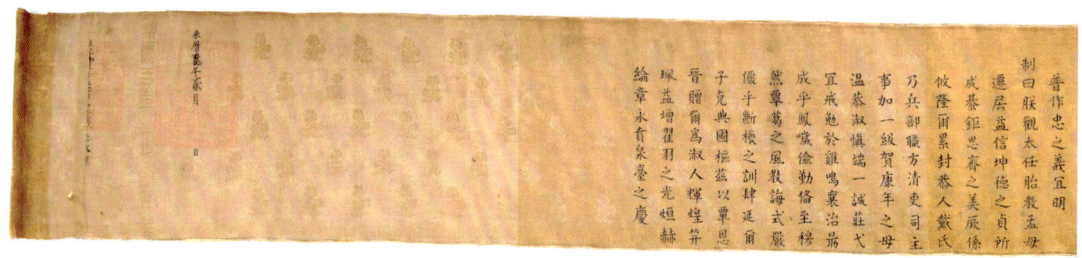

深度品鉴

该圣旨是南明永历三年二月南明皇帝封赠贺自镜夫妇的诰封圣旨。通体绣满祥云图案；起首处为织绣的"奉天诰命"四字，竖读，篆书；"奉天承运　皇帝制曰"八个字顶格书写，两侧围以两条织绣的的银龙，上下翻滚，动态十足。正文为墨书，楷体。正文分两部分，前半部分介绍了贺自镜的主要事迹及封其为中大夫的诰命，后半部分介绍了贺自镜妻戴氏品德操

图1 永历三年二月封贺自镜圣旨起首图

图2 南明永历三年二月封贺自镜圣旨尾部图

守及封其为宜人的诰命；最后落款为永历三年二月，加盖"制诰之宝"玺印。（图1、图2）

古代圣旨为皇帝下发的命令，多由翰林院草拟，内阁大臣审阅后加盖皇帝玺印下发。因出自翰林学士之手，自然文采飞扬，读来朗朗上口、顿挫激扬，然而用典太多，又难免晦涩难懂。现录原文以同诸爱好者共赏。

正文原文

奉

天承运

皇帝制曰：从来策名之士，卓荦自树，标映一时，若夫德及民生，则发祥自远，功在社稷，则食报必隆。尔累封中宪大夫原任陕西按察司副使贺自镜乃兵部职方清吏司主事加一级贺康年之父，气概横秋，风标绝俗，擢魁荚榜，鸿才冠五百之英。被渥花封，荒政活亿千之众。啣纶守郡，黄堂砥不屈之标。捐奉垦田，莱土腾具瞻之咏。迨宪临乎西蜀，琴鹤自随。至御侮於关中，鲸鲵讯扫。有此前徵，宜兴来喆。兹以覃恩，晋赠尔为中大夫。上天报德，流光及乎后人；朝陛酬功，锡类原其所自。教孝之恩既普，作忠之义宜明。

制曰，朕观太任胎教，孟母迁居，益信坤德之贞所成綦钜，思齐之美厥係攸隆。尔累封恭人戴氏乃兵部职方清吏司主事加一级贺康年之母，温恭淑慎，端一诚庄。弋宜戒勉於鸡鸣，襄治勗成乎凤哕。俭勤备至穆然覃葛之风，教诲式严俨乎断机之训。肆延尔子，克典国枢。兹以覃恩，封尔为淑人。

永历三年二月

圣旨正文的简单译读：

皇帝上承天命，推广圣德。认为从来投身仕途的人，如果只知自我标榜，只能显名一时，若能德及民生，则能美名传久远。若功在国家，那么朝廷回报也必然更加丰厚。累封为中宪大夫的陕西按察司副使贺自镜乃是兵部职方清吏司主事加一级贺康年之父。气慨横秋，风姿卓越，学识渊博，执政有为。灾荒之年采取措施拯救万民，而得到皇帝的赞赏。受命做地方守郡，秉持原则，不向邪恶势力屈服，勘称为官之典范。在莱州捐出俸禄鼓励垦田，此举万民瞻仰；及至到西蜀任职，只有琴鹤相随，身无长物。关中防御盗贼，迅速安定地方。有这样的作为，其后来者也一定有所做为。现推恩加封贺自镜为中大夫。上天回报有德之人，光彩照耀后世；朝廷酬劳有功之臣，只为弘扬忠义。

皇帝说：我观太任胎教，孟母迁居，更加相信母德高尚，能够成就修身齐家之作为。多次受封的恭人戴氏乃兵部职方清吏司主事加一级康年之母，温和娴淑，仪态端庄，严格教育后代，鼓励支持丈夫，勤俭持家，有覃葛之风；教育有方，有孟母之态。现推恩封为淑人，曾其生前身后之荣耀。

圣旨作为皇帝所专有特发的宫廷文牍，有着重要的史料价值。读圣旨就是在读史书。本通圣旨为南明朝廷所发，南明本身就是一个特殊的历史时期，许多人并不了解这段历史。所谓南明就是明末李自成农民军攻陷北京后，明皇室及大臣在南方及西南所建临时政府，史称南明。本文所介绍的圣旨是崇祯帝堂弟朱由榔在云南建都后颁发。朱由榔也曾励精图治，企图中兴大明。因此需要褒奖一批忠勇大臣，以激励臣民士气，此时一生清廉，刚正不阿的贺自镜进入了南明朝廷的视线。

贺自镜，南召县城北渔池村人。曾仕明三朝皇帝，以忠孝、刚正闻名，曾不畏权奸，勇斗阉党。圣旨称赞其为"不屈之标"。贺自镜不但为官清廉，而且十分爱民，慎用刑罚。更难能可贵的是在国家面临危难时，不避刀斧，请缨杀敌，这些在圣旨中都有表述。一位清廉、忠直的大臣跃然"旨"上。通过研读，我们可对明末、清初那个动荡的时代有更多的了解，对王朝的兴衰有更多的思考。

圣旨简言之就是圣命，也就是皇帝对臣民所发的命令。皇帝言论被称为圣旨最早见于汉代蔡邕的《陈政事七要疏》："臣伏读圣旨，虽周成遇风，讯诸执事，宣王遭旱，密勿祗畏，无以或加。"这里的圣旨就是指皇帝所下命令了。但此时帝王并未将自己签发的各类命令称为圣旨。到了宋代，始统称帝命为"圣旨"。当然，圣旨只是一种泛称，其中也有称诏书、圣谕等。因其所述内容不同而有不同的称谓。凡有重大事项诏示天下者称诏书或诏令，而帝王封赐、褒奖有功之臣及其家属的文告，则称诰封。所谓下诏、下旨其内容是有差别的，只是泛称圣旨罢了。目前我们能见到的多是诰封圣旨。

圣旨的形制一般为横幅卷轴形式。长度无定制，多为2米左右，也有长达5米的。依照受封官员级别的不同，皇帝所颁发的圣旨在形制上有着严格的区别。依清制，颁给五品以上官员的圣旨，颜色、地纹图比较丰富，有三色、五色、七色之分；给五品以下的官员，则颜色是纯白色的。圣旨所用材料十分考究，多为上好的蚕丝制成的绫锦制品，明清圣旨由江宁府官方统一监制，专供皇宫颁发圣旨而织就的提花锦缎，内含多种防伪标示。颁发给五品以上官员的多彩圣旨，含有金黄、大红、咖啡、赭石、橘黄等色，锦缎地纹有祥云、瑞鹤等图案，绚丽多姿，雍容华贵。

古时行文，从右向左书写，竖行。圣旨作为古代一种文体也是如此。作为官方文告，其起首处亦如今天的文件头，织绣而成。明清格式基本固定，以"奉天诰命"四个竖读篆字起首，围以两条提花翻飞的银龙，动感十足，威武壮美，望之令人顿生威严肃穆之感。圣旨正文为墨书，多用楷体。所有的圣旨开头的第一个字，必须是印在右上角第一朵祥云上，显示出皇权的高高在上。明清圣旨正文均以"奉天承运 皇帝诏曰（或制曰、敕曰）"开头，意思就是：奉上天之命而承世运之道的皇帝下诏书说……接着叙述诏告事由或封赠者的功劳及授予何官衔，最后以"布告中外，咸使闻知"或"布告天下，咸使闻知"结束，若为诰封官吏者，结语多为勉励之语。当然，许多圣旨并无明确的结束语。文尾书明下诏的年月日并加盖"皇帝之宝"。

圣旨内容由翰林院撰拟，书写则由皇帝从进士中亲自评点选拔出来的最优秀者来承担。由于圣旨从拟稿到书写均由顶尖文化高手来完成，具有极大的艺术欣赏价值。其行文的精悍洗练，几乎达到了增一字嫌其累赘、减一字达意不确的程度。其汉文书法为端庄的小楷，气度雍容，圆润飘逸，布局奇正相参，跌宕有致，字迹笔画突兀，犹如浮雕一般，历经沧桑却风采不减，清代书画大家董其昌就曾任专门抄写圣旨的"庶吉士"。因此，无论从史学价值，文学价值，艺术价值来说，都是值得认真研究的。

比较研究

南召猿人博物馆现存的六道圣旨，其中四通是南明王朝颁赐给南召贺家的诰封圣旨，其他两通是清代圣旨。

1. 南明永历三年五月南明永历三年五月追封贺自镜夫妇的圣旨（图3、图4）

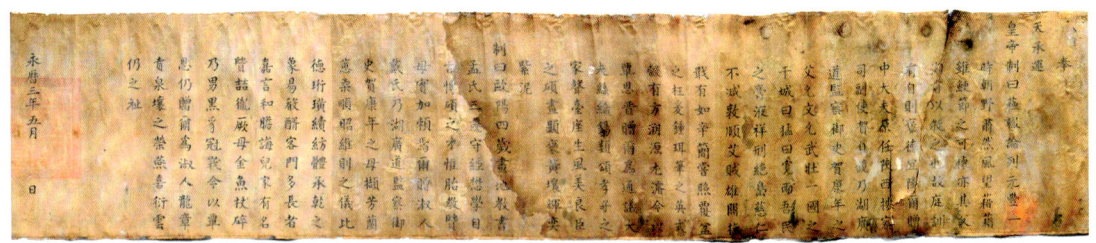

图3 南明永历三年五月追封贺自镜夫妇的圣旨

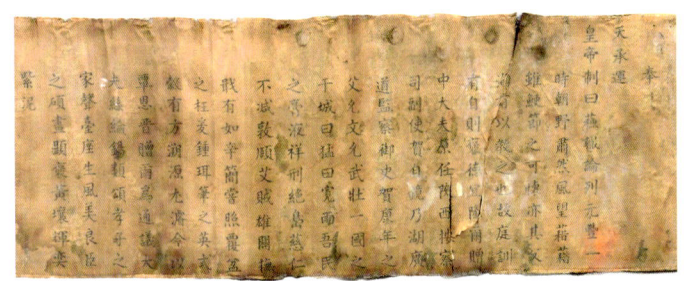

图4 南明永历三年五月追封贺自镜夫妇的圣旨（局部）

奉

天承运

皇帝制曰：苏辙论列元封，一时朝野肃然，风望籍籍，虽鲰节之可怀，亦其父洵有以教之也。故庭训有自，则褒德宜隆。尔赠中大夫原任陕西按察司副使贺自镜，乃湖广道监察御使贺康年之父，允文允武壮一国之干城，曰猛曰宽雨吾民之膏液。祥刑绝岛，慈仁不减敦颐；艾贼雄关，抚戢有如辛简。尝照覆盆之柱，爱钟珥笔之英，式毂有方，溯源尤濬。今以覃恩，晋赠尔为通议大夫。丝纶锡类颂孝子之家声，台座生风美良臣之硕画。显褒黄壤，辉奕紫泥。

制曰：欧阳四岁画地教书，孟母三迁守经悬学。自古博硕之才惟胎教，贤母实加赖焉。尔赠淑人戴氏，乃湖广道监察御使贺康年之母。撷芳兰蕙，柔顺昭维则之仪；比德珩璜，绩纺体承乾之象。易殷醑客门多长者嘉言，和胆诲儿家有名贤喆胤。厥母金鱼杖碎，乃男黑豸冠峨。今以覃恩，仍赠尔为淑人。龙章贲泉壤之荣，燕喜衍云仍之祉。

永历三年五月

图 5 南明永历三年二月封贺康年及其妻的圣旨

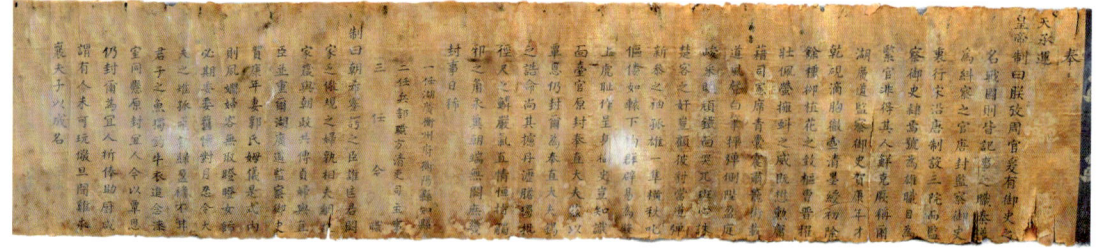

图 6 南明永历三年二月封贺康年及其妻的圣旨（局部）

2. 南明永历三年二月封贺康年及其妻的圣旨（图5、图6）

奉

天承运

皇帝制曰 国运当承平之际，首重铨衡事机，值抢攘之秋，尤严枢密。苟得知兵之吏而任之，则运筹制胜克有济焉。是帷幄之克承宜龙章之先贲。尔兵部职方清吏司主事加一级贺康年，捧日家声，昂宵国干。蜚英上苑群推八斗之才，制锦衡阳独凛四知之节，盘丝不事噢咻，起残土之遗黎；雄碟屹然版筑，巩危疆之围牧。尤所难者，单骑而入贼巢，解散临蓝巨寇。馨产以招乡寨，集联秦晋义兵。弘济时艰，师在中吉。兹以覃恩，授尔阶奉直大夫，锡之诰命。尔其克广德心，大舒壮略。誓兵选将，务成全胜之谋；外攘内安，聿作中兴之盛。尔其懋哉！

一任湖广衡州府衡阳县知县

二任今职

制曰 自古英谊之辟必有忠盖之臣，繇来喆俊之夫必获贞良之妇。睠中让之名德，宜首锡以恩纶。尔兵部职方清吏司主事加一级贺康年妻郭氏，高门毓秀硕士媲休。伴夜读于篝檠，机丝映月。肃晨趋于鼙橐，綦缟辞云，唯家人敦中馈之宜，肆君子遂悬弧之志。兹以覃恩，封尔为宜人，锡之诰命。既璋美于副笄，尚懋勷于杂佩。

永历三年二月

3. 南明永历三年五月封贺康年圣旨（图7、图8）

奉

天承运

皇帝制曰 朕考周官，援有御使之名，战国则皆记事之职，秦、汉为纠察之官，唐封监察御使重行。宋沿唐制，设三院而监察御使隶焉。号为雄职，目为紧官，非得其人鲜克厥称。尔湖广道监察御使贺康年才干砚滴，胸徹壶清。墨授初除，余种柳植花之致；枢曹晋擢，壮佩萤拥蚪之威。既懋勳庸籍司宪席，青囊震肃，笼街载道。风声白笔，抨弹侧陛盈庭；俊采瞋顽，铁面突兀班心。诛楚客之奸，

图 7 南明永历三年五月封贺康年奉直大夫圣旨

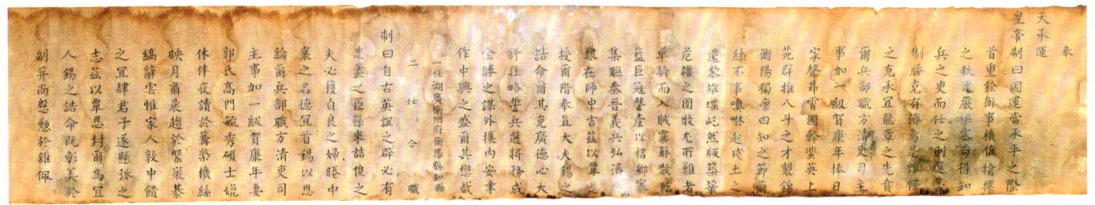

图 8 南明永历三年五月封贺康年奉直大夫圣旨（局部）

岂顾彼豺党当道；弹新忝之袖，孤雄一隼横秋。叱伛偻如辕下驹，群避易如殿上虎。耻作呈身御使，岂知识面台官，原封奉直大夫，兹以覃恩，仍封尔为奉直大夫，锡之诰命。尚其滤丹沥胆独批径尺之鳞，严气直情恒指触邪之角。永虞朝端无阙，庶几封事日稀。

一任湖广衡州府衡阳县知县

二任兵部职方清吏司主事

三任今职

制曰，朝希謇谔之臣，谁匡君阙，家乏敬规之妇，孰相夫纲。故家箴与朝政共传，贞妇与直臣并重。尔湖广道监察御使贺康年妻郭氏母仪是式，内则凤娴。妇容无取瞪瞪，女筛期委委。旧怀对月忍令大夫之雄孤飞；新绿盈襜不甘君子之鱼独钓。牛衣追念，漆室同悉。原封宜人今以覃恩仍封尔为宜人。折俸助厨，咸谓有人未可玩；敬旦闻鸡，永襄夫子以成名。

永历三年五月

4. 清嘉庆二十四年封黄之澜父母诰封圣旨（图9、图10）

奉

天承运

皇帝制曰 求治在亲民之吏，端重循良。教忠励资敬之忱，聿隆褒奖。尔黄绳宗乃现任四川绥定府渠县知县加四级黄之澜之父，提躬淳厚，垂声端严。业可开先，式穀乃宣猷之本；泽堪启后，贻谋裕作牧之方。兹以尔子克襄王事，封尔为奉政大夫，於戏！克承清白之风，嘉兹报政；用慰显扬之志，异以殊荣。

制曰 朝廷重民社之司，功推循吏；臣子凛冰渊之操，教本慈帏。尔余氏乃现任四川绥定府渠县知县加四级黄之澜之母，淑慎其仪，柔嘉维则。宣训词于朝夕，不忘育子之勤；集庆泽于门闾，式被自天之宠。兹以尔子克襄王事，赠尔为宜人，於戏，仰酬愿复之恩勉思抚字，载焕丝纶之色允贲幽潜。

四川渠县知县

嘉庆贰拾肆年拾贰月十三日

加四级黄之澜

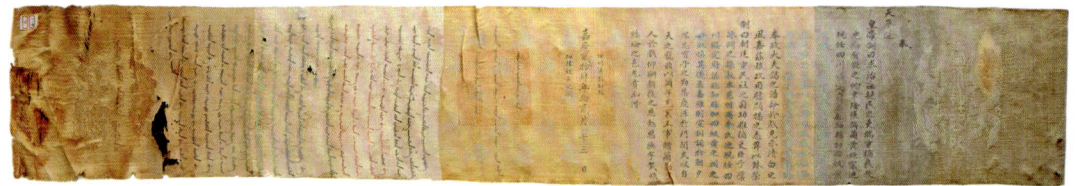

图9 清嘉庆二十四年封黄之澜父母诰封圣旨

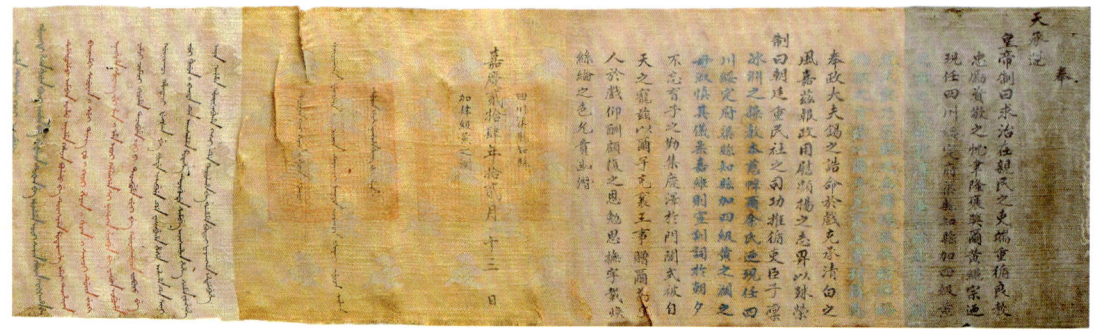

图10 清嘉庆二十四年封黄之澜父母诰封圣旨（局部）

5. 清光绪三十年彭树棠之父母诰封圣旨（图11、图12）

奉

天承运

皇帝制曰宣猷服采，中朝抒报最之忱；锡类殊恩，休命示酬庸之典。尔彭述乃内阁中书加四级彭树棠之父，令德践修，仪方凤著。诗书启后用章式穀之风，弓冶传家克作教忠之则。兹以覃恩赠尔为奉直大夫，赐之诰命，于戏！笃生杞梓之材功归庭训，丕焕丝纶之色光耀泉台。

制曰：壸教凝祥，懋嘉猷于朝宣，国常有惠，播休命于庭闱。尔薛、张、胡氏乃内阁中书加四

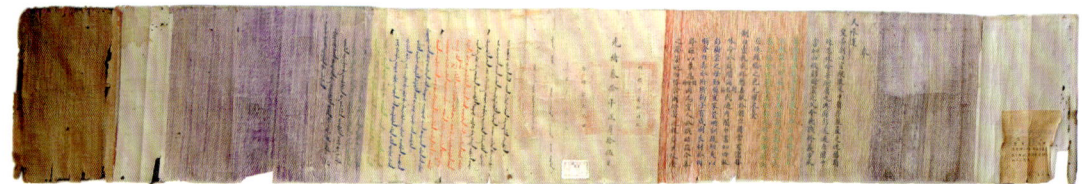

图11 清光绪三十年彭树棠之父母诰封圣旨

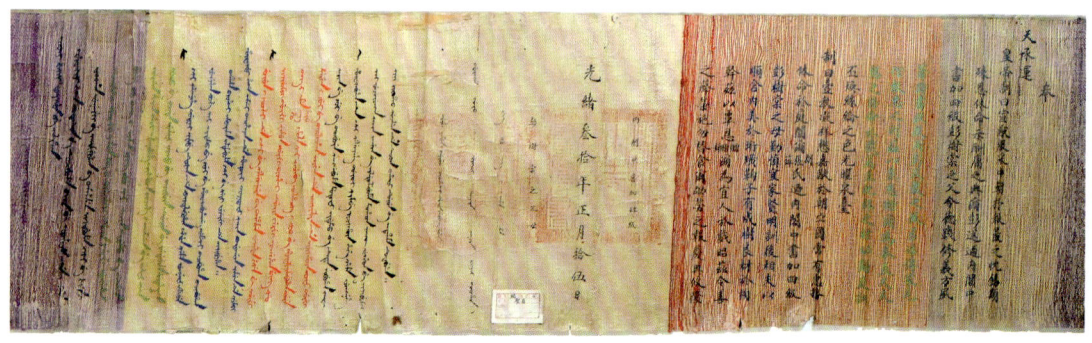

图12 清光绪三十年彭树棠之父母诰封圣旨（局部）

级彭树棠之母,勤慎宜家,贤明训后。相夫以顺,含内美于珩璜。鞠子有成,树良材于桢干。兹以覃恩,封赠尔为宜人,於戏!昭兹令美之声荣施勿替,食尔劬劳之报庆典攸隆。

光绪三十年正月十五日

通过如上对比,可以大概了解明清两代圣旨的差异,其主要体现存两个方面:首先明代圣旨是单一的黄色,而清代圣旨为多色,有三色、五色、七色之分,凡五品以上官员及其家属都用多色,色彩越丰富。其次,明代圣旨为汉文一种文体,而清代圣旨则是满、汉两种文体对照,汉文从右向左书写,满文从左向右书写,到中间对接处加盖"制诰之宝"满汉两种文体印,其它方面则基本一致。可以说到了明、清,作为圣旨这一特殊文体,其格式已基本固定。

您知道圣旨是如何防伪的吗?

兴峰寺石碑

图13 兴峰寺碑

做为皇帝的命令,其实圣旨有许多存在形式,有书写于纸上,有刻于竹简之上,有刻于木板之上,有刻于石碑之上等等。最早的圣旨当是刻于青铜器上的许多铭文。当然,当代存世量最多的圣旨,还是明清绫锦类诰命与敕命,随丝织业的发展而产生,日趋华贵富丽。

南召县马市坪乡兴峰寺现存三通石碑,上书文字,就是明万历皇帝所发圣旨,是圣旨的另一种表现形式。

兴峰寺位于马市坪乡转角石村,始建于明代,清重修,现存碑碣三通,均为明万历年间所立。碑额分别冠以"圣谕""御览""敕赐"字样,从这些碑额上的文字即可知它是圣命,也就是圣旨了。碑额文字两侧有龙纹为饰,类似于丝绢圣旨的开头部分。石碑落款分别为"万历十八年十一月十九日立石","大明万历二十七年二月初十日立石","大明万历旃蒙协洽年无射月斗日立石"。这些圣旨没有采用明、清圣旨的一般格式，诸如"奉天承运……"云云。可见圣旨的式样是很丰富的。现抄录二则较短的碑文与诸友共览，欣赏一下不一样的圣旨。

敕赐伏牛山兴峰寺住持及僧众人等

朕发诚心印造佛大藏经，颁施在京及天下名山、寺院供奉。经首护敕已谕，其由尔主持及僧众人等，务要虔洁供安，朝夕礼诵保安，眇躬康泰，宫壶肃清，忏己住愆，尤祈无疆寿福，民安国泰，天下太平，俾四海八方同归仁慈善教。

朕成恭己无为之治道焉，今特差内汉经厂摄黎、御马监太监党礼宝请前去彼处供安，各宜仰体知悉。钦哉故谕。

大明万历二十七年初十日立石

皇帝敕谕兴凤寺住持及僧众人等

朕惟佛心之教，具在经典，用以化导善类，觉悟群谜于护国佑民，不为无助。兹者圣母慈圣宣文明肃皇太后命工刊印，续入藏经四十一函，并旧刻藏经六百三十七函通行颁布本寺。尔等务须庄严持诵，尊奉珍藏，不许诸色人等故行亵玩，致有遗失损坏。特赐护持，以垂永久，钦哉故谕。

万历十八年十一月十九日立石

图14 兴峰寺碑碑额

圣旨是中国皇牍文化的代表，代表了皇权的至高无上，既是国家意志的体现，也可以说是中国古代最有效的法律文书，综合反映了社会发展的各个方面。了解圣旨，就是了解中国古代的典章制度，了解中国古代的文书形制。当前，存世的圣旨越来越少，保护好、研究好圣旨这一特殊文物，对于国家、对于后人都是一种贡献。

黄釉䀉斗

作者：杨晓燕

> 黄釉䀉斗，瓷器，清代，高9厘米、口径9厘米、底径5厘米，现藏河南博物院。

深度品鉴

黄釉䀉斗，高9厘米、口径9厘米、底径5厘米。敞口，斜长颈，鼓腹，圈足，内外施黄釉。底足内六字楷书"大清光绪年制"款，此器物为清晚期景德镇官窑制品，造型优美，釉色亮丽。尤其是内外均施满黄釉，按照清宫规定只有皇帝、皇太后和皇后三人配拥有此类器物。该件实用性与观赏性俱佳的䀉斗在向人们诉说着光绪时期皇家生活的奢华与典雅。

文化解读

䀉斗，又名"渣斗"，如果将其单纯理解为盛放渣滓之器就望文生义了。"䀉"有三种读音，其中"shē"音古同"奢"；"chǐ"音古通"侈"；"zhà"音意为开，打开，或有下部大之意。从古代音同意通的角度来分析，"䀉斗"取第三种读音显然更合理，大口造型与字义也很贴切，无论"奢"

音还是"侈"音亦可以作为一种延伸。有学者指出渣斗实为"爹斗"之误,"爹斗"之名涵义丰厚,实比"渣斗"要好。[1]因此下文将该造型器物统一称为爹斗。

爹斗的制作工艺,一种是直接拉坯成型,小罐和上部的敞口碗为一气拉成;另一种是分别拉坯成小罐和敞口碗,再对合粘接成器。更有甚者,就是直接将现成的碗,修去底,再和罐子封接成爹斗,利用釉子高温熔融的特点来粘接器物。[2]所以,我们常常能发现有的爹斗在上下部的连接处,碗圈足和罐的直口相叠合的现象。

爹斗最初的主要功用是贵族宴饮时唾肉骨、鱼刺等食物残渣的承器,亦可用作存放漱口水、唾沫、痰等脏水。唐代中期以后,爹斗已十分流行,这和当时的饮茶之风兴盛有密切关联,爹斗的主要作用也超出了卫生洁具的范畴,转变为兼有茶具功能的一种多用途器具。这种现象,在五代和宋辽最为常见,元代以后,中国的饮茶文化发生了根本的改变,饮茶方式由煎煮改为冲泡,这种转变使饮茶方式和茶具的种类形制都发生了相应的变化,爹斗作为茶具的功能也逐渐淡化。明清时期的爹斗,也被放置于床边和几案上,以备存纳微小废弃之物,此时爹斗的用途更加宽泛,陈设观赏和把玩也成为其重要的功能之一。

爹斗作为茶具在考古资料中都得到了证实。如河北唐县出土了一套五代邢窑白釉瓷茶具[3](图1),它包括了风炉、茶、茶臼、茶瓶、爹斗和一件瓷人像。该套茶具的出土证实爹斗具备茶具功能。

此外,在河北宣化张世卿、张恭诱、张世本和韩师训等辽金时期的壁画墓中也发现了爹斗与饮茶的关联。如河北宣化辽代壁画墓M5后室西南壁上的《备茶图》(图2)[4],以及M2张恭诱墓东南壁壁画的《备茶图》[5],都显示了爹斗在当时被作为茶具使用(图3)。M5和M2壁画上的备茶图似乎反映的都是仆人准备为主人上茶时的场景,爹斗在这时是兼具茶器功用的,可以盛放和倾倒喝剩的残茶。这点在陕西蓝田北宋吕大临墓出土的茶具中也得到证实。[6]该墓一件耀州窑刻花牡丹纹爹斗与茶盏、盖碗、石壶、茶炉炭铲、火锥等众多饮茶器具同时出土,可见爹斗在当时的功能已延伸至茶具之列。

图1 河北唐县出土邢窑白瓷茶具模型

图2 河北宣化辽墓《备茶图》

清代，盉斗功用日趋多样，盉斗在宫廷中，除实用功能外，也作为精美的陈设品。所以，不难理解这件光绪时期的黄釉盉斗作为皇宫高档陈设器，其背后的华丽与高雅。

比较研究

盉斗的造型，一般为口部外撇呈盘口或漏斗状，扁圆腹，平底或圈足。小罐上部再加上一个敞口弧壁碗，碗状部分的口径要大于罐子的腹径。我们现在看到的盉斗，主要是唐代中期以后至宋元时期，明代留存盉斗较为少见，清代盉斗发展迎来了高峰。现择录不同时期的盉斗做一比较。

图3 河北宣化辽墓张恭诱墓东南壁《备茶图》

目前考古发现较早的盉斗是现藏于浙江省博物馆的东晋越窑青瓷蛙形盉斗（图4）。该器物高21.5厘米，口径18.4厘米。敞口，直径，扁圆形鼓腹，平底。口沿下颈部附对称双耳，肩部及腹部分别堆塑蛙头和四肢，整个器物的下部呈一蹲坐蛙状。因其口径较大，用作宴饮之时肉骨、鱼刺等食物残渣的承器较为合适。

唐代中期以后，所流行的盉斗造型口径甚小。如现藏于故宫博物院的唐代白釉盉斗（图5）。器高9.9厘米，口径12厘米，足径6.9厘米。口外撇，口沿呈漏斗形碗状，扁圆腹，平底。器里外施白釉，底无釉。此件盉斗胎质洁白细腻，釉色莹润雪白，造型规整大方，在唐代白瓷中属上乘之作。

河北唐县出土的五代白釉盉斗（图6）。器高9.5厘米，口径11.3厘米，中国国家博物馆馆藏。

北宋盉斗颈口虽变大，但高度缩短，腹部缩小收敛，口部外撇呈浅盘状，且口部的比例更为突出，器式更为优美。如故宫博物院收藏的北宋定窑白釉划花盉斗，吕氏家族墓出土的北宋耀州窑青瓷刻花盉斗（图7）等，后者隐约留有唐五代的一些风格，更能看出唐宋之间的传承关系。

明代的盉斗除了瓷质外，还有其他质地，其造型也与前代不同。故宫博物院藏有一件明永乐剔红牡丹纹盉斗（图8）。器高11.5厘米，口径16.3厘米，足径11厘米，为清宫旧藏。该漆器盉斗撇口，短颈，鼓腹，圈足。通体髹朱漆，在菱形格锦地上雕花卉纹，器的腹部、颈的内外壁均雕俯仰

图4 东晋 越窑青瓷蛙形盉斗　　图5 唐代 白釉盉斗　　图6 五代时期 白釉盉斗　　图7 北宋 青瓷刻花盉斗

相间的牡丹花6朵和含苞欲放的花蕾。足底髹赭色漆，左侧近足处针划"大明永乐年制"行书款。旁刻乾隆壬寅新正御题诗句，并钤"比得""朗润"二方章。此器在锦地上压雕花卉纹的做法有别于当时以黄漆素地压雕花卉的主流做法，是为特例。

故宫博物院藏清雍正黄玻璃桔瓣式渣斗（图9）。器高9.9厘米，口径9.7厘米。此器喇叭状口，大而外侈，向下内收成束颈，腹部桔瓣状隆起，腹与足连接处内束。通体桔黄色，以凹凸手法塑成十六瓣桔瓣状。底部中心双线方框内阴刻楷书"雍正年制"双直行款。这件渣斗的颜色艳丽，俗谓鸡油黄，色度均匀、纯正、洁净，呈色难度很大，是清早期玻璃器中的佳作。

图8 明永乐 剔红牡丹纹渣斗

图9 清雍正 黄玻璃桔瓣式渣斗

图10 清 乾隆 白套红玻璃缠枝花卉纹渣斗

图11 清 嘉庆 粉彩番莲福寿纹渣斗

另有一件乾隆白套红玻璃缠枝花卉纹渣斗（图10），故宫博物院藏。器高9.8厘米，口径10.3厘米，足径5.7厘米。圆形，喇叭口，腹部上丰下敛，圈足。器以乳白色玻璃造型，套紫红色玻璃花纹。

图12 清 同治 红地金喜字纹渣斗

图13 清 光绪 黄地墨彩花蝶纹渣斗

乾隆以后，渣斗的造型变化不大。如中国国家博物馆馆藏"嘉庆粉彩番莲福寿纹渣斗"（图11）。器高8.7厘米、口径7.8厘米、足径5厘米。器呈敞口，束颈，鼓腹，圈足。内壁施豆绿色釉，外壁为草绿地粉彩。此器造型古朴规整，色彩浓艳，花纹繁缛，纹饰流畅，为嘉庆粉彩代表作。

清同治红地金喜字纹渣斗（图12），故宫博物院藏。器高9厘米，口径8.7厘米，足径5.1厘米。敞口，圆腹，圈足。造型端庄小巧。内施白釉，外通体红釉色地，上以金彩满饰"喜"字纹。底白釉红彩书"同治年制"4字楷书款。此器为同治大婚用瓷。

清光绪黄地墨彩花蝶纹渣斗（图13），故宫博物院藏。该器物高7.8厘米，口径9.6厘米，足径5.6厘米。撇口，粗颈，鼓腹，圈足，外底白釉内红彩书"永庆长春"4字楷书款。器里施青绿釉，外腹口沿红彩书"大雅斋"3字楷书款和"天地一家春"5字篆书款，器腹用墨彩绘花蝶纹。署有这两种款的瓷器是光绪年间景德镇御窑厂为慈禧太后烧造的专用器。

清光绪粉彩荷花鹭鸶纹䍨斗（图14），现藏于故宫博物院。器高9厘米，口径9.6厘米，足径5.8厘米。䍨斗敞口，圆腹，圈足。造型端庄小巧。内施白釉，外白地粉彩绘荷花鹭鸶装饰纹。上下以描金弦纹做边饰。口沿下红彩书"大雅斋"3字楷书款，旁边钤椭圆形红彩印章，印章内双龙环绕"天地一家春"5字篆书款，底白釉红彩书"永庆长春"4字楷书款。此器釉色莹润，画面清新淡雅。

图14 清 光绪 粉彩荷花鹭鸶纹䍨斗

通过比较可以看出，唐代的䍨斗，颈部较细，其下部的罐子普遍偏大，重心靠近于罐子的下部，而到唐后期，䍨斗颈部开始加粗，罐子也变得稍小，其重心也就逐渐上移，多在腰部之上。北宋䍨斗颈口虽变大，但高度缩短，腹部缩小收敛，口部外撇呈浅盘状，口部的比例突出，器式更为优美。

清朝，由于统治集团的需求，上行下效，瓷器烧制数量之多，品种之全，使瓷器艺术焕发异彩，也使䍨斗的发展耳目一新。䍨斗的质地更是广泛而多样，除了常见的瓷质之外，还有玉质、玻璃质、漆器等。这件"大清光绪年制"款黄釉䍨斗，造型简洁典雅，釉色莹润，折射出了清代皇家的奢华与气度。

明清时期烧造的一部分黄釉瓷器是用来作为祭祀地坛的礼器，那么你知道蓝釉瓷器和红釉瓷器分别是用来祭祀什么的吗？

明清黄釉

黄色在明清时期被赋予了等级色彩，黄釉瓷是皇家至高无上地位的一种体现，被宫廷所垄断，并禁止民间使用。据《明英宗实录》卷一六一载："禁江西饶州府私造黄、紫、红、绿、青、蓝、白地青花瓷……首犯凌迟处死，籍其家资，丁男充军边卫，知而不以告者，连坐。"排在第一位的就是黄釉，可见当时受皇家珍视的程度非同一般。

用黄釉瓷器作为祭祀用具始于明嘉靖年间。据《大明会典》卷二百零一载："嘉靖九年，定四郊各陵瓷器：圜丘青色，方丘黄色，日坛赤色，月坛白色，行江西饶州府如式烧解。"[7]可见一部分黄釉瓷在当时被用来当做方丘（地坛）的祭祀用器。到了清朝，黄釉瓷作为清宫祭祀用具也见于乾隆时期的记载："……地坛正位登、簠、簋、豆、尊、爵、盏、铏，社稷坛正位尊用黄色瓷，……太庙正殿尊用黄色瓷……"[8] 以黄釉瓷器作为祭祀用具已成规定，在皇室看来只有"自己"和"天地"才能够配得上享用黄釉瓷器，由此可见黄釉瓷器在皇家心中的分量。

作为生活用瓷，清宫对黄釉瓷的使用要求非常严格，即使在皇室内部对黄釉瓷器的使用也有着详尽的规章制度。清代规定，里外黄釉龙纹为皇帝专用。《国朝宫史》卷十七记载："皇太后、皇后用里外黄釉器，皇贵妃用黄釉白里器，贵妃、妃用黄地绿龙器，嫔用蓝地黄龙器，贵人用绿地紫龙器，常在用五彩红龙器。"[9] 由此可知，在皇室成员中，能使用和拥有内外纯黄釉器的只有皇帝、皇太后和皇后三人，黄釉瓷器在皇室中还是等级制度的象征。

除了作为日常生活用瓷和祭祀之外，黄釉瓷器还有一个重要的用途就是陈设欣赏。瓷器作为陈设欣赏古已有之，只是到了明清时期更甚。陈设瓷作为清宫陈设把玩的佳品，更是点缀宫廷的一道风景线。

参考文献

[1] 叶英挺."渣斗"考辨.中国瓷网，2015-6-28.

[2] 张东.瓷质唾壶、渣斗考辨[J].上海博物馆集刊，2002（00）.

[3] 孙机，刘家琳.记一组邢窑茶具及同出的瓷人像[J].文物，1990（4）：37.

[4] 张家口市宣化区文物保管所.河北宣化辽代壁画墓[J].文物，1995（2）.

[5] 河北省文物管理处，河北省博物馆.河北宣化辽壁画墓发掘简报[J].文物，1975（8）.

[6] 陕西省考古研究院.陕西蓝田县五里头北宋吕氏家族墓地[J].考古，2010（8）.

[7] 万历《大明会典》卷二百零一《工部二十一》[M].中华书局据万历朝重修本影印本，1989：1014.

[8] 江松著.中国陶瓷名品珍赏丛书—陶瓷（清颜色釉瓷）[M].上海：上海人民美术出版社，1998：8.

[9] （清）鄂尔泰，张廷玉等.《国朝宫史》卷十七[M].北京：北京古籍出版社，1987：390-394.

青花花鸟纹瓷盘

作者：杨晓燕

青花花鸟纹瓷盘，瓷器，明代，高5.5厘米，口径28.5厘米，底径15.7厘米，现藏河南博物院。

青花花鸟纹瓷盘属于明代外销瓷，又称"克拉克瓷"。器物葵口折腰，敞口，口沿外撇，口下斜直内收，中部折腰，下腹略鼓，底部圈足。盘内壁为单线分隔的八开光，开光内有对称花卉和杂宝纹，开光间有锦纹相隔；盘内底的主题纹饰为八角开光花鸟纹，其间一鸟立在岩石之上抬头仰望，一鸟振翅高飞于空中，二者一上一下，相互呼应，牡丹花纹则衬之其右，平添了几分活泼气息。器物整体胎质略薄，青花发色明亮，色彩变化得宜，使整个画面生机勃勃。瓷盘外壁亦为八开光，开光内有圆圈形纹饰，开光间有辅助纹间隔。圈足足墙外侧有弦纹两道，足内部施白釉，略有粘砂现象。（图1）

图1 青花花鸟纹瓷盘平视图

文化解读

1602年荷兰东印度公司在海上劫掠了葡萄牙商船"克拉克"号,并在船上发现装有相当数量的中国陶瓷,由于当时搞不清这批中国陶瓷的确切产地,故而将这批瓷器以船号"克拉克"命名。当克拉克瓷步入欧洲时立刻引起了巨大震动,特别是欧洲的王公贵族们把拥有中国陶瓷视为显示身份、地位及财富的象征,进而垄断了中国陶瓷的分配与销路,大量订单也接踵而至,这无疑刺激了中国外销瓷的生产,也给中国的制瓷业带来了新的商机。

外销瓷,顾名思义,是为了对外进行贸易活动而生产的商品瓷。西方人认为这种瓷器是他们通过商业贸易所购得的,所以也称其为"贸易瓷"。明清时期是中国瓷器生产的鼎盛时期,也是瓷器外销的繁盛期。

明初,朱元璋实行"海禁",这一政策致使对外贸易急剧萎缩,外销瓷的销售遭到了重大的打击。直到隆庆皇帝即位后才宣布解除海禁,调整海外贸易政策,允许民间私人远贩东西二洋,史称"隆庆开关"。这一政策实施后,民间的海外贸易获得了合法的地位,对外贸易活动逐步得到恢复,外销瓷市场也开始复苏。

到了万历时期,西方的商人开始大量的从中国进口瓷器销往欧美各国。荷兰东印度公司截获的称之谓"克拉克瓷器"的瓷器,即是中国青花瓷。船上共载有瓷器近60吨,数量约10万件。这批瓷器分别在荷兰的米德尔堡和阿姆斯特丹进行拍卖。克拉克瓷一般很薄、精细、釉面光亮,足底常有粘沙现象,但其最主要的特色还是在其纹饰上:环绕口边绘有蓝色分格,上面有各种花卉和几何图案;中心纹饰都围绕这些具装饰作用的分格,分格之间大都用点、线分隔,中心绘有花卉、鸟兽或风景。跟刻板和标准化的皇族装饰相比,克拉克瓷显得清新活泼,随意自然,深受欧洲贵族欢迎。

2008年至2012年9月,在南澳岛东南三点金海域的乌屿和半潮礁之间对南澳一号共完成三轮打捞,共出水文物近3万件。文物基本清理完毕,船的结构也基本确认。现船体被原址保护,尚未整体打捞。[1] "南澳Ⅰ号"古沉船长27米,宽7.8米,共有25个舱位,沉船的年代初步推测为明代万历年。"南澳Ⅰ号"出水的文物以瓷器为主,其次是陶器、铁器、铜器、锡器等,还有出水数门火炮及疑似炮弹状凝结物。瓷器以为漳州市平和窑生产

图2 "南澳Ⅰ号"出水瓷器

的青花外销瓷为主（图2），另有少量景德镇产的彩釉瓷器以及金属器等。瓷器的主要器型包括有大盘、碗、钵、杯、罐、瓶等，纹饰有人物、花卉、动物等图案以及汉字，还绘有绶带鸟、十八学士登瀛州、米芾拜石的典故等。数量最多的青花大盘直径在30厘米左右，内壁绘麒麟、牡丹、仕女、书生与花草等图案。南澳一号的发现印证了明代晚期中国瓷器外销西方的贸易史实。

从隆庆开关到明王朝灭亡，瓷器的对外销售始终保持着不断发展的势头。但清朝建立后，这一态势发生了改变。清顺治十二年（1655）开始，清廷实施禁海令，对外贸易再次中断，造成中国瓷器无法外销。这时的海外市场开始逐渐发生改变，瓷器生产不再是中国独有，东亚的日本开始有了自己的瓷器烧制业，西方国家依靠着工业革命的成果开始积极地仿制中国瓷器[2]。随着西方国家的"工业革命"的进行，生产高品质的瓷器已经不再是难题，如德国的梅森瓷（meissen）、英国的威基伍德（Wedgwood）等都是著名的商品。鸦片战争以后，中国外销瓷再也无法续写以往的辉煌了。

比较研究

克拉克瓷中，盘类是数量最多的器型之一，也最具有代表性。在这类克拉克瓷盘中，青花的画法多是勾线填色，少有蓝地白花、白描青花[3]，纹饰可分为主题纹饰和辅助纹饰两个层次。主题纹饰一般饰于器物核心区域，多位于盘心的位置。辅助纹饰则通常运用连绵不断的开光装饰手法来装饰盘内侧壁，如众星拱月般环绕着盘心的主题纹饰。这也是克拉克瓷区别于内销瓷的最有特色之处。

克拉克瓷的主题纹饰题材很多，常见的有动、植物纹，人物，博古，山水等几大类。

动物纹包含了多种飞禽走兽及鱼虫等，常见的有鹿、鸭、鸟、马、蝴蝶、蚱蜢等，从画面布局来看，动物纹饰大多处在风景之中并与树木花草为伴，形象生动。故宫博物院藏馆藏明万历青花开光花鸟纹盘（图3），高3.7厘米，口径21厘米，足径14厘米。盘撇口，浅壁，塌底，圈足。通体青花装饰，盘心绘花鸟纹，内壁绘锦地开光八组，开光内绘花果纹，外壁开光内绘变形灵芝纹，圈足内施白釉，无款识。为明代景德镇生产的外销瓷。

植物纹常与各种树木、花草与动物纹共同组成，花朵在构图中常常画得与周围事物不成比例，显得格外硕大，以突出其为主题纹饰的目的，常见的有牡丹、荷花、菊花、玫瑰、松、竹，而克拉克瓷上最具代表性的郁金香纹饰通常作为辅助纹饰出现在盘壁内侧的开光之中。吉林省博物院藏明万历青花

图3 明万历青花开光花鸟纹盘　　　　图4 明万历青花开光花卉蕉叶纹盘

图 5 中国传统文人图案的克拉克瓷

图 6 克拉克博古纹瓷盘（英国私人收藏）

图 7 青花帆船山水纹瓷盘

图 8 大英博物馆藏克拉克瓷碗

开光花卉蕉叶纹盘（图4），口径22厘米，敞口、折腹、矮圈足。器壁较薄，胎质略显粗糙，圈足底粘有砂粒。釉面偶有缩釉现象，底白釉，无款。盘内盘壁为8个花瓣状开光，内绘有四蕉叶、四葵花，间隔以几何、带状纹饰地；盘心为八角形构图饰有蕉叶及几何纹饰。为万历时期专为欧洲烧制的外销瓷。

人物类主题纹饰有神话人物和各种生活场景中的中国人物。刘海戏蟾、仙人乘龙、仕女、文士、武将、纺纱女、渔人等。（图5）

博古类常以装满各种花卉、画轴及扇子的花篮、大罐、鼎为主要表现对象，其构图极其繁缛，有些填满盘心，几乎不留空隙。（图6）

山水主题纹饰构图较满，其中较常见的是画有宝塔、湖泊、远山、船只图案。如澳门博物馆藏青花帆船山水纹瓷盘。（图7）

盾徽则是欧洲家庭和公司的徽章标记，常由外文字母和盾牌图案组成。著名的藏品如大英博物馆藏的克拉克瓷碗（图8）。这只瓷碗上绘有四个纹章盾，盾上有一只长着两个人头和五个怪兽头的多头蛇。盾两旁的飘带上印着一句拉丁格言"Septenti nihil novum"（知者知其不知）。其余的装饰图案都属中国风格。

通过分类比较我们可以看出，克拉克瓷盘纹饰体现着中国传统文化与西方文化交融，一个看似普通的克拉克瓷器上折射出中西方不同文明的碰撞，它像一张中国名片，对外传播着古老的中国文明。

 趣味猜想

1. 青花瓷属于釉下彩还是釉上彩瓷器？
2. 你知道明代永乐、宣德年间官窑制造青花瓷使用的钴料是什么吗？

载有外销瓷的沉船

1、"黑石号"

1988年，德国一家打捞公司在印尼爪哇海域发现了一艘古代沉船，即"黑石号"。经过打捞，"黑石号"共出水约6.7万件文物，其中瓷器约占98%。在出水的瓷器中发现了一件带有"宝历二年"纪年款的长沙窑瓷碗，因此沉船的年代被定为9世纪上半叶。"黑石号"是目前世界上发现最早的阿拉伯沉船之一，

图9 从"黑石号"打捞出的唐代青花瓷盘

也是"海上陶瓷之路"的直接证据，证明在唐代中国的瓷器已经作为商品远销海外。（图9）

2、"南海一号"

"南海一号"是南宋初期的一艘失事沉没的木质古沉船，"南海一号"是迄今为止世界上发现的海上沉船中年代最早、船体最大、保存最完整的远洋贸易商船。沉没地点位于中国广东省台山市海域，发现于上个世纪80年代末，是国内发现的第一个沉船遗址，距今800多年，因沉没地点位于南海，故而名为南海一号。

2007年12月21日，南海一号被整体打捞出水，随后入住水晶宫，进行后续的室内保护和发掘。船内现存的器物以瓷器、铁器为主，钱币亦有相当数量，纸张、丝绸等有机质货物已分解不存。截至2016年1月5日，总共出土文物14000余件套、标本2575件、凝结物55吨，其中瓷器13000余件套、金器151件套、银器124件套、铜器170件、铜钱约17000枚以及大量动植物标本、船木等[4]。其中出水的瓷器种类可分为德化窑、磁州窑、景德镇、龙泉窑等当时的主要窑口。

南海一号的发现与出水为研究海上丝绸之路的历史、南宋时期对外贸易及外销瓷的发展史提供极为难得的实物资料，为研究我国古代造船工艺、航海技术等提供了典型标本，南海一号的成功打捞亦是中国水下考古的重大成果，考古研究价值难以估量。

参考文献

[1] 明代古船南澳一号沉睡广东海底 官兵缴获文物195件. 中国新闻网，2014-9-23.

[2] 陈立立. 明清景德镇外销瓷的辉煌与衰落 [J]. 东方收藏，2010（11）.

[3] 于剑. 克拉克瓷与晚明内销青花瓷主题纹饰的比较研究 [D]. 硕士学位论文，景德镇陶瓷学院，2007-7：36.

[4] 宋代沉船"南海一号"出土文物14000余件套多为瓷器. 新华网，2016-1-11.

耳杯

作者：陈晓琳

耳杯，漆器，战国，杯长17.5厘米，两耳中宽15.2厘米，耳厚1.9厘米，杯深3.2厘米，重375.5克，1958年河南信阳长台关1号墓发掘出土，现藏河南省文物考古研究院。

深度品鉴

1957～1958年河南省文化局文物工作队在河南省信阳长台关抢救发掘了两座战国早期的楚国大型长方形竖穴木椁墓，分别被命名为楚墓1号和楚墓2号，1号墓椁室东西长9米，南北8米，高3米多，分为前室、主室、右侧室、左侧室以及后三室。

漆耳杯为1号楚墓发掘出土，出土时高度腐朽，含水量极高，文物保护科技工作者成功使用蔗糖法，使这件经受了2000余年地下水和各种菌类侵袭的漆耳杯，经过脱水定型，还原了华丽炫目的原貌，呈现在大众面前，为今天研究和释读楚文化提供了珍贵的实物资料。

长台关耳杯整体造型古朴厚重，口沿呈椭圆形稍圆，方耳，耳面微上翘，浅腹，平底，厚木胎。内部完全用朱漆髹饰，器外整体髹黑漆，耳部朱绘圈点纹、云气纹，灵活自如的云纹线条构图流畅，双耳微微翘起，形似雀鸟的双翼，色彩绚丽和谐，纹饰简洁生动，充满着飘逸奔放的韵律美，体现了战国初期漆器的风格和制作工艺，值得人们去研究、去鉴赏。

文化解读

我国出土战国漆器的地区很多，信阳长台关出土的漆器堪称这一时期的代表。关于漆器，文献记载其历史可以追溯到传说中的尧舜时代。《韩非子·十过》记载："尧禅天下，虞舜受之，作为食器，斩山木而财之，削锯修之迹，流漆墨其上，输之于宫，以为食器"[1]。赵襄子最怨智伯，漆其头以为饮器"。[2]春秋战国时期的楚地拥有丰富的生漆资源，因而楚人日常生活实用器具有很多是漆器，死后丧葬用品也多见漆器。

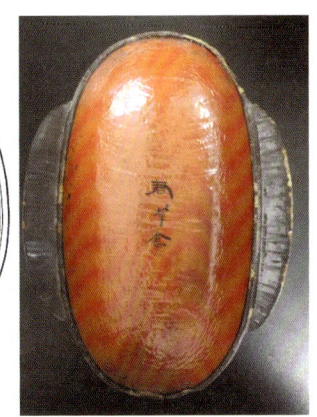

图1 幸酒、幸食杯

信阳长台关出土的这件漆器耳杯，因其两侧各有一耳，以往研究者多称其为"耳杯"。这类型的"耳杯"多见于战国初期。耳杯也有学者根据文献《楚辞》中战国楚宋玉《招魂》篇中的"瑶浆密勺，实羽觞些"，和《汉书·外戚传（下）》："酌羽兮觞销忧"，而称之为"羽觞"。

战国时称"耳杯"为杯，河南信阳长台关M1出土的物疏简2-020，其上记有"其木器：杯豆三十、杯三十，根据墓中出土实物来看，"杯"应该是指有双耳的杯，"杯豆"应该是指以双耳杯为豆盘的豆，二者出土数量与简文所记相符。

关于耳杯的用途，以往学者多认为是酒具。其实，耳杯既可以作为酒具，也可以作为食具。湖南长沙马王堆M1出土的杯文"君幸食"和物疏简上的文字"幸食杯"都可作为证明（图1）。此外，文献中也有相关记载，如《史记·项羽本纪》载："幸分我一桮羹"。最为直接的证据，是在河南信阳长台关M1出土的杯内及附近发现有梅核。

耳杯的制作方法有斫制和夹纻胎制作两种，斫制就是利用一木块或木板削出器形（包括刨、削、剜、凿等作法），一般比较厚重。另一种制作方法为夹纻胎。夹纻胎耳杯初见于战国，两汉中期以后逐渐流行，由木胎向夹纻胎转变，成为最普及的制胎方法，其工艺达到了前所未有的水平。

《盐铁论·散不足》篇中说："一杯用百人之力，一屏风就万人之功"，制作一只最简单的羽觞（耳杯），一般要经过素工、髹工、上工、铜耳、黄涂工、画工、月工、清工、造工等不同工种来完成。由此可以想见，当时制作这件长台关出土的漆耳杯其工艺的复杂程度。

比较研究

目前出土战国时期漆器的墓葬主要分布在湖北省，主要集中在江陵楚郢都纪南城附近。此外湖南长沙、四川荥经、河南信阳等地的楚墓考古发掘也有出土。出土漆器种类、色彩、纹饰和制作技艺，都有着显著的特点。涉及古代社会经济文化生活的众多层面，为我们提供了许多有关春秋战国以来楚人生活方面的重要材料。出土漆器中，尤以杯的出土数量最多。现就耳杯的器形及纹饰发展做一简单比较。

图 2 宣城楚墓方耳杯

图 3 荆州雨台山 297 号墓方耳杯

1、器形

漆耳杯依据耳部差别，有方形和圆弧形两种。方形耳杯

图 4 "渔阳"云凤纹漆耳杯

图 5 彩绘漆涡纹方耳杯

年代相对较早，出现于春秋，到战国时数量增多，至汉代则已绝迹。方形耳杯的特征是杯口呈椭圆形稍圆，方耳中部向内凹缺，两耳微上翘，平底，如安徽宣城战国墓出土的耳杯（图 2）。后期器形整体逐渐变高，椭圆形杯口越来越狭长，方耳中间的缺口越来越深，耳部由与口平齐到逐渐上翘，由平底到平底假圈足。如荆州市荆州区雨台山 297 号墓出土的战国方耳杯，口径 18.3 厘米 ×11 厘米、连耳宽 15.5 厘米、高 6.2 厘米，厚木胎。口沿呈椭圆形，耳面微上翘。器外髹黑漆，内髹红漆。耳面、耳侧及口沿外侧饰变形鸟头纹和云纹（图 3）。

圆弧形耳杯，杯口呈椭圆形略圆，耳外侧两端呈弧形，中部有凹缺，耳下有凸起，耳面平，略低于口沿，平底。根据耳部及底部的变化，其变化趋势是椭圆形杯口越来越狭长，耳部由中间带凹缺的圆弧形变为圆弧形，耳部逐渐上翘，由平底到平底假圈足，假圈足由矮变高。如湖南长沙望城坡西汉渔阳墓出土的"渔阳"云凤纹漆耳杯（图 4），耳杯通高 6.3 厘米，口沿长 19.8 厘米，耳间距为 15.5 厘米，重 241 克。内部完全用朱漆髹饰，外面为黑漆地，并朱绘变形凤鸟纹，耳部朱绘云气纹、几何纹。形制与其他类型耳杯相比，更显厚重。杯外壁用细若游丝的画笔描绘出八只凤鸟，凤鸟图案两两首尾相对，左顾右盼，宛如在云中飞舞。它为我们展现了汉代人崇拜神鸟的精神世界，也代表着当时漆器制作技艺的最高水准。

2、纹饰

战国早、中期，耳杯上自然景象的纹样比较常见，主要有云雷纹、三角形雷纹、绹纹、涡纹等。几何纹有方块纹、弧线、圆圈、点纹等，植物纹比较少见。中晚期常见的纹样有蟠螭纹、云雷纹、三角形雷纹、绹纹、涡纹等，动物纹中的龙纹、凤鸟纹这一时期也较多见。几何纹样主要有菱形、直线、三角形，多绘制于耳杯内外口沿处，以较窄的纹饰带绘制于主体纹饰带的上下、内外，用以衬托主体纹饰。湖北江陵雨台山 354 号战国楚墓出土的彩绘漆涡纹厚木胎方耳杯（图5），高5.5厘米，口径 17.5—10 厘米，连耳宽 15 厘米，底径 10—6 厘米，口呈椭圆形，弧壁，平底，方形耳。由于是整木斫凿而成，所以胎骨比较厚，多显粗重。器内髹红漆，边髹一周黑漆，饰变形鸟头纹间涡纹。双耳赭色漆，绘变形鸟头纹间三角卷云纹、涡纹等，杯外壁赭色漆。耳杯所饰变形鸟头纹是战国漆器中最具特点的装饰纹样。

战国晚期至西汉早期，耳杯上的纹样内容更加丰富多彩，基本不见了中晚期的蟠螭纹、云雷纹、三角形雷纹、绚纹、涡纹等纹样。动物纹中的龙纹、凤鸟纹这一时期比较多见，也有虎、鹿、鱼、鹤、犀牛等。几何纹样基本还是菱形、直线、三角形。彩绘漆几何纹方耳杯（图6），荆州江凌范家山 15 号战国楚墓出土，通高 6 厘米，口径 18.3 厘米 11.4 厘米，底径 12.2 厘米—6.6 厘米，连耳宽 15.6 厘米，厚木斫胎，杯口呈椭圆形，弧壁，平底，方形耳。器内髹朱漆，双耳及杯外壁髹赭色漆，耳面绘几何纹，两端侧面绘涡纹。耳杯所饰几何纹及涡纹是战国至西汉耳杯纹饰的主要纹样。

信阳长台关 M1 楚墓出土的耳杯纹饰主要有饕餮纹、云气纹，颜色以黑、红色为主，杯口沿处没有绘制图案，而是全部采用朱漆髹饰，直接绘制在器物表面的。湖南长沙等地出土的耳杯在纹饰上就更加丰富多彩了。如湖南长沙望城坡渔阳王后墓中出土的渔阳三角纹漆耳杯（图7），通高 4.7 厘米，口沿长 16.8 厘米，耳间距为 12.8 厘米，重 135 克，斫木胎。内部采用朱漆髹饰，外表面以黑漆作地，朱绘粗体三角纹、波折纹等，杯身口沿部绘制一圈变形鸟头纹。其图形构成简单、抽象化，纹饰轻盈飘洒，绘图风格主要是线条画与平涂画相结合，给人以一种跳跃的动感和独特的艺术享受。

1993 年出土于长沙望城坡西汉渔阳王后墓中的"渔阳"凤鸟纹漆耳杯（图8），现藏长沙简牍博物馆。通高 5.5 厘米，口沿长 18 厘米，耳间距为 14.3 厘米，重 176 克。该耳杯也为斫木胎，外形椭圆，浅腹，平底。内部完全用朱漆髹饰，外表为黑漆地，耳部朱绘圈点纹、云气纹，杯体外的主题纹饰为变形凤鸟纹等。造型生动活泼，线条构图流畅，工艺精湛，纹饰华丽，充满着飘逸奔放的韵律美。楚人对凤鸟始终怀有特殊感情，凤鸟从远古时代起，就是楚人所崇拜的图腾，是吉祥、幸福、富贵的象征，纹饰图案，客观地反映了当时楚国的宗教生活与社会生活，具有典型的楚文化特征。

耳杯由初期的斫木胎制到中后期的纻胎制，器形有了很大变化，斫木胎胎骨厚，略显笨重；夹纻胎胎骨薄，器型线条流畅，杯体益发显得轻盈。杯体花纹题材变化丰富，绘画线条及色彩优美，

图6 彩绘漆几何纹方耳杯

图7 渔阳三角文耳杯

图8 "渔阳"凤鸟纹漆耳

色彩以红、黑两色为主，一般是"朱画其内，墨染其外"，器内涂朱，色度明亮，外髹黑漆，冷静凝重。色彩运用，对比强烈。使出土漆器具备了典雅、淳朴、富丽、庄重的品格，既朴素柔和，又俏丽华美，信阳长台关出土的这件漆耳杯为研究战国漆器工艺提供了极其珍贵的实物资料。

信阳长台关楚墓出土的漆耳杯形状各异，但是色彩上只有朱、黑两种颜色，这是为什么呢？

战国秦汉漆器的制胎及髹漆工艺

战国秦汉漆器胎骨主要有木胎、夹纻胎、布胎、竹胎、陶胎、金属胎及皮革胎等。其中以木胎最多，不同的器型往往采用不同的制作方法。其制法有三：一是斫制，利用一木块或木板斫削出器形（包括刨、削、剜、凿等做法），如具器、杯、以及匕、案等，一般比较厚重。二是旋制，取一大小适当的木块，旋出外壁和底部，而腹腔则可能是剜凿出来的。旋木胎器一般比较厚重。鼎、盛、盂、盘等属于这种制法。三是卷制，用于直壁器形，主要见于樽、觚、卮、圆奁。用薄木片卷成圆筒状器身，接口处用木钉钉接，底部是一块刨制的圆形平板，和器壁接合。夹纻胎，一般是在薄木胎上加裱麻布，然后上漆。布胎，其制作方法是先以木或泥做成器形，作为内胎，然后以麻布或缯帛若干层，附于内胎上，等麻布或缯帛干实后去掉内胎，这种制法也就是"脱胎"，则所存麻布或缯帛与原来器形的轮廓一样，仅稍大一些而已。

从用木块斫凿成器，到榫卯结合制作漆器，再到卷木胎以麻布用漆或胶粘合，再粘上底，最后到布胎漆器，是漆器制胎技术的一个不断发展、创新的过程，为一些漆器的轻巧美观提供技术支持。

髹漆是对各种胎骨的漆器进行髹饰的第一步，正因为有了髹漆这一步骤，器物才具备了漆器的特性，有了光滑、耐酸、抗潮、防腐的优越性。髹漆分为器底漆和面漆两种，一般不加彩绘的器物只髹底漆，彩绘漆器一般要加髹面漆。髹漆过程中需要荫干，"生漆在室温条件下成膜干燥时，漆酶的活性在温度30℃，相对湿度75%或稍高时较好，在这种条件下生漆成膜的时间比较短，而且膜的硬度、光泽等也比较好。如果温、湿度不适当，生漆成膜所需的时间较长，而且膜的硬度、光泽等也较差，甚至发生漆膜表面发粘的现象"，这样就需要"荫室"，或者具备"荫室"条件的环境。《史记·滑稽列传·优旃》记载：二世立，又欲漆其城。优旃曰："善。主上虽无言，臣固将请之。漆城虽于百姓愁费，然佳哉！漆城荡荡，寇来不能上。即欲就之，易为漆耳，顾难为荫室。"于是二世笑之，以其故止。荫室的重要性由此可见。战国秦汉漆器一般外涂黑漆，内涂朱漆。有的还要根据纹饰的需要来决定涂漆的颜色及具体部位，如一般在盘、杯等器物的内底也涂黑漆，以便在其上面朱绘花纹。

参考文献

[1] 河南省文物研究所. 信阳楚墓 [M]. 北京：文物出版社，1986.
[2] 陈振裕. 中国古代漆器造型纹饰 [M]. 武汉：湖北美术出版社，1999-7.
[3] 黄展岳. 长沙望城坡西汉"渔阳"墓墓主推考 [J]. 先秦两汉考古论丛，科学出版社，2008.
[4] 宋少华. 长沙西汉渔阳墓相关问题刍议 [J]. 文物，2010（4）.
[5] 陈彦堂. 河南信阳长台关七号墓发掘简报 [J]. 文物，2004（3）.
[6] 贺管保. 信阳长台关2号楚墓的发掘 [J]. 考古，1958（11）.
[7] 贺管保. 信阳长台关四号楚墓的发掘 [J]. 华夏考古，1997（9）.
[8] 湖南长沙望城坡西汉渔阳墓发掘简报 [J]. 文物，2010（4）.

相州窑青釉辟雍砚

作者：杨红梅

相州窑青釉辟雍砚，瓷器，隋代，直径10.5厘米、高5厘米，1975年安阳市龙安区活水村韩邕墓出土，现藏安阳博物馆。

深度品鉴

1975年，安阳老城西南约6公里的活水村发现一座古墓，安阳博物馆闻讯后立即派人前往进行抢救性发掘清理。该墓为一隋代砖石墓，出土瓷器12件，墓志一合，青釉辟雍砚即为出土器物之一。据墓志记载，墓主韩邕，字显和，北齐天保元年任赵州录事，天保四年转任东郡丞，天统元年任徐州司马骑都尉，后弃官就垄，隋开皇七年卒于相州（今安阳）。韩邕墓出土的瓷器，与安阳隋代相州窑青瓷窑址中出土的青瓷器相比，在器形、胎质、釉色、纹饰等方面非常相近，应为本地产品。其中的青釉辟雍砚，在安阳此前发现的二百余座隋墓中是仅见的。[1]

青釉辟雍砚，圆形，砚面平整微凹，四周为环形水槽形成砚池用以储存墨汁，下有间隔不等的15个蹄足围成一周。蹄足束腰部分饰凸弦纹一道。砚盘周边有子口以承盖。除砚面外，通体施青釉，釉层均匀明亮有光泽。此砚制作规整，造型独特，是隋代的典型器物。

"砚者，研也，可研墨使之濡也"（《释名》）。砚是中国古代文房四宝之一，由原始社会的石制研磨器具与调色器具演变而来,并随着社会的发展而不断进步。杨志恒先生认为目前所知最早的石砚是下川文化发现的石磨臼和磨棒,距今约3.6-1.3万年间[2]。此后距今7000多年的甘肃秦安大地湾遗址、6000余年的陕西西安半坡遗址、临潼姜寨遗址、河南陕县庙底沟遗址[3]以及陕西宝鸡北首岭遗址[4]和陕西临潼姜寨遗址皆出土有兼具调色功能的研磨器,此类用于彩绘的研磨器,应是我国砚的雏形。商周时期,石砚的制作有了进一步的发展。殷墟妇好墓出土的双鹦鹉调色盘[5],在注重实用功能的同时,已注入了审美因素的内涵。此后直至秦汉时期,砚皆由自然石料简单加工而成,配以研石将天然墨或人工墨碾碎研磨用于书写绘画,如湖北云梦睡虎地西汉墓出土的附研磨石石砚,直接选取自然鹅卵石加以简单加工使用[6]。东汉以后,随着墨碇的出现,研杵失去了其功用,砚台受的压力随之减轻,这就使得利用岩石以外的材质制砚成为可能,陶、瓷、铜、铁、锡等砚应运而生。其中的辟雍砚,即为瓷砚中的一个典型形制。

辟雍砚初见于魏晋时期,发展至隋唐。当时多依据其形制称为"璧水砚",又因此类砚于寒冬季节,砚盘下可置碳以暖砚而称为"璧水暖砚"。唐杨师道《咏砚诗》云:"圆池类璧水,轻染翰烟华。"即为对辟雍砚的真切描述。宋代,随着考据和慕古之风的盛行,璧水砚也因其形"圆如盘,中隆起,水环之",制如周代礼制建筑"辟雍"而被称为"辟雍砚"[7]。《钦定西清古砚》卷七晋王廙璧水暖砚说:"砚圆如璧,外环以渠……",卷五宋澄泥璧水砚说:"规圆如辟,环以墨池……"即为此类型制。

文化解读

辟雍砚之名起于辟雍。辟雍是先秦两汉一种重要的礼制建筑,起源于商周时期的射礼。商代中晚期的射礼主要由贵族阶层在自然河流沼泽等水边进行,安阳殷墟花园庄东地出土甲骨中一部分卜辞较系统地反映了商代贵族"子" 按照礼及礼仪的要求在具备礼制功能的麗、泙和灘地进行的学射活动[8]。至西周时期,周天子已在固定的地点——辟雍进行射礼。周文王在丰邑、周武王在镐京都建有辟雍。西周青铜器铭文《麦尊》《静簋》《通簋》《伯唐父簋》等都提到王在莽京的璧雍、大池、辟池等处进行的射礼活动,有习武之射、待宾之射、射牲之礼与射余获[9]。周王在此还可以从事游宴和赏赐等活动。

至汉代时,学者多认为辟雍即为周代的大学,为行礼乐之地。《白虎通义》卷四"辟雍"条:"天子立辟雍者何?辟雍所以行礼乐宣德化也。辟者璧也,象璧圆以法天也。雍者雍之以水,象教化流行也。"西汉中期以后,礼乐制度逐渐完善,开始依据汉儒对先秦礼仪的理解对礼制建筑进行议建。西安西郊大土门村发掘的汉代建筑遗址,平面布局外圆内方,正中是建于圆形夯土台上四面对称的亚形中心建筑,外围以圆形壕沟,是一处集辟雍、明堂、灵台、太庙、太学于一体的礼制建筑综合体[10]。东汉亦在洛阳南郊兴建辟雍,辟雍与明堂相互独立,分居开阳门外大街东西两侧[11]。此时的辟雍礼仪在继承三代的基础上确立为飨射礼、讲经礼和养老礼,成为皇帝履行社会教化职责、进行社会教化的重要举措[12]。东汉李尤《辟雍赋》:"辟雍岩岩,规矩方圆。阶序牖闼,双观四张。流水汤汤,造舟为梁。神圣班德,由斯以匡。"即是对辟雍礼仪的赞颂。

至魏晋时期,都城在东汉的基础上重建,辟雍制度亦依然沿续。1931 年在东汉辟雍遗址台基南发现了晋武帝三临辟雍碑[13],说明至晋代时,帝王依然按照汉时贯例,在辟雍进行大射礼、乡射礼及乡饮酒礼,辟雍依然是进行礼制教育的重要场所[14]。

此后,随着汉魏故城的损毁,辟雍制度亦渐次湮没。至清乾隆年间,乾隆认为当时国子监有国学而无辟雍,名实并不相称,于是于乾隆 48 年(1783 年)开始议建国子监辟雍,次年冬竣工,以正方形重檐攒尖殿立于圆池之内,四面以桥衔接,构成外圆内方布局,成为国子监的中心建筑。1785 年春,乾隆在其登基 50 年时于新落成的辟雍举行大典。尔后,嘉庆和道光两位皇帝亦皆在此讲学,国子监辟雍也就具有了政治与学术合流成为正统的象征意义[15]。

辟雍的设置,从商周历两汉至魏晋,到清乾隆时依旧制恢复,体现的是学与礼的不断融合与发展,凸显出中国古代王权通过礼制对中央官学的控制与引导。作为文房用具的辟雍砚仿辟雍形制制作,在一定程度上反映了作为帝王讲学行礼之所的辟雍在中国古代文人心目中的崇高地位。

比较研究

陶瓷辟雍砚魏晋时开始出现,经过南北朝的发展,于隋唐时走向高峰,唐中晚期以后,逐渐退出了文房,成为极具时代风格的典型器物。

目前所知最早的近似器型为湖北当阳刘家冢子东汉画像石墓出土的灰陶盘龙盖砚[16]以及镇江东吴墓出土灰陶砚[17](图1),砚身扁平,三足低矮,砚池极浅,池底近平,是辟雍砚的萌芽。山东临沂洗砚池晋墓出土的瓷砚(图2),黄胎、无釉、带盖,子母口,浅盘,砚面上凸,中间留有朱砂痕迹,平底,下附三蹄足[18]。上凸的砚面标明了贮墨与援笔功能的分化,辟雍砚这种特别的陶瓷砚式开始正式形成。

东晋以后至南朝初年,辟雍砚在前期的基础之上,器物整体造型加高,砚池加深,砚面普遍采用弧形凸起,开始具有了辟雍砚的基本特征。南京司家山谢球、王德光夫妇合葬墓出土的瓷三足砚(图3),三兽首足,砚面稍上凸[19]。这一时期,弧形砚面和"V"形砚池的出现,进一步加强了贮墨和援笔功能的分离,砚足的增高,则在一定程度上满

图 1 镇江东吴墓出土灰陶砚线图

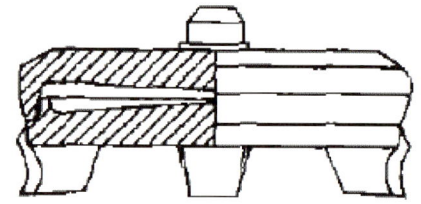

图 2 山东临沂洗砚池晋墓出土瓷砚线图

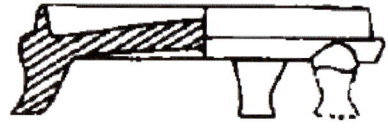

图 3 南京司家山谢球、王德光夫妇合葬墓出土瓷砚线图

足了暖砚的需要。

南北朝时期，辟雍砚有了进一步的发展，砚面的弧形凸起更高，略呈馒头状，墨渠更深，如南京郊区对门山南朝墓出土的青瓷三足砚（图4），底部已呈明显上弧状[20]。个别砚面在弧形凸起部作较小的平台，显示砚面自馒头形向圆台形的过渡。多足砚数量骤然增多，砚足数量增加，以下置六至十足兽足最为流行。安阳北齐贾进墓出土的青釉多足瓷砚（图5），砚面上鼓初现圆台状，其下附八个蹄状足[21]，是这一时期辟雍砚的典型形制。同时，这一时期，新出现圈足砚形制，如安陆黄金山出土的陶砚（图6），圈足外撇，足上有八个圆形镂空[22]。应为在蹄足的基础上，适应暖砚需求而做。

隋唐时期是辟雍砚发展的鼎盛时期，也是辟雍砚造型最具特征，制作也最为精细的时期。砚面进一步由馒头形向平台形过渡，并于唐代成为定式，与此相适应，墨渠亦向直、深方向发展，断面由"V"最终发展为"U"形。多足砚数量增加且足的数量多超过10个，至盛唐时甚至超过20个，以蹄足和珠足最为常见。河南安阳安阳桥隋墓出土的青釉瓷砚（图7）带盖，圆形，砚内面上凸形成形成圆台，下附间隔相等的十七个马蹄形足[23]。此时的砚面已脱离了馒头状凸起而呈现出较为明显的平台状。安阳置度村隋墓出土的一套青釉侍女俑，其中一人手捧瓷砚[24]（图8），与安阳博物馆藏青釉辟雍砚及安阳桥隋墓出土青釉瓷砚形制相同，从另外一个侧面反映了此类砚式在隋代的盛行程度。

至唐代时，辟雍砚砚面已形成了典型的平台状，且砚渠形成为典型的"U"形。初唐时期唐昭陵长乐公主墓出土的辟雍砚（图9），台面呈平台状，墨池在"V"形的基础上加深加宽，还带有明显的隋代风格[25]。

江西丰城市曲江寺前山洪州窑遗址出土的青釉多足砚（图10），砚面凸起呈平台状，墨渠深且直断面呈"U"形，外壁贴塑20余蹄足，一侧还贴塑一对笔插[26]，是唐代辟雍砚成熟期的典型形制。洛阳履道坊白居易故居出土的瓷砚，

图4 南京郊区对门山南朝墓出土青瓷三足砚线图

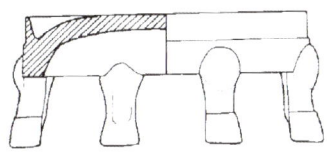

图5 安阳北齐贾进墓出土青釉多足瓷砚线图

图6 安陆黄金山南朝墓出土陶砚线图

图7 安阳桥隋墓出土青釉瓷砚线图

图8 安阳置度村隋墓出土捧砚侍女俑

图9 昭陵长乐公主墓出土辟雍砚线图

图10 洪州窑遗址出土青釉多足砚

图11 福建永春永徽二年墓出土青瓷砚

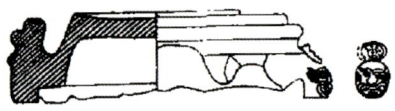

图12 郑州中原制药厂唐墓出土陶砚线图

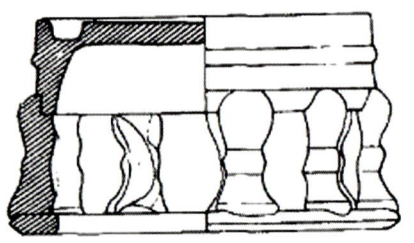

图13 郑州西陈庄唐墓出土瓷砚线图

砚盘呈圆形，盘内周沿有一圈凹槽，盘外沿突起两孔笔插，下附21蹄足[27]，与前述洪州窑遗址出土青瓷多足砚形制基本一致。圈足砚在这一时期继续流行，砚面和墨渠则展现了明显的时代特征。如福建永春县城关镇永徽二年（651年）墓出土青釉划花砚[28]（图11），平台形砚面和"U"形砚渠与江州窑遗址出土的青釉多足砚极为一致。郑州中原制药厂出土的陶砚[29]（图12），亦具有极为明显的平台形砚面与"U"形砚渠。这一时期，多足下附环状垫圈的连台式砚于隋初出现并在随后大量流行，应是受圈足砚和多足砚的共同影响而产生的。郑州西陈庄唐墓出土的瓷砚[30]（图13），是这一类型的代表，平台形砚面略下凹，更有利于援笔；直而深的"U"形墨渠，同样使贮墨更为方便。

唐代后期，由于大量优质石材的开采，端砚、歙砚、洮河砚相继开发出来并日渐盛行，成为我国石质砚台称雄后世的开端[31]。同时，隋唐以后桌案的兴起与普遍使用导致了人们伏案书写方式的固定，砚台多置于书案之上，对砚台之底部亦不再有附足以适应场地变化的要求，平台砚逐渐代替有足砚并成为主流，多足的陶瓷辟雍砚逐渐退出了历史舞台，成为三国两晋至盛唐期间极具时代风格的一种典型砚式。

多足是辟雍砚的典型特征，您知道辟雍砚砚足是如何制作的吗？

相州窑

相州窑位于河南省安阳市北郊洹河安阳桥南岸。就1974年试掘结果来看，窑址南北长约350米，东西阔约

260米，面积达91,000平方米，堆积层一般厚1米左右。结合最近的考古发掘情况看，其面积要远大于此。相州窑源于北朝、兴盛于隋、衰落于唐，是中国北方早期青瓷烧造的代表窑口之一，解决了中国北方部分早期青瓷烧造起源与时代问题。相州窑是北方较早烧制白釉瓷器的窑址之一，为解决北方白瓷的起源与发展提供了线索。其最早采用白色护胎釉工艺，是我国制瓷工艺的新成就。

相州窑瓷器最早伴随着殷墟的考古发掘而出现。1929年，在安阳小屯村殷墟遗址考古发掘中，发现了一座隋仁寿三年（603年）卜仁墓。墓中出土高足盘、碗、罐等青瓷器，这是安阳地区隋代青瓷的首次发现。此后至建国前在安阳殷墟的考古发掘中，共发掘隋墓175座，1966-1975年在殷墟亦发掘有29座隋墓。殷墟以外的安阳其它地区，亦不断有隋墓及隋代瓷器的出土，如1956年发现的安阳琪村隋开皇十六年魏镇远将军郑平墓、1958年濮阳北齐武平六年车骑将军李云墓、1959年安阳豫北纱厂隋开皇十五年征虏将军张盛墓、1971年安阳洪河屯北齐武平六年骠骑大将军范粹墓、1971年安阳县安丰乡隋开皇九年宋循墓、1975年安阳市活水村隋开皇七年韩邕墓、1983年安阳市市建七公司隋墓、1986年安阳桥隋墓、1993年安阳市胜利小区隋墓、2008年安阳置度村隋墓等。这些墓葬中出土了大量瓷器，从釉色器形看与1974年安阳洹水南岸瓷窑窑址试掘出土同类瓷器标本基本一致，因此可判定为安阳相州窑产品。

综合相州窑窑址及安阳地区部分北朝及隋代墓葬出土瓷器来看，相州窑器物器类以盘、罐、碗、杯等日常器物为主，兼有一部分日用器物模型；器物胎壁较厚，胎质细腻；釉色以青釉为主，青中带绿、青中闪黄以及青灰、青褐等色，个别器物青色极浅已近白釉；装饰方法有刻花、划花、印花和贴塑等，纹饰多以简单、质朴为主要风貌。

参考文献

[1] 安阳市博物馆. 安阳市活水村隋墓清理简报 [J]. 中原文物，1986（3）：42-43.
[2] 杨志恒. 史前石砚与书法艺术 [J]. 美术大观，2006（2）：86-87.
[3] 杨志恒. 书美发生学的分析 [D]. 北京：首都师范大学，2006：19-21.
[4] 中国社会科学院考古研究所. 宝鸡北首岭发掘报告 [M]. 北京：文物出版社，1983：49.
[5] 中国社会科学院考古研究所. 殷墟妇好墓 [M]. 北京：文物出版社，1980
[6] 湖北省文物考古研究所，云梦县博物馆. 湖北云梦睡虎地M77发掘简报 [J]. 江汉考古，2008（4）：31-37.
[7] 王亚平. 考古出土辟雍砚研究 [J]. 辽宁省博物馆馆刊，2012：184-189.
[8] 韩江苏. 从殷墟花东H3卜辞排谱看商代学射礼 [J]. 中国历史文物，2009（6）：32-39.
[9] 袁俊杰. 论唐伯父鼎与辟池射牲礼 [J]. 华夏考古 2012（4）：
[10] 王世仁. 汉长安城南郊礼制建筑（大土门村遗址）原状的推测 [J]. 考古，1963（9）：501-515.
[11] 徐仲殊. 汉代考古学概说 [M]. 北京：中华书局，1983：26.
[12] 郭炳洁. 辟雍与东汉中央官学教育 [J]. 孔子研究，2015（4）：139-144.
[13] 童岭. 晋初礼制与司马氏帝室——大晋龙兴皇帝三临辟雍碑胜义蠡测 [J]. 学术月刊，2013（10）.
[14] 李艳婷. 从辟雍碑看西晋时期的教育和礼仪制度 [J]. 中原文物，2013（6）：107-109.

[15] 李乾朗.国子监辟雍[J].紫禁城，2009（3）：14-17.

[16] 沈宜阳.湖北当阳刘家冢子东汉画像石墓发掘简报[J].文物资料丛刊，1977（1）.

[17] 镇江博物馆.镇江东吴西晋墓[J].考古，1984（6）：528-545.

[18] 山东省文物考古研究所，临沂市文化局.山东临沂洗砚池晋墓[J].文物，2005（7）：4-37.

[19] 南京市博物馆，雨花区文化局.南京司家山东晋、南朝谢氏家族墓[J].文物，2000（7）：36-49.

[20] 南京市文物管理委员会.南京对门山两座南朝墓清理简报[J].文物，1980（2）：

[21] 河南省文物局南水北调文物保护管理办公室，安阳市文物考古研究所.河南安阳县北齐贾进墓[J].考古，2011（04）：42-49+108.

[22] 湖北省文物考古研究所，安陆市博物馆.安陆黄金山墓地发掘报告[J].江汉考古，2004（4）.28-53.

[23] 安阳市文物工作队.河南安阳市两座隋墓发掘报告[J].考古，1992（1）：32-79.

[24] 安阳市文物考古研究所.安阳置度村隋墓发掘简报[J].考古，2010（4）：48-57.

[25] 昭陵博物馆.唐昭陵长乐公主墓[J].文博，1988（03）：10-30.

[26] 曹国庆.中国出土瓷器全集14·江西[M].北京：科学出版社，2008：28.

[27] 中国社会科学院考古研究所洛阳唐城队.洛阳东都履道坊白居易故居发掘简报[J].考古，1994（8）：692-701.

[28] 杨琮.中国出土瓷器全集11·福建[M].北京：科学出版社，2008：47.

[29][30] 郑州市文物工作队.郑州地区发现的几座唐墓[J].文物，1995（5）：23-39.

[31] 齐香钧.辟雍砚的初步研究[J].河南机电高等专科学校学报，2011（7）：90-93.

白釉褐彩诗文碗

作者：李晶

白釉褐彩诗文碗，瓷器，金代，高14厘米，口径26厘米，底径8.1厘米，河南平顶山叶县文集遗址出土，现藏安阳博物馆。

深度品鉴

白釉褐彩诗文碗为金代磁州窑系典型瓷碗类型，高大厚重，大口沿，深腹，圈足内斜外撇。碗内绘"家和贫友好，不义富如何"诗文。此诗语言简单，通俗易懂。该白釉褐彩诗文碗出土于平顶山叶县文集遗址，属磁州窑系瓷器，应为平顶山当地鲁山窑址烧制。通俗易懂的语言告诉人们不管贫穷富裕都要家庭和睦，仁义兼备。

瓷器上题诗词是宋金元时期磁州窑系盛行的一种瓷器装饰艺术，即在白胎上书写墨字，然后施釉的一种手法。由于瓷器上文字大多为韵文，所以称为诗，

图1 白釉褐彩诗文碗俯视图

磁州窑将瓷和诗二者结合起来演绎了独特的"瓷诗文化"[5]。作为当时最大的民窑体系，磁州窑系瓷器题诗文化为研究民间文学和民俗文化提供良好的素材。

文化解读

瓷器上题诗文最早出现在唐代的长沙铜官窑，"我们依据考古资料知道，在陶瓷器物上书写诗句，属长沙窑首创"。[6]但长沙窑生产只在唐和五代时期，所题写诗文仅限唐诗和民谣，而且带装饰文字的瓷器数量较少。宋金元时期的磁州窑系继承并弘扬了这一表现手法，将其作为自己的特色世代传承下去，使文学艺术也有了一种更好的传播方式。

磁州窑将题诗作词作为自己的特色由宋代兴起，金元时期达到了鼎盛。究其原因，应该与当时所处的时代背景、地理位置及民窑自身的性质有关。宋金元时期战乱频繁，政权交替，虽然异族文化入侵，但是有着深厚底蕴的汉文化地位丝毫没有动摇，作为汉文化代表的诗文化得以继承发展。在严酷统治下大量汉族文人退隐山林，散落民间，文人们利用他们自身较高的文化素养，根据民众文化需求的心理，编创一些通俗易懂的诗词，工匠们将其书写在瓷器上，为百姓喜好。另外窑工们把自己的生活感受和民间谚语书写在瓷器上，使磁州窑不仅满足了普通民众的生活需要，也满足了广大人民大众的精神需求。同时，磁州窑处于中原地区，文化积淀深厚，金元时期又处于两大都城汴梁和大都两个文化中心的过渡地带，磁州窑作为民窑，为迎合民众的崇文风尚，通过在瓷器上书写唐诗宋词或者自创通俗诗文、民谣，来扩大产品的日常销量。

磁州窑题诗作词的装饰艺术，不仅可以研究瓷器装饰手法，而且补充了文学发展史资料，提供大量民俗信息。"题写在磁州窑瓷器上的诗文丰富多彩，诗词曲赋，各体兼备，可以称得上是一部简本的唐宋元文学史。"[7]

比较研究

瓷器上题诗词的装饰手法多出现在磁州窑这一类的民窑当中，诗词类型有唐诗宋词元曲赋以及自创型体裁诗词。自创型体裁诗词大多以抒情感时、生活闲谈、描写自然风光、劝诫等。

唐宋时期的诗词文化影响深远，格律诗读起来朗朗上口，使制瓷匠人不免会抄录一些流行于世的名人诗作。安阳博物馆藏一件鹤壁窑元代白釉褐彩诗文罐，高23、腹径27.2、口径17厘米，直口，鼓腹下收，肩部施一周带状草叶纹和椭圆形组成的图案，腹部全以诗词装点，褐色行书装饰"柳色黄金嫩，梨花白雪香，玉楼巢翡翠，金殿锁鸳鸯。"这首诗选自李白的《宫中行乐词》八首中的第二首，描写宫廷内纸醉迷金的生活场面，写在磁州窑瓷器上，满足了乡绅地主追求荣华富贵的欲望（图2）。

宋词最能体现宋人生活的诗情画意和民俗风情，一首首精美的宋词书写在人们日常生活用品瓷器上，给普通的生活也增添一丝精彩。宋词大多出现在面积较大的瓷枕上面，"缠绵的词韵和柔柔的枕境所形成的一致，成为一种情感，两者互为条件和载体而情韵缭绕。这比单纯从字面上欣赏词或从枕面上单纯地观赏几个字更具观赏美和情韵美。"[8]河北磁县文保所藏一件八角形瓷枕上，书写着苏东坡的《如梦令》，"为向东波（坡）传语，人在玉堂深处，别后谁来。雪压小桥无路，归去，归去，江一犁春雨。"工匠们抄录这首词表达了落魄文人隐居田园，对欢乐易逝的一种感叹（图3）。

元曲将传统诗词、民歌和方言俗语揉为一体，形成了诙谐、洒脱、率真的艺术风格。元曲语言通俗易懂，作为人民群众喜闻乐见的艺术形式，更容易被磁州窑这种民窑瓷器所吸收利用。河北省博物馆藏一件元代观台窑出土的白釉黑彩诗文长方形枕，枕面用三道墨线绘出菱形开光，开光内楷书"喜春来"曲一首，曲文"牡丹初放安排（射）谢，朋友才交准备别，人生一世半痴呆，如梦蝶，不觉日西斜。"（图4）

自创陶瓷诗词曲大多来自工匠之手或者下层失意文人，亦或民间流传。自创诗词曲是宋金元时期市井文化的一个代表，流行于坊间，深受广大百姓喜爱，也因此成为磁州窑诗词装饰的良好素材。如故宫博物院收藏的金代绿釉剔划花豆形枕，上面题一首《咏瓜》："绿叶追风长，黄花向日开。香因风里得，甜向苦中来。"描写了瓜的生长过程，极具生活趣味。邯郸市博物馆藏一件瓷枕上写有《朝天子》："左难右难，枉把功名干。烟波名利不如闲，到大来，无忧患。

图2 白釉褐彩诗文罐 安阳博物馆藏

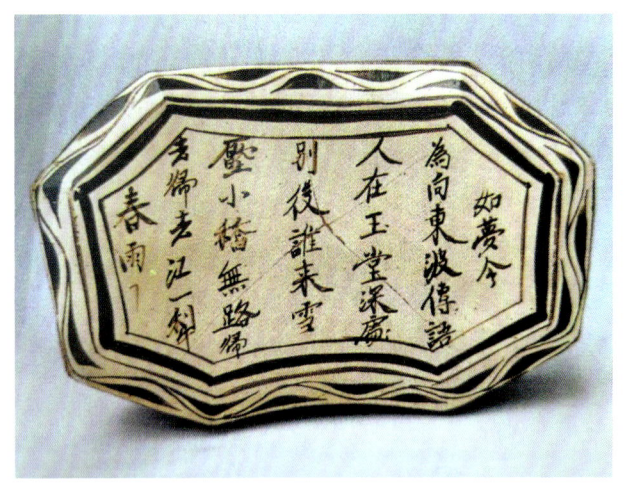

图3 八角形瓷枕 磁县文保所藏

图4 白釉黑彩诗文瓷枕 河北博物院藏

积玉堆金，无边无岸，限来时，悔后晚。病患过关，谁救得贪心汉。"描述了一个失意文人看淡世界，清静无为、安贫乐道的思想（图5）。

宋金元时期正值我国词、曲大发展阶段，也是市井文化大批昂首登上历史舞台之际，磁州窑民间"瓷诗文化"正是历史的见证和时代的烙印。从宋金到元明的磁州窑器表文字充分反映了从诗到词、曲的流变发展过程，为我们保留了大量不曾被当时主流文化所记载的民间诗、词、曲作品，还为我们校勘、考证已被记载的文人作品提供了独特的依据。磁州窑的瓷诗文化装饰手法对于"研究宋金时期民俗、文学、艺术都有它一定的作用，是应当引起重视的有价值的文化遗产。"[9]

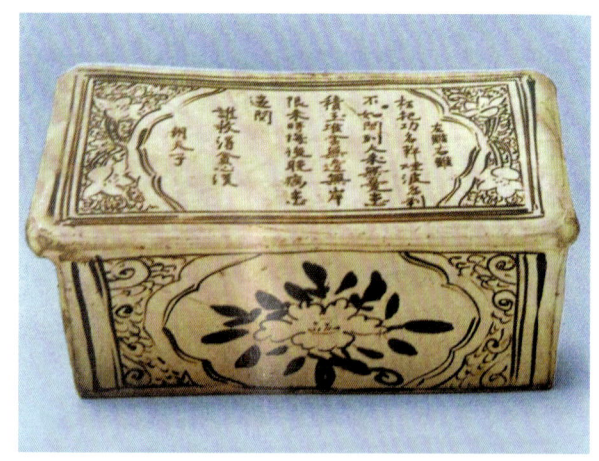

图5 白釉黑彩诗文瓷枕 邯郸市博物馆藏

题写诗词曲赋为什么在磁州窑系的瓷器上特别流行？

叶县文集遗址

文集遗址位于河南省平顶山市叶县常村乡文集村及其西南澧河北岸的二级台地上。为配合南水北调中线工程项目，2006年5月至2008年10月河南省文物考古研究所会同平顶山市文物局、叶县文化局等单位对主干渠占压部分进行了发掘，发掘面积11650平方米[1]。2010年5月至11月，平顶山市文物局再次对文集遗址进行发掘，发掘面积3600平方米。遗址年代纵跨唐、五代、北宋、金、元、明、清等七个朝代，尤以金代遗迹、遗物最为丰富，出土了大量瓷器。发现有金代宽阔的街道、排列整齐的大型庭院式房屋、连间式排房建筑、较为集中的大型地灶和火池，出土有瓦当与大型吻兽类建筑构件、相对集中的铜钱币与瓷器窖藏坑、以及较多的围棋子和骰子等娱乐活动器具，说明了金代这里是一处繁华兴盛的街市。

文集遗址是我国第一处经过长时期大规模发掘的唐代至元代乡村集镇类遗址，比较全面的反映了中原地区乡村的面貌，尤其出土的大量遗物，呈现了乡村生活的细节[2]。共发现灰坑、房基、窖藏坑、水井、道路、地灶、灰沟、火腔等遗迹1470处。文集遗址出土瓷器品类多样，釉色丰富，多为生活用品，有罐、碗、盆、盘、瓶、缸、壶、盒、杯、盖、钵等。

参考文献

[1] 王利彬，王龙正. 一幅金代农村集镇的生活画面 [J]. 文物天地，2009（6）：84-93.
[2] 夏然蔚. 叶县文集遗址出土瓷器研究 [D]. 北京：首都师范大学，2014：4.
[3] 秦大树. 宋元明考古 [M]. 北京：文物出版社，2004：282.
[4] 秦大树. 繁荣兴盛的金代制瓷业 [A]. 韩国：国立中央博物馆《中国陶瓷》，2007：8.
[5][9] 潘军. 磁州窑"瓷诗文化"评析 [J]. 文博，2008（2）：87.
[6] 冯先铭. 中国陶瓷 [M]. 上海：上海古籍出版社，2002：382.
[7] 王兴. 磁州窑史话 [M]. 天津：天津古籍出版社，2004：74.
[8] 潇湘、李建毛. 瓷器上的诗文与绘画 [M]. 长沙：湖南美术出版社，2006：140.

仿海螺像生瓷杯

作者：朱宏秋

仿海螺像生瓷杯，瓷器，清乾隆时期，高5.6厘米，口径6.4厘米，现藏河南博物院。

深度品鉴

这是一件模仿天然海螺的像生瓷。整体为仿自然海螺式，螺尖部略凸，5级螺旋状的螺层。内施釉呈杏红色，釉质光滑，似乎有珍珠般的光泽。外部施釉呈灰色、褐色，深浅不一，并在视觉上有

图1 仿海螺像生瓷杯俯视图

图2 仿海螺像生瓷杯底视图

贝壳的光泽。具有排列整齐而平的螺肋和细沟，逼真生动。底部有乳状三足，以稳定杯体。口部呈不规则的椭圆形，似乎刚刚被人取出螺肉。在形、色和质感上的高度逼真，栩栩如生。把口部贴在耳朵上，也会像真的海螺一样，能听到大海的声音。亦可以作水丞或者赏玩摆设之物。（图1、图2）

文化解读

清三代的制瓷工艺中，自雍正以来，仿宋代五大名窑釉色之热潮，乾隆时期非但没有减退，品类反而更加繁多，进而发展到模仿玉石、古铜、戗金、镂银、漆器、螺钿、藤编、竹木、匏蠡等特种釉色。模仿生物的象生瓷也能惟妙惟肖。仿花果类或水生小动物的形象，供御用陈设和玩赏。瓷塑造型都很准确，与原物大小相当，宛如真物再现；釉色及彩绘细腻、逼真，表面凝腻光润。见有胡桃、莲子、花生、栗、枣、荷莲、樱桃及蚌、虾、蟹等，颇似西方油画中的写生静物。[1]这类特殊的工艺瓷追求形、色和质感上的高度逼真。正如清乾隆年间朱琰《陶说》所云："戗金、镂银、琢石、髹漆、螺钿、竹木、匏蠡诸作，无不以陶为之，仿效而肖。" 清末寂园叟亦在《陶雅》中也提到像生瓷："像生器皿，色目非一，人物鸟兽，指不胜屈。"

仿生陶瓷，不但丰富了清代乾隆时期陶瓷器的品种，也体现了我国瓷器工艺的飞跃和创新。这与乾隆时期的政治经济状况、陶瓷制作工艺及其本人的品味喜好是分不开的。

满族人自顺治元年入关之后，平大顺，灭大西、定南明等，康熙皇帝在位时励精图治，治理国家，平定三藩，收复台湾，雍正皇帝承上启下，在乾隆一朝，清代的社会发展达到了鼎盛时期，国家统一，经济繁荣，政治稳定，百业俱兴，史称"康乾盛世"。

乾隆时期的陶瓷制作工艺，经历康熙、雍正两朝的发展，已经达到了高度发达和成熟的时期。釉色品种极大丰富，单色釉的红釉、青釉、天蓝釉、祭蓝釉、仿汝釉、仿官釉、仿哥釉、仿钧釉等，雍正时期已有的色釉，乾隆朝几乎都继续制作，并且有所提高，如茶叶末釉、炉钧釉、孔雀绿釉、青白釉、仿木纹理、仿漆剔红、蓝釉镂雕、黄釉仿柳条编纹等。青花、釉里红及青花釉里红比雍正时期更为盛行。粉彩、斗彩、珐琅彩、杂釉彩及金银彩等种类繁多，甚至在同一件器物上施多种彩，各种技术成熟，已经达到了炉火纯青的地步。在工艺上，高温、低温色釉、釉上彩、釉下彩等，窑工都能神奇地表达出来。

乾隆皇帝在位六十年，退位之后又当了三年的太上皇，依然掌握政权，是长寿且在位时间长的皇帝。在位时，曾经亲自考订文物，投入大量人力、物力，建置清宫典藏。如乾隆二年，"烧造钱粮并解瓷各费"，"于淮安关赢余项下，每年留存二万两，为窑工、南匠及传办公事等用。"[2]传世留存有近两百首歌咏陶瓷的御制诗。其中有对古代官窑的看法，考定陶瓷作品的窑口与年代，表达个人对釉色及烧制工艺的看法等，足以见证乾隆皇帝对陶瓷的密切关注与酷爱，这极大地促使陶瓷工艺美术的长足发展。

比较研究

清代乾隆时期仿生陶瓷器的模仿对象很多,包括人物、植物、果品、动物、仿其他质地的器物如青铜器、漆器、竹木器、金器、石器、玉器等,种类繁多。本文仅搜集相关的五件动物类仿生陶瓷略作比较,试图窥见乾隆时期仿生陶瓷面貌之一斑。

清乾隆像生瓷海螺[3](图3),高5.3厘米、长9厘米、宽6厘米,现藏故宫博物院。

清乾隆仿小海螺式水丞(图4),长8.5厘米、高3.9厘米,现藏沈阳故宫博物院。[4] 水丞中空,阔口,口沿为平缓的锯齿形,外壁有条状螺纹,内壁光滑。外壳为酱色釉,口部、里部浅褐色釉。器物底部的螺背上有三个灰白色乳足。

清乾隆款粉彩果品盘(图5),高6.5厘米、口径22厘米、足径12.3厘米,现藏故宫博物院。[5]

图3 清乾隆像生瓷海螺

图4 清乾隆仿小海螺式水丞

盘折沿、浅腹,圈足。螃蟹、荔枝、红枣、花生、核桃、瓜子、石榴,菱角等安置在白釉金边的盘子里,各色具备,既热热闹闹的突出了生活,又在不经意间流露出奢华。

清乾隆粉彩雕瓷鸭(图6),高9.4厘米、通长27厘米,现藏故宫博物院。[6]

清乾隆景德镇窑仿龙泉釉青瓷鸡薰(图7),通高21.5厘米,现藏台北故宫博物院。[7] 全器整体塑成一通体青釉,釉质透明,胎体较厚。《内务府造办处各作成活计清档》记事得知,乾隆九年(1744年)烧制瓷鹅和瓷犬,乾隆十年烧制瓷押、鹤与鹿,二十四年烧制鸡式熏炉,三十年烧制洋彩瓷象。乾隆皇帝(御制诗三集:卷

图5 清乾隆款粉彩果品盘

图6 清乾隆粉彩雕瓷鸭

图7 清乾隆景德镇窑仿龙泉釉青瓷鸡薰

图8 清乾隆宜兴窑梅花鹿

七十四／戊子）记载："谁将陶氏瓦，易以越州瓷。虽无司晨用，亦有承露姿。棲同皂荚树，刘放犹堪嗤。"

清乾隆宜兴窑梅花鹿（图8），清宫旧藏，高12.8厘米、通长13.8厘米，现藏北京故宫博物院。[8]

这些仿生的陶瓷动物，不管是海螺、螃蟹、鸡鸭，还是梅花鹿，体态都很逼真，对动物的细节关注到令人惊叹的程度：海螺的头部有螺旋状螺尖，内壁光滑，外壳不仅有贝壳的光泽，也有贝壳的质感。螃蟹举着蟹螯，一个关闭，一个微微张开，好像正在匍匐横走。瓷鸭昂首伏卧，张嘴卷舌，一翅扬起，尾羽上翘。雄鸡瞪眼张口，回首蹲伏，两翅扑地，尾羽高耸而丰厚，一幅雄赳赳气昂昂的姿态。而小鹿则瞪大眼睛，机警地注视着周围的动静，若有些许风吹草动，它便在森林里奔跑的无影无踪。

图9　清乾隆景德镇窑仿龙泉釉青瓷鸡薰（尾部）

除了形态上的仿生，在釉色上也是不遗余力的模仿。鸭子灰白色的羽毛，黄色的鸭嘴、双蹼，黑色的眼睛。蟹通体都是灰色，唯有两螯和六足的指尖是白色，尖利有力。暗黄色的小鹿身上，布满白色梅花斑点。黑色的四蹄，黑色的双眼，略露的眼白，更是衬托出眼睛的神态。

瓷海螺、螃蟹、瓷鸭、梅花鹿仅供玩赏摆设之用，瓷鸡薰却能赏玩与适用并举。鸡身与蹲伏的底板是可拆卸的，底板上带有圆筒，可盛放香料，张开的鸡嘴和尾部的圆孔（图9），是为熏香进气和出香所设计。

这些以动物为造型的陶瓷器在生产工艺上都较为复杂，传统的成型工艺有模制、雕塑、捏制、分体粘合等不同手法。例如瓷鸡鸭采用雕塑成型法，头部、颈部、腹部有较小的羽毛，深浅不同的雕刻及篦划，背部、尾部的翎毛高高翘起，竭力的在模仿真实的动物。

不管什么动物，都有出生、长大、衰老乃至死亡的各种变化，而乾隆时期景德镇窑和宜兴窑的陶瓷仿生器，抓住了动物某个场景中的某个动物美好的一瞬间，形神兼备的塑造出来。看似是一捧土、一杯水、一些釉料和色彩、一把火的功夫，就让动物一瞬间的神态成为了真实，你可以触摸、把玩甚至使用，任凭岁月流逝，只要没有人为的破坏，它是不会变化和损伤的。所以说，乾隆时期的仿生陶瓷器在工艺的复杂、奇巧、精致上确实达到了无以复加的地步，堪称鬼斧神工。

比较研究

把仿海螺像生瓷杯贴近耳朵，为什么能听到大海的声音？

相关链接

本文仅仅选择了像生瓷器的很小的一类仿生器：动物类仿生器，还有很多仿动物的器皿，如猪、象、鱼、虾、瓢虫、蝈蝈等，除了陶瓷质地，象牙类、珐琅器、器等其他质地也有类似的仿生器皿，都在极力的模仿，这种模仿不是简单的神似，而是形神兼备，惟妙惟肖，甚至可以达到以假乱真的目标。都反映了整个乾隆时期的时代风貌与审美趋向。想了解更多的像生瓷器，除了参观北京故宫、沈阳故宫、南京博物院等博物馆的展览之外，可参考的书目有：

珂玫瑰：《英国维多利亚和阿尔伯特国立国立博物馆藏中国清代瓷器》，广西美术出版社

武斌：《沈阳故宫博物院院藏文物精粹·瓷器卷》，万卷出版公司 2008 年

参考文献

[1] 耿宝昌. 明清瓷器鉴定 [M]. 北京：紫禁城出版社，1993：258，273.

[2] 《唐英奏折》乾隆六年十一月初七日.

[3] 吕成龙，杨静荣. 故宫陶瓷馆·下编 [M]. 北京：紫禁城出版社，2008：496，.

[4] 国家文物局. 中国文物精华大辞典·陶瓷卷 [M]. 北京：紫禁城出版社，1995：441.

[5] 冯先铭，耿宝昌. 故宫博物院盛世瓷器选粹 [M]. 北京：紫禁城出版社，1994：311.

[6] 余佩瑾主编. 得佳趣 乾隆皇帝的陶瓷品味 [M]. 台北国立故宫博物院，民国 101 年：192.

[7] 王建华主编.（故宫经典）宜兴紫砂图典 [M]. 北京：故宫出版社，2012.

[8] 马希桂，马旭. 北京地区出土瓷器简述（下）[J]. 收藏家，2009（3）.

如意形菊纹瓷枕

作者：贾齐超

如意形菊纹瓷枕，瓷器，唐代，枕面长23厘米，宽14.4厘米，前高10厘米，后高11厘米，1956年5月南召县兴龙乡出土，现藏南召猿人博物馆。

深度品鉴

如意形菊纹瓷枕，枕面两边微翘，中部稍凹，如意形。弧壁，前腹微凸，后肩稍后引，造型端庄雅致。通体施绿釉，部分脱釉露胎，釉薄处胎色隐显。枕心内空，在后部中间距上沿2.3厘米处有一直径0.7厘米的小孔，以防烧制时枕心内高温引起空气膨胀而爆裂，同时可使枕内部空气流通，枕起来更加凉爽舒适。枕面中部镶嵌一组直径7厘米的莲瓣纹团花，两侧各镶嵌一组4.25×3.8厘米莲蕾纹团花，莲花及莲蕾均为绞胎工艺制做，辅以刻画、填刻等工艺，图案丰满，富于变化，在三组团花纹饰的间隙还戳印无数细小圆圈组成连珠纹。枕面近边缘处有数组菊花纹图案，外沿及枕壁的边沿各镶嵌二条褐色泥条作为边缘装饰。四面枕壁上，用各种工具戳印圆点、圆圈、放射线组成菊花纹样装饰。该枕的装饰既繁缛富丽，又端庄素雅，制作、装饰工艺较为复杂，具有很高的历史、艺术和科研价值（图1、图2）。

图1 如意形菊纹瓷枕俯视图　　　　　　　　　图2 如意形菊纹瓷枕后视图

文化解读

关于瓷枕的描述，古代典籍中并不少见。最著名的是南宋女词人李清照《醉花荫》中的千古名句："玉枕纱厨半夜凉初透"。这里的玉枕便是古代的青白釉瓷枕，也有学者认为是宋代龙泉窑所烧瓷枕。

考古研究表明，中国古代的枕头最早是以天然石块制作的，以后逐步扩大到使用其他材料来制作枕头，例如竹、木、玉、铜等。历代留存下来数量最多的则是瓷枕，大概因其既容易制作，又有艺术装饰效果之故。考古资料表明瓷枕最初是作为陪葬的明器出现的，以后逐渐成为卧室的寝具和治病号脉的工具。这一点从瓷枕形体由小到大这一发展趋势上可以看出。瓷枕最早见于隋代，唐代以后开始大量生产，并逐渐成为人们喜爱的床上枕具。到了两宋及金、元时期，瓷枕的发展进入了繁荣期，产地遍及南北，造型非常丰富，在装饰技法上也有很大的发展。这一时期的瓷枕逐渐从实用品转向为雅俗共赏的工艺品。明清以后，随着更为优异的制枕材料的出现，瓷枕开始慢慢地退出了历史舞台。即使如此，瓷枕的烧制并没有中断，今天能见到的明清瓷枕仍然不少，包括装饰华丽的青花瓷枕，只是此时已较多成为文人雅士的玩赏之物。

考古发掘发现，瓷枕是古代瓷器中是一个主要品类，宋代许多著名瓷窑都有烧制，古代诗词歌赋中也多有记述。瓷枕较硬，舒适度略显不足，但为什么能得到上至帝王下至普通百姓的普遍喜爱呢？这里面是有很多原因的。首先是习惯，古代的寝具如床板，枕头等普遍比现今人们所用的材质要硬，而科学研究表明，较硬的床板、枕头其实对人体健康更有利。其次，喜爱瓷枕者言其能清凉沁肤，爽身怡神，李时珍在《本草纲目》一书里也讲道：久枕瓷枕，可清心明目，至老可读细书。乾隆帝写诗赞其"通身辞火气，彻体益精神"（见《清高宗御制咏瓷诗》），可见瓷枕有保健功效。同时也有研究者认为，瓷枕枕面较小，用它来打个盹还可以，要用它睡大觉就不合适了，因此，古代文人就把它当成了可以帮助自己发奋读书的工具。而一代大文豪司马光更是自制一警枕，截一截木头作枕头，还要在上面绑上铃铛，身子稍微一动，铃铛就会做响。

瓷枕既是实用器，也是工艺品，有的还通过装饰纹样寄托了人们美好的愿望。本文所介绍的唐代如意形菊纹瓷枕无论是造型，还是图案装饰都非常考究，具有极强的艺术装饰效果。特别是绞胎工艺的使用更是展现出制作者的高超工艺。此枕用绞胎工艺为底，刻出莲花瓣轮廓，花瓣中间又用填、刻工艺做出褐色兰瓣状图案。花蕊为刻、填出的菊状图案。整体显得高雅、富丽，并综合运用了绞胎、刻填、戳印、细划等多种手段。三组主题纹饰周围还有连珠纹及菊纹图案，象征着珠光连绵、宝贵高洁之意。枕四壁满饰菊花纹图案，寓意长久。菊花有明目效果，我国很早就有枕菊枕习惯，满饰菊花的瓷枕大概也有明目降火之意。（图3）

图3 如意形菊纹瓷菊花纹

在瓷枕装饰中，有使用文字装饰的，则更能反映出一个时期的文化特点。唐代的铜官窑，也就是长沙窑生产的瓷枕中，常有书写诗歌的，许多诗还可以在《全唐诗》中查到，显然，这与唐代诗歌兴盛有直接联系。而宋枕，却书写词曲，有些则写上通俗的人生格言。我们从中可以体会到唐人的浪漫和激情，同样也可感受到宋人务实与乐观。如这件唐代长沙窑褐绿彩绘狮座诗文瓷枕（图4），造型别致、装饰精美。枕面中间部分用褐彩楷书书写七言绝句一首："日红衫子合罗裙，尽日看花不厌春。欲向窗台重注口，无那萧郎恼煞人。"。

图4 长沙窑褐绿彩绘狮座诗文瓷枕

这件磁州窑如意形枕（图5），白釉褐彩，枕面上书"父母无忧因子孝，夫无横祸为妻贤"造型优美，文字为行书，书写比较随心、自然，但有天然质朴之美，反映出宋人闲适的心境，其书写内容为流行格言，劝世人要子孝妻贤，也是持家之良言，反映出宋人务实的心态。

图5 磁州窑如意形枕

比较研究

唐宋两代是中国瓷枕发展史上最重要的两个历史时期，期间出现了许多重要的瓷枕制做窑口，创新了制做工艺，也为我们留下了宝贵的实物资料。可以说唐代的巩县窑和宋代的磁州窑是这两个时代瓷枕烧制的代表性窑口。流传后世的实物及残片标本极多，现以这两个窑口所制瓷枕为主，对两个时代不同的制做工艺、风格特点做一简单比较。

总体来说，唐代枕比较小，不足20厘米的，人称脉枕。宋代枕大小适中，而发展到了金元时期多显得大而笨拙了。南召猿人博物馆收藏的金代三彩枕枕面残长就达35厘米。就装饰技法而言，唐时的瓷枕装饰以绞胎、模印、细划等工艺使用较多，巩县窑所制瓷枕多为绞胎工艺。而宋时的瓷枕装饰以绘画为主，同时刻、划、剔、印等技法纷纷采用。宋磁州窑瓷枕以白釉黑彩为主要装饰，这种工艺开创了中国古代瓷器绘画装饰的新途径，被称为中国水墨山水画的先河。另外就装饰风格而言，唐代瓷枕严谨、规矩，多几何纹样，且隐含佛、道等宗教色彩。本文这件如意形菊纹瓷枕其如意造型和团花图案都含有佛教特征，反映出唐代佛教的盛行。宋代瓷枕则更显得平民化，绘画中多反映的是百姓的日常生活。除传统的动植物纹题材外，成就最高的应属人物纹，多为赶鸭、捉鸟、捕鱼、下棋等反映百姓生活的画面。憨态可掬的儿童形象出现最多，反映出人们多子多福的思想观念，也折射出当时社会相对稳定的时代背景下，宋人知足常乐的人生观。

图6 唐代巩县窑黄釉绞胎菱形团花枕

图7 宋代磁州窑元宝形童子钓鱼纹瓷枕

图8 宋代耀州窑绿釉刻花瓷枕

这件唐巩县窑黄釉绞胎菱形团花枕（图6），用灰、白、褐、黑四种瓷土绞合而成，先在枕面帖出流水状地纹，然后又贴以绞胎菱形花纹。造型端庄，纹饰雅致，较好地体现了唐代瓷枕的工艺特征。

这件宋磁州窑白釉童子垂钓纹瓷枕（图7），平面呈椭圆形，元宝状，枕面近边沿处绘两道粗细不一的线框，线框内绘一童子伫立岸边垂钓，童子身稍作前倾如视水中，右臂伸直平举钓竿，竿端有细线垂入水中，水中三游鱼已有一鱼作吞饵食状。整个画面只用廖廖几笔，就勾勒出一幅生动逼真的童子钓鱼图，让人顿时联想到清净闲适的乡村生活场景。

这件宋耀州窑绿釉刻花瓷枕为耀州窑精品（图8）。黄绿釉，胎薄质坚，釉面光洁匀静，刻划技法娴熟，刀法犀利。枕面及四壁刻划有水波、水草等图案，线条自由流畅。两只鸭子在水中自在游动，神态自然，动感十足，一派诱人的自然风光。

趣味猜想

清代以后瓷枕还有烧造吗?

相关链接

绞胎工艺

绞胎是唐代陶瓷业中的一个新工艺，宋靖康之变后逐渐失传。所谓绞胎，是将两种或两种以上不同颜色的瓷土揉和在一起，然后相绞拉坯，制作成形，浇一层透明釉，烧制而成。由于泥坯绞揉方式不同，纹理变化亦无穷。能绞出木纹、鸟羽纹、云纹、流水纹，有的如老树缠绕盘根错节，有的如层山叠嶂起伏不定。它摆脱了唐以前单调青白两色瓷的束缚，是深入到胎骨的"釉下彩绘"，是人们对美好事物的一种追求。绞胎工艺极难掌握，成品率低，绞胎瓷因而成了王公贵族们的专用奢侈品。绞胎枕为晚唐五代流行的式样。其制法大致是把制好的绞胎坯泥，切成薄片，然后粘合成形，阴干后将四角修圆，最后施釉装坯入窑烧成。绞胎瓷器之中有一种"花枕"，枕面上绞出三组圆形的团花，成等边三角形排在枕面上，构成一幅装饰性很强的图案。这件收藏于苏州博物馆的唐巩县窑黄釉如意形枕，底部刻有"裴家花枕"四字。可见当时有专门从事生产花枕的作坊，而且出现了"裴""杜"等名家。此枕枕面主题纹饰为绞胎工艺制作的三组团花造型，中间为菱形团花，两侧为两组莲蕾形团花。四壁为菊纹图案，与南召猿人博物馆收藏的这件菊纹瓷枕非常相似。

如意造型。瓷枕枕面造型为如意形，雍容雅致，寓意吉祥（图9）。"如意"一词出于印度梵语"阿娜律"，最早为佛家器物，佛家宣讲佛经时手持如意，并且将经文记在如意的上面，以防遗忘。古有手持如意的菩萨像。由于如意实用，名称又好听，后人便把它加工成

图9 唐代巩县窑黄釉如意形花枕

图10 元代钧窑天蓝紫斑如意枕

一种精美的实用工艺品。本文介绍这件瓷枕便是工匠将如意造型巧妙运用到了瓷器上面。可以想见,头枕着这样一个富有仙气,又寓意吉祥的枕头,定会做着美梦入睡,自然受人欢迎。(图10)

团花图案。这件瓷枕正中为五瓣莲花图案,莲花两侧为莲蕾图案,此种图案也有称为团花图案。莲花为魏晋以来的主要装饰图案,其原因也是缘于佛教的流行。佛教徒称莲花为宝莲,为佛教经典和佛教艺术经常提到和见到的象征物,象征佛法之纯净无染。佛教赞叹莲花有香、净、柔软、可爱四德,视为圣洁、吉祥的象征。这种图案发展演化到隋唐时期,造型更加饱满,被称为宝相花,也称为团花。纹饰构成,多以莲花、牡丹等为主体,中间镶嵌着形状不同、大小粗细有别的其它花叶组成。团花为汉族传统吉祥纹样之一,是一种寓有"宝""仙"之意的装饰图案。在金银器、瓷器、敦煌图案等各方面,常见有团花纹样。

线刻纹天禄

作者：杨扬

线刻纹天禄，青铜器，汉代，10.5厘米，长15.5厘米，1989年焦作市嘉禾屯林场出土，现藏河南博物院。

深度品鉴

1989年3月10日，焦作矿务局朱村矿职工在市区嘉禾屯林场砖窑取土时，发现一批窖藏铜器，砖窑包人立即派人保护了现场，并立刻向林场公安派出所及市文物工作队报告。焦作市文物工作队闻讯后，立即派人对窖藏铜器进行了抢救性清理、发掘工作。此次出土的41件（套）窖藏铜器，天禄就是其中一件。

天禄昂首挺胸呈站立状，两耳下垂，两眼珠外突，大鼻，张口吐舌（图1），宽尾下拖，兽足，头部和尾部可见阴刻细线纹饰做毛发，宽尾下拖，且背部有一柱状圆孔与腹腔相通（图2）。通体呈孔雀绿色，如同一层绿色油漆，金属光泽度好。该器物的造型生动，构思新颖，铸造工艺精湛，不仅是一件实用物又是一件造型优美的工艺品，是古代青铜器中的精品。

这件铜天禄保存较为完整，据专家分析，此器物可能是以传说中的造型装饰铸造的盛酒器。《汉书》云："酒者，天之实禄"。由此可见，以天禄形象铸成盛酒器，是想要把享受美酒和祈求上天恩赐的愿望结合在一起。

图 1 线刻纹天禄正面

图 2 线刻纹天禄背部

关于天禄的解释，一种指上天赐予的福禄，意在祥瑞，最早文字记载见于《尚书·大禹谟》："四海困穷，天禄永终。"《文选·汉高祖功臣颂》中曰："赫矣高祖，肇载天禄。"另一种指帝位，《后汉书·桓帝纪》载："桓自宗支，越跻天禄"，《周书·宣帝纪》载："帝王之星，未肃而成；天禄之期不谋已至"。还有种解释为俸禄，《孟子·万章下》载："弗与共天位也，弗与食天禄也"。天禄作为古代传说中的瑞兽，成为兽名是从东汉时期开始的。

魏晋南北朝时期的文献中多用"天鹿"这个名称，《十州记》中载："聚窟州有辟邪天鹿"，清刘宝楠在《汉石例》卷二中曰："鹿与禄古字通，且取其吉也"。因此，"天禄"和"天鹿"实际同指一物。

唐颜师古注引《孟康》曰："桃拔，一名符拔，似鹿、长尾，一角者或为天鹿，两角者或为辟邪"，天禄长得像鹿却有长尾，早期分为一角或两角的，一角才称"天禄"，而两角则称"辟邪"，到后期也就没有一角两角之分了，但外形却又像狮子，又像老虎，传说因为古人认为狮虎凶猛，可除凶祟，所以常用天禄来看守阙门和神道。《宋书》卷二十九《符禄志下》云："天鹿者，纯灵之兽也。五色光耀，洞明王者，道备则至。"《艺文类聚》卷九十九引《瑞应图》云："天鹿者，纯善之兽也，道备则白鹿见，王者明惠及下则见。"可见，人们认为天禄为"灵""善"之兽，能被除不祥，攘除灾难，永绥百禄。《后汉书·卷八·孝灵帝纪》："复修玉堂殿，铸铜人四，黄锺四，及天禄、虾蟆。"中国传统有摆放瑞兽的习俗，人们认为它和龙狮一样，可以将邪气赶走、并带来欢乐及好运。他们又不同与传统的麒麟，天禄属于凶狠的瑞兽，有镇宅辟邪的作用。

在古代，动物艺术形象分为两大类：一是写实动物；二是将不同动物的特征通过夸张、变形、混合而成，即纯属想象的祥禽瑞兽。天禄就属于第二类情况。中国早期的祥禽瑞兽以"龙""凤""麒麟"最有名。到了汉代，崇尚神仙，盛行天人感应学说，将没有实现的美好愿望与理想寄托于神灵，天禄和辟邪这类符合人们理想意愿的神兽就被创造了出来，尊"麟、凤、龟、龙"为"四灵"，视天禄、辟邪为神兽。

关于天禄的起源，有的人认为这与我国的麒麟有关，取其有翼和有角；有的认为是从春秋战国时期的翼兽发展而来的；也有的认为它实际上是狮子的造型，又融入了一些我们中国人固有的思想、艺术观念。但从有限的文献资料记载与出土实物来分析，"天禄"应当是在中国文化发展的基础上，同时又受到外来文化因素的影响，其实是一种文化融合。天禄身上除了能看到老虎的影子，还有狮子的特点。据考古资料显示，在我国北京周口店猿人遗址中，曾发现过几十万年前的古狮化石，后来由于冰河原因，古狮在我国灭绝。从现存的古文献中能见到的只有老虎。在夏商周青铜器上，我们可见看到各种各样的动物形象，如犀牛、鹿、虎、羊、牛、马，却唯独不见狮子的影踪。

公元前138年，西汉时期，汉武帝派博望侯张骞出使西域，开辟了著名的丝绸之路，使中亚、西亚等地的特产加速流入中国。史书记载，"巨象、狮子、猛犬、大雀之群食于外囿。殊方异物，四面而至"。而外国的朝贡则成为狮子进入了中原地区的一个重要途径，而"师（狮）子"一词也就是在这个时候才在我国出现。

丝绸之路的开通促进了中西方文化的交流，特别是佛教文化中对狮子的崇拜，对我国的文化也产生了影响。佛教狮相开始中国化，也加入了中国人的审美观念和审美情趣，使得狮崇拜中的狮相与作为帝王贡品的真狮有很大的不同。真正的狮子作为皇家的贡品，以珍稀动物养在了帝王的宫苑中。特别是在唐朝以前，民间的工匠们很多人都没有亲眼见过狮子的形态，而这些工匠则根据别人的口传和描述进行制作，并且加入了很多中国文化的内容，使人们对崇拜中的狮子变得神似而非形似，从而狮子被视为是"百兽之王"。也就影响了今天我们所看到的天禄的形象，成为了避邪的瑞兽。而写实性的狮子则因佛教艺术的影响而获得普及，形成看门的石狮子（从汉代守阙的狮子发展而来）和民间的狮子舞，成了中国式的狮文化。

汉代，虚幻的天禄一直都是统治阶级喜爱的神兽。而到了魏晋时期，则没有见过这类造型石刻，南北朝时期才重新流行，在南京、丹阳等地还有很多的遗存。但这些天禄形象其源头还是河南，工艺仍然沿袭了汉代的工艺。

中唐以后，天禄这种形象逐渐消失。天禄的形象体现着中西方文化的交流与融合，天禄不仅是狮的造型，还赋予了它辟邪、守护、吉祥、平安、高贵、尊严等的精神内涵，并按中国传统的思维方式，创造了符合中国人理想意愿的"天禄"。

比较研究

汉代升仙思想盛行，相信通过一种锻炼可以成仙或者死后升仙，而在升仙的过程中可以坐骑神兽，既可以承载自己又可以保护自己。所以天禄作为祥瑞神兽常置于古代陵墓神道的两边，多以石刻雕像的形式。

2005年8月，许昌市襄阳县颍阳镇出土一尊汉代有翼石天禄，现藏于许昌市博物馆。天禄四脚、尾部和头部都残损，长2.8米，宽1.1米，雄性，昂首挺胸，张口，长舌（或须，由于残损，舌、须

特征不明显）贴胸，一角残损，但有明显的痕迹，双翼生于两前脚近肩部，翼尾向后翘起，其他羽毛为浅浮雕。（图 3）

南阳市北郊东汉汝南太守宗资墓前石天禄（图 4），身高 165 厘米，长 235 厘米，右前腿刻有汉隶"天禄"二字（图 5），此天禄原存在南阳城北宗资（相传为宋代名臣宗泽之祖）墓前神兽，1932 年移至玄妙观，1960 年移至卧龙岗汉碑亭前，1997 年迁移至南阳汉画馆，保存至今。

1954 年洛阳市涧西孙旗屯乡出土石天禄，为东汉时期器物，出土时为一对，一件现存于洛阳关林管理处的石刻艺术馆。另一件现藏于中国国家博物馆，通高 122 厘米，长 165 厘米。（图 6）头部高扬，大嘴怒张，露出牙齿，鼻孔圆大，眼睛像两个大铜铃，直视前方，整个躯干似虎，身长，腰细，臀宽，四足如狮。这件辟邪背颈部有阴刻隶书"缑氏蒿聚成奴作"7 个字，缑氏是汉代的县名，当时属洛阳京畿之地，也就是现在的偃师市缑氏镇。从这 7 个字可以看出，制作者成奴是偃师缑氏人。（图 6）。

从以上几件河南地区汉代出土的天禄来看，可以知道，汉代石雕神兽体型大多较为庞大，天禄（和辟邪）尤为其代表，且形成一定的规模，其造型样式相当鲜明，有突出的时代艺术特征，成为东汉石雕艺术的最优秀的代表性的作品。

而河南博物院收藏的这件铜天禄，除了具有传统天禄所具备的特点外，其器型与酒具相结合，体量陡然减小，但其依然保持着神兽的特点，看上去厚实圆浑，昂首挺胸，步伐稳健，大有天下之路任我行之势。而从它身上，我们能更真切地看到天禄那种独特的内涵与魅力。

图 3　许昌博物馆藏天禄

图 4　南阳汉画馆藏天禄

图 5　"天禄"二字

图 6　天禄　中国国家博物馆藏

这件线刻纹天禄为什么通体是绿色的呢?

河南焦作嘉禾屯窖藏出土汉代铜器简介[1]

嘉禾屯村位于焦作市区西南隅 3 公里的解放区王褚乡,林场砖窑在该村的西南。经过文物部门对窖藏铜器进行抢救性发掘清理,共出土铜器 41 件(套),分为容器、生活用具和兵器三类。

容器类出土:钫、钟、提梁壶、盆、扁壶、双鱼纹洗、甗、樽、鉴、鋗、筒形提梁器。

生活用具类出土:勺、勺形器、权、秤盘、牌饰、镂孔提笼、跽祭熊灯、鏊、兽形口衔耳杯砚滴、帷帐构件、镰斗、五凤镂孔熏炉、天禄尊、镂孔熏瓶、过滤漏盆、盘口壶、器盖。

兵器类出土一件弩机。

出土的这些窖藏铜器中,除了汉代常见的器物,如:灯、炉、壶、熏炉、钟外,还出土了一些汉代铜器中极为少见的器物,如:鏊、瓜棱形权和秤盘等。汉代起秤杆多为木质,不易保存,发掘时未见痕迹。但权和秤盘同出于一窖穴的还很少见。

这批窖藏铜器中有些是集使用与观赏为一体的器物,如:五凤熏炉、天禄尊、兽形口衔耳杯砚滴和跽祭熊灯等,造型优美,既是日常使用的器物,又具有极高的工艺水平,为汉代铜器上乘之作。

五凤熏炉,形似凤。大凤双爪铆在直径为 21.5 厘米、高 2 厘米的下有三只小乳足的平底盘上。凤昂首挺胸,口衔圆球,展双翅,阔尾上翘,胸前与双翅上均有阴刻羽状纹饰。翅、腹连接处用穿钉连接,可自由张合。尾、翅上均有弧形与长方形小镂孔。胸前、双翅和尾部另饰四足小凤。通高 20 厘米,小凤高 3.1 厘米。

兽形口衔耳杯砚滴,龙头,有双角、双翼、双须曲卷,口衔耳杯。口与杯衔接处有一小孔与腹部相通。前腿左曲右伸,后腿右曲左蹬,作爬行状,双尾上翘。背上有柱与腹部相通。

跽祭熊灯,底座残。上饰一长圆形灯柱,束腰,高 38 厘米。上部有对称的两长方形孔,灯柱头饰一卧熊,熊有长角、长毛,前腿短直呈前伸状,圆肚,作卧式。所留方孔可能为横插一物两端置灯所用。

参考文献

[1] 焦作市文物工作队. 河南焦作嘉禾屯出土汉代窖藏铜器 [J]. 华夏考古,1995(2).

萧瑾墓志

作者：李庆玲

萧瑾墓志，石质，隋代，志石高、宽均56厘米，厚6厘米，1919年河南省洛阳市孟津县郑凹村北出土，现藏开封市博物馆。

萧瑾墓志志盖（拓片）

萧瑾墓志（拓片）

深度品鉴

萧瑾墓志，隋大业九年（613年），志盖一合。志盖篆书，阳刻"隋故荥阳郡新郑县令萧明府墓志之铭"16字，4行，满行4字；志石呈方形，高、宽均56厘米，厚6厘米，志文隶书，凡30行，满行30字。志盖、志石均有界格。志文首行题"大隋故荥阳郡新郑县令萧明府墓志铭并序"，无撰书人姓名。因萧瑾史籍无载，志文中关于其仕宦经历的详细记述，凸显了他在后梁朝廷中的显赫地位以及其在隋朝任职荥阳郡新郑县令期间的杰出政绩，故此墓志可补史阙。

志文中记载萧瑾"字晌文，兰陵郡兰陵县人也"，由文献可知此处所提到的"兰陵郡兰陵县"实则为"南兰陵郡兰陵县"。西晋末年永嘉之乱，导致北方战乱不断，北方人民为避战乱而大举南迁。《南齐书·高帝纪上》载："晋元康元年（291），分东海为兰陵郡。中朝乱，淮阴令整字公齐，过江居晋陵武进县之东城里。寓居江左者，皆侨置本土，加以南名，于是为南兰陵兰陵人也。"[1]可见当时以萧整为首的山东兰陵（今枣庄市南峄城区）萧氏大族，亦在此次南迁之列。据志文记载可知，志主萧瑾为"梁宣帝詧之孙,吴郡王岑之第三子也"。梁宣帝萧詧,在《周书·萧詧传》中有载:"萧詧字理孙,兰陵人也,梁武帝之孙,昭明太子统之第三子。……詧乃称皇帝于其国,年号大定。"[2]萧詧于公元555年建立西梁,年号大定,故萧瑾乃是西梁后人。再根据《南史·梁本纪》记载:"梁高祖武皇帝讳衍,字叔达,小字练儿,南兰陵中都里人,姓萧氏,与齐同承淮阴令整。整生皇高祖辖,位济阴太守。辖生皇曾祖副子,位州治中从事。副子生皇祖道赐,位南台治书侍御史。道赐生皇考,讳顺之,字文纬,于齐高帝为始族弟。"[3]可推知,志主萧瑾乃是萧整的九世孙,因此志主萧瑾应为南兰陵郡兰陵人。

志文中记载:"孝明帝降犹子之爱,以公为永修县侯。此邑自宋世檀道济以来,唯公启封而已。"关于永修县封爵问题,最早见于《晋书·桓宣传》中《桓伊附传》:"伊与冠军将军谢玄、辅国将军谢琰俱破坚于肥水,以功封永修县侯,"[4]随后,南朝宋国刘伯容被封为永修县侯[5]、南朝宋檀道济被封永修县公[6]。在此之后陈武帝从子陈拟也曾被封为永修县开国侯,且此事在《陈书·陈拟传》中有载:"高祖践祚,诏曰:'拟可永修县开国侯'"[7]。而志文却提到"自宋世檀道济以来,唯公启封而已",对陈拟被封永修侯一事避而不谈。究其原因,是由于在梁武帝晚年,陈武帝陈霸趁萧氏子孙争权夺位之时,趁机取代梁的历史事件所致。此事有史为证"(557)十月戊辰,进高祖爵为王,以扬州之会稽、临海、永嘉、建安,南徐州之晋陵、信义,江州之寻阳、豫章、安成、庐陵并前为二十郡,益封陈国……辛未,梁帝禅位于陈",陈国此举对于梁来说乃是窃国,所以在梁武帝之孙萧詧建立西梁之后,对陈国的一些政令自然不予以承认。

"永修"古称艾地,在今江西省九江市南部一带。梁宣帝萧詧建立的西梁在当时属于西魏附属国,其疆土范围仅限于江陵及其周边地区。至梁孝明帝时期,永修县亦不在西梁的统治疆域之内,《太平寰宇记》卷一百六记载:"陈武帝初,割建昌、豫宁、艾、永修、新吴等五县立为豫宁郡",可见当时永修县是陈国的疆土。因此当时梁明帝萧岿封萧瑾的永修县侯,实际上只是一种虚衔,即只有封号与俸禄,无封地。永修县侯的品级在《魏书·官氏志》中有载:"侯封大县……侯第三品"[8],《宋书·职官志》中亦有记载:"县侯,右第三品"[9]。梁承宋制,县侯品级与宋大致相同。

志文中记载萧瑾所担任的"中书侍郎"和"散骑常侍"等职务,都是在皇帝身边任职的要职,这可能与其皇室后裔的身份密切相关。其中"中书侍郎"乃为中书监、令的副职,主要负责协助中书监、令起草诏令。此官职始设于晋[10],至梁为九班[11]。根据《隋书·百官志》中关于萧梁时期官班制的记载:"天监初,武帝命尚书删定郎济阳蔡法度,定令为九品。……至七年(508),革选,徐勉为吏部尚书,定为十八班。以班多者为贵,同班者,则以居下者为劣。"[12] 20世纪日本东洋史学家宫崎市定提到:"第十八班为正一品,第十七班为从一品,第十六班为正二品,一直排到最末的第一班为从九品"[13]可推测中书侍郎在西梁为从五品官。"散骑常侍"是由汉代所设的"散骑""常侍"两官发展而来,三国魏始设,为三品官。担任此官者一般为皇帝亲信,跟随皇帝左右以备顾问,地位颇崇。至萧梁时期,将散骑常侍归于集书省下,设为十二班,即四品官。志主萧瑾先后任职中书侍郎和散骑常侍,足以显示他受梁明帝萧岿的信任之深。在职未几,萧瑾又迁"大将军",关于"将军"的官职名称早在

《后汉书·百官志》中就有载："将军，不常置。比公者四：第一大将军，次骠骑将军，次车骑将军，次卫将军。又有前、后、左、右将军。"[14] 大将军乃是古代领军的最高统帅，最早出现在战国时期，汉代多由外戚担任。据《隋书·百官志》对萧梁官制的记载："丞相、太宰、太傅、太保、大司马、大将军、太尉、司徒、司空，为十八班。"[15] "大将军"在梁朝廷中为一品官。志主萧瑾未成年时，梁明帝萧岿授予他名义上的永修县侯爵位，待其成年后，从五品中书侍郎升至一品大将军，尽显尊崇地位。

然而萧瑾的仕途生涯在隋文帝一朝曾一度中断，直到隋炀帝即位，因萧皇后之故，他才被任命为荥阳郡新郑县令。关于萧瑾在隋文帝统治期间未任职的原因，志文中有载："（广运二年（587），西梁后主萧琮）及来朝上国，因留蕃邸，属荆衡失守，遂而栖迟。"因西梁原为西魏的附属国，周灭西魏，成为周的附属国，又在隋灭周后，西梁最终归附于隋。隋文帝征召西梁后主萧琮入朝，萧瑾并没有陪同，而是留守在江陵。"荆衡"是原来的楚地，荆地连及衡地一带，"荆地"指西梁国都荆州城，"衡地"为衡阳，在今天湖北省中南部和湖南省中部，地理位置重要，乃兵家必争之地。关于"荆衡失守"的原因，墓志文中并未详细说明。据文献记载"隋文帝仍遣武乡公崔弘度将兵戍江陵。军至鄀州，琮叔父岩及弟（巘）〔瓛〕等惧弘度掩袭之，遂胁居民奔于陈。……入陈，授平东将军、东扬州刺史。及陈亡，百姓推岩为主，以御隋师。为总管宇文述所破，伏法于长安。"[16] 隋文帝征萧琮入朝时，派崔弘驻兵在江陵，留在江陵的萧岩、萧瓛等萧氏子孙害怕崔弘袭击他们，于是就投靠陈国，共同抗隋。但是不久陈国就被隋所灭，萧岩、萧瓛战败被杀。萧瑾也是当时跟随萧岩、萧瓛抗隋的萧家子弟之一，隋文帝虽赦免其死罪，但也并未对其加以任用。

隋炀帝即位，萧瑾虽得以重新启用，但也只被任命为荥阳郡新郑县令。"县令"在我国古代品阶并不高，《隋书·百官志》有载："五千户以上县令、相，一千石。……品并第八。五千户以下县令、相，六百石。……品并第九。"[17] 可见在隋代县令品级仅为第八或第九品。但是在其任职期间，"政号清静，吏无烦扰，时称严肃，民不能欺，所以乳稚复驯，灾蝗更远。考课为最，岁满当迁"，足见萧瑾杰出的政治才能。

萧瑾"以大业九年十一月廿四日薨于东都温柔里第……赗赠礼数，一如旧式"，《礼记·曲礼下》中明确记载："天子死曰崩，诸侯曰薨，大夫曰卒，士曰不禄，庶人曰死。"，《隋书·礼仪志》中也有明确规定："其丧纪，上自王公，下逮庶人，著令皆为定制，无相差越。"[18]。《新唐书·百官志》中记载："凡丧，三品以上称薨，五品以上称卒，自六品达于庶人称死。皇亲三等以上丧，举哀"[19]，隋唐时期丧葬制度等级森严，丧葬体制颇为完备。墓志文中以"薨"字记载萧瑾去世，且"内宫追悼，哀感掖庭"，均表明萧瑾的丧葬等级远远高于其所担任的荥阳郡新郑县令所应享受的丧葬级别，这些可能是因其西梁皇室后裔、隋文帝外戚等多重身份，而享受"赗赠"的结果。

从萧瑾的墓志文文中我们可以了解到萧瑾一生仕宦情况。作为西梁皇室后裔，在萧梁朝廷中颇为受宠，官爵职位不断升迁，从永修县侯，到中书侍郎，再到散骑常侍，最后至大将军，身份地位极其显赫。然而由于他生在乱世，统一是不可阻挡的趋势，作为附属国的西梁终究逃不过被灭的命运，萧瑾又因其在隋的统一进程中充当过绊脚石，所以最终只以荥阳郡新郑县令结束了他的仕途生涯。

《萧瑾墓志》录文如下：

（志盖）隋故荥阳∥郡新郑县∥令萧明府∥墓志之铭∥

大隋故荥阳郡新郑县令萧明府墓志铭并序∥

公讳瑾，字晒文，兰陵郡兰陵县人也。昔殷有三仁，微子所以建国；汉御三杰，丞∥相所以封侯；弈叶象贤，能继厥业。树风长世，其后克昌。故我高祖武皇帝，抚运∥膺期，奄有江汉，布诸方册，可得言焉。公则梁宣帝詧之孙，吴郡王岑之第三子∥也。氤氲秀气，降狼昂之淑灵；炜晔俊才，表珪璋之美质。亦由豹文始蔚，便怀搏∥噬之心；鸿翼初成，即秉凌霄之志。虽黄琬早惠，辩能论日，卫玠凤敏，妙极谈玄，∥无以譬彼风仪，方斯神采。故誉闻台阁，声动缙绅，若刘德之在汉朝，曹志之於∥魏世。既而盘石作固，肺腑斯属，维城为重，支庶毕侯，自非密戚懿亲，荣家光国，∥岂得锡兹青土，宠拟绿车。孝明帝降犹子之爱，以公为永修县侯。此邑自宋世∥檀道济以来，唯公启封而已。至如敷衽丹陛，喉舌之寄须才，挥翰紫宸，丝纶之∥务攸重。若非兼资物望，帝难其人，拜中书侍郎，专直禁闼，献可替不，备兹顾问，∥参鞶侍帷，有异恒仪，加散骑常侍，在集书省，余彼貂珰，映斯蝉珥，从容观阁，时∥人荣之。在职未几，迁大将军，霍光朝之重臣，窦武帝之外戚，方得参知国计，预∥执兵权，公之此授，谅同斯举。及来朝上国，因留蕃邸，属荆衡失守，遂尔栖迟。逮∥今上嗣业，光隆鼎祚，长秋肇建，正位后宫。以公近属密亲，乃加旌命，除荥阳郡∥新郑县令，政号清静，吏无烦扰，时称严肃，民不能欺，所以乳稚复驯，突蝗更远。∥考课为最，岁满当迁。庶应加耀台阶，增辉鼎铉，抱疾如昨，奄然大渐。春秋五十，∥以大业九年十一月廿四日薨于东都温柔里第。内宫追悼，哀感掖庭，赗赠∥礼数一如旧式。惟公器宇高迈，风神俊爽，包罗百氏，涉猎九流。卓尔绝群，不交∥世要，萧然自远，本绝尘嚣。加以善於接待，人无怨讟，明於听讼，深识事情。爱玩∥丘壑，留连赏会，座客恒满，樽酒不空。嘉时吉日，故非虚度，至亲密友，无远相寻。∥岂谓斯人，忽先朝露，名位未达，命也如何。乃以其年十二月庚午朔廿八日丁∥酉，葬於河南县灵渊乡安川里北邙山之阳。前望三涂，却临九派，原阜爽垲，龟∥筮叶从，亦足以永慰游魂，长为封树，其铭曰：∥

郁郁崇基，遥遥远系。肇商发迹，自宋相继。或佐兴王，时尊称帝。积德未已，高风∥不替。诞兹英俊，克迈前修。恭温宽正，聪睿无俦。鸿都屡践，凤沼经游。珥貂来侍∥，锡壤为侯。吴札观风，秦针出仕。爰自宾馆，移居咸里。作宰牧民，兴哥立祀。桴鼓∥既息，萑蒲讵起。方加显职，叶赞明时。预倍文陛，参谋禁帷。西倾奄没，东逝难追。∥九原长往，千秋未期。遣奠告迁，輀车已备。飞旐居列，哀嘏在位。山晦云愁，林空∥鸟思。名何不朽，芳传此志。

文化解读

从萧瑾墓志文来看，萧瑾在隋朝担任的官职为荥阳郡新郑县令，其在职期间政号清静，却至死都没得到升迁。志文中这样解释"考课为最，岁满当迁。庶应加耀台阶，增辉鼎铉，抱疾如昨，奄然大渐。"其中关于萧瑾考课升迁的记述，为我们研究隋代县令的考课制度提供重要资料。

"考课"一词最早出现于汉代，《汉书·京房传》中记载："诏使房作其事，房奏考功课吏法"[20]，"考课"一说由此而来，此后对官员的考核均称"考课"。隋代县令的考课是考核县令的政绩的优劣，以备奖罚。笔者将从隋代县令的考课时间、考课机构的设置及人员安排、考课内容、考课等第、考课后奖惩五个方面加以阐述。

首先看考课时间。在隋代官员考课每年一小考，累计每年小考成绩后进行一次大考，大考决定官员的升降[21]。关于大考的时间在《隋书·百官志》中有载："（开皇三年（583））县令，三年一迁，佐官四年一迁"[22]；《隋书·文帝纪》亦载："（开皇十五年（595）十二月）诏文武官以四考交代"[23]。由此可见，隋文帝期间官员考课为每年一小考，四年一大考，根据四年考课成绩，决定官员升降迁调。据《隋书·百官志》记载："（刺史）每年二月，乘轺巡郡县，十月入奏"[24]，可知刺史考察地方官吏的时间为每年二月至九月，考察结束后，于十月入朝陈述官吏考绩。然而实际上隋代地方官员考课时间并不是一成不变，隋朝末年，社会动荡，农民起义不断，中央更是无暇顾及地方官员的考课，因此官员考课时间在此期间并没有严格遵循"四考交代""四年一迁"的规定。

其次，考课机构的设置及人员安排。隋代的考课机构主要为吏部考功司，属尚书省。《隋书·百官志下》中明确记载："尚书省，事无不总。……属官左、右丞各一人，都事八人，分司管辖，吏部尚书统吏部侍郎二人，主爵侍郎一人，司勋侍郎二人，考功侍郎一人"[25]，考功司属于尚书省吏部的一个分司，其长官为考功侍郎，此官职隋代设置，从五品，隋炀帝于大业三年（607）改为考功郎。关于考功司的职责《隋书·百官志中》也有记载："考功、掌考第及秀孝贡士等事"[26]；考功侍郎下设考功员外郎，是考功司副长官，"（开皇）六年（586），尚书省二十四司，各置员外郎一人，以司其曹之籍帐。"[27]据此可知，考功司主掌考核评定官吏的等第及考试、秀孝之事，隋代官员的考课是由考功侍郎主持进行，考功员外郎则主要负责登记考课官吏在户口、田地、赋税等方面的情况。除吏部考功司对官员的常规考课外，皇帝还遣刺史考察州县长官，考察结果作为考功司考课的补充。《隋书·百官志》中记载："司隶台大夫一人，正四品。掌诸巡察。别驾二人，从五品。分察畿内，一人案东都，一人案京师。刺史十四人，正六品。巡察畿外。诸郡从事四十人，副刺史巡察。"[28]地方州县官员的考察是由刺史巡察并上奏皇帝。

第三，考课内容。隋朝地方官员的考课内容是由北朝发展而来，魏晋北朝官吏考课主要以户口、垦田、赋税、盗贼情况为主，隋对此进行调整改革。经过魏晋南北朝考课制度的衰退，隋建国后更加注重对官吏的考核。《隋书·百官志》中明确规定："副刺史巡察，其所掌六条：一察品官以上理政能不。二察官人贪残害政。三察豪强奸猾，侵害下人，及田宅逾制，官司不能禁止者。四察水旱虫灾，不以实言，枉征赋役，及无灾妄蠲免者。五察部内贼盗，不能穷逐，隐而不申者。六察德行孝悌，茂才异行，隐不贡者"[29]，这"六条诏令"涉及考察内容包括：理政、贪腐、整治豪强、水旱、赋役、盗贼、德行；且《隋书·文帝纪》中记载："（开皇六年（586））制刺史上佐每岁暮更入朝，上考课。"[30]说明刺史下州县考察也是官员考课的一部分。此后，隋炀帝对官员考课要求更加严格，《隋书·炀帝纪》中有载："（大业二年（606））制百官不得计考增级，必有德行功能，灼然显著者，擢之"[31]，隋炀帝对百官考课制度改革，更加注重官员德行、才能，所以官员不仅要政绩突出，还要德行达到标准才能升迁。隋代的县令考课制度一直处于发展阶段，其考课内容并完善，发展至唐代才颇为完备。

第四，考课等第。隋朝建国北方，其考课等第划分承袭北朝。北魏孝文帝于太和十五年（491）大定官品，将官员考课的结果定为上、中、下三等，每等又分三品，即三等九品，这种划分与魏晋南北朝时期得九品中正制有关。孝文帝创建的三等九品考第划分方式，此后为西魏、北周、隋所继承。根据《北史·魏本纪》记载："丁亥，诏二千石考上上者，假四品将军，赐乘黄马一匹；上中者，五品将军；上下者，衣一袭。"[32]可将三等九品分为：上上、上中、上下、中上、中中、中下、下上、下中、下下，而且只有官员考课为上等（上上、上中、上下）才能得到奖赐。北朝时期多用"上等""上第""第一"和"最"来表示官员考课成绩"称职"，隋朝仍然用"第一""最"来标识。如《隋书·房彦谦传》记载"仁寿中，上令持节使者巡行州县，察长吏能不，以彦谦为天下第一，超授都州司马"[33]；再如《隋书·房恭懿传》载："开皇初，吏部尚书苏威荐之，授新丰令，政为三辅之最"[34]。"第一"和"最"是与其他考课者成绩比较而来，但是考课结果的比较是有地域和对象的限制，如房恭懿的"三辅之最"，地域为三辅之内，比较对象为同级别县令。

最后，考课后奖惩问题。奖惩制度是维持考课制度顺利进行的一个重要环节，对官吏的奖惩的范围在《魏书·高祖纪》中有记载："上上者迁之，下下者黜之，中中者守其本任。"[35]这种以考课中等作为对官员实施奖惩的分界线，隋仍在沿用。隋代考课的奖惩方式主要包括：官职官品的升降及物质和精神的奖惩。对考课结果上等者给予升迁或物质和精神奖励，隋代县令升迁官职多为州府官或刺史，如前文提到的县令房彦谦因考课天下第一，授都州司马，《隋书·刘旷传》也中有载："（刘旷）临颍令，清名善政，为天下第一……于是下优诏，擢拜莒州刺史。"[36]；物质和精神奖励则包括：赏赐粮食、绢帛、衣马器物、诏书褒奖等。从萧瑾墓志文"考课为最，岁满当迁"可知，对其考课称职的奖励是升迁。而对考课下等者则予以惩罚，主要形式有：不得升迁或罢黜官职、罚俸禄、除名流放和处以死刑。隋李文博"出为县丞，遂得下等，数岁不调"[37]，就是不升迁的例子。

隋代的考课制度是承袭北朝而来，又在此基础上不断调整改革，至隋炀帝时期，对该制度的调整更加频繁，但仍未形成一个完备的体制。唐代对隋考课标准加以整理，提出了新的"四善二十七最"的系统分类标准，使之更便于操作[38]。隋代对地方官员考课制度的调整改革，为唐代形成完备的考课制度奠定基础。

 比较研究

叶昌炽在《语石》中说："隋碑上承六代，下启三唐。由小篆八分，趋於隶楷，至是而巧力兼至，

神明变化而不离於规矩。……前人谓北书方严遒劲，南书疏放妍妙，囿於风气，未可强合。至隋则浑一区宇，天下同文，并无南北之限"，隋代楷书墓志已发展到成熟阶段，但仍有不少隶书墓志。隋隶书墓志风格具有极强的装饰性与楷化特征，这与北朝后期文字复古有关。《北史·赵文深传》中记载："文帝以隶书纰缪"，且在《南齐书·刘休传》中亦有记载："羊欣受子敬正隶法，世共宗之，右军之体微古，不复见贵。休始好此法，至今此体大行。"，名门士族的文化保守使袭古之风盛行，且隋立国北方，隶书书法直接承袭北朝书风。

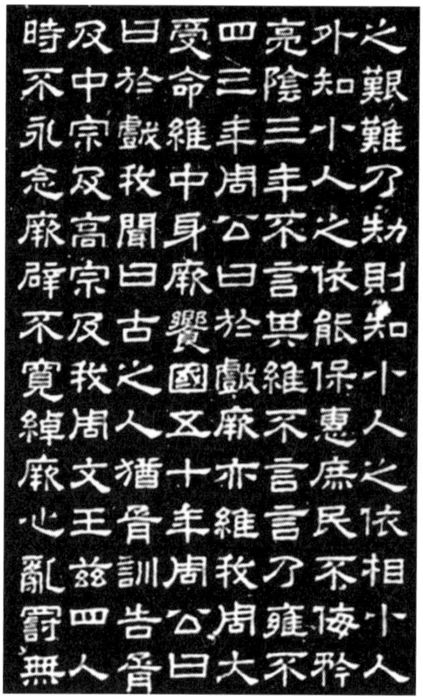

图 1 东汉熹平石经（局部）

隋代隶书分两种：一标准隶书；二隶书杂糅。隋代隶书杂糅现象可分为三种：一隶楷杂糅；二隶篆杂糅；三隶篆楷杂糅。[39]志主萧瑾墓志文主要字体为隶书，其中掺杂篆书，属隶书杂糅类中的隶篆杂糅。

第一类：标准隶书。东汉时期的《熹平石经》（图1）隶法严谨，形体方正，结构匀称，笔画清晰，成为当时的官方字体。魏晋南北朝时期承袭东汉隶书，然已是我国隶书发展的晚期阶段，此时隶书发展始终处于发展变化中。此时期隶书书风变化多端，已非汉隶风骨，或典雅遒丽，结字疏朗，或顿挫畅达，古朴厚重，但都略带楷意。如东晋泰宁元年（323）《谢鲲墓志》（图2），疏朗畅达，用笔翻挑，如"内""丈""兴""泰"等字的撇捺笔画略带翻挑；泰宁三年（325）《张镇墓志》（图3），规整统一，方正厚重，笔锋刚劲，颇具楷意，亦可称其为楷隶。隋代续魏晋之风，其标准隶书虽颇具古风朴貌，但也有自己的特点，其风骨瘦硬，笔画严谨匀称，因受楷书影响较大，略显方正古板。以大业七年（611年）《陈叔毅修孔子庙碑》（图4）为代表，此碑距东汉已远，隶书虽循古法，但仍有

图 2 东晋谢鲲墓志（局部）

图 3 东晋张镇墓志（局部）

差异。欧阳辅曾在其《集古求真》中评论："似隶似楷"，可见隋碑志隶书受楷书影响颇深。

第二类：隶书杂糅。此书风可追溯至魏末，清代文学家刘熙载在《艺概·书概》中说："后魏孝文吊比干墓文，体杂篆隶，相传崔浩书。东魏李仲旋修孔子庙碑、隋曹子建碑，皆衍其流者也。"[40]且中国当代书画家启功先生也曾说过："且汉隶既变篆籀，自以简易为主。……历观诸碑，除碑额外，隶书之碑文中，绝不掺一篆体。掺杂篆隶之体而混于一碑中，此风实自魏末齐周开始，至隋而未息。"[41]隶书杂糅现象由来已久，主要是隶、篆、楷三种书法的杂糅，《萧瑾墓志》（图5）属隶篆杂糅。隶篆杂糅以隶书为主，期间掺杂篆书，书法特点：多在笔画上装饰，略带楷意，善用曲笔，讲究对称，极具装饰性。隶篆杂糅其成因在《魏书·释老志》中有述："上师李君手笔有数篇，其余，皆正真书曹赵道复所书。古文鸟迹，篆隶杂体，辞义约辩，婉而成章。大自与世礼相准，择贤推德，信者为先，勤者次之。"，自魏以来崇尚道教之风颇重，受此影响隋墓志中尚有不少隶篆杂糅现象。《萧瑾墓志》中"公""曰""之""子""以""山"及"如""始"的"女"部都是篆书；大业九年（613）《宋仲暨妻刘氏墓志》，其中"公""子""之""曰""以""山""始"等字为篆书；再者《牛谅墓志》（图6）中"以""曰""山"等亦为篆书。以上列举的三方墓志虽均以隶书为主，但书风各异。《萧瑾墓志》，字体略扁，结构严谨，笔画曲意明显，书风妍美流媚，装饰性较强；《宋仲暨妻刘氏墓志》，较为古朴，笔画略带曲意；《牛谅墓志》，体势偏长略带楷意，潇洒简远，疏朗豁达，笔画善用曲笔。

隋历时33年，时间较短，隶书书法尚未形成自身独特的风格。隋代隶书由南北朝发展而来，融

图4 隋陈叔毅修孔子庙碑（局部）

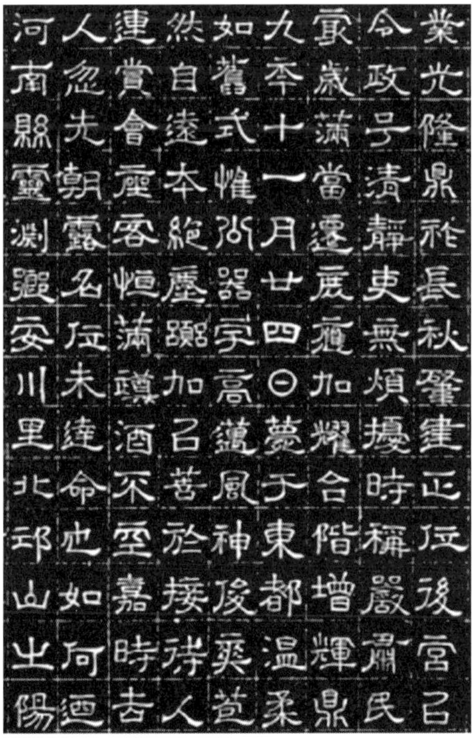

图5 隋萧瑾墓志（局部）

图6 隋牛谅墓志（局部）

合前代隶书风格，追求一种质朴和妍美的结合。这种融合趋势对唐隶的形成奠定基础。隋代书法承上启下的地位，照应前文"上承六代，下启三唐"的观点。

墓志文中记述萧瑾作为西梁皇族成员，在西梁朝廷地位颇为显赫，为何史书却无此人任何记载？

萧皇后的传奇人生

志文中有述"逮今上嗣业光隆鼎祚，长秋肇建，正位后宫"，"今上"是指隋炀帝，"正位后宫"是指隋炀帝即位后，立萧岿之女萧氏为皇后之事。萧皇后在《北史·后妃传下》中有传，作为西梁皇室后裔，隋朝皇后，虽身份尊崇，但其一生却跌宕起伏，颇具传奇色彩。

虽贵为西梁公主，萧氏的童年生活却非常清苦，"江南风俗，二月生子者不举。后以二月生，由是季父岌收养之。未岁，岌夫妻俱死，转养舅张轲家。轲甚贫窭，后躬亲劳苦。"[42] 成年后被选为晋王杨广妃，杨广登基称帝，即被册封为后。萧氏温婉端庄，知书达理。隋炀帝失德，萧皇后"心知不可，不敢措言，因为《述志赋》以自寄焉"[43]。并借机将其所作的《述志赋》呈于隋炀帝。隋炀帝被萧氏文采所吸引，然而当其读到"孰有念于知足，苟无希于滥名……夫居高而必危，每处满而防溢……珠帘玉箔之奇，金屋瑶台之美；虽时俗之崇丽，盖哲人之所鄙"时，炀帝心里很不是滋味，对萧皇后说"你身居瑶台，却心慕寒素，未免过于清高"[44]，此时萧皇后很是伤心，感慨隋炀帝不理解自己。《北史·后妃传下》中记载"及帝幸江都，臣下离贰，有宫人白后曰：'外闻人人欲反。'后曰：'任汝奏之。'宫人言于帝，帝大怒曰：'非汝宜言！'乃斩之。后宫人复白后曰：'宿卫者往往偶语谋反。'后曰：'天下事一朝至此，势去已然，无可救也。何用言，徒令帝忧烦耳！'"[45] 至此萧皇后对隋炀帝已失望至极。

"女战俘"记

这位温婉贤淑，知书达理的后宫女子在隋炀帝死后并没有平淡的度过她的一生。隋大业十四年（618年），宇文化及于江都弑杀隋炀帝，隋宫妇人均成为宇文化及的"女战俘"，萧皇后自然也在其中。后来农民起义领袖窦建德击败宇文化及，萧皇后辗转又成为窦建德的战俘，据《北史·后妃传》

中记载:"化及败,没于窦建德。建德妻曹氏妒悍,炀帝妃嫔美人并使出家,并后置于武强县。"[46],"炀帝妃嫔美人"中有没有萧皇后就不得而知了,但是在《旧唐书·窦建德传》记载:"建德入城,先谒隋萧皇后,与语称臣。"[47],从此处可以看出萧皇后的的确确是窦建德的"女战俘",而且窦建德对萧皇后以旧臣之礼相待,很是尊敬萧皇后。

突厥行

战俘生活并不是萧皇后最后的归宿,隋宗室女义成公主结束了萧皇后的战俘生涯。据《新唐书·突厥传》中记载:"义成,杨谐女也,其弟善经亦依突厥,与王世充使者王文素共说颉利曰:'往启民兄弟争国,赖隋得复位,子孙有国。今天子非文帝后,宜立政道以报隋厚德。'"[48]可知远嫁突厥的义成公主劝处罗可汗将萧皇后迎到突厥,又《旧唐书·突厥传》记载:"隋炀帝萧后及齐王暕之子政道,陷于窦建德。(武德)三年(620)二月,处罗迎之,至于牙所,立政道为隋王。"[49]义成公主等人劝说成功,萧皇后以义成公主尊贵客人的身份进入突厥,其子还被封为隋王。义成公主怜悯萧皇后一次次沦为战俘,将其迎接出来,不仅维护了隋宗室的颜面,且保全了隋炀帝后裔以待完成复隋大业。

迎回长安

《新唐书·突厥传》中记载:"四年正月,靖进屯恶阳岭,夜袭颉利,颉利惊,退牙碛口,大酋康苏蜜等以隋萧皇后、杨政道降。或言中国人尝密通书于后,中书舍人阳文瓘请劾治。帝曰:'天下未一,人或当思隋,今反侧既安,何足治耶?'"[50]贞观四年,李靖夜袭突厥,此时颉利可汗已经是穷途末路了,康苏密要拿萧皇后和杨政道来投降唐,这一次康素密的行为正中李世民的下怀,为安抚百姓,李世民将萧皇后等迎接回长安。

萧皇后辗转一生,最终重回长安,并于此逝世,和隋炀帝合葬于扬州,自此萧皇后跌宕起伏的人生才画上了句号。

参考文献

[1] （梁）萧子显.南齐书[M]（卷一）.北京：中华书局，1974：1.
[2] （唐）令狐德棻.周书[M]（卷四十八）.北京：中华书局，1974：855-862.
[3] （唐）李延寿.南史[M]（卷六）.北京：中华书局，1975：167.
[4] （唐）房玄龄等.晋书[M]（卷八十一）.北京：中华书局，1974：2118.
[5] （梁）沈约.宋书[M]（卷六十一）.北京：中华书局，1974：1653.
[6] （梁）沈约.宋书[M]（卷四十三）.北京：中华书局，1974：1342.
[7] （唐）姚思廉.陈书[M]（卷一十五）.北京：中华书局，1972：217-218.
[8] （北齐）魏收.魏书[M].（卷一百一十三）.北京：中华书局，1974：2937.
[9] （梁）沈约.宋书[M]（卷四十）.北京：中华书局，1974：1261.
[10] 中华书局辞海编辑所修订.辞海试行本·第8分册·历史[M].北京：中华书局辞海编辑所，1961-11：78.
[11] （唐）魏征，令狐德棻.隋书[M]（卷二十六）.北京：中华书局，1982：730.
[12] [15]（唐）魏征，令狐德棻.隋书[M]（卷二十六）.北京：中华书局，1982：729.
[13] （日）宫崎市定.九品官人法研究[M].北京：中华书局，2008：191.
[14] （宋）范晔撰，（唐）李贤等注.后汉书[M]（志二十四）.北京：中华书局，1973-08：3563.
[16] （唐）令狐德棻.周书[M]（卷四十八）.北京：中华书局，1974：866，867.
[17] （唐）魏征，令狐德棻.隋书[M]（卷二十六）.北京：中华书局，1982：745、746.
[18] （唐）魏征，令狐德棻.隋书[M]（卷八）.北京：中华书局，1982：156.
[19] （宋）欧阳修，宋祁.新唐书[M]（卷四十六）.上海：中华书局，1975：1194.
[20] （东汉）班固.汉书[M]（卷七十五）.北京：中华书局，1964：3160-3161.
[21][27][29] 聂鑫.中国法制史讲义[M].北京：北京大学出版社，2014.01：96.
[22] （唐）魏征，令狐德棻.隋书[M]（卷二十八）.北京：中华书局，1982：792.
[23] （唐）魏征，令狐德棻.隋书[M]（卷二）.北京：中华书局，1982：40.
[24] [28]（唐）魏征，令狐德棻.隋书[M]（卷二十八）.北京：中华书局，1982：797.
[25] （唐）魏征，令狐德棻.隋书[M]（卷二十八）.北京：中华书局，1982：774.
[26] （唐）魏征，令狐德棻.隋书[M]（卷二十七）.北京：中华书局，1982：752.
[30] （唐）魏征，令狐德棻.隋书[M]（卷一）.北京：中华书局，1982：23.
[31] （唐）魏征，令狐德棻.隋书[M]（卷三）.北京：中华书局，1982：66.
[32] （唐）李延寿.北史[M]（卷三）.北京：中华书局，1974-10：107.
[33] （唐）魏征，令狐德棻.隋书[M]（卷六十六）.北京：中华书局，1982：1562.
[34] （唐）魏征，令狐德棻.隋书[M]（卷七十三）.北京：中华书局，1982：1679.
[35] （北齐）魏收.魏书[M].（卷七下）.北京：中华书局，1974：175.
[36] （唐）魏征，令狐德棻.隋书[M]（卷七十三）.北京：中华书局，1982：1685.
[37] （唐）李延寿.北史[M]（卷八十三）.北京：中华书局，1974-10：2806.
[38] 袁刚.隋代考课制度述略[J].烟台大学学报（哲学社会科学版），1997（3）：81.
[39] 薛飞.隋代墓志隶书研究[D].吉林大学，2016-4：51.
[40] 崔尔平.明清书论集·艺概[M].上海：上海辞书出版社，2011：1187.
[41][43] 启功.文心书魂·启功随笔[M].北京：北京大学出版社，2009：212.
[42] （唐）李延寿.北史[M]（卷一十四）.北京：中华书局，1974-10：535.
[44] 程思源主编.中国全史·卷24·野史[M].呼和浩特：远方出版社，2004-08：4654-4658.

[45]（唐）李延寿.北史[M]（卷一十四）.北京：中华书局，1974.10：536.
[46]（唐）李延寿.北史[M]（卷一十四）.北京：中华书局，1974.10：537.
[47]（后晋）刘昫等.旧唐书（卷五十四）.北京：中华书局，1975：2238.
[48]（宋）欧阳修-宋祁.新唐书[M]（卷二百一十五上）.上海：中华书局，1975：6029-6030.
[49]（后晋）刘昫等.旧唐书[M]（卷一百九十四上）.北京：中华书局，1975：5154.
[50]（宋）欧阳修-宋祁.新唐书[M]（卷二百一十五上）.上海：中华书局，1975：6035.

青釉环形鸡首壶

作者：蔡杰

青釉环形鸡首壶，瓷器，隋代，高25.2厘米，口径7.3厘米，底径6.2厘米，河南汤阴出土，现藏河南博物院。

深度品鉴

这件青釉环形鸡首壶造型独特，体表釉色明亮呈青绿色。器身一侧装饰鸡首（图1），昂首向上，引颈高歌作打鸣状。其壶口为盘状，手柄是一龙首造型，龙体高出壶体，龙头向下弯曲伸入盘中，作饮水姿势（图2）。壶口的盘与壶的手柄巧妙结合，连接管状环形器身，与鸡首共同构成了整件鸡首壶的主体。

这件壶的颈部细长，与壶口的盘相连接，肩部装饰附有二横系四个，其足部为圈形，底足平，中间微凹。其中，鸡首作为假流，起到装饰壶体的作用，虽然鸡的嘴微微张开，但它并没有与环形的壶腹相通，盛满水后，并不能从鸡首处倒出。从

图1 鸡首侧视图

图2 龙头伸入盘状壶口

图3 圈足的阴刻弦纹

其装饰工艺来看，整件瓷壶以鸡首和龙首装饰为主，四系为辅。鸡首高昂，龙首独特，各自形象生动，壶体为素面，简单大方。在环形的壶身与圈足底部装饰有数道阴刻弦纹（图3），壶的颈部则是由数道凸起的弦纹进行装饰（图4），充分体现出隋代的瓷器制作工艺的精美。

此壶胎骨较为厚重，胎质不甚紧密，通体的釉色的绿中闪黄，釉层较薄，且不均匀[1]。仔细观察壶体的下部，会发现有流釉的现象，以及有玻璃状的垂釉，另外整件器物的釉面有许多细碎的开片纹。细看这件鸡首壶的圈形底部，其露胎无釉，应为"正烧"

图4 颈部的凸起

法烧制，按照《中国文物大辞典》中的解释：正烧又称仰烧，是瓷器烧制法，烧制时坯件口向上放在垫具上，装入匣钵入窑焙烧。仰烧的器物口缘有釉而底足露，是北宋早期覆烧发明之前，除对口烧外，瓷器装烧基本采用这种方法。[2]

这件青釉环形鸡首壶，是典型的南方器物，其出现在中原地区，为我们研究南北方文化和商业交流提供了实物例证，同时也为我们研究隋代青瓷制作，以及我国瓷器的发展提供了实物佐证。

文化解读

壶是中国陶瓷史上一个重要器物种类，鸡首壶作为一种独特的壶式，它的产生、发展及衰落的过程，不仅反映了人们认识自然和改造自然的能力，同时也是人们在进行艺术创造的一个过程。

鸡首壶，又叫鸡头壶、天鸡壶，晋时称"罂"。1972年，在南京市东晋墓中出土一件青瓷鸡首壶，其底部刻"罂主姓黄名齐之"七字，可知这类器物晋时称作"罂"，即小口大腹的酒器。[3]这种壶是在盘口壶的基础上进行改进和设计，以鸡头作出水口而得名。

在已有的学术文献中，有学者认为鸡首壶创烧于西晋时期，是在盘口壶一侧贴加鸡首流而形成的器物，其流行于魏晋南北朝、隋时期，隋以后逐渐衰落，唐初时则被执壶所取代，淡出历史舞台。其样式应该说是在盘口壶的肩部两侧加有鸡头和把手，加以装饰而成，随着历史的不断发展，其形态和样式也发生着不同的变化。

关于鸡首壶的用途，学术界也有关不同的意义。有酒器说、茶具说、贮盛器说，也有宗教仪器说和明器说。但从现有的发掘出土地区来看，主要集中在江浙和苏南等地，其早期多是实心无口，主要功能应为明器。东晋以后鸡首壶的鸡首流是空心有口，具备壶之流的作用，其实用器的可能性较大，主要是茶具和酒器。[4] 而关于鸡首壶的制作技术，主要有拉坯、模制、手捏、刻划，即壶体为拉坯成形；鸡首造型多为模制，也就是在模具中翻制成形，然后粘在鸡首壶的肩部；鸡首壶的双系也多为模具制成，也有手捏的，同样也是制作后粘在壶的肩上；而鸡首壶表面的弦纹、网格纹等纹饰则多为刻划而成，方法各不相同，各种纹饰都有自己的制作方法。

说起鸡首壶的渊源，众多学者说认为它是三国末年西晋时期越窑、瓯窑的一种新产品，以后各窑才相继烧制。其最早可以追溯至西晋浙江天子岗晋出土的无柄鸡首壶（图5），高19厘米，口径10厘米，底径12.2厘米，直口矮领、弧肩鼓腹，平底。青黄色釉，肩部对置鸡头和尾及两个半环形系，鸡头短小，流可流[5]。作为流行于两晋直至隋代的一种壶式，其具有典型的时代风格和艺术价值。

西晋时期，青瓷已经进入成熟阶段，由于当时的统治阶级奢靡腐化，政治制度和佛、庄（玄）学深入人心，"即色""无心"的思想被人用在借酒消愁之上，而这些用来盛酒的器物，就被远离实用，多作装饰点缀。因此，这一时期出土的鸡首壶一般为小盘口，束颈，圆腹，肩腹部一般蓝天有弦纹或网格纹，平底内凹，底部无釉留有四个垫烧痕[6]。壶身和壶颈比较矮，鸡首多无颈，而且鸡尾甚小，是西晋鸡首壶的共同特征，直观其物，鸡首壶的腹部尺寸接近或略高大于壶高，整体呈现出"矮胖敦实"的造型，风格比较朴拙，整个器型矮小，其形象就如一只中蹲坐在地的老母鸡。但也有例外，如宁波博物馆藏的1995年浙江余姚市出土的西晋越窑提梁人物鸡首壶（图6），通高24厘米，口径11.8厘米，腹围18.2厘米。除去鸡首壶常用装饰手法外，这件壶的盘口上以黄鼬躯身为提梁，在盘口之下与鸡首、尾处各置人物，为西晋同类鸡首壶中罕见，目前国内仅见此一件。此时鸡首壶的流有实心和空心之分，为瓷器带流的功能的首创，也为以后流的产生奠定了发展基础。这时的鸡首壶出土范围局限于江浙一带，且数量较少。

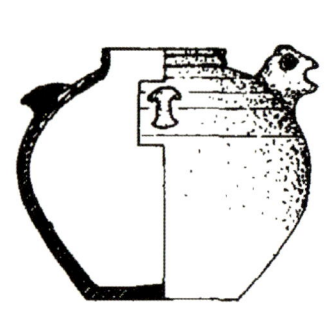
图5 浙江天子岗晋出土鸡首壶线图

图6 西晋越窑提梁人物鸡首壶

图7 东晋褐色点彩鸡首壶

东晋时期，青瓷鸡首壶得到成熟地发展，人们不再斟酌在审美兴致上，而趋于实用性。此时的青瓷多施半透明绿釉，其光泽细润晶莹，釉色仍不到底，釉面开片纹呈细碎状，在装饰上出现了褐色斑点彩。这件东晋褐色点彩鸡首壶（图7），盘口较浅，束颈略长，肩上一侧贴鸡头，一侧贴贴鸡尾，鸡尾呈卷尾状，桥形系，壶身多处褐色斑点，此壶时代应为东晋早期。[7]再看当时的社会，士族门阀们沉浸于酒色之中，安于逸乐，自命清高，因此，鸡首壶被进行了大幅度的改良。东晋早期，鸡首壶器型还有西晋时期的风格，肩部贴鸡头与鸡尾相对应，其壶身逐渐往高大发展，壶颈加长，弧形把手还没出现。到了东晋中期，鸡头颈部逐渐加长，鸡头引颈高冠，双目圆睁，鸡口圆张，鸡尾也演变成弧形柄，柄手上端与盘口相连，下端贴于上腹，且柄上端略高于盘口，更为实用，也有装饰龙头，使其更加实用和美观，其比例结构也变得更加合理。这一时期的鸡首壶的特点是：小盘口、束颈、溜肩、球形腹、平底。肩部一侧置高冠凸眼的鸡头流，鸡首形象简化，流与腹相通，对侧置圆曲柄，两侧横置对称桥型系。[8]东晋时期鸡首壶的使用范围也扩展到江南和中原，东至江浙，西至四川，南至两广地区都有发现，尤其在南方地区已经是普遍使用的一种酒器。

图8 南北朝青釉刻莲花鸡首壶

图9 隋代 青釉鸡首壶

进入南朝时期，鸡首壶在造型方面，器身较前朝变高，显得更为修长，较东晋时其盘口也加高加深，壶颈更长，盘口和底部都相应变大，下腹内收，腹部由硕圆或扁圆演变为瘦长直腹，其重心下移，器物整体更加平稳，其底部也逐渐由平底转变为壁形底或圈足。此时的鸡首流向外移动，造型更趋于实用，在倾倒时更为方便、舒适，把手多高出盘口许多，把手较粗，且弧度较大，便于执拿，龙头也更加精致、生动。在装饰风格上，壶体往往刻画或贴塑花卉、花瓣等纹饰，弦纹、水波纹、铺首等纹也相出现在装饰纹中，褐彩成为普遍。其装饰的种类趋于减少，装饰的手法也趋向简化。特别是莲瓣纹成为主要纹饰，这也佛教的盛行有关。这件南北朝青釉刻莲花鸡首壶（图8），高32.6厘米，口径10.6厘米。盘口，长颈，深腹，高直柄。鸡首颈部较矮，鸡冠高挺，肩部两边附桥形方系，平底，腹部刻莲纹，通体施匀亮青釉，釉色青绿，此壶制作工艺精细，为鸡首壶中精品。[9]此时的鸡首壶釉色多为青黄色，半截釉。这一时期的鸡首壶高度持续增长，盘口、腹部、底部等各构件间的比例更趋于协调，实用性增强。

北朝时期，鸡首壶的口径也相应增大，鸡头高昂前挺，露出胸脯，倾公鸡打鸣状，相对处龙柄连肩，龙头扎进盘口，作饮水状。这一时期的鸡首壶由南方流传至北方的黄河中下游地区，和南方俊秀的风格和造型不同，北朝的鸡首壶则体现了北方民族那种粗犷与豪迈，器形较为硕大且厚重，高度大多超过40厘米，有的甚至接近半米，把手高出口沿许多，把手一端饰龙首，并出现双股龙首式样。肩部设有四只横向的桥型系，与南方常见的二横系不同，其壶颈与器身均较南阳更为修长和有气势。另外，北朝的鸡首壶虽然高度大幅增长，但其口径和底径的尺寸值却并未随着高度大幅的增长，鸡首壶既体现了北方特有的豪迈气质，却又并不显得笨重。

隋唐时期，鸡首壶进入衰落时期，出土数量急剧降低，种类也有所减少，基本呈现盘口小、腹部瘦高但容量明显减少的现象（图9），这件隋代青瓷鸡首壶，盘口高深直径小，长颈。肩上两侧贴有双条复合系，龙首长柄、肩部、颈部装饰有三周凸弦纹，器身加高，更加修长，釉色青中泛黄。简约执壶让繁琐的鸡首壶变得缺乏实用意义。鸡首壶的使用功能衰减、结构比例失调，丧失了其原有的光彩，重新成为墓室中的陪葬品。从现有的文献资料可知，鸡首壶在北齐至隋时期鸡首与壶腹不通，已不具备使用功能，仅作装饰，液体的倾倒要从盘口处流出。鸡首壶的器形也显得高大、笨重，单柄壶也增加了倾倒了难度，这也是其衰落的原因。

总之，鸡首壶的发展是随着是瓷业发展和人们生活习俗的变化，最终被淡出人们的生活，更为简洁实用的执壶代替其成为当时人们生活的主流，最终完成了其在瓷业发展中的使命。

比较研究

鸡首壶是我国瓷业发展的组成部分，其中在历史中的地位是举足轻重的，就其造型和用途而言，各不相同，现以河南博物院收藏的几件鸡首壶为主要对象，选取其中三件典型器物，以期探究鸡首壶的演变与发展。

图10 青釉鸡首壶

青釉鸡首壶（图10），高9.5厘米，西晋时期瓷器。此鸡首壶的盘口较浅，短颈，扁圆鼓腹，肩部一侧贴鸡首，另一侧贴鸡尾。鸡头无颈，刻鸡冠羽毛精细，两侧有条形系，通体施半截青釉，盘口上下有凸起弦纹两首，肩部有两周弦纹和网格纹，可见其制作精细。也体现了这一时多为连珠纹、弦纹、水波纹的印证。

图11 青釉双系瓷鸡首壶

青釉双系瓷鸡首壶（图11），高15厘米，口径7.4厘米，腹围46.3厘米，为西晋时期的越窑或瓯窑器物。这件鸡首壶的盘口同样相对较浅，短颈，扁圆鼓腹。肩部一侧贴鸡头，两侧有条形系，鸡头无颈圆硕，肩至颈部饰有压印的弦纹，其通体施半截青釉。从艺术的角度来看，这件瓷器不仅具有一定的历史和艺术的价值，也为我们研究瓷器的发展提供真实的佐证。

青釉鸡首壶（图12），高17.5厘米，口径11厘米，足径12.8厘米。为东晋至南朝时期器物。盘口，短颈略束，丰肩，肩上一侧贴一鸡首，另一侧有长柄，肩部两边贴桥形系，鼓腹，腹下渐斜收，平底，通体施青釉，釉不及底呈宽带露胎，胎呈灰白色，釉面光亮如漆呈青绿色。

上述三件鸡首壶，均为青釉瓷器，其器型近似，形态各异，但就其形象而言，应为西晋和东晋不同时期的鸡首壶，再加上前面这件隋代的青釉环形鸡首壶，一共四件鸡首壶，其主要反映了三个方面特征：一是不同历史时期的鸡首壶，其壶口均为盘口，并出现不同造型；二是鸡首壶的肩部都分别贴有系，有桥形系，也有二横系，不尽相同；三是不同时期的鸡首壶，其鸡首造型各异，表达不同统

图12 青釉鸡首壶

治阶层下的社会意境。同时，鸡首壶也十分注重艺术的美感，兼顾实用与造型相结合，对于研究我国的南北文化交、瓷业的发展有着重要的参佐价值。

综上所述，自西晋至隋代，鸡首壶的造型在不断地发生变化，特别是其器形由低矮的造型逐渐过渡到瘦高的外表，器表大多都施有青釉，其烧制技术也在不断提高，釉色也越来越光亮。随着南北方文化的交流，中国瓷业的不断发展，鸡首壶也将为我们进一步研究中国的吉祥文化和十二生肖，以及同一时期的考古学断代提供重要的实物研究依据。

鸡首壶的流有实心、空心之分，你知道这是为什么吗？

鸡首壶的文化意义

鸡同"吉"，二者之间有谐音之念。在传统观念中，鸡是中国古人最常见的一种圈养家禽，除了食用之外，又是古人"日出而作，日落而息"啼鸣报晓之物，晋代就有"闻鸡起舞"的成语。另一方面，鸡善群养而居之，温顺驯养无害，深得人们爱慕和喜欢。

我国养鸡的历史可以追溯到原始社会时期，早在龙山文化遗址中就出土了鸡的骨骼，而在甲骨文中早就有了"鸡"的构字，《诗经》中也载有"鸡既鸣矣，朝既盈矣""鸡栖于埘""鸡栖于桀"等诗句。

西汉韩婴所作的《韩诗外传》中，将鸡称为具有文、武、勇、仁、信五德的"德禽"。因此鸡的造型深受古今人们所喜爱，出现在古今许多雕塑和绘画之中。特别是汉代至晋代，其发掘出土的陶瓷鸡和鸡舍，以鸡做装饰的陶瓷器盛行一时。同期，三国两晋南北朝时期的制瓷业发展迅速，瓷窑遍布大江南北，随着瓷业的发展鸡首壶就是这样的环境和社会氛围中产生的。

鸡在古代还被以为具有除邪去祸、印证诚信之功能，素有"歃血为盟""洒血驱魔"习俗[10]。汉代应劭在《风俗通义祀典雄鸡》中就有这样的记载："鲁郊祀，常以丹鸡祀日，以其朝声赤羽，去鲁侯之咎"。同样，鸡除与"吉"相通之外，还有"居""基"谐音，加之母鸡多产、公鸡报晓，因此鸡还有着"多子多福""诚作基石""安居乐业"等意义。

伴随着鸡首壶的出现，鸡文化在这一时期也得到了繁荣与发展，为数众多的典故和题咏，耳熟能详。前面我们所讲的"闻鸡起舞"就是出自《晋书·祖逖传》；而晋代王嘉的《拾遗记》中"鸡王镇宅"这种民间习俗的最早由来；同样，东晋著名诗人陶渊明在《归田园居》中以"狗吠深巷中，鸡鸣桑树颠"而深入人心。这种文化意义的解读，也是对鸡首壶造型的阐释，是这一时期人们将其精神文化融入到器物的表达，鸡首壶则成为一种主要的情感寄托的载体。

参考文献

[1] 张云瑛.隋龙柄四系盘口管状壶[J].文物，1983（11）：73.
[2] 中国文物学会专家委员编.中国文物大辞典　上[M].北京：中央编译出版社，2008-05：158.
[3][4] 郭振文.三国两晋南北朝时期鸡首壶型制演变初探[J].吉林艺术学院学报，2012（05）：20.
[5] 程亦胜.浙江安吉天子岗汉晋墓[J].文物，1995（06）：33.
[6][7] 郭俊，吴丹.魏晋时期鸡首壶的造型演变[J].南京艺术学院学报（美术与设计），2015（03）：26.
[8][9] 王健丽.鸡首壶的演变与发展[J].收藏家，2011（07）：56.
[10] 刘慧中，潘娅.鸡首壶造型意义解读[J].南方文物，2014（03）：187.

青玉鸟形佩

作者：龚曼

青玉鸟形佩，玉器，西周，高2.5厘米，宽2.4厘米，厚0.5厘米，三门峡虢国墓出土，现藏河南博物院。

 **深度品鉴**

"三门峡虢国墓位于三门峡市区北部一道路呈西北——东南的土岭上。"[1]发现于1956年，先后经历了五次钻探和两次大规模发掘，发掘了252座墓葬，其中有国君墓、国君夫人墓、太子墓，也有大夫与士一级的贵族墓葬，同时出土了大批精美玉器。其中鸟形及鸟纹玉器数量可观，令人瞩目。

此青玉鸟形佩出土于三门峡虢国墓地中的虢季墓内棺盖上，青白玉、浅冰青色略泛白，有白色斑点，微透明，呈耸肩收翅站立状，单爪着地，尾羽朝下，圆眼，平喙下部有一圆穿，可佩戴，为佩饰，扁平雕，正背面纹样相同且均用大斜坡式阴线雕刻（图1），青玉鸟形佩接近四方形，从其纹样雕刻

图1 青玉鸟形佩线图

手法及造型来看，此玉鸟佩为西周中期典型工艺特点。（图2）

文化解读

"鸟纹作为玉器的装饰最早产生于新石器时代，"[2] 以鸟为主题的装饰贯穿古今。在人类早期，人们生活在严酷而未知的生活环境中，生产力和生产方式低下，认识能力与思维方式简单，他们对未知而神秘的自然产生敬畏心理，并逐渐激发了原始信仰和审美。

图2 青玉鸟形佩拓本

鸟类的飞翔都是人们所向往与崇拜的神奇力量，他们将这种敬畏和崇拜的情感描绘在他们创造的器物中，不仅是一种装饰，更作为一种信仰和追求。

除此以外，日月星辰，风雨雷电等自然现象是先民们不可揣摩与预测的，人们目睹着太阳东升西落，日复一日，时隐时现，神秘莫测，同时鸟类因能在空中飞翔，时出时没，白日鸣嘈，黑夜投林，先民们认为这些同太阳相似的习性并非偶然，于是将鸟与太阳联系起来，经过他们思维的幻想与加工，鸟类便成为了太阳的替身与象征物，所以最早出现的鸟纹常与日纹一同出现，便有了"太阳鸟""金乌负日"等传说。最初的鸟纹形象出现于距今7000年左右的河姆渡文化中（图3），发现了刻有双鸟图案的象牙器物，中心有大小不等的同心圆，两侧刻有相望的对鸟。

最早的鸟饰玉器虽出现于新石器时代，但出土的相对较少，典型的有红山文化胡头沟遗址出土的早期的鹰形玉饰（图4），良渚文化反山墓地带有显著良渚文化特色的鸟纹玉冠饰、玉琮、玉钺等常与兽面纹相结合。也有石家河文化玉器中的玉凤型环，出土于湖北石家河罗家柏岭新石器遗址。还有龙山文化中出土于湖南省沣县孙家岗的镂雕玉鸟。

商代早期中期几乎不见鸟饰玉器，直到商代晚期，动物形纹样盛行，鸟饰玉器开始大量出现，最典型的就是安阳殷墟，出土了大量精致的鸟饰玉器，此时鸟饰玉器形态已经开始多样化，不仅有单个鸟形象刻画的玉器，也出现了鸟兽形象合体，鸟与人形象合体等合雕玉器，充满神秘与威严，

图3 河姆渡文化中刻有双鸟图案的象牙器物

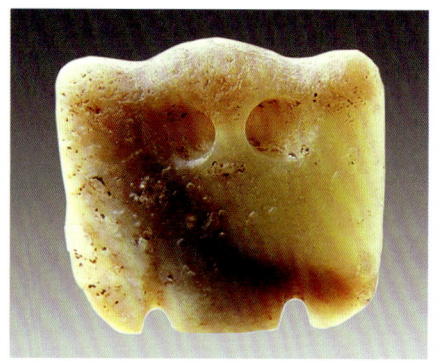

图4 红山文化胡头沟遗址鹰行佩

表现了人们对神秘未知力量的崇拜，也呈现着商代晚期玉器工艺的精湛，也开启了西周鸟饰玉器的先河。

比较研究

据目前考古发掘报告以及相关资料来看：西周时期鸟饰玉器出土较为丰富的墓地有，陕西宝鸡茹家庄墓地、平顶山应国墓地，周原墓葬、长安张家坡西周墓地，韩城梁带村墓葬，三门峡虢国墓地等都出土近千件玉器，其中鸟饰玉器占有重要的比例。其中虢国墓地出土的鸟饰玉器大致时期为西周晚期宣王前后，而其他几座墓葬出土鸟饰玉器从早期至晚期都较为详尽。

蔡庆良老师提出："西周的玉器共有三次变化，第一次出现在昭穆时期，其余两次则出现在西周中晚之际，以及西周末春秋初之时。"[3] 鸟饰玉器为西周玉器的重要组成部分，在符合西周玉器整体的变化轨迹里，也有属于自己的造型纹饰变化规律。

本文将鸟形玉器分为四期：第一期为商末到西周初年武成康王时期为早期，周初鸟饰玉器的风格基本延续商末的遗风没有明显的变化，但是早期晚段有向中期演变的趋势；第二期西周早期晚段康王昭王到穆王时期为早中期之交，属于中期早段，此时鸟形玉器有了较大的变化，呈几何形图案化发展；第三期从共王到夷王时期为中期晚段，在延续早中期的风格的同时向多样化发展。第四期从厉王到春秋初期，鸟形玉器开始向春秋时期注重结构的重叠与回旋式样发展，为西周晚期。

第一期：殷墟出土的玉器为商代晚期的典型代表，绝大多数为大中型墓葬所有，大部分为墓主生前物品，作为地位身份象征标志之一。这一时期的鸟饰玉器身上的纹饰和鸟的各个器官都有夸张的神话性色彩且被刻画的很详细，在工艺制作和选料上颇为细腻。鸟饰玉器中神话形象的凤鸟居多，鸟形周边轮廓常饰有牙形饰，且带有花冠，臣字目则是商代晚期动物玉器中特有的，鸟喙多为尖状或较为硬朗的勾喙，鸟形体型较为纤细，圆雕浅浮雕较为丰富。线纹雕刻手法以减地凸起的阳线纹和较为尖锐的阴线刻为主。如妇好墓出土玉凤（图5）和1953年安阳市大司空村八号墓出土的一件商代晚期扁平体的浮雕玉鸟（图6）。

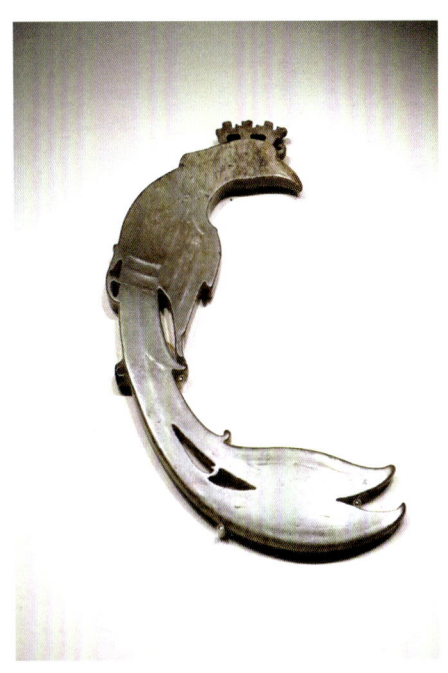

图 5　妇好墓出土玉凤

图 6　安阳市大司空村八号墓出土玉鸟

图 7 茹家庄墓地出土片雕玉鸟

图 8 张家坡墓地出土玉鸟

第二期：为早中期之交，此时的鸟饰玉器产生了较大的变化，比较有代表性的是陕西宝鸡张家坡、茹家庄、竹园沟、纸房头鱼国墓地，应国西周早期墓葬时间大约为昭穆王左右，山东济阳刘台子西周墓葬也为昭穆王左右。这些墓葬出土的鸟饰玉器也极其丰富，出现的鸟形玉器多为扁平体，成对出现，身形肥硕宽短，多数呈三角形、平行四边形，梯形等几何图形，开始向图案化发展。臣字目已经从历史中逐渐消退，鸟喙部趋向短平，冠部补大体由之前的细长的或复杂的花冠简化为同此时宽肥的鸟体格相应的宽短形且较为概括的冠，大部分冠饰不再刻画细部，基本结构为向后上卷，一些几何形体的鸟形冠饰随鸟体融合于几何中。

鸟形身上纹饰多采用单阴线，单阴线为直线、切割、斜刀和打磨等工艺琢成，阴线多呈中间粗两头尖，尾部用直线工艺，胸前的翅羽常饰以斜坡式的粗阴线。鸟身上纹饰已经简单抽象化，从商末细致的带有神话感的云纹麟纹等演变成用阴线概括出鸟形各器官轮廓的玉器。雕刻所使用的阳线纹已经逐渐减少，大部分为单阴线，或为斜刀阴线或直阴线，线条较之前更加流畅自然。如茹家庄墓地里的一对片雕玉鸟（图7）及张家坡墓地成三角状对鸟造型（图8）。

第三期：这一时期张家坡西周墓地和晋侯墓地出土的鸟饰玉器以及周原部分地区的鸟饰玉器较为丰富，这一时期的鸟饰玉器从第二期的以几何形体为主或成对出现的扁平雕玉鸟出现了一些变化，但变化并不大，风格不再趋于统一，仍以扁平雕玉器为主，圆雕较少，一部分鸟形玉器的轮廓开始从规整的几何形变的轮廓圆滑，并且昭穆时期的三角形昂头挺胸的鸟形玉器已经几乎不见，长方形的鸟形玉器偏多，并且鸟体偏长，仰首的姿势较少，大多平视向前，以及长尾长条形的鸟形器较多。并且分叉的尾部较之前线条柔和更接近于鱼尾．

鸟轮廓仍然延续使用倒棱处理，有类似圆雕的效果，鸟形器身上的纹样多为双阴线或大斜刀式单阴线，阳线较少，以斜刀单阴线为主，以及粗细较为均匀的双钩阴线。一些鸟形器沿轮廓饰有刻度较深的单阴线，使得鸟形轮廓更加清晰精致，这是西周晚期线纹的主要风格，说明这时已经开始有晚期风格的发展趋势。

也可能由于出土地区不同，时代的发展使得玉器的风格开始向多样化发展，也出现了一些之前没有出现的样式。从已知年代墓葬出土的鸟饰玉器来看，一部分延续了早中期的风格，也有可能是前人遗留下的器物，如从《张家坡西周墓地》[4]已知墓葬M170为孝王夷王时期玉鸟（图9）。

第四期：西周晚期到末期的阶段，基本上延续了中期晚段的特征，一部分向春秋时期相互缠绕，交缠同体的表现手法，使得造型上显得精致华美，并且出现了新的雕刻技法。鸟喙部分，配合鸟形体结构的变化，平喙几乎不见。尾部同样根据鸟形的演变形成多样不拘一格的面貌，大宽尾分叉的样式已经几乎不见，但也能看出一些鸟形玉器由中期演变而来的迹象。

鸟形玉器圆雕与扁平雕刻都存在，依旧是扁平雕居多，西周末期和春秋初期的一部分鸟形玉器由于使用了刻度较深的阴线纹，使得刻纹清晰，有一种浅浮雕的视觉效果，使得玉器整体浑圆立体，对于轮廓的处理由原先的倒棱处理演变为沿轮廓刻画的强调线，鸟形玉器更是显得精致细腻，表明西周末期人们对视觉效果的要求进一步提高，并且鸟形玉器身上刻画的线条比之前三个时期的线条更加柔和与成熟，由斜刀阴线向深直的阴线发展，线条的打磨更加光滑细致。

虢国墓出土的西周晚期玉器特征较为明显的有虢仲墓出土的玉鸟，已经采用镂空技术，并且形象已经脱离了原先无论是规整还是圆润的程式化的鸟形，此时的鸟形似乎更加注重形体的美感，较之前的鸟形玉器更加轻盈的视觉效果。（图10）

图9 张家坡墓地玉鸟

图10 虢仲墓玉鸟

综上所述，造型方面：西周鸟形玉器分为四个时期，西周早期的鸟形玉器继承了商代的遗存，圆雕较多，纹饰与造型都充斥商代威严、神秘以及宗教色彩。鸟形玉器的第一次变化大概发生在昭王穆王时期，鸟形玉器开始向西周中期体态宽扁肥硕的鸟形演变，脱离了商代的神话元素，以古朴简洁为主线，圆雕逐渐减少，扁平雕增加，向图案化与几何形体发展。鸟形身上的线纹只强调与区分鸟体各部分的特征，一些近乎素面的玉鸟，眼、翅羽、尾部等由斜坡线雕刻而成，有相互叠压的立体感，还增加了外轮廓的倒棱处理，视觉上有圆雕的效果。西周孝王夷王时期的西周中后期，基本上延续西周中期早段的风貌，一部分鸟形玉器开始由规整的几何形态的轮廓向圆滑演变，并且带榫和枘的鸟形玉器数量增加。西周中后期到春秋初期，鸟形玉器又一次明显的发展变化，回首形的鸟形玉器开始增多，写实鸟形减少，变形鸟形增加，多设计为穿插，回转，扭曲等结构。逐渐流行缠体共身的纹样，向抽象化演变并拉伸了鸟尾部的长度。

线纹雕刻方面：早期延续商朝的直阴线与阳线纹，到了中期，双阴线有了新的发展，大斜刀一面坡阴线成为主导纹样，双钩阴线，常为一条细腻，一条粗犷的形式。西周末期，随着鸟形鸟纹的变体，崇尚精致华丽，线条也随之变为刻度较深的双钩阴线，以及一些鸟饰玉器饰有强调轮廓的阴线，也增添了新的雕刻技法，镂雕技术频繁使用。一部分线纹雕刻的鸟饰玉器，在一定程度上会受到所装饰玉器的器形影响

西周时期动物形玉佩和鸟形玉佩的发展变化规律是否相似呢？

西周鸟饰玉器对东周的影响

中国玉器的发展进程中，西周鸟饰玉器在继承了商代玉器风格的基础上演生出自己独有的风貌，同时也为东周玉器奠定了基础，玉文化不仅有承传性并且具有流变性，"但是一般情况下，承传性不如流变性表现的突出；流变性主要表现为在承传基础上呈现多方面的创新。"[5]东周时期，社会经济、政治与文化都呈现出空前的巨变，思想上百家争鸣的格局以及社会政治经济奴隶制向封建社会转变等都影响东周玉器的进一步发展，同时手工业摆脱了奴隶主的统治逐渐独立起来。

西周的鸟饰玉器主要影响的是东周玉器的发展，东周玉器是继西周之后的高峰发展期，春秋的玉器在造型、纹饰以及佩玉制度上都继承了西周的特征。但是从西周的注重礼仪转变到了注重装饰审美，这从西周末期就已见雏形。春秋时期沿用了西周中期一粗一细的双阴线和晚期所用的刻度较深的双阴线，在此基础上又发展了新的线型，双阴线宽窄的比例加大，宽线更宽，且线底部呈凹圆形，而细阴线则被刻画的极细。西周末期的鸟饰玉器开始像繁复抽象变形演变，鸟纹玉器与鸟形玉器的共性在于龙纹的加入，龙凤合体的衍生凤鸟形象十分突出，鸟形玉器相互穿插与回旋的设计与鸟纹玉器的重环，扭曲以及龙凤同体，互为首尾等异曲同工，鸟纹由写实性转变为变形的抽象鸟形象，尤其是鸟尾部与身体开始呈细长条状相互交错缠绕变化，逐渐由商周是的简单古朴的风貌转向了精美、华丽的艺术风格。造型巧妙富于变化，西周末期的玉器纹样多用曲线，春秋时期延续了这一特点，玉器造型翻转婀娜，也表现了人们摆脱束缚追求自由的思想。

综上，西周末到春秋战国时期的玉器注重装饰是显而易见的，不再仅是代表权力地位，区分贵族等级的标志，纹饰的繁缛、华丽逐渐拥有了审美娱乐的文化内涵。形成了中周玉文化的又一高峰，虽然本文不再展开细致的研究，但从西周对东周鸟饰玉器变化的简略概括中也可以认识到西周至东周，乃至对之后各代与玉文化都有更深远更长久的影响。

参考文献

[1] 河南省文物考古研究所，三门峡文物工作队. 三门峡虢国墓 第一卷 [M]. 北京：文物出版社，1999-12：2.

[2] 张广文. 上古时期的鸟纹玉器. 故宫博物院院刊，1995（04）.

[3] 蔡庆良. 古玉器学研究——弓鱼国墓地出土玉器概论. 宝鸡弓鱼国墓地 [M]. 北京：文物出版社：366.

[4] 社会科学院考古研究所. 张家坡西周墓地 [M]. 北京：中国大百科全书出版社，1999.

[5] 尤仁德. 古代玉器通论 [M]. 北京：紫禁城出版社，2009-4：145.

青玉兔形镇

作者：熊丽萍　梁爽

青玉兔形镇，玉器，唐代，长8.5厘米，高4.5厘米，现藏河南博物院。

深度品鉴

青玉兔形镇，质地为新疆和田青玉，质地缜密，头顶部及双耳、背部均有黄沁色，体态圆润丰满，作伏卧状，双耳后伸抿紧贴颈背，后肢贴于腹部，腿部肌肉隆起，前两足蹲伏于头部下端，爪、趾毕露并拢，嘴紧闭，昂头，双目圆睁，注视前方，腹部平坦与肢足相连形成底部。在腮、耳、眼睑、鼻侧、四肢等处均用细阴线琢饰，趾、爪用粗线条雕饰。整个器型随形圆雕，雕工精美，雕刻圆润柔和，具有典型的唐代琢玉风格（图1）。

这件唐代兔形玉雕造型生动逼真，形神兼备，

图1　青玉兔形镇侧面

栩栩如生，无论是出土还是传世品中均不多见，实为唐代时期玉雕动物佳作。从而反映出自唐始，玉器制作开始向面对自然、面对生活的方向发展。

文化解读

镇纸最初是由镇演化而来，古人都是席地起居，坐卧有席，为避免由于起身落座时折卷席角，遂在席的四角摆放重物，称为席镇。镇作为压物之器，早期大多四枚为一套。1928年在湖北省随县擂鼓墩5号墓出土的四枚盘龙铜制席镇，证明了战国时期就已出现席镇[1]。玉镇就是用来镇坐席的玉器。目前最早的玉镇资料，是西汉楚王陵出土的玉豹。汉代以后，随着纸张进入文房，镇纸也逐渐成为了文房用具。

镇纸作为常见的文房杂具，是读书写字时用来压纸、压书的文具。在《南史·垣荣祖传》中有对镇纸明确的记载："帝（齐高帝肖道成，427-482）尝以书案下安鼻为楯，以铁为书镇如意，甚壮大，以备不虞，欲以代杖"[2]。由此可推断，镇纸正式进入书房应不晚于南北朝。

镇纸在材料的选择上几乎没有什么限制，金、铜、玉、石、竹、木、象牙、玛瑙等皆可采用。一般说来，玉制品最多，也最适宜。唐代社会经济发展迅速，对外交流频繁，文化艺术空前繁荣，为玉器的发展提供了优良的环境。丝绸之路的开通，也为玉质材料的输入提供了便利。加之朝廷对玉器的需求大幅增长，也为琢玉工艺发展提供了有力支持。因此，唐代玉器比起之前，发生了显著的变化。首先在玉料的选择上以和田青白玉为主，多取材于西域。其次玉器的造型与用途有了新特点。造型与用途趋向统一，功能明显。丧葬玉几乎绝迹，佛教玉器、实用玉器、摆饰玉日渐成风。此外，玉器在装饰手法上，不再通过线条来展示纹样，主要采用阴线描绘，表达艺术主题。[3]

唐代文化艺术高度发展，使得文房用具开始被文人墨客重视，但相比较笔墨纸砚，镇纸仍未得到普遍使用，也缺乏相关的文献记载。因此，作为唐代镇纸的玉器代表，河南博物院收藏的此件青玉兔形镇实属少见的佳作。

比较研究

唐代玉器的制作工艺在商、周、汉的基础上得到发展，并达到一个新的高峰，同时其使用范围、器物品种、艺术题材、器型、纹饰题材以及用途方面都有许多创新和变化，开始了以写实艺术及实用玉器为中心的新时代。可以说唐代的玉器在中国历史上起到了承上启下的作用。唐代玉器贴近自然、面对现实，少有商、周、秦、汉时期那种显示威严等级和神秘色彩的东西。自然界中的花草、蜂、蝶、虎、鹿、兔、羊、猴、飞禽等形象大量出现，世俗题材增加。浓烈的世俗人情味，表现出雕琢艺术与社会生活交织在一起的现实美，基本上没有了早期玉器抽象化和图案化的风格[4]。

目前所见到的唐代玉器大致可分为朝廷礼仪用品、装饰品和实用器等几类。其中动物类装饰玉器题材丰富，有兔、猪、蚕、狻猊、象、马、熊、狐狸以及一些保留有汉魏遗风的龙、蟠螭等神兽类。风格也由早期的抽象转向了写实，而且琢工娴熟、刀法圆润舒畅，所雕动物形象惟妙惟肖。

河南博物院所藏这件青玉兔形镇（图2），粗略来看几乎和明清时期玉兔没有很大的区别，但细观之，其工艺艺术、整体造型、局部细节，无不表现出唐代风格。尤其是四肢上部及颈部等部位若隐若现的细阴刻线，这是由唐代而始的在动物、人物身上及其他装饰类玉器上常见的、最为典型的装饰技法，用在此处生动地表现出兔毛的浓密细柔。自唐代开始，此种装饰技法在以后的宋元明清历代沿用，并且拓展了使用范围。但是汉唐以来，虽有一些诗文作品中提到文房用具四宝笔墨纸砚的使用，但史料研究发现，唐代并没有记载文房用具的专著。[5] 也就是说镇纸作为文房用具使用，在唐代尚未引起人们的普遍兴趣。

图2 青玉兔形镇正面

图3 青玉兔镇纸

因此，这件青玉兔形镇，也显得弥足珍贵。

到了宋代，出现"玉院"，为宫廷玉器作坊。民间玉器也昌盛起来。两宋玉器以龙凤花鸟作品为主，兼有其它造型的玉器。玉器器皿有仿青铜器的，有杯、碗、盘、碟、壶、盒等，其中文房宝器更为广见[6]。镇纸的使用已经十分普遍，且深受文人墨客的钟爱，同时也出现大量书籍文献论及镇纸。张镃的诗中有："三山放翁宝赠我，镇纸恰称金犀牛"。周密在《武林旧事·车驾幸学》中说："……内宫进牙界方"。陶毂的《清异录·畦宗郎君》中记载，有人甚至为自己使用或收藏的镇纸起了许多有趣的名号："套子龟、小连城、千钧史"等等。[7] 可见宋代镇纸不仅取材丰富，有铜、象牙、金等，而且形状也是变化多样。

1974年浙江省衢州市王家乡瓜园村南宋史绳祖墓出土的青玉兔镇纸。[8] 该镇纸为和田玉质地，长6.7厘米，宽2.6厘米，高3.6厘米，立体圆雕。兔首微俯，吻部微凸，刻有胡须，臀胸浑圆，体型丰满。以斜刀粗阴线勾划结构轮廓，细阴线表现局部和毛须，构思巧妙，神态逼真，尽显玉兔安逸闲适之态（图3）。

玉器发展到明代，进入了造型和纹饰综合发展的时期，各种深浅浮雕、圆雕和镂空雕都很有特色，水平也特别发达，尤其是平浅刻和镂空技术，形成了具有鲜明特点的一代风格。此时的镇纸不仅风格有所创新，工艺技术及造型也有了长足进步。明文震亨《长物志》卷七中这样描写镇纸："玉者有古玉兔、玉牛、玉马、玉鹿、玉羊、玉蟾蜍、蹲虎、辟邪、子母螭诸式，最古雅；铜者有青绿虾蟆、蹲虎、蹲螭、眠犬、染金辟邪、卧马、龟龙，亦可用；其玛瑙、水晶，官哥定窑，俱非雅器；宣铜马、牛、猫、犬、狻猊之属，亦有绝佳者。"这段引文不仅概括了当时镇纸常用的材质，而且对各种质地的镇纸进行了优劣比较，更表明镇纸多以动物为形制。[9] 此外，明代还会将镇纸做成尺状，上有兽钮，起装饰作用。

图 4 青玉牛镇纸

青玉牛镇纸[10]（图4），长8.9厘米，宽6厘米，高4.46厘米，旅顺博物馆藏。青玉质，局部有褐白色皮壳。此青玉牛体态壮硕，转首观望，四肢屈于腹下，长尾卷曲于身边，神态悠闲，呈跪卧歇息状。综合运用圆雕、阴刻、浅浮雕技法，刻划牛的眼、耳、鼻、尾，手法细腻；在雕刻牛角、嘴、腹部时则顺势利用了皮壳的色质，构思别具匠心[10]。

清代玉器全面继承了中国玉器传统，总的趋势是向精巧发展。不但对古玉进行了深入的挖掘，还复制大量古玉，并变化古玉造型。在用料和设计、工艺方面，将内容和形式结合发展。工艺表现极为细腻，无论大小物件，制作均有一定难度。在玉料方面，清代是最充足、品类也最多的，各种玉石都有。这一时期的文房用具也发展到了鼎盛时期。不仅书斋中对镇纸的需求量增加，工匠身份与地位的提高，也为镇纸工艺的创新提供了机会。这一时期，镇纸制作增加了石、紫檀等材质，其装饰功能也增强，可集实用性与观赏性为一体。

青玉竹节小镇纸（图5），长6.9厘米，宽3.9厘米，故宫博物馆旧藏。青玉质地，有玉皮。竹节造型，正面凸雕竹节和枝叶、蜻蜓，背面似竹节被纵向剖开状。整个造型精致生动，带皮雕刻使得竹节造型更加逼真，温润的青玉雕作竹节，也让整体更显清新雅致。

黄玉琴式镇纸（图6），黄玉质地，古琴造型，宽3.2厘米，长12.9厘米，厚1.3厘米。琴面上凸雕七弦，外侧雕有10个标示音位的徽而非古琴上常见的13个。器底部开有两个凹槽，分别表示古琴底板上的两个出音孔，即"凤沼""龙池"。此器玉质淡雅润泽，似乎暗示着与琴音之清韵相合。

图 5 青玉竹节小镇纸

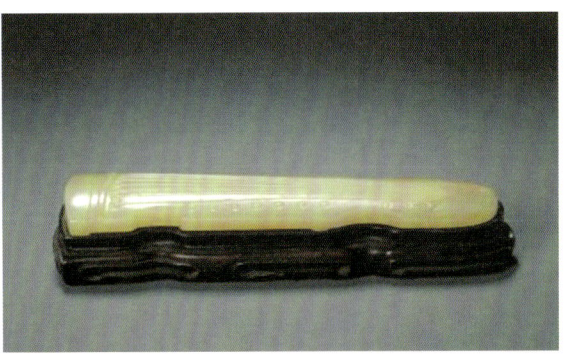

图 6 黄玉琴式镇纸

整体来讲，唐代玉器打破了汉代以前"礼玉""葬玉"的神化和图案化，转而走向写实，这也为后来玉器走向生活、走入民间推开了大门。此后玉器的使用和制作在经过宋、明的继承发展，到了清代达到顶峰。而作为文房用具的镇纸，也在这一发展过程中，作用上由单一功能性走向实用性，转而又兼具装饰效果；在选料上由单一材质慢慢走向各种材料相结合；在制作工艺和雕刻技法上也日渐成熟和复杂，既体现了匠人们高超的技艺，也展现出当时社会的审美情趣，以及文人们对美好生活的热爱和向往。

兔作为一种民间喜闻乐见的动物，作为装饰，在古代它都被用在哪些地方呢？

中国古代兔形玉器

兔在中国传统文化中一直被视为祥瑞之物，它既是卯时之神，也是月亮的精灵、长寿的象征。

兔形玉雕流行于商周时期，且琢玉技术相当高超，能够雕出薄而均匀的生肖玉饰。安阳殷墟侯家庄西北岗 M1550 出土的青玉兔形佩，长 3.9 厘米，高 2.3 厘米，厚 0.8 厘米。青玉略显淡绿色。体扁平，伏卧状，两面雕刻，兔首微昂，双圈大眼，阔口微张，长耳后伸贴于脊背，鼓腹凹背，臀尾略翘，肢足前屈后蹬，似作蹦跳状，寓动于静，富有神韵。全身刻以双阴线云雷纹，腹中自头下至尾有一穿，前足中间及股后各有一孔，可用于穿系佩挂（图7）[11]。

西周的兔形玉雕，在工艺和造型上都干练简洁，具有浮雕效果。河南省文物交流中心征集的青玉兔形佩，长 6.5 厘米，呈片状。玉兔匍匐，体若璜形，俯首，大眼，圆耳竖立，短尾下垂，耸肩凹

图7 青玉兔形佩

图8 兔形玉雕

背，凸胸鼓腹。虽仅以单阴线刻圆眼，但整件玉雕轮廓清晰，刚劲有力（图8）。

兔形玉雕多见于商周两代，其后消失直至隋唐两宋之时方又出现，但数量极少，存世无多。唐代兔形玉雕的艺术水平明显超过了以前各代，反映出人们艺术审美能力的变化。以河南博物院收藏的青玉兔形镇为典型代表。

宋代以后，圆雕技法更为娴熟，玉雕造型更趋写实。如中国文物信息咨询中心收藏的青玉兔，长3.5厘米，高2.6厘米。圆雕，料呈青色，略带黄沁，光润亮泽。玉兔头部略抬，双眼圆睁，尖吻前伸，阔口微张，条形鼻梁，叶状长耳并列向后贴满脊背，尾巴下垂夹在股中。以粗阴线刻画兔身主要结构轮廓，平行的细短阴线刻饰兔毛，腹背上下竖穿一孔，可系可佩，为典型的宋代玉雕佩饰挂件（图9）。

另外中国文物信息咨询中心还收藏一件元代白玉兔饰件，长7.9厘米，宽2.4厘米。玉料呈白色，间有黄色沁斑，质感温润。正面镂空雕刻山峦，以此为地浮雕出追跑状双兔，背面有一穿鼻儿，可以穿系结绶为饰。从雕刻技法来看，镂空背景局部，突出主题，且透雕、浮雕、阴刻、圆雕手法相结合，更富艺术表现力（图10）。

图9 青玉兔

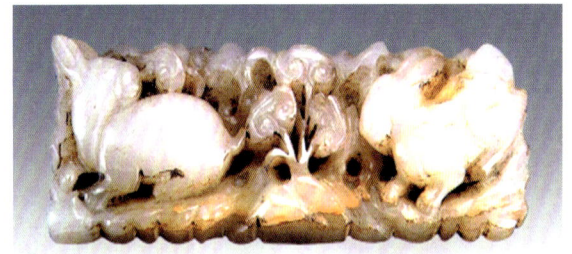

图10 白玉兔饰件

图11 玉嵌宝石卧兔

清代玉雕继承了前代的工艺技巧，造型塑造更加精湛。这一时期的兔形玉雕琢制细腻，多有镶嵌，能够突显皇家尊贵。如故宫博物院收藏的玉嵌宝石卧兔，长13.5厘米，宽5.1厘米，高8.5厘米。青玉质，局部黄沁，为人工染做。伏卧状，四足弯曲向前，背部、双耳处有数道阴刻线，口衔灵芝，不仅造型新颖，兔衔灵芝的形象更增添了吉祥长寿的寓义。玉兔嵌有红宝、碧玺等彩色宝石八颗，颜色明艳洁净。此兔造型圆润，雕工洗练，具有鲜明的时代气息（图11）。

兔形玉器的雕刻水平随着人类的发展而进步，从早期的简单朴拙到粗犷险逸，而后逐渐趋向工整端丽。虽然我们看到的只是一只写实性的兔子，但是它蕴含着古人对生活精神内涵的挖掘，反映了人们对幸福生活的向往与追求，是中国悠久历史和灿烂文明的象征。

参考文献

[1] 冯宁. 清新脱俗的明清文房用具 [J]. 东方收藏, 2016（2）: 47.

[2] 汪跃华. 漫话镇纸 [J]. 检察风云, 2012（15）: 92.

[3] 曲石. 唐代玉器 [J]. 华夏考古, 1999（3）.

[4] 吴萍, 邱向军. 唐代玉器简析 [J]. 中原文物, 2011（5）: 106-112.

[5] 王小娟. 宋代文房四宝与文人 [D]. 华东师范大学硕士论文, 2013.

[6] 赵永魁. 中国玉器发展史略讲座第五讲封建社会玉器——宋、辽、金、元、明时期 [J]. 知识窗, 52-57.

[7] 侯赛. 文房"小五": 镇纸 [J]. 收藏, 2015（8）.

[8] 建子龙, 任战军, 高玉琪. 中国古代兔文化 [J]. 兔业文化, 2014（3）.

[9] 王家国. 文房杂具概说 [J]. 上海大学学报, 1996（4）.

[10] 徐媛媛. 如玉君子——旅顺博物馆藏玉制文房用具赏析 [J]. 收藏家, 2015（4）: 33-36.

[11] 王蔚波. 兔形玉雕的历史流变（上）[J]. 艺术市场, 2011（8）: 65-69.

元延明墓志

作者：李诗海

元延明墓志，石质，北魏，长107厘米，宽85.4厘米，1919年河南省洛阳小梁村西北出土，现藏河南博物院。

元延明墓志，全称"魏故侍中太保特进使持节都督雍华岐三州诸军事雍州刺史安丰王谥曰文宣元王墓志铭"，北魏太昌元年（公元532年）刻。1919年出土于河南洛阳小梁村西北。墓志高85.4厘米，长107厘米，志书为楷体，49行，行40字。墓主人元延明，北魏后期人，墓志记载"梁中大通二年三月十日薨于建康，春秋卌七"，梁中大通二年是530年，此年元延明47岁，则他出生于484年，即北魏孝文帝太和八年，此时北魏掌权者为文明太后冯氏。

根据墓志记载，"公讳延明，字延明，高宗文成皇帝之孙，显祖献文皇帝季弟，安丰王之长子，高祖孝文皇帝从父昆弟"（图1），结合《魏书·文成五王列传》，可知元延明的世系如下：

品读该墓志可发现，除去世时间外，墓志再无任何关于元延明活动时间的记载，所幸魏收所著《魏书》卷20有其传，本传虽然不长，但却为我们解读墓志提供了大致的时间节点，这对于解读元延明墓志至关重要，《魏书·元延明传》全文如下：

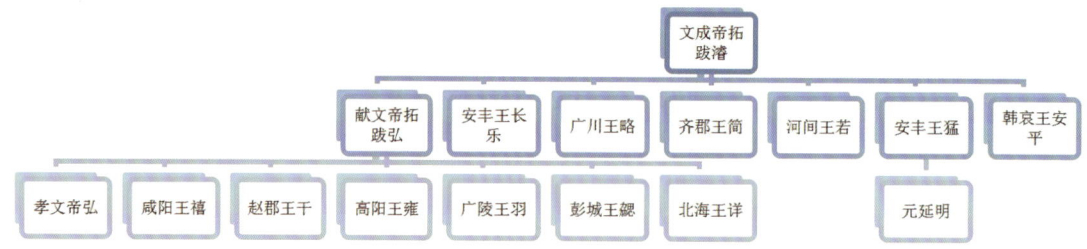

（元猛）子延明，袭。世宗时，授太中大夫。延昌初，岁大饥，延明乃减家财，以拯宾客数十人，并赡其家。至肃宗初，为豫州刺史，甚有政绩，累迁给事黄门侍郎。

延明既博极群书，兼有文藻，鸠集图籍万有余卷。性清俭，不营产业。与中山王熙及弟临淮王彧等，并以才学令望有名于世。虽风流造次不及熙、彧，而稽古淳笃过之。寻迁侍中。诏与侍中崔光撰定服制。后兼尚书右仆射。以延明博识多闻，敕监金石事。

及元法僧反，诏为东道行台、徐州大都督，节度诸军事，与都督临淮王彧、尚书李宪等讨法僧。萧衍遣其豫章王综镇徐州。延明先牧徐方，甚得民誉，招怀旧土，远近归之。综既降，延明因以军乘之，复东南之境，至宿豫而还。迁都督、徐州刺史。频经师旅，人物凋弊，延明招携新故，人悉安业，百姓咸附。

庄帝时，兼尚书令、大司马。及元颢入洛，延明受颢委寄，率众守河桥。颢败，遂将妻子奔萧衍，死于江南。庄帝末，丧还。出帝初，赠太保，王如故，谥曰文宣。所著诗赋赞颂铭诔三百余篇，又撰《五经宗略》、《诗礼别义》，注《帝王世纪》及《列仙传》。又以河间人信都芳工算术，引之在馆。其撰《古今乐事》，《九章》十二图，又集《器准》九篇，芳别为之注，皆行于世。[1]

相较于墓志，本传的记载更为简单，虽然如此，可根据二者的记载，并结合当时的政治形势，可勾勒出元延明的人生起落。

对于元延明的幼年生活，墓志记载到："及齿半九龄，陟岵无见，同孝孙之吐哺，均荣祖之画象。""陟岵"出自《诗经·魏风·陟岵》，《毛序》："陟岵，孝子行役，思念父母也。"[2] 即元延明四岁半的时候其父亲元猛去世，此年为北魏孝文帝太和十一年（公元487年）。"服阕，初袭爵土，虽先王制礼，不敢而过"，元延明为其父亲服丧期满后，袭爵其父的爵位安丰王。当时的丧期是多久呢？在孝文帝时期，无论是文明太后当政还是孝文帝亲政后，都力主汉化，即学习汉族文化，按照儒家的传统，丧服最重的是三

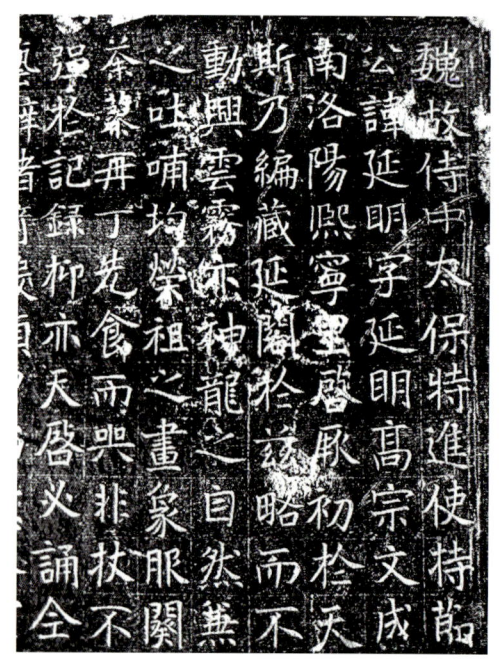

图1 元延明墓志局部

年礼丧,并且孝文帝在太和十四年以文明太后为契机,力排众议,坚持三年丧礼。虽然元延明服丧在此之后,但元延明孝心至诚,很可能为其父服丧三年,即北魏孝文帝十四年(490年),年仅七岁的元延明袭爵安丰王。

此后,墓志记载道:"爰及弱冠,荼蓼再丁,先食而哭,非杖不起。"古代男子二十岁为弱冠,即元延明在二十岁的时候(北魏宣武帝景明四年,公元503年),其母亲也去世了。元延明每次进食之前都会哭泣,以至于到了不用拐杖都不能站起的地步,其孝心和失去母亲的哀痛之心可见一斑。此后在孝文帝期间,元延明还担任了西中郎将一职。

此后元延明"起家太中大夫",《元延明传》记载了他担任这一职务的时间:"世宗时,授太中大夫",世宗宣武帝在位的时间为公元500年至515年,即元延明17岁至32岁之间。另外,据本传记载在这一时期,北魏宣武帝延昌元年(512年),元延明二十九岁,元延明散财救其宾客,本传虽然记载不多,但是专门记载这一件事,可见这件事影响很大,这件事也反映了元延明乐善好施的品行。从官职上来,这一时期元延明在政治上作为有限。

在孝明帝(肃宗)时期,元延明的官职开始愈发显赫。《魏书·元延明传》记载:"肃宗初,为豫州刺史,甚有政绩,累迁给事黄门侍郎。"墓志记载更为详尽,"除使持节都督豫州诸军事征虏将军豫州刺史……仍加散骑常侍……除使持节都督徐州诸军事左将军徐州刺史……除使持节都督雍州诸军事右将军雍州刺史……留拜廷尉卿,将军如故……仍除前将军给事黄门侍郎,又除秘书监平南将军中书令,并仍黄门……除侍中安南将军,又除镇南将军,仍侍中……除卫将军,仍侍中,领国子祭酒……以本官兼尚书右仆射。"这些迁官历程是从516年至525年这短短九年间完成的,元延明处于33岁至42岁之间。这一时期元延明之所以迁官速度快,主要是灵太后胡氏当政,因为北魏有子贵母死的传统,胡太后虽然为孝明帝的生母,但是却没有被赐死,在一些大臣的保护下成为太后,由于孝明帝即位时年仅六岁,因此灵太后是当时的实际统治者。但灵太后势单力薄,于是拉拢宗室,元延明就成了获益者。另一方面,元延明本人也确实多才多艺。

此后,元延明的经历墓志记载如下:

伪人乘间,驱其乌合,爰命假子,盗我府城。始窥画地之庐,仍誓决目之报,衔璧告雠,志存假手。萧综来奔,盖匹马归命,群师趑趄,鸱张碁跱,据金汤之崄,跨胜害之地,全州荡荡,咸为寇场。公智力纷纭,一麾席卷,以兹文德,成此武功。增封二千六百户,仍以本大行台本官行徐州事,仍除使持节都督三徐诸军事本将军徐州刺史侍中大行台仆射如故。复除使持节都督雍州诸军事本将军雍州刺史。俄间复除徐州刺史,仍侍中本将军。

本段墓志乍看起来不知所云,阅读本传的相关史料才能真正明白这段材料所指:

及元法僧反,诏为东道行台、徐州大都督,节度诸军事,与都督临淮王彧、尚书李宪等讨法僧。萧衍遣其豫章王综镇徐州。延明先牧徐方,甚得民誉,招怀旧土,远近归之。综既降,延明因以军乘之,复东南之境,至宿豫而还。迁都督、徐州刺史。频经师旅,人物凋弊,延明招携新故,人悉安业,百姓咸附。

北魏孝明帝孝昌元年（525 年），宗室元法僧叛变，"孝昌元年，法僧杀行台高谅，反于彭城，自称尊号，年号天启。大军致讨，法僧携诸子，拥掠城内及文武，南奔萧衍。"[3] 南朝梁皇帝萧衍欲借此机会北伐，"魏将元法僧以彭城降，高祖乃令综都督众军，镇于彭城，与魏将安丰王元延明相持。高祖以连兵既久，虑有衅生，敕综退军。综惧南归则无因复与宝寅相见，乃与数骑夜奔于延明"[4]。这件事在元延明经历上至关重要，元法僧叛乱在北魏末期是一件大事，并且导致南梁北伐，但元延明带领北魏军队干脆利索地解决了这一事件，迫使梁朝北伐主将萧综投降。战争过后，元延明安抚百姓，稳定民心，保证了北魏东南边境安全，此年元延明四十二岁。

不久后，元延明：

仍除侍中骠骑大将军开府仪同三司领国子祭酒兼尚书令。位邻三事，任首六官，仪表都野，隆替是属。除大司马。

从地方官到任职尚书令、大司马这样的中央官，其迁官速度之快无人能及，究其原因，此时北魏中央政权发生了天翻地覆的变化。元延明在北魏最后的岁月也是北魏即将消亡的时期，此时的皇帝孝庄帝元子攸只是名义上的最高统治者。元子攸能当上皇帝与尔朱荣密切相关。一代明君孝文帝去世后，其子元恪继位，是为宣武帝，宣武帝常年无子，致使迟迟无太子可立，直到胡氏为其生了唯一存活下来的儿子元诩，也就是日后的孝明帝。孝明帝六岁即位，太后胡氏（即灵太后）掌权。武泰元年（528 年），已经成年的孝明帝对灵太后专权极其不满，于是发诏命契胡部落首领尔朱荣进京勤王，不料泄密，灵太后勃然大怒，遂毒杀孝明帝。灵太后这一举动为尔朱荣提供了口实，于是带兵杀向洛阳，废胡太后及其所立小皇帝，拥立元子攸为帝，也就是孝庄帝。在此情形下，尔朱荣自然而然地操控了孝庄帝，其在洛阳的一举一动都被尔朱荣安插的眼线反映到尔朱荣所在的晋阳。孝庄帝不甘为傀儡，同时出于自保的考虑，开始建立自己的亲信集团：一方面拉拢汉族的中央官和地方豪强，另一方面倚重元魏宗室。元延明在之前处理元法僧叛变一事上给朝廷留下了深刻的印象，因此受到孝庄帝的重用，成为股肱之臣，此年，元延明四十五岁。

但是很快出现了变化：

屯邅距运，祸自昵蕃，车驾北巡，事起仓卒，秘事难闻，遂乘奔赴，以斯民望，乃被縶维，咨谋所在，用压群议，皇舆南反，诛赏方行，政出权强，深猜后桀。公位尊德盛，冠带倾心，民恶其上，忌毒惟甚，言思大雅，出自近开，既观浞荞之形，实深宗祏之虑，方借力善邻，讨兹君侧。而江南卑湿，地非养贤，随贾未归，忽焉反葬。

此时北魏发生六镇起义，孝庄帝与尔朱荣矛盾也急剧激化。南朝梁武帝萧衍欲借机北伐，统一北方，即"祸自昵蕃"。梁武帝大通二年（528 年），萧衍册封自北魏来降的宗室元颢为魏王，同时命令梁朝名将陈庆之带兵七千北伐。值此丧乱之际，北魏将士叛逃甚多，加上陈庆之所部将士的英勇善战，采用车阵克制北魏骑兵，并且行军区域多属元颢旧部，所以北伐进展十分顺利，一举拿下北魏首都洛阳，史称"元颢入洛"，孝庄帝不得不"车驾北巡"。

按照墓志的记载，由于孝庄帝仓皇北上，并且处于保密状态，因此元延明才没来得及跟随。元延明深知当时的政治形势"政出强权",即尔朱荣家族控制朝廷,于是他"曲线救国":投靠元颢,想借助南朝梁的军队清除尔朱氏。

然而天不遂人愿,元颢本想借南朝军队"除君侧",反被"君侧"而尔朱荣所败:

(尔朱)荣闻之,即时驰传朝行宫于上党之长子,行其部分。舆驾于是南辕,荣为前驱,旬日之间,兵马大集,资粮器仗,继踵而至。天穆既平邢杲,亦渡河以会车驾。颢都督宗正珍孙、河内太守元袭固守不降,荣攻而克之,斩珍孙、元袭以徇。帝幸河内城。荣与颢相持于河上,颢令都督安丰王延明缘河据守。荣既未有舟船,不得即渡,议欲还北,更图后举。黄门郎杨侃、高道穆等并谓大军若还,失天下之望,固执以为不可。语在侃等传。属马渚诸杨云有小船数艘,求为乡导,荣乃令都督尔朱兆等率精骑夜济,登岸奋击。颢子领军将军冠受率马步五千拒战,兆大破之,临陈擒冠受。延明闻冠受见擒,遂自逃散,颢便率麾下南奔。

此时元延明46岁。由于"江南卑湿",元延明不能适应当地气候和环境,一年之后客死他乡,不久归葬洛阳。孝武帝初年(532年),北魏朝廷为元延明"昭雪",即墓志所说:"今上天临,深追盛美,赠使持节侍中太保特进都督雍华岐三州诸军事大将军雍州刺史,王如故。"本传还记载"谥曰文宣",根据谥法:"经纬天地曰文;道德博闻曰文;词汇爱民跃文;愍民惠礼曰文;赐民爵位曰文;学勤好问曰文。圣善周闻曰宣、施而不成曰宣。"[5],该谥号基本反映了元延明的一生。赠官与谥号加起来就是其墓志全称的来历。

除了政治作为外,墓志中非常强调元延明的文化才能和贡献。

首先,元延明喜欢搜集各种传世书籍,"故河间所不窥,陈农所未采,莫不袪疑辩或,极奥穷微",河间指西汉刘德,汉景帝的第二个儿子,被封为河间王。刘德没有卷入诸王争权的政治漩涡,而是将其毕生精力投入到对古籍的收集与整理之中,对后世影响极大的《毛诗》和《左传》,在很大程度上是刘德的功劳。陈农的典故出自《汉书·艺文志》,"至成帝时,以书颇散亡,使谒者陈农求遗书于天下。"[6]后来以陈农指代搜求遗书者。"时明皇则天,留心古学,以台阁文字,訛伪尚繁,民间遗逸,第录未谨。公以向歆之博物,固雠校之所归,杀青自理,简漆斯正"即元延明亲自辨别书籍的真伪及书籍内容。

元延明另一爱好是金石之学"博见多闻,朝所取访,金石之乐,受诏增损,乃详今考古,铸钟磨磬。"正因如此,朝廷"敕监金石事",即专门掌管朝廷墓志碑刻之事。

除此之外,元延明还沉迷于科学技术,即墓志中所提到的"雕虫小艺,譬诸绮縠,颇曾留意"。本传记载:"以河间人信都芳工算术,引之在馆。其撰《古今乐事》,《九章》十二图,又集《器准》九篇,芳别为之注,皆行于世。"《魏书·信都芳传》记载:"时有河间信都芳,字王琳,好学善天文算数,甚为安丰王元延明所知。延明家有群书,欲抄集《五经》算事为《五经宗》及古今乐事为《乐书》;又聚浑天、欹器、地动、铜乌漏刻、候风诸巧事,并图画为《器准》。"[7]

除了收集书籍外,元延明博学多才,著作颇丰,"入室升堂。实使季长谢其诗书,伯喈归其文籍",入室升堂,泛指人的学问或技能有更深的造诣,季长指东汉著名经学家马融,伯喈指蔡邕,东汉著名的文学家、书法家。将元延明与马融、蔡邕相提并论虽有夸大之词，但并非凭空捏造。据墓志记载，元延明著诗赋等文学作品三百余篇，还有《五经宗略》，《诗礼别义》，注《帝皇世纪》及《列仙传》，合一百卷。墓志之中所记载的元延明才华在文献之中也有佐证。除墓志所载其所著外，据《魏书·元延明传》《北史·元延明传》《隋书·经籍志》《旧唐书·经籍志》《新唐书·艺文志》等史记载，元延明还著有《毛诗谊府》三卷，《三礼宗略》二十卷，《古今乐事》九章十二图，《器准》九篇。虽然这些书籍均已失传，但在当时这些书籍造成了重要影响不容忽视。

元延明的所擅长的领域涉及古籍、金石、经学、礼乐、科技等诸多方面，是一位不可多得博学多识的人物，因此北魏的很多制度与建筑他都有所参与，墓志记载："明堂辟雍，皆所定制，朝仪国典，质而后行。"

"明堂辟雍"是一座建筑物，但并非一般建筑物，它是古代最高等级的皇家礼制建筑。明堂是古代帝王颁布政令，接受朝觐和祭祀天地诸神以及祖先的场所。辟雍本为周天子所设大学，呈圆形，被水池环绕。东汉以后，历代皆有辟雍，作为尊儒学、行典礼的场所。元延明参与修建明堂辟雍，其博学程度可见一斑。

作为崛起于北方的少数民族部落，拓跋鲜卑在与汉族接触的过程中深感中原文化的先进，尤其是礼乐方面对北魏皇帝极具吸引力，因此从开国皇帝道武帝起就注重礼乐，北魏礼乐制度由此发端。孝文帝实行汉化改革，礼乐亦是改革的重要内容，直到孝明帝启用元延明等人，北魏礼乐制度才有所完善：

太祖天兴元年冬，诏仪曹朗董谧撰朝觐、飨宴、郊庙、社稷之仪。六年，又诏有司制冠服，随品秩各有差，时事未暇，多失古礼。世祖经营四方，未能留意，仍世以武力为事，取于便习而已。至高祖太和中，始考旧典，以制冠服，百僚六宫，各有差次。早世升遐，犹未周洽。肃宗时，又诏侍中崔光、安丰王延明及在朝名学更议之，条章粗备焉。"[8]

正光中，侍中、安丰王延明受诏监修金石，博探古今乐事，令其门生河间信都芳考算之。[9]

元延明参与制定的礼乐制度，不仅被当朝统治者所采用，还受到后世的青睐：

熙平九年，明帝又诏侍中崔光与安丰王延明、博士崔瓒采其议，大造车服。定制……自斯以后，条章粗备，北齐咸取用焉。其后因而着令，并无增损。[10]

即元延明所制定的礼乐制度为北齐所袭用。他所制定礼乐制度之所以能被广泛接受，并非政治强迫，而是这些制度本身所具有的魅力：严格考证史籍，最大程度恢复了礼仪本来的面貌。

元延明墓志录文如下（"/"表示换行）：

魏故侍中太保特進使持節都督雍華岐三州諸軍事大將軍雍州刺史安豐王謚曰文宣元王墓誌銘／

公諱延明，字延明，高宗文成皇帝之孫，顯祖獻文皇帝季弟，安豐王之長子，高祖孝文皇帝從父昆弟，河／南洛陽熙寧里。啟厥初於天地，擬峻趾於崑鍾，群神歸其福祉，眾靈降以精魄。故其多才大位，獨表諸姬，／斯乃編藏延閣，於茲略而不載矣。公稟此中和，誕茲上德，吐納純粹，陶練英華。音中律呂，乃威鳳之恒事；／動興雲霧，亦神龍之自然。兼以虎鼻表奇，河目呈異，舟航所屬，始復斯在。及齒半九齡，陟岵無見，同孝孫／之吐哺，均榮祖之畫象。服闋，初襲爵土，雖先王制禮，不敢而過。奉詔冊以流漣，猶檳楠之在目。爰及弱冠，／荼蓼再丁，先食而哭，非杖不起。固使素蛇縈經，匪獨白菟馴庭。自有大志，少耽文雅，肆情馳騁，銳思貫穿，／強於記錄，抑亦天啟，必誦全碑，終識半面。故河間所不窺，陳農所未採，莫不袪疑辯或，極奧窮微。雕蟲小／藝，譬諸綺縠，頗曾留意，入室昇堂。實使季長謝其詩書，伯喈歸其文籍，聲播九重，於焉歷試。乃兼西中郎／將。職是要害，茂實剋宣。起家太中大夫，從容談論，譽彰朝列，奉六條，實司舉奏，昔在漢季，出自九卿，魏晉／因循，其選尤重。公縉紳所歸，遂應僉曰。除使持節都督豫州諸軍事征虜將軍豫州刺史。風宣入境，德被／下車，豪強所息，奸酷自引。仍加散騎常侍，所以旌是堅鋼，表茲溫捍者也。宋之彭城，大都之舊，地交吳楚，／乃樹懿親。除使持節都督徐州諸軍事左將軍徐州刺史。駬驥沃弱，旄旆繽纏，亦既憩止，化成朞月。黑水／西河，實名天府，嚴崤縈帶，風俗混并，舊號難治，今劇斯任。乃除使持節都督雍州諸軍事右將軍雍州刺」史。公久勞外荏，遂不之部，留拜廷尉卿，將軍如故。秋官任重，天下之平，折以片言，民心乃慰。仍除前將軍／給事黃門侍郎，又除秘書監平南將軍中書令，并仍黃門。或外典圖書，或內掌絲綍，朝趨王陛，夕拜瑣門，／經綸帝則，翼宣王度，詔誥衣草而行，議論寄名而已。俄除侍中安南將軍，又除鎮南將軍，仍侍中。同興操」劍，允屬民英，非直強項見奇，固以長乳斯對。又除衛將軍，仍侍中，領國子祭酒。周之師氏，代作儒官，專門／異戶，歷世滋兢。公鑽堅仰高，鉤深致遠，以德詔爵，時無二言。自河海不歸，桑濮間起，鏗鏘或存，雅頌誰析。／公博見多聞，朝所取訪，金石之樂，受詔增損，乃詳今考古，鑄鍾磨磬，已蔑吾陵之韻，信鄙昆庭之響。屬受」事征罰，遂中寢成功。又以本官兼尚書右僕射。雖復暫臨端右，便以聲動邦國。又監校御書。時明皇則／天，留心古學，以臺閣文字，訛偽尚繁，民間遺逸，第錄未謹。公以向歆之博物，固鑴校之所歸，殺青自理，簡／漆斯正。而神鉦告警，釁起邊垂，竊寶叛邑，爰自徐部，禦侮招攜，非公誰託。除衛大將軍東道僕射大行臺，／本官如故。偽人乘間，驅其烏合，爰命假子，盜我府城。始寘畫地之盧，仍誓決目之報，銜璧告儳，志存假手。／蕭綜來奔，蓋匹馬歸命，群師趑趄，鴟張碁峙，據金湯之嶮，跨勝害之地，全州蕩蕩，咸為寇場。公智力紛紜，／一麈席卷，以茲文德，成此武功。增封二千六百戶，仍以本大行臺本官行徐州事，仍除使持節都督三徐／諸軍事本將軍徐州刺史侍中大行臺僕射如故。復除使持節都督雍州諸軍事本將軍雍州刺史。俄間／復除徐州刺史，仍侍中本將軍。尋加驃騎大將軍儀同三司，給後部鼓吹。公視下如傷，愛結氓庶，仰之若／雲雨，慕之若椒蘭。是以馳傳四臨，位踐八命，聲明流瀾，文物照彰，東土著神君之聲，南鄰有靈人之懼。仍／除侍中驃騎大將軍開府儀同三司領國子祭酒兼尚書令。位隣三事，任首六官，儀表都野，隆替是屬。除／大司馬。屯邅距運，禍自昵蕃，車駕北巡，事起倉卒，祕事難聞，遂乖奔赴，以斯民望，乃被縶維，諸謀所在，用／壓群議，皇輿南反，誅賞方行，政出權強，深猜後桀。公位尊德盛，冠帶傾心，民惡其上，忌毒惟甚，言思大雅，／出自近關，既覩泯芬之形，實深宗祐之慮，方借力善隣，討茲君側。而江南卑濕，地非養賢，隨貫未歸，忽焉／反葬。以梁中大通二年三月十日薨於建康，春秋卌七。公神衿峻獨，道鑒虛凝，少時高祖垂嘆，以為終能／致遠，遂翻為國師，鬱成朝棟。既業冠一時，道高百辟，授經侍講，琢磨聖躬，明堂辟雍，皆所定制，朝儀國典，/質而後行。加以崖岸重深，風流曠遠，如彼龍門，迢然罕入。惟與故任城王澄、中山王熙、東平王略，竹林為志，藝尚相懽。故太傅崔光，太常劉芳，雖春秋異時，亦雅相推揎。其詩賦銘誄，咸頌書奏，凡三百餘篇，著五/經宗略，詩禮別義，注帝皇世紀及列仙傳，合一百卷，大行於世。殆五百之期運，儻一賢之斯在。方將翼此/會昌，致諸制作，比堯舜而不愧，顧湯武而有餘，憂能傷人，溘從霜露，悲纏雅俗，痛結民黎。今上天臨，深追/盛美，贈使持節侍中太保特進都督雍華岐三州諸軍事大將軍雍州刺史，王如故。歲聿其暮，幽泉方啟，/敬勒徽猷，永貽蘭菊。其詞曰：/形象列位，附儷分輝，握鈴神往，駕羽民歸，日皇秉曆，赫赫巍巍，本枝百世，祥慶攸依。漢則間平，魏則彪植，/君王邈矣，曾嶠峻極。舊是龍鱗，鼓茲鵬翼，蒸雲不已，搏風未息，言初紫綬，越始瑜珮，援筆立成，應聲而對。/標此孝德，樹斯清裁，質邁珪璋，文遺錦繢。縉笏來仕，彈冠入朝，遠遊藹藹，朱組飄飄。聲由德被，爵以能高，/抑揚風景，跌宕雲霄。冠冕列位，儀形羣后，四支六翮，獻可替否。國之光輝，朝之淵藪，連踵九佐，比肩七友。/亂離瘼矣，邦家殆哉，我馮上哲，振墜匡頹。天人匪應，圯剝時來，死歸生寄，樑木斯摧。瞻彼川流，滔滔靡舍，/遽從短白，奄歸長夜。八疏終卷，四幌惟駕，城郭或存，人民適謝。稟秋時戒，具物蒼蒼，薤歌悽咽，柳飾低昂。/藏悲秋槚，鳥思松楊，一捐朱邸，永閟玄房。/太昌元年七月癸巳朔廿八日庚申葬於洛城西廿里奇坑南源，歲次壬子。

文化解读

通过对墓志的品鉴，我们基本上了解了元延明的一生。元延明作为一个出身于北方游牧部落的鲜卑人，无论是墓志还是本传，完全看不出游牧民族的剽悍之风，反而是儒雅君子形象。究其原因，自北魏政权建立后便不断学习中原先进文化，尤其是到了孝文帝时期，开始实行"激进"的汉化改革措施，从语言、服饰、姓氏、礼仪、文化等方面向汉族看齐，汉化的鲜卑人基本上与汉人相差无几，元延明就是其中一份子。元延明的这一身份，对于解读其晚年投奔受南朝梁支持的元颢、之后逃亡建康至关重要。

南奔梁朝是元延明一生之中最令人匪夷所思的举动，墓志对这一行为的解释中如是说：

屯遭距运，祸自昵蕃，车驾北巡，事起仓卒，秘事难闻，遂乖奔赴，以斯民望，乃被縶维，咨谋所在，用压群议，皇舆南反，诛赏方行，政出权强，深猜后桀。公位尊德盛，冠带倾心，民恶其上，忌毒惟甚，言思大雅，出自近开，既观泯荼之形，实深宗祜之虑，方借力善邻，讨兹君侧。

墓志记载元延明这一举动的原因是孝庄帝是在保密状态下出逃洛阳的，他并不知情。事实上，元子攸出逃洛阳，有元鸷、元徽等人跟随，并非绝密，而且元延明深受元子攸信任，因此元延明不可能对此事完全不知情。墓志记载他投奔梁朝的目的是借助其力量铲除权臣尔朱荣，然而《梁书·陈庆之传》对这段历史却有不同记载：

魏主元子攸惧，奔并州。其临淮王元彧、安丰王元延明率百僚，奉府库，备法驾，奉迎颢入洛阳宫，御前殿，改元大赦。[11]

元子攸逃出洛阳后，元延明立刻主动率领文武百官迎接元颢入皇宫，并为其做好了登基的准备。因此元延明在元颢入洛后深受信任。进入洛阳后，元颢想摆脱梁的控制，自立为帝，这其中，元延明是元颢的重要谋臣，史载：

魏北海王元颢既得志，密与临淮王彧、安丰王延明谋叛梁；以事难未平，藉陈庆之兵力，故外同内异，言多猜忌。庆之亦密为之备，说颢曰："今远来至此，未服者尚多，彼若知吾虚实，连兵四合，将何以御之！宜启天子，更请精兵，并敕诸州，有南人没此者悉须部送。"颢欲从之，延明曰："庆之兵不出数千，已自难制；今更增其众，宁肯复为人用乎！大权一去，动息由人，魏之宗庙，于斯坠矣。"颢乃不用庆之言。

《魏书·元延明传》记载：

及元颢入洛，延明受颢委寄，率众守河桥。颢败，遂将妻子奔萧衍，死于江南。

元延明在元颢入洛后，被委以守卫河桥的重任，可见其被元颢的信任程度。

以上史料对比论证可知，元延明投靠受南朝梁支持的元颢并非不得已的权宜之计，而是既定之策。墓志之所说是为元延明辩解溢美之词，他逃亡南朝的真正原因是政治失败后的逃难。

元颢入洛一度在北魏引起巨大震惊，这一事件本身所蕴含的文化意蕴十分浓厚。北魏自孝文帝采取激进的汉化改革以来，统治阶层内部逐渐分裂为两派，一派是赞成汉化的改革派，一派是坚持传统的保守派。北魏末年，来自北地边疆地区的北镇武人逐渐控制了北魏政权，他们距离政治中心较远，而且没有受到汉化改革的恩泽，反而从之前的优势集团成为了边缘群体，因此对汉化政策极其不满。作为契胡部落首领的尔朱荣就是这一群体的代表，"尔朱荣，字天宝，北秀容人也。其先居于尔朱川，因为氏焉。常领部落，世为酋帅"。[12] 尔朱荣世代居住在北镇，对汉化的鲜卑人没有好感也是情理之中。因此入洛之后，尔他便制造了令人寒心的"河阴之变"：

荣惑武卫将军费穆之说，乃引迎驾百官於行宫西北，云欲祭天。朝士既集，列骑围绕，责天下丧乱，明帝卒崩之由，云皆缘此等贪虐，不相匡弼所致。因纵兵乱害，王公卿士皆敛手就戮，死者千三百余人，皇弟、皇兄并亦见害，灵太后、少主其日暴崩。[13]

这一事件将迁到洛阳的汉化鲜卑贵族和出仕北魏政权中的汉族大族消灭殆尽。经过这一事件，汉族世家大族与汉化的鲜卑上层基本与尔朱荣也彻底决裂了。

孝庄帝元子攸即位后，北魏朝政均由尔朱荣在晋阳遥控。孝庄帝左右大臣、内侍，全是尔朱荣安插的眼线，皇帝一举一动都会传到晋阳。虽然孝庄帝为摆脱傀儡的地位做出了种种努力，重用汉族世家大族及宗室（元延明就是在此背景下受到重用），但是实力仍不敌尔朱荣。

在这样的政治情形下，对于元颢入洛一事，北魏上层分为两派，一派认为："北海、长乐，俱帝室近亲，今宗祐不移"[14]，元颢是北海王元详的儿子，当时的皇帝孝庄帝是彭城王元勰的儿子，从血缘关系来讲，他们都是皇室成员，因此谁当皇帝都可以接受。另一派则认为："元颢受制于梁，引寇仇之兵以覆宗国，此魏之乱臣贼子也"[15]，即元颢是北魏的乱臣贼子。

元延明选择受南朝支持的元颢，而"背叛"被尔朱荣遥控的元子攸，从根本上来讲是文化因素在起决定作用，毕竟元延明是十分推崇汉族文化。元子攸与元颢两个政权是"胡化"和"汉化"的代表，作为汉化的鲜卑族，其投靠"汉化"政权的元颢是心之所向，理所当然之事。

对于元延明的家庭，墓志和《魏书》都没有提及，但根据目前出土墓志及其他史料可知其后代及姻亲的大致状况。

元延明之妻为冯氏的墓志已出土，全称为"魏故使持节侍中太保特进都督雍华岐三州诸军事大将军雍州刺史安丰王妃冯氏墓铭"，墓志记载其身世："太妃姓冯，皇后之妹"[16]，"皇后之妹"中的皇后是孝文帝的皇后冯清和冯润，他们都是冯熙的女儿，文明太后的侄女。该家族地望为长乐冯氏，属北朝有名的世家大族。元延明妻子冯氏颇具修养，墓志记载道"太妃夙承阴教，早备柔仪，取则彤管之诗，求箴青史之记。苹蘩蕰藻之洁，则季兰无以过；佩玉琼琚之礼，乃孟姜不能及。"可以说集美貌与才华于一身。《魏故使持节都督齐州诸军事镇东将军齐州刺史冯君墓志铭》，该墓志志主为冯昕"祖熙……父兴……夫人讳智光，魏尚书左仆射、大司马、安丰王元延明之第三女"[17]，可知，元延明第三个女儿嫁给了出自长乐冯氏的冯昕，其祖父是文明太后的兄弟冯熙。元延明本人娶冯熙女儿为妻，其女儿又嫁给冯熙的孙子，可为世代联姻。

据《魏徐州琅耶郡临沂县都乡南仁里通直散骑常侍王诵妻元氏志铭》记载：

祖高宗文成皇帝。父侍中太尉安丰囯王。主名贵妃，河南洛阳人也。年廿九，岁次丁酉二月壬辰朔十四日乙巳亡于洛阳之学里宅。粤八月庚寅朔廿日己酉窆于河阴之西北山。[18]

"囯"疑为"匡"之讹，该墓志的墓主元贵妃的身世来看，她应该是安丰王元猛之女。元贵妃卒于丁酉年，根据其生活的时代，当年丁酉年应是公元517年（北魏孝明帝熙平二年），此年29岁，则她应出生于公元489年（北魏孝文帝太和十三年），比元延明小5岁，是元延明的妹妹。元贵妃所嫁之人王诵出南北朝第一流士族琅琊王氏，东晋名相王导之后、北魏名臣王肃之侄。据《魏书·王诵传》记载"学涉有文才，神气清俊，风流甚美……肃宗崩，灵太后之立幼主也，诵宣读诏书，言制抑扬，风神疏秀，百僚倾属，莫不叹美。"[19]即王诵的容貌和气质都非常优雅，而且才学广博。

另据《魏书·恩幸传》："皓贵宠日升，关与政事。太傅、北海王详以下咸祇悼之。皓弟年尚二十，擢补员外郎。皓娶仆射高肇从妹，于世宗为从母。迎纳之日，详亲诣之，礼以马物。皓又为弟聘安丰王延明妹，延明耻非旧流，不许。详劝强之云：'欲觅官职，如何不与茹皓婚姻也？'延明乃从焉。"[20]茹皓是宣武帝时期的宠臣，当时宗室之中最有威望的北海王元详都得让其三分。茹皓本人娶高肇的堂妹，高肇是宣武帝生母的哥哥，即宣武帝的舅舅，从姻亲上来讲，茹皓是宣武帝的姨夫。对于这么一个炙手可热的人物，元延明并没有放在眼里，不愿意与他联姻，其原因是"耻非旧流"，即茹皓并非出自名门望族。

关于元延明的后代，北齐年间的《元子邃墓志》还记载了相关信息，"君讳子邃，字德修，河南洛阳人也。曾祖魏高家文成皇帝，祖太尉安丰匡王，父太保大司马文宣王"[21]，从其家世看，元子邃就是元延明的儿子。元延明博学多才，元子邃也耳濡目染，"卓尔不群，巍然挺出，朝野所以钦风，缙绅于是属意。旌贤乐善，味道求书，博古通今，洞观填籍……封博陵郡开国公"。从元子邃的爵位"博陵郡开国公"这些字眼可将其与另一墓志联系起来，《魏博陵元公故李夫人墓志》，志主李夫人就是元子邃之妻。该墓志记载道："夫人字艳华，陇西狄道人"[22]可知李艳华出自陇西李氏，属北朝世家大族，北魏名臣李冲即出自此家族。

《魏书·郑伯猷传》记载："安丰王延明之征徐州也，引为行台郎中……妻安丰王元延明女。"[23]郑伯猷出自北朝第一流豪族荥阳郑氏，并且是北魏名臣郑羲的侄子。又据《郑践妻元孟瑜墓志》："曾祖太尉、安丰王猛……祖延明……父子玄，征北将军、相州刺史"[24]，可知元延明还有一个儿子元子玄，元子玄的女儿即元延明的孙女元孟瑜嫁给了郑践。该墓志还提到"皇舅伯猷"，伯猷即郑伯猷。据由此可知，元延明的女儿和孙女都嫁至荥阳郑氏，与这一家族结下了深厚的姻亲关系，即墓志中所说"宋之彭城，大都之旧，地交吴楚，乃树懿亲"。

《北史·元延明传》记载"孙长孺，孝静时袭祖爵。"[25]，由于元长孺只有这一条史料，我们很难得知更多关于他的信息。

综上，元延明娶长乐冯氏，妹妹元贵妃嫁给了出自琅琊王氏的王诵，另一个妹妹嫁给了茹皓的弟弟。儿子元子邃娶陇西李氏的李艳华，另一子元子玄婚姻未知，女儿元智光嫁给了长乐冯氏的冯昕，还有一女嫁给了荥阳郑氏郑伯猷。孙女元孟瑜嫁给我荥阳郑氏郑践。另外还有一个孙子元长孺，婚姻未知。元延明家庭的姻亲琅琊王氏、长乐冯氏、陇西李氏、荥阳郑氏，这些都是当时最有名的世家大族，尤其是琅琊王氏和荥阳郑氏。唯有一个茹皓之弟不是世家大族，但茹皓极其受宣武帝宠幸，即使这样元延明还是极不愿意这门婚事。

魏晋南北朝时期极其重视门第、出身，当时社会分为明显的"士族"与"寒族"（又称"庶族"），姻亲方面尤其讲究，士族之间内部联姻，甚至士族本身也有分层，嫁娶不当就有辱门楣，为时人所嘲笑。从元延明的姻亲上来看，其联姻对象基本上都是汉族世家大族而没有鲜卑贵戚，说明其内心已完全接受汉族文化。

比较研究

墓志之中提到元延明的交往对象有崔光和刘芳，他们是忘年之交，另外还有以下宗室成员：任城王元澄、中山王元熙、东平王元略。此外《魏书·元延明传》还记载他与临淮王元彧交往极其密切。那么这些宗室人员都有什么样的特点呢？

元澄，字道镇，祖父景穆帝拓跋晃，任城王拓跋云长子，《魏书·元澄传》对其有如下记载：

（元澄）少而好学。及康王薨，澄居丧以孝闻。

文明太后引见澄，诫厉之，顾谓中书令李冲曰："此儿风神吐发，德音闲婉，当为宗室领袖。是行使之必称我意。卿但记之，我不妄谈人物也。"

高祖心方革变，深善其对，笑曰："非任城无以识变化之体。朕方创改朝制，当与任城共万世

图 2 元熙墓志

之功耳。"

萧赜使庾荜来朝,荜见澄音韵道雅,风仪秀逸,谓主客郎张彝曰:"往魏任城以武著称,今魏任城乃以文见美也。"时诏延四庙之子,下逮玄孙之胄,申宗宴于皇信堂,不以爵秩为列,悉序昭穆为次,用家人之礼。高祖曰:"行礼已毕,欲令宗室各言其志,可率赋诗。"特令澄为七言连韵,与高祖往复赌赛,遂至极欢,际夜乃罢。[26]

从以上记载来看,元澄十分好学,尽孝心,受到文明太后,孝文帝、南朝齐使者庾荜的一致夸赞,这几人都是历史上的明君明臣。从这些人的评价中,我们也可以看出元澄的特点,即神采奕奕,有远见卓识,才华横溢。正如文明太后预言的一样,元澄是孝文帝汉化改革过程中最主要支持者和推动者,成为宗室领袖。元澄的谥号与元延明一样,都是"文宣王"。

中山王元熙,字真兴,《魏书·元熙传》记载:

好学,俊爽有文采,俊爽有文才,声著于世,然轻躁浮动。

熙临刑为五言诗,示其僚吏曰:"义实动君子,主辱死忠臣。何以明是节?将解七尺身。"与知友别曰:"平生方寸心,殷勤属知己。从今一销化,悲伤无极已。"

熙既蕃王之贵,加有文学,好奇爱异,交结伟俊,风气甚高,名美当世,先达后进,多造其门。始熙之镇邺也,知友才学之士袁翻、李琰、李神俊、王诵兄弟、裴敬宪等咸饯于河梁,赋诗告别。[27]

《元熙墓志》记载(图2):

幼而岐嶷,操尚不群,好学博通,善言理义,文藻富赡,雅有俊才。丞相清河王居宗作宰,水镜当时,特所留心,以为宗之子政。年未志学,拜秘书郎中,文艺之美,领袖东观。迁给事中。王性不偶时,凝贞独秀,得其人,重之如山,非其意也,忽之如草。是以门无杂宾,冰清玉洁,有若月皎云间,松茂孤岭。见者美其高风,望者人怀景慕。于是美誉彰于民听,休声播于远迩……王临刑陶然,神色不变,援翰赋诗,与友朋告别,词义慷慨,酸动旁人。[28]

本传和墓志都记载元熙博学多才,结交当时文人墨客,因此声名显赫。但是他生性固执,对刘腾、元叉发动的宫廷政变软禁灵太后极其不满,起兵反抗,最终兵败被俘。元熙临行前赋诗作别,其气节和才情可见一斑。灵太后重新掌权后,给他加谥号"文壮王",这一谥号也是名至实归。

元略是元熙的弟弟，"才气劣于熙，而有和邃之誉"。[29]，即元略虽然才华不如元熙，但是性格较为温和中庸。另据《洛阳伽蓝记》记载：

略生而岐嶷，幼则老成，博洽群书，好道不倦。神龟中，为黄门侍郎。元义专政，虐加宰辅。略密与其兄相州刺史中山王熙欲起义兵，问罪君侧，雄规不就，衅起同谋。略兄弟四人，并罹涂炭。唯略一身逃命江左。萧衍素闻略名，见其器度宽雅，文学优瞻，甚敬重之。[30]

《元略墓志》记载（图3）：

游志儒林，宅心仁苑，礼穷训则，义周物轨，信等脱剑，惠深赠綍，器博公琰，笔茂子云。汪汪焉量溢万顷，济济焉实怀多士……谥曰文贞王……妃范阳卢氏。[31]

从上述史籍记载来看，元略也是博学多才人士，因此逃到南朝后受到梁武帝萧衍的敬重，谥号之中也有"文"字，其妃出自北方大族范阳卢氏。

元彧，字文若，《魏书·元彧传》记载了他与元延明的密切关系：

彧少有才学，时誉甚美。侍中崔光见彧，退而谓人曰："黑头三公，当此人也。"少与从兄安丰王延明、中山王熙并以宗室博古文学齐名，时人莫能定其优劣。尚书郎范阳卢道将谓吏部清河崔休曰："三人才学虽无优劣，然安丰少于造次，中山早白太多，

图3 元略墓志

图4 元彧墓志

未若济南风流沉雅。"时人为之语曰："三王楚琳琅，未若济南备圆方。"彧姿制闲裕，吐发流靡，琅邪王诵有名人也，见之未尝不心醉忘疲。拜前军将军、中书侍郎。奏郊庙歌辞，时称其美。除给事黄门侍郎。彧本名亮，字仕明，时侍中穆绍与彧同署，避绍父讳，启求改名。诏曰："仕明风神

运吐，常自以比荀文若，可名彧，以取定体相伦之美。"[32]

会尔朱荣入洛，杀害元氏。彧抚膺恸哭，遂奔萧衍。衍遣其舍人陈建孙迎接，并观彧为人。建孙还报，称彧风神闲俊。衍亦先闻名，深相器待，见彧于乐游园，因设宴乐。

彧性至孝，事父母尽礼，自经违离，不进酒肉，容貌憔悴，见者伤之。

彧美风韵，善进止，衣冠之下，雅有容则。博览群书，不为章句。所著文藻虽多亡失，犹有传于世者。[33]

《元彧墓志》记载（图4）：

王讳彧，字文□，河南洛阳人也……孝为心基，义成行本，早违陟岵，兼丧孔怀，训育所资，实唯圣善，倚门有望，噬指□归，母子二人，更相为气……上敦宗族，傍穆亲姻，学海靡穷，□□不已，百家浩荡，异轸同归，万古攸缅，得门兢人，手握灵蛇之珠，口运彫龙之句，睹者□颜，闻者愈疾。[34]

从本传和墓志可知，元彧与元延明有诸多相似之处，早年丧父，博学多才，著作丰富，在危难之际都逃向南朝。

综上，元澄、元熙、元略、元彧等北魏宗室成员与元延明有诸多相似之处，勤学好问、有孝心、博学多才，与汉族名门望族联姻，其中大部分都逃奔南朝的经历。从他们的个性来看，都是翩翩君子形象。促成他们这一群体的原因是北魏政权在接受先进的中原文化，尤其是孝文帝"激进"的汉化改革，使得一部分鲜卑人完全认同并接受了汉文化，尤其是政权顶层的宗室，这极大的提高了他们的文化素养，同时也培养的他们的价值取向——心向汉化，因此当他们有难时就逃往被认为是正统汉人政权的南朝。

元延明与临淮王元彧关系十分密切，《魏书》《资治通鉴》《梁书》等史籍之中都记载了这一史实，唯独《元延明墓志》对元彧只字未提，墓志为什么刻意回避元彧呢？

孝文帝改革：又称汉化改革，是指在南北朝时期的北魏孝文帝（471年~499年）在位时所推行政治改革，改革前期由文明太后冯氏主持，后期由孝文帝主持。改革宗旨是汉化，内容涉及政治、经济、文化等各个方面。政治方面主要有整顿吏治、班俸禄制、改革官制、迁都洛阳；经济方面主要包括行均田制、创三长制、改革租税；文化方面主要有禁胡语、改汉姓、尊孔等。

参考文献

[1] （北齐）魏收. 魏书 [M]. 北京：中华书局，1974：530.

[2] 程俊英、蒋见元. 诗经注析 [M]，中华书局，1991：296.

[3] （北齐）魏收. 魏书 [M]. 北京：中华书局，1974：395.

[4] （唐）姚思廉. 梁书 [M]. 北京：中华书局，1973：824.

[5] 汪受宽. 谥法研究 [M]. 上海：上海古籍出版社，1995：290–292，381–382.

[6] （汉）班固. 汉书 [M]. 北京：中华书局，1964：1701.

[7] （北齐）魏收. 魏书 [M]. 北京：中华书局，1974：1955.

[8] （北齐）魏收. 魏书 [M]. 北京：中华书局，1974：2817.

[9] （北齐）魏收. 魏书 [M]. 北京：中华书局，1974：2836.

[10] （唐）魏征. 隋书 [M]. 北京：中华书局，1973：195.

[11] （唐）姚思廉. 梁书 [M]. 北京：中华书局，1973：462.

[12] （北齐）魏收. 魏书 [M]. 北京：中华书局，1974：1643.

[13] （北齐）魏收. 魏书 [M]. 北京：中华书局，1974：1648.

[14] （宋）司马光. 资治通鉴 [M]. 北京：中华书局，2011：4849.

[15] （宋）司马光. 资治通鉴 [M]. 北京：中华书局，2011：4849.

[16] 赵超. 汉魏南北朝墓志汇编 [M]. 天津：天津古籍出版社，2008：376–377.

[17] 贾振林. 文化安丰 [M]. 郑州：大象出版社，2011：244–245.

[18] 赵超. 汉魏南北朝墓志汇编 [M]. 天津：天津古籍出版社，2008：92.

[19] （北齐）魏收. 魏书 [M]. 北京：中华书局，1974：1412.

[20] （北齐）魏收. 魏书 [M]. 北京：中华书局，1974：200.

[21] 赵超. 汉魏南北朝墓志汇编 [M]. 天津：天津古籍出版社，2008：401–402.

[22] 赵超. 汉魏南北朝墓志汇编 [M]. 天津：天津古籍出版社，2008：347–348.

[23] （北齐）魏收. 魏书 [M]. 北京：中华书局，1974：1244.

[24] 赵君平. 邙洛碑志三百种 [M]. 北京：中华书局，2004：32.

[25] （唐）李延寿. 北史 [M]. 北京：中华书局，1974：688.

[26] （北齐）魏收. 魏书 [M]. 北京：中华书局，1974：462–480.

[27] （北齐）魏收. 魏书 [M]. 北京：中华书局，1974：503–505.

[28] 赵超. 汉魏南北朝墓志汇编 [M]. 天津：天津古籍出版社，2008：169–170.

[29] （北齐）魏收. 魏书 [M]. 北京：中华书局，1974：506.

[30] 范祥雍. 洛阳伽蓝记校注 [M]. 上海：上海古籍出版社，1978：224–225.

[31] 赵超. 汉魏南北朝墓志汇编 [M]. 天津：天津古籍出版社，2008：237.

[32] （北齐）魏收. 魏书 [M]. 北京：中华书局，1974：419.

[33] （北齐）魏收. 魏书 [M]. 北京：中华书局，1974：419–423.

[34] 赵超. 汉魏南北朝墓志汇编 [M]. 天津：天津古籍出版社，2008：503.

钧窑天蓝釉瓷盘

作者：郭灿江

钧窑天蓝釉瓷盘，瓷器，金代，口径19.8厘米、足径12厘米、高3.1厘米，1925年11月鄢陵县城窖藏出土，现藏河南博物院。

深度品鉴

钧窑天蓝釉瓷盘，敞口板沿，浅腹，圈足矮而细，内外施天蓝釉，足端露胎，足内三支烧痕。内底有多道蚯蚓走泥纹。口沿和板沿与腹交接釉薄处呈青黄色。钧窑瓷器釉的乳光状态和窑变现象是构成钧瓷艺术美的两个外观特征。乳光状态是指钧窑釉那种像青玛瑙或蛋白石一般美丽的天青色半乳浊状态，不仅使钧釉产生一系列由浅到深的蓝色，而且还赋予一种含蓄的光泽和优雅的质感，减少因釉面玻璃化而带来的妖艳浮光。窑变现象是指钧厚釉在高温下熔融流动，乳浊和着色色彩发生复杂的交错变化，而使釉色变得绚丽多彩，紫、红、蓝、白交相掩映，给人一种大自然瞬息万变的美的感受（图1、图2）。钧窑瓷器主色调除天青、天蓝、月白类外，还有罕见的玫瑰紫、海棠红、玛瑙红、葱绿、豆青、天兰等。

在钧窑瓷器制作工艺上，采用了厚釉工艺和裹足支烧方法，多用漏斗形匣钵单烧，表明钧窑瓷器是在一个相当高的起点上发展起来的。钧窑瓷器的足部处理最具个性，盘碗类圆形器物，多采用三支钉烧造，圈足内多留有较为明显有三个支烧痕（图3），除圈足外，带支足的圆形器如鼓钉洗等多采用如意形三扁足处理，既隐含有镇宅辟邪的道家传统，同时又含有与天同寿的美好愿望。在一些钧窑瓷器的釉面上常出现不规则的流动状的细线，就象雨后蚯蚓爬过泥土的痕迹，俗称"蚯蚓走泥纹"。这一现象本是因釉料在烧制过程流动不匀形成的缺陷，但也使人们在观赏钧瓷神奇绝妙的窑变艺术的同时，感受到动与静的完美结合，同时成为钧窑瓷器供人欣赏的主要特征之一。蚯蚓走泥纹主要成因是由于钧窑瓷器釉料层较厚，锻烧时釉料翻滚，釉中所含金属分子重量不同，有的浮在表面，有的沉在釉底，冷却时釉料上下收缩温度不一致，在温差和密度的差异下，会使釉层产生两种不同的运动。一种是受重力影响下从上向下流动，一种是釉层内壁与釉表层之间的内外运动。两种运动相互作用则产生一种流变力的作用，就形成了蚯蚓走泥纹。同时钧窑瓷器施釉方法也对蚯蚓走泥纹形成起着关键作用。钧窑瓷器施釉工序是首先要经过浸釉，施釉后釉面自然收缩、开裂形成纹路，待干燥后，再开始进行涂、刷，涂刷釉中水分的大小、涂刷的厚度都也和后期蚯蚓走泥纹的形成有着密切关系。钧窑瓷器将蚯蚓走泥纹这一烧制中的缺陷上升为美，化腐朽为神奇，别开中国古陶瓷艺术新境界。此盘虽无多彩的窑变之美，但造型规整，通体施满匀净的天蓝釉，以及口沿、板沿与腹交接处和足端三道因釉层稀层形成的青黄色带，配以盘底内数道蚯蚓走泥纹，也让人在平淡之中感觉到曲线流动之美，属金代钧窑产品之精品之作。

图1 金代钧窑天蓝釉玫瑰紫彩斑葵花盘

图2 钧窑玫瑰紫釉鼓钉三足洗

图3 钧窑天蓝釉瓷盘底部

文化解读

钧窑瓷器是中国北方地区宋金元时期一类十分重要的瓷器产品，同时，又是当今中国陶瓷研究中疑问较多的一窑口。钧釉瓷器始烧于什么年代,也是中国古陶瓷研究者争议较大的问题。我国主要瓷窑断代的依据大多是根据史书记载和考古发掘。钧窑瓷器在宋元文献中没有记载,这与宋代著名汝、官、哥、定窑均留下了诸多文献记录有较大反差,这也是多数古陶瓷研究者否定作为陈设瓷的官钧瓷器宋代说的最重要依据。目前所见最早记述钧窑瓷器的是明宣德三年的《宣德鼎彝谱》,内文有"内库所藏柴、汝、官、哥、钧、定。"这一史料表明,明初皇宫内府已收藏有钧窑瓷器,但没有指明其烧造时间。由于《宣德鼎彝谱》署为明宣德礼部尚书吕震等奉敕编次,但《明史》记载,吕震是"宣德元年四月卒",那么宣德三年吕震奉旨又著书的记载就不成立了,起码说明当时即便有编书其事,但也和吕震搭不上关系。凭此一点,许多学者将《宣德鼎彝谱》疑为伪书,这一史料真实性也引起不少学者怀疑。上海博物馆中国古陶瓷专家陆明华在《钧台官钧瓷烧造时代考证》一文中认为,首先钧窑烧造于北宋的是成书于清代雍正年间的《南窑笔记》,但从许多方面看,此文可能出自官方人员手笔,有较大地不确定性。因为雍正年间,景德镇官窑督陶官唐英曾派幕友吴尧圃去河南调查钧窑,这一结论或许是吴尧圃参照前人提法得出的[1]。由于缺少文献记载,加上金代大定二十四年(1184年)才改阳翟为钧州,按古窑多以地名这一原则,许多学者认为钧窑瓷器最早烧造于金代。

从20世纪70年起,钧窑大的考古发掘有四次,1973～1975年河南省文物工作队对禹州钧台窑遗址进行了发掘,这次发掘出土了除少数的碗、盘等日用生活器皿外,大多是供宫廷和官府摆设需要而生产制作的各式花盆(图4)和盆奁,以及尊、瓶、洗等艺术陈设品,也就是专供宫廷和官府使用的官用钧瓷,发掘人根据发现的大量钧瓷残片堆积和用钧瓷泥制作的并滴有钧釉的"宣和元宝"钱范分析认为:"钧台窑创烧于北宋初期,盛烧于北宋中、晚期"[2]。由于这次发掘现场文化堆积遭到破坏,加上发掘范围有限,故宫博物院古陶瓷专家冯先铭先生曾针对这次发掘说到"遗憾的是,当时脉络没搞清楚"。随着《禹州钧台窑》考古报告的出版,"宣和元宝"钱范的背面图片也首次披露。由于钱范背面模印有"崇宁年制"四字。众所周知,崇宁为宋徽宗于公元1102年至1106年间使用的年号;而宣和亦为徽宗年号,其启用于公元1119年。这枚背面印有"崇宁年制"的钱范,其钱文年号竟然是晚于崇宁10余年才启用的"宣和"。由于众多学者对把钧台窑遗址定为北宋最重要依据的"宣和元宝"钱范的真实性产生了怀疑,钧官窑瓷器创烧北宋说再次引起争论。为解决钧窑瓷器始烧时间和发展阶段问题,2001年北京大学考古文博学院和河南省文物考古研究所联合对钧窑的一组中心窑场禹州市神垕镇刘家门、河北地、下白峪等窑址进行了主动性考古发掘。这次发掘虽然没有出土专供宫廷和官府使用

图4 宋代钧瓷长方形花盆托

的官用钧瓷的标本，但揭示了民间所用钧窑瓷器的发展脉络。这次考古发掘表明，刘家门瓷窑在北宋末期的宋徽宗和宋钦宗时期（1101～1127年）烧制出钧窑瓷器，"但钧窑瓷器釉层较薄，釉的流动性不强，釉色淡雅匀净，部分器物布满小块开片。口部和器物转折处等釉薄处呈赭绿色，在器体部釉稍薄处则呈现出淡淡的粉红色。"与同期的青釉器一样"器物在未施釉部位，如足底部加施一层酱褐色护胎釉。大部分碗、盘类产品均施釉至足底，并在足心内施釉。"[3]这应属钧窑瓷器创烧阶段。2004年为配合禹州市"古钧花园"（原禹州制药厂）建设，河南省文物考古研究所对"古钧花园"窑址进行了抢救性考古发掘。这次发掘发现有窑炉、灰坑、水井、房基灰沟等遗迹。出土遗物以瓷器为主，有钧釉瓷、豆青釉瓷、黑釉瓷、黄釉瓷、孔雀蓝釉瓷、白釉瓷和宋三彩。其中其它釉色出土多为罐、盏、执壶、壶、杯、盆、枕、儿童玩具等。钧窑瓷器主要有出戟尊（图5）、鼓钉洗、高柄碗、单把洗、花盆（图6）、盆托、盘、钵、碗等。在花盆、出戟尊等器物底部刻有"二""三""四""五""六""七""八""九"等数字。专家通过对2004年和1974年两次出土钧瓷进行了细致的对比，发现2004年出土的钧窑瓷器中的出戟尊、鼓钉洗、花盆、盆托等器形较大，工艺、胎质、釉色与1974年出

图5 元代钧瓷出戟尊

图6 元代钧瓷长方形花盆

土的同类器均有所不同，与这批钧窑瓷器同一灰坑出土的还有具有明显元代器物特征的孔雀蓝釉碗、盆、高足碗和钧窑高足碗等，无疑为这批钧窑瓷器的制作年代提供了旁证，其时代应为元代。至于许多民间所用钧窑瓷盆、盘、洗和碗所在灰坑，由于打破的两个灰坑内分别出土的白瓷碗的碗底和外侧均有墨书"正隆元年四月初"和"正隆元年三月初五日"等纪年字款，因此可知灰坑瓷器不会早于正隆元年（1156年）[4]，应属金代中早期。

为了进一步完善和建立对钧窑瓷器不同时期产品特点的认识及其发展序列，特别是了解明代初年钧窑瓷器的生产面貌，并探讨钧窑民窑生产和官窑生产的关系，北京大学考古文博学院、河南省文物考古研究所组成联合考古队，于2011年9～12月对河南省禹州市鸠山镇闵庄钧窑遗址进行了主动考古发掘。这次发掘成果表明在北宋末到金代早中期地层中出土了较多精美的钧窑瓷器和青釉瓷器。钧窑瓷器制作规整，造型优美，釉层较薄，釉色淡雅，匀净润泽，器物多采用裹住支烧或裹足刮釉的装烧方法；与以往在禹州神垕刘家门窑址发掘的第一期地层出土的器物十分相似。可以说这时期是禹州境内窑业的一个发展时期，一些重要的窑场开始生产钧窑瓷器。在金代后期到元代地

层中，器形单调，制作比较粗糙。特点是器物的釉层较薄，显得干涩，施釉不到底，这个时期正是神垕地区钧釉瓷器生产的发展时期。闵庄窑址真正的繁荣时期是元末到明初阶段，产品以钧窑瓷器为主，还有少量白地黑花瓷器，部分制品质量很高。钧窑瓷器的生产从十分粗糙，釉的流动性很强，釉色不匀；再次变得精致而规整，釉色匀净光润。有文献明确记载钧窑在明初是用于贡御的，而禹州诸窑址明初钧瓷生产质量的重新提高，应该是大规模生产贡御瓷器的重要基础[5]。

随着考古资料的不断丰富，虽然作为宫廷和官府使用的以霁红釉为主多彩官钧陈设瓷器创烧时间仍存在较大争议外，但作为民间使用属青釉瓷系的钧窑瓷器发展脉络基本清晰，民用钧瓷创烧于北宋末期，应是受北宋载宋徽宗"弃定用汝"各地纷纷烧造青釉瓷器这一历史背景下应运而生的。北宋末期，钧窑创烧，由于多呈现出天青、天蓝、月白、葱翠青等色。釉层较薄，与当时的汝窑青釉瓷器有很多相似之处，这也是后来人为常说"钧汝不分"的主要依据。金代中前期是钧窑瓷器的重要发展期，不但数量大，制瓷水平极高，随着钧窑瓷器传统品种……天蓝釉、月白釉及蓝釉红斑主要釉色基本确立，钧瓷更深得当时人们的喜爱，需求量日益增多，加上钧瓷釉乳浊厚釉对胎土呈色要求不高的特点，烧造窑场以禹州为中心，迅速向周边扩展到宝丰清凉寺、汝州严和店、郏县窑、鲁山窑、新安窑、当阳峪窑、鹤壁集、林县窑等。金代中后期至元代，随着元朝统一，更为钧窑瓷器的生存提供了相应的条件，钧窑器瓷得以更为广泛地传播延续，不但在河南有众多的窑口在烧制钧窑瓷器，而且波及河北、山西、江苏、浙江、江西、广东等地，形成了一个庞大的钧瓷窑系。钧瓷窑系的形成同宋元时期北方其他如定窑系、耀州窑系和磁州窑系等主要窑系相比，虽然比较缓慢，时代相对较晚，但它的出现，正是北方瓷业正逐渐走下坡，定窑系、耀州窑系和磁州窑系走向衰落之时，给不景气的北方瓷业带来了新的活力。据有关文献记载元代实行官府控制手工业的匠户制度，钧州有军户烧制瓷器，且归"制国用使司"管辖，当为宫廷用瓷，明代嘉靖之前，钧州一直为宫廷烧制缸、坛、瓶等日用品。同时，景德镇御窑厂对钧瓷铜红釉进一步发展，烧制出的霁红釉瓷陈设用瓷，也是明代宫廷的御用品。清代雍正、乾隆时期，御窑厂不断烧制仿钧器，不但烧制仿钧瓷，而且烧制钧花釉瓷，钧瓷成为雍正皇帝的心爱之物，多次下旨烧制钧瓷炉、花盆、钵等器物。清光绪五年（1879年）以禹州神垕人卢振太为代表的卢氏家族经过数十年探索烧制出仿宋钧瓷，后称"卢钧"。有文献资料显示，清光绪三十年（1902年），为给慈禧太后庆寿，禹州知州曹广权奉命组织卢天恩等工匠在州衙内设窑烧造贡瓷，有钧瓷炉、尊、瓶、洗、盘、碟、碗、寿桃、佛手等，这是禹州当地生产的钧瓷再次作为"贡瓷"进入宫廷[6]。随着社会发展，禹州钧瓷生产也不断创新，现在不仅是作为陈设品已走进民间，也经常作为国礼走向了世界。

比较研究

虽然天蓝釉、月白釉及蓝釉红斑是金元时期民间钧窑瓷器的主要釉色。但整体来看，金代钧窑瓷器造型多为碗（图7）、盘（图8）、罐、瓶（图9）、碟、缸、枕、洗（图10、11）、炉（图

图 7 金代天蓝釉钧瓷碗

图 8 金代钧窑天青釉彩

图 9 金代钧窑月白釉瓷花口瓶

图 10 金代钧窑月白釉单柄洗

图 11 钧窑月白釉花瓣洗

图 12 金代钧窑天蓝釉三足炉

图 13 元代钧窑天蓝釉碗

图 14 元代钧窑月白釉彩斑缸

图 15 元代钧窑天蓝荷叶口大瓶

12)等民间生活用器,端庄典雅,釉色莹润,红彩窑变彩斑自然流畅,器表多施满釉,底足有施釉和无釉两种情况,部分圈足有刷薄汁护胎釉现象。元代钧瓷器造型与金代相比,品种相对较少,多为碗(图13)、盘、缸(图14)、罐、瓶(图15)炉等,大件器较多。釉层厚薄不均,釉流下垂处聚釉处达到了"垂若蜡泪"的程度,釉面多有气泡和棕眼,施釉多不到底。元代钧瓷也有少量精品,特别是在器物表面所采用的堆雕、镂空等装饰技法在金代钧瓷中少见,1972年北京市新街口豁口后桃园元大都遗址出土的钧窑贴花兽面纹连座双耳花口瓶应是元代钧窑瓷器精品之作。由于各地胎土不同,所烧钧瓷呈色也存在一定差异。如浙江金华铁店窑烧制的钧瓷用黑或紫色胎土,所用乳浊釉瓷器与北方同时期的乳浊釉瓷器有明显的区别,铁店钧瓷的釉色大量的是天青和蓝紫色乳光釉,没有带铜红斑彩的,具有鲜明的地方特色。

在供宫廷和官府使用的钧瓷陈设瓷器中花盆和盆托的底部，于烧制前按照器物大小规格的不同，刻划有"一"至"十"的号码，你知道这些号码有什么作用吗？

1925年11月鄢陵县城内居民魏书成在院内挖红薯窖时发现金代窖藏瓷器数十件，后卖给开封古玩商，12月本县知事张聚奎将此事呈报河南教育厅，教育厅令河南图书馆馆长何日章追查，后以704元赎回这批瓷器，先由图书馆保存，后经古物保存委员会移交河南博物馆收藏。1937年"七七事变"爆发后，河南博物馆主要馆藏文物68箱运往重庆，除38箱被运到台湾收藏于台北历史博物馆外，其余30箱后来回归河南博物馆。这件金代钧窑天蓝釉瓷盘就属鄢陵金代窖藏出土和河南博物馆南迁瓷器之列。

参考文献

[1] 陆明华. 钧台官钧瓷烧造时代考证，河南省文物考古研究所编《2005中国禹州钧瓷学术研讨会论文集》. 大象出版社，2007.

[2] 河南省文物考古研究所. 禹州钧台窑[M]. 郑州：大象出版社，2008.

[3] 秦大树，赵文军. 钧窑研究、发掘与分期新论. 河南省文物考古研究所编《2005中国禹州钧瓷学术研讨会论文集. 大象出版社，2007.

[4] 郭培育. 禹州钧台窑址新发现[J]. 文物天地，2005（6）.

[5] 秦大树，赵文军，徐华烽. 河南禹州闵庄钧窑遗址发掘取得重要成果[N]. 中国文物报，2012-3-2.

[6] 熊支新，梅国建. 20世纪传统钧瓷的发展概述. 河南省文物考古研究所编《2005中国禹州钧瓷学术研讨会论文集》. 大象出版社，2007.

三彩天王俑

作者：闫睿

三彩天王俑，陶器，唐代，高 79.5 厘米，现藏河南博物院。

深度品鉴

该天王俑为白陶胎，模制而成，脸部开相，眉、目施黑彩，自颈部以下施褐、绿、白三彩釉，釉色均匀，光亮润泽。此三彩俑极富特色，头戴虎皮纹饰的虎头盔，虎耳直立、虎眼圆睁。身着铠甲，甲身套领，肩披兽首披膊，胸护下饰勾云纹，腹护半圆形，胸、腰系索，内套战裙，下着膝裤，足蹬长筒尖靴。左手叉腰，右手握拳屈臂当胸。足分踏卧牛的头背部，

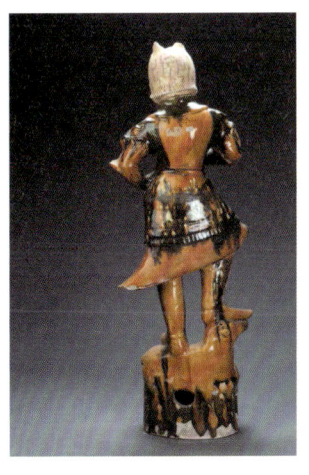

图 1 三彩天王俑背面

图 2 三彩天王俑头部

立于腰形镂孔座上。（图1）

该俑最具特色的是其面部，方脸，双眼圆睁，眉头微蹙，嘴微张，充满少年英气，其滚圆的眼珠及微翘的嘴角，组合起来看，似一张虎脸，显得十分威猛。（图2）与常见的唐代天王俑蹙眉上扬、瞠目、张口、造型夸张、表情狰狞的形象不尽相同。此俑塑造技艺高超，形体高大，造型生动，釉色艳丽，三彩烧制及施釉工艺成熟，反映了唐代匠师娴熟的技能，是一件典型的盛唐时期的三彩器物。

文化解读

唐代，政权统一稳定，经济发展，人民富庶，物质生活水平的提高，也带动了文化艺术的发展与繁荣，在文化领域呈现出异彩纷呈的局面，出现了大量具有新的时代风貌的开创性作品，绚丽多彩的三彩就是其中之代表。唐三彩是一种低温釉陶器，是唐代工匠在汉魏单复色釉陶的基础上创造出的多彩釉陶新品种，是中国古代陶文化发展到高级阶段的产物。唐三彩的"三"为多之意，其釉色并非仅有三种，常见有黄、绿、褐、蓝、黑、白等色，这是因其釉料中含有大量的助熔剂铅，使釉的熔点降低，胎体表面的釉料在焙烧过程中向四周扩散流淌，并利用矿物中的金属氧化物的性能和呈色肌理，形成各种颜色互相浸润交融、斑驳瑰丽，具有自然晕染的效果。

唐三彩最早发现于二十世纪初修建陇海铁路洛阳段时所发掘的一批唐墓中，因其丰富的造型、绚丽的釉彩而为世人所珍。三彩器物绝大部分为随葬明器，多出土于墓葬中，已发掘的唐代墓葬中，出土了大量唐三彩也印证了这一点。徐殿魁先生在其《洛阳隋唐墓的分期》一文中，以洛阳地区发现的唐代墓葬为研究对象，通过对墓葬形制、随葬器物及其组合等的综合分析，将唐代墓葬分为四期，即隋至初唐、盛唐、中唐和晚唐。通过分析四期随葬器物特征，发现三彩器在盛唐期的墓葬中大量出现，即从武则天执政时期至玄宗开元年间，之后便逐渐衰落。[1]

从考古资料来看唐三彩在唐代，尤其是武则天执政之后盛极一时，历经了半个世纪的繁荣，这与当时的社会风气、审美意识、丧葬观念都密不可分。厚葬之风是推动唐三彩盛行的根源。[2]。唐王朝在融合前朝丧葬制度的基础上，创立了更加严密的丧葬制度，并设有专门管理和按等级官职分发明器的官府以控制随葬品规模。《唐六典》卷二三中的记载明确规定了随葬明器的数量、规格，"凡砖瓦之作，瓶缶之器，大小高下，各有程准。凡丧葬则供其明器之属，三品以上九十事，五品以上六十事，九品以上四十事。"然而，这样的措施收效甚微，从出土资料来看一些墓葬中的随葬品数量，远超于此。尤其是武则天执政之后，官僚贵族竞相攀比，所使用的陪葬明器的数量、品种、规格，远远超过规定标准，数量浩大，规格惊人。史料中载："王公百官，竞为厚葬，偶人像马，雕饰如生，徒以炫耀路人，本不因心致礼，更相煽动，破产倾之，风俗流成，下兼士庶。若无禁制，奢侈日增。"[3]不仅王公贵族，一般民众百姓的墓葬也十分考究。由此世风而致，促使明器的制作亦趋向繁复而精致。这一时期三彩器的制作进入了黄金期，量大质精，它吸收了雕塑、绘画等多种艺术表现形式，制作工艺更加成熟，造型生动多样，色泽绚丽，将盛唐社会生活展现的淋漓尽致，正符合了盛唐时期奔放大气的审美观念及崇尚奢华的社会风气，被广泛用于各阶层，尤其是上层贵族的随葬器物。唐三彩工艺繁复，却多用于随葬，实用器物较少，主要是因为三彩釉面彩是以氧化铅作助熔剂，铅有毒不宜作实用器，同时三彩属低温釉陶，釉彩宜剥落。

随葬三彩器一般包括镇墓兽、天王俑、文官俑、武士俑、仪仗俑、侍女俑、马驼等动物俑、牛车模型及日常生活用的各种

图3 唐李嗣本墓陶俑分布情况

图4 三彩镇墓兽

器具等。从墓葬出土情况来看，随葬的三彩器在墓葬之中并非随意摆放，其数量及摆放位置是有一定之规的（图3）。洛阳关林五十九号唐墓从墓葬形制判断为盛唐墓葬，其中随葬品保存比较完整，以其为例，可以看出盛唐时期随葬器物的摆放。从墓门向后依次分为三组，第一组：文官俑、镇墓兽、天王俑；第二组：侏儒、跪拜俑、灶、井、猪、羊、鸡、鸭；第三组：骆驼、马、罐子，而三组间放置男女侍俑。[4]一般来说，镇墓兽放置在墓门附近（图4），之后摆放天王俑、武士俑、文官俑等，用于镇墓驱邪、守护亡魂，镇墓兽、武士俑、天王俑一般各2件；其后摆放仪仗俑、骑马俑等能表现墓主身份地位的俑群；而靠近墓主摆放的是侍女俑、仆侍俑、生活用具模型、马驼、家养禽畜等俑群，及日常生活用的各种器具器皿，再现了墓主人生前豪华奢侈的家居生活。

从随葬出土的实际情况来看，在唐代随葬镇墓神兽逐渐成为极为普遍的现象，而这类镇墓俑在俑群中的地位也逐渐突出，成为随葬俑群的主体。一些学者认为，这表明隋唐时期是墓中随葬镇墓神物的第二个高峰期。[5]

比较研究

天王源于佛教中的护法神，多置于寺院门前或者佛像前，如洛阳唐代奉天洞石窟即有与唐墓中天王俑形象完全相同的神王雕像（图5）。在佛教艺术中，天王显示着威武、勇猛、强悍形象，传入中国后，与中国武士形象互相渗透，成为墓中可以驱鬼辟邪的镇墓天王俑，往往成对出现，是盛唐时期随葬俑群组合之中的重要角色，这显然是受佛教影响的结果，也是佛教中国化的有力证明。

初唐时期墓葬中的陶俑只有镇墓兽和武士俑，至唐高宗时开始出现天王俑，并逐渐取代了武士俑（图6）。[6]天王俑虽脱胎于武士俑，但二者造型略有不同。首先从着装来看，二者虽都着明光铠甲，

图 5 龙门石窟奉先寺中的神王造像

图 6 三彩武士俑

但武士俑多头梳高髻或头戴圆顶兜鍪，下着曳地长裙；天王俑则多头戴朱雀冠或造型别致的盔胄，内衬膝裙，下缚绑腿，足蹬尖头长靴。从姿态来说，武士俑多一手叉腰或作按盾状，一手握拳中空作执物状，双腿直立于不规则半圆形托板或镂孔高台座上；而天王俑则一手叉于腰际，一手握拳上举，一腿直立，一腿弯曲，弓步脚踏怪兽台座或小鬼台座，也有的作拉弓射箭状。面部形象上来看，虽二者都有胡人和汉人两种形象，但武士俑多神态严峻，气宇轩昂；天王俑则多张口瞠目，表情狰狞恐怖，具有震慑鬼魅之力。

盛唐时期，随着厚葬之风的盛行，上层人物的墓葬中，出现大量躯体高大，制作精美，装饰华丽，釉彩鲜艳的三彩随葬俑。唐三彩烧造唐高宗时就已兴起，而随葬俑与三彩结合，则较多的出现在武则天执政以后的墓葬中。这些三彩俑颈部以上或手部，即露出皮肤部位多不施釉，饰以彩绘，细致刻画，其余部位均施多色彩釉。

天王俑自出现后，自身的造型也经历了一些变化。较早时期，镇墓天王俑通常为脚踏卧兽的式样（图7）；武则天至中宗时期，除脚踏卧兽者外，又出现一种脚

图 7 脚踏卧兽的三彩天王俑

图 8 脚踏鬼怪的三彩天王俑

踏俯卧形鬼怪的式样（图8）。玄宗时期，又流行脚踏蹲坐状鬼怪的式样。德宗以后，天王俑的数量减少，制作趋于草率简陋，远不如之前的精致了。到晚唐时期随着丧葬习俗的变化又被铁牛、铁猪所替代，这是与当时的社会状况密切相关的。

此件天王俑头上所戴为虎头盔，这在唐代天王俑的造型中比较少见。关于虎头盔的文献记载并不多，但依据考古资料来看，戴虎头盔的天王形象，最早出现在北朝时期的佛教艺术中，在新疆克孜尔、天水麦积山石窟中有戴虎头盔的天王形象，此时这类天王形象还具有佛教的护法意义，其身形魁梧、面貌狰狞，头戴一顶怒目圆睁、形态凶猛的虎头盔；隋代时虎头盔的武士形象在隋墓的随葬品中常有出土，如故宫博物院收藏的黄釉虎头盔武士俑，武士表情威严，头上所戴的虎头盔造型夸张、凶猛，

图 9　不同时期戴虎头盔的武士俑　　　　　　　　图 10　西安虎头盔武士俑

虎口大张，口中露出四颗獠牙，为武士的形象平添几分威武。[7]

到了唐代作为镇墓神物，虎头盔的天王、武士形象在西安、洛阳等地的墓葬中多有出土，造型各有不同（图9）。初唐时期的尉迟敬德墓中出土了彩绘虎头盔武士俑，盔有护耳、风帽，为张口露齿的虎头造型，圆眼怒目，鼻头上昂，犬齿露出似猛虎呲牙，准备战斗的形态，人面部从虎口中露出，显得十分凌厉。西安市灞桥区洪庆原出土的盛唐时期的虎头盔武士俑（图10），此件俑的头盔为张口呲牙的老虎造型，顶部的虎头采用浮雕方法做出，双耳直立、鼻头喷张、獠牙外露，卡于武士头顶，下部为虎爪造型，交叉系结置于胸前，此件头盔后有披肩，下缀虎尾，是整只虎的造型，抓住了虎的显著特点进行凸显。虽都为盛唐时期的唐三彩，但此件武士俑与河南博物院所藏的虎头盔天王俑的虎头盔却截然造型不同，或是因二者地区、风俗审美的不同。

从上述这些武士、天王俑的造型来看，这类虎头形头盔的基本特征为：帽前部浮雕类虎头，或有双耳，或有虎尾，有护耳；可系结于颔下，或与披风相连。这些虎头盔虽造型略有差异，但都威武强悍，怒目圆睁，与天王、武士威猛的形态可谓相得益彰。

趣味猜想

一般天王俑的面部表情虽然夸张，但仍是人脸的造型，而此件带虎头盔的天王俑面部塑造的似一张虎脸，是为什么呢？

中国传统中的虎文化

虎与人们的文化生活密切相关,不仅是十二生肖之一,更常用来比喻人的勇猛威武、横扫千军。中国人崇敬猛虎的威风八面,很早就形成了对虎图腾的崇拜。早在"仰韶文化"时期,龙虎图案便代表了力量与尊贵,濮阳西水坡仰韶文化遗址的墓葬中出土了蚌塑龙虎图案,被称为"中华第一龙虎",应与原始先民的龙、虎图腾信仰有关。(图11)

在古代传说中,虎是"四神"(青龙、白虎、朱雀、玄武)之一,是守护西方的神灵。在《周礼·春官·大宗伯》中有"以白琥礼西方"的记载,琥即礼玉六器之一,因形似老虎而得名,是祭祀西方时所用之物。河南永城芒砀山西汉梁王墓中所出的四神云气图壁画上画有代表西方白虎的形象。(图12)

图11 濮阳西水坡仰韶遗址墓葬中的蚌塑龙虎图

图12 四神云气图

虎与军事亦有着密切联系,勇猛的战将称为"虎将",三国时代的关、张、赵、马、黄合称"五虎上将",其后代则被称为"将门虎子";帝王调兵的信物叫做"虎符",以体现军力与威势;历朝历代,威武将士无不因虎之名,行勇武之举,皇家卫队称为虎贲郎,精锐战队称为"虎狼之师",取的是虎驱群兽的勇武之意。《孟子》里有记载,武王伐纣时,"革车三百辆,虎贲三千人"。而《三十六计》中的"调虎离山计",《孙子兵法》中的"坐山观虎斗",无不体现着虎在战争中的特殊地位。

在中国传统民俗中虎不仅是勇猛的象征,还具有镇魔辟邪的作用,能吃鬼,使住宅平安。因此民间流行给孩子戴虎头帽、穿虎头鞋等,象征健康、强壮、勇敢,保佑婴儿健康成长。西安韩森寨出土了一件虎头襁褓的婴儿俑(图13),这或许是目前所见婴孩戴虎头帽最早的实物例证。[8]造型与今时婴孩的虎头帽几乎无差别。(图14)

图 13 西安韩森寨出土的虎头襁褓婴儿俑

图 14 婴孩虎头鞋、虎头帽、虎枕

天王是佛教中镇魔辟邪的护法神，唐代出土的众多虎头盔武士俑、天王俑，表明到唐代天王俑不再具有佛教的护法意义，而与唐时的世俗文化完全结合，成为镇墓驱邪之物。宋代以后，武将甲胄中少有虎头盔出现，但在后期的戏曲中常用戴虎头盔的形象来表现武将的勇猛。

中国古代的虎文化源远流长，虎神话故事、虎典故各地皆有；崇虎风俗、礼仪各民族皆存，渗透到了古代社会的方方面面，深刻影响着民众的生活。

参考文献

[1] 徐殿魁. 洛阳隋唐墓的分期 [J]. 考古学报，1989（3）.

[2] 闫存良. 古陶珍宝唐三彩 [M]. 北京：百花文艺出版社，2005：5.

[3]（后晋）刘昫. 旧唐书 卷四十五 志二十五 舆服 [M]. 北京：中华书局，1982.

[4] 洛阳博物馆. 洛阳关林五十九号墓 [J]. 考古，1972（5）.

[5] 张文霞，廖永民. 隋唐时期的镇墓神物 [J]. 中原文物，2003（6）：65.

[6] 王蔚波. 河南唐三彩系列之二四神篇 [J]. 艺术市场，2008（9）.

[7] [8] 杜文. 从尼密阿狮皮到虎头帽—浅议民间虎头帽与东西文化交流 [J]. 收藏家，2003（7）：40-42.

彩绘天王俑

作者：熊丽萍 梁爽

彩绘天王俑，陶器，唐代，高77厘米，座长22厘米，座宽14厘米，座高12.00厘米，2003年11月巩义市常庄出土，现藏河南博物院。

深度品鉴

2003年11月，郑州市文物考古研究所、巩义市文物保护管理所在配合巩义市北山口常庄变电站扩建过程中，抢救性发掘了一座唐代墓葬。该墓葬由于早年坍塌，造成了一定程度的破坏。由墓道、过洞、天井、甬道、墓室五部分组成。平面近"甲"字形，呈南北向。墓室平面近正方形，墓圹已不甚整齐，坍塌较为严重，木棺已朽成灰，人骨架亦腐朽无存。随葬器物除墓志外，均为陶塑制品。大多分布于墓室东侧，器表多饰彩绘，有天王俑、镇墓兽、侍俑、文官俑、马、骆驼、伏听俑、酱釉俑、碓、灶、井、磨等，破损严重。[1]（图1）

河南博物院藏的这件天王俑，体态高大，雄壮威武，头梳宝髻，护领上折，身着明光铠，肩有龙首披膊，胸前圆护呈桃形，腹护呈半圆形，革带齐备，甲下刻饰流苏，小腿着膝裤，足蹬高腰靴，足下踩踏跪羊形高台座。国字脸庞，浓眉，二目外凸圆睁，阔鼻，墨绘八字胡须，张口露齿，神情刚健，凶猛可怖，使人望而生畏。左手扶于腰际，右手握拳上举。该天王俑比例均匀，通体饰黄、绿彩，

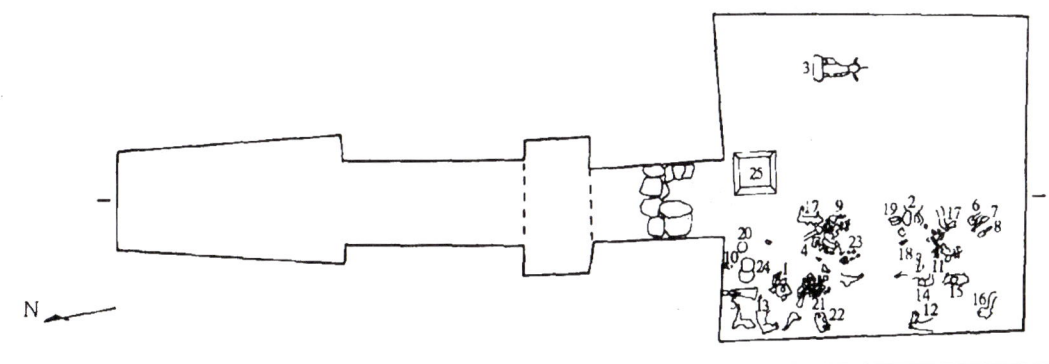

图 1 墓室平面图

粉红陶胎，手、模制作而成。彩绘华丽，显现了盛唐时期陶俑之风格，无论是做工，还是造型，均堪称唐代之佳品。（图2、图3）

文化解读

盛唐时期，受佛教及佛教艺术的影响，镇墓用的天王俑开始出现。天王俑为唐代镇墓

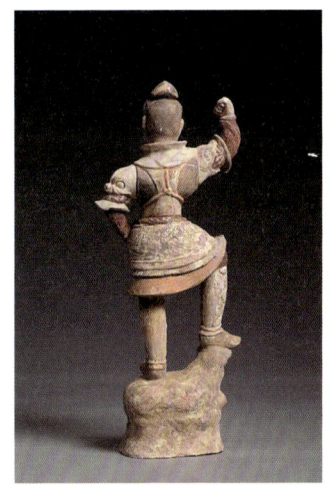

图 2 彩绘天王俑背面

图 3 彩绘天王俑线描图

神煞的一种，是唐高宗时期取代镇墓武士俑而出现的独特俑类。其来源于佛教中帝释外将的四大天王，分别以增善根、净天眼、护国土、扬福德为主职。唐人将其与镇墓兽结合置于墓葬中，以充当辟邪的守护之神。天王俑造型基于武士俑，通常为头戴飞凤圆顶盔或束发，两眼外凸，面目狰狞，身披铠甲，铠甲上缀兽面护胸，狮面胄甲，象头护膝，着靴，脚踏卧兽或挣扎欲起的鬼怪，一手叉腰胯间，另一手握拳于胸侧作持物状，一腿直立，一腿弯曲。形态逼真传神，整体造型威猛高大，气宇轩昂，象征着无穷的力量。古人相信灵魂不死，为了保护墓葬和死者的安宁，将镇墓神煞放在墓中作为随葬品，除了可以驱邪避祟，震慑鬼怪，同时还能达到恐吓盗墓者的目的。更重要的是，唐朝盛行厚葬之风，墓葬是社会传神体现，所以墓葬中的随葬品无不映现着当时人们的思想和生活，并且随着社会的变迁而同时变更。使得陪葬俑的风气达到了"凡大葬后，墓内不立盟器神煞，亡灵不安，天曹不管，地府不收，恍惚不定，生人不吉，大殃咎也。"[2]之地步。

天王俑一般是成对出现在墓葬中，多置于墓门两侧，与两件镇墓兽一起被称为"四神"。天王本为佛教的护法神，最初一般出现在佛教的寺庙和石窟中，在佛教中占有极其重要的位置，受帝释天的指挥护佛护世，守护世界无灾无难、众生安居乐业。到了唐高宗时期，墓葬之中开始出现天王俑，其身份也超越了佛教的护法神,成为墓主的守护者。天王俑被唐人奉为死后的保护神。因此在唐代很多墓葬特别是中原地区的达官贵人墓葬中都发现有天王俑。

天王俑从表现形式上看是一个不断发展和演变的过程,唐高宗时期开始在墓中出现,并逐渐取代之前的武士俑,一般式样是脚踏卧兽,中期时又出现脚踏俯卧形鬼怪和脚踏蹲坐状鬼怪式样,到晚唐时期随着丧葬习俗的变化又逐渐被铁牛、铁猪所取代,数量减少,直至消失。

比较研究

佛教传入中国后,逐渐被汉化。墓葬中的天王俑形象也随之失去古印度佛教中护法神的姿容。天王俑其形体特征多为头戴兜鍪或束发,身披铠甲,(内着以膝裙为主),着靴,造型中加入神话因素。脚下多踩卧兽、夜叉或山石行座。卧兽造型多为牛、羊、鹿状;夜叉造型多仰、伏、坐;山石多与底座连为一体。从制作工艺上可分为彩绘陶俑和釉陶俑两种。彩绘陶俑是用捏塑和模制(合模或分体模塑)的方式成型,等胎体入窑焙烧后,再在表面施白色泥料(化妆土))然后在其上用各色矿物质加以绘彩,胎质有灰陶、红陶、高岭土。釉陶俑也叫三彩俑,是在同一塑品上将黄、绿、蓝、白、褐、酱、赭等多种釉色交错使用,使三彩俑达到色彩明快鲜艳、斑斓夺目的整体效果,更能增加天王俑的神秘色彩。天王俑的发展过程整体来讲,可分为三个时期:

初唐时期的天王俑头戴兜鍪,怒目张嘴,身穿甲胄,长至膝部,腰束带,双手握拳弯举胸前,站姿多分腿直立,足下踩卧兽型,底带托板。后又出现的足下踩夜叉型,夜叉呈卧式。此期的天王俑主体造型均采用写实手法,形体各部分比例不够协调,姿态僵硬。

如咸阳市文物考古研究所1995年在咸阳师专发现的一座初唐墓葬出土一件天王俑[3],高60厘米。由上下半身以及底座三部分组成,头戴红色兜鍪,身着黄色明光铠,两臂用黑彩绘出甲叶,双手握拳,

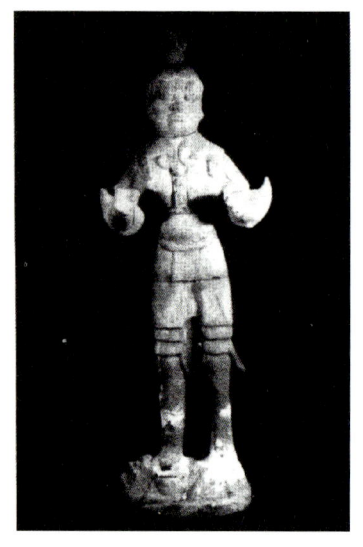

图4 咸阳师专初唐墓出土天王俑

图5 河南巩义市常庄出土天王俑

图6 河南巩义市常庄出土天王俑背面

原持物丢失，脚踏一卧牛，体中空，面部狰狞，双眼突出。（图4）

盛唐时期的天王俑，头戴兜鍪或束发，脸型丰满，多一手叉腰，一腿弯曲，足下踩夜叉。这一时期的天王俑制作精美，主体造型体格雄健，服饰华美，工艺精制，动态感强，既夸张又真实自然，给人一种和谐饱满的印象。

河南博物院藏的另外一件巩义市常庄变电站M1出土的彩绘天王俑，高75厘米，座长15.5厘米，宽13厘米，座高12厘米。俑头戴束发冠，簪失，身着明光铠，肩有龙首披膊，甲身胸索上饰有花结，胸护上部呈方形，下部弯曲呈钩形，腰系带，腰带下的膝裙绘方格状甲片，甲身下摆饰流苏，足着高腰靴，足下踩踏跪羊形高台座。眉弓凸起，双目圆睁，目视右方，八字胡须，张口露齿，面部狰狞，作发威状，右手扶于腰间，左手握拳前伸，手指空握，原持物已失。通体饰黄彩。粉红陶胎，手、模制作而成。（图5.图6）

河南省偃师市城关镇窑头村张思忠墓出土的一件三彩天王俑[4]，高88.5厘米，怒目圆瞪，高鼻较尖，头戴兜鍪，其上装饰有一朱雀。身着光明甲，胸前左右各一圆护，肩覆披膊作龙首状，龙鼻剧烈上昂。左手握拳上举，右手叉扶腰际，中心纵束甲带，腰带下垂膝裙，鹘尾，下缚吊腿，足蹬尖头靴，脚踏卧牛镂孔台座。颈部、头部和兜鍪均不施釉，饰以彩绘，其余部位施有褐、绿、黄三色釉。（图7）

河南省偃师山化乡出土的一件三彩天王俑[5]，通高65厘米，头戴荷花冠，身着光明铠甲，胸前左右各一圆护。双肩前后有条状披带至胸部。肩臂有重迭状披膊，直领护颈。颈下纵束甲带至胸前与横带相交，腰束带，铠甲下摆饰有流苏。下着长裙，脚穿尖头靴。左手翻掌朝前，右手微举握拳。立于不规则半圆形束腰高台座上。颈部以上均未施釉，彩绘已剥落，露出白色陶胎。身体及台座部位以绿釉为主，间施褐、黄、白釉。（图8）

河南洛阳唐墓出土的三彩天王俑，高63.5厘米，头戴盔，怒目圆睁，宽鼻，嘴紧闭，紧身铠甲，右手握拳高举，左手叉腰，足穿靴，左腿直立，右腿弯曲，脚下踏小鬼。小鬼全身裸，头转向下，胸腹朝上，右手板天王右脚，左手屈肘支于台座上，作挣扎状。俑颈部以上未施釉，身体釉彩以蓝色为主，兼施褐、黄色釉。（图9）

到了中晚唐期，天王俑衣饰简化，体态臃肿，制作工艺较之前粗糙简陋。整体身材较矮小，头戴半圆盔帽，帽后突出呈扇形。腰带装饰复杂，足下踏小鬼。此后，天王俑逐渐在墓葬中消失。

图7 张思忠墓出土三彩天王俑

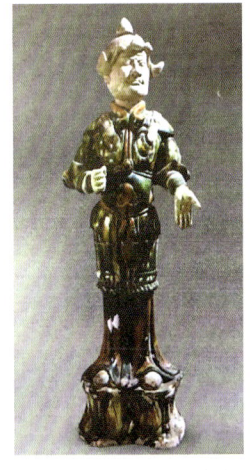

图8 河南偃师山化乡出土三彩天王俑

图9 洛阳唐墓出土三彩天王俑

如西安郊区 M411 和西安硫酸厂 M7 出土的两件天王俑[6]。（图10、图11）

天王俑从出现到消失，仅存在二百多年，这与当时的社会状况密切相关。首先，人们对英雄人物的神化心理。隋末农民起义，为建立强盛的唐王朝立下战功的将领和元勋，受到人民的高度爱戴，从而被神化。另

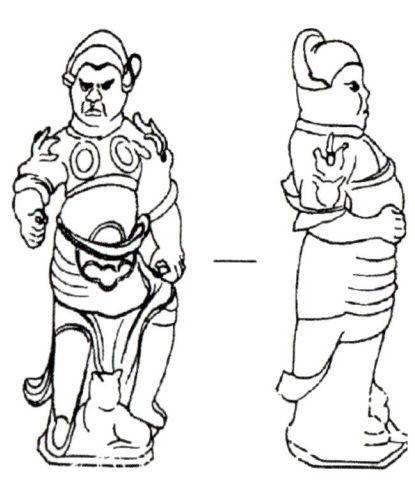

图10 西安郊区出土天王俑　　图11 西安硫酸厂出土天王俑线图

外，繁盛的唐王朝，佛教艺术发展达到高峰，作为佛教护法神的天王也被世俗化，这一特点也在天王俑的形象中体现出来。从整体上来看，镇墓俑的形象具有早期天神因素的"武士状"逐渐演变为具有明显北方天王特征的"天王状"，是一种文化的流行趋势，是社会形象和社会意识的再现，它的演变涉及人类思维及文化的发展。唐代天王俑融入了盛唐社会对佛教文化的理解，形成了自己独特的时代风尚。

1. 天王俑脚下所踩的夜叉，有什么含义呢？
2. 洛阳地区的墓葬中，为何不见胡人面相的天王俑？

天王俑的冠饰

一、宝髻与花冠

天王俑的造型来源于佛教中的天王图像，因此其发型与头饰多于菩萨造像相同，即束发于顶梳宝髻。这种宝髻又称"菩萨髻"，后又出现花冠式样，也多同于菩萨造像。

在中国古代发式中，束髻、着冠是华夏地区成年男子常见的样式。唐墓镇墓俑由于是明器，在发髻、冠上已进行了相应的简化，在造型中只是呈现一个笼统的概念，并不像佛教天王造像所描绘的细致复杂。

二、鸟型冠饰

从目前出土的天王俑来看，有不少塑有鸟形冠饰的形象。一种是俑头顶束发，上附有鸟形饰；一种是俑头戴兜鍪，兜鍪上附有鸟形饰。鸟形多呈高尾、展翅，类似孔雀状。这种冠饰也早见于佛教造像与图像中，云冈石窟9、10等窟的北魏力士造像、敦煌莫高窟257窟的壁画北魏天王图像都表现为头顶饰有鸟形冠；敦煌莫高窟380窟壁画天王图像表现为头戴兜鍪，兜鍪上有鸟翼。佛经中也有金翅鸟，象征弘法利生事业的胜利。

唐朝时期民族融合，多元文化共同发展，佛教被统治阶级大力推崇。佛教艺术与本土主流文化艺术在互相交融与碰撞后，内化成一种被当时社会共同认知并接受的形象，并进入社会生活的各个方面。天王俑的冠饰形象就是这一特征的有力显示。

参考文献

[1] 郑州市文物考古所.巩义常庄变电站大周时期墓葬发掘简报 [J].中原文物，2005（1）：4.

[2] （明）解缙等纂.《永乐大典》卷八一九九《大汉原陵秘葬经》[M].北京：北京中华书局，1986：3828-3829.

[3] 咸阳市文物考古研究所.咸阳师专唐墓清理简报 [J].文博，1998（5）：10.

[4] 王蔚波.唐三彩四神精品赏析 [J].收藏家，2005（8）：53.

[5] 李阿能.唐章怀太子墓镇墓四神俑浅说 [J].文博，2011（6）：38-43.

[6] 李峰.西安地区隋唐墓葬镇墓俑研究 [D].山东大学硕士生论文，2008：47.

[7] 杨洁.唐代镇墓天王俑的佛教世俗化因素考略——兼谈两京地区的差异 [J].四川文物，2009（5）：39.

"凤凰成韵"琴

作者：王文析　顾永杰

"凤凰成韵"琴，木漆器，明代，通长118.0厘米，现藏河南博物院。

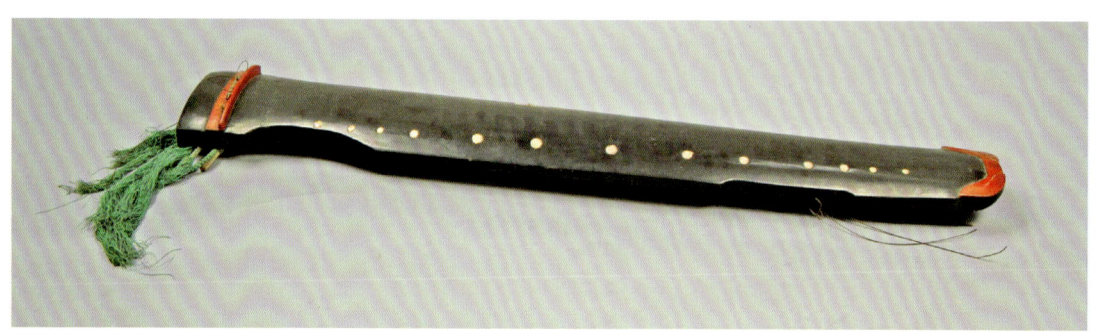

深度品鉴

"凤凰成韵"琴。桐木面板，色黄，极松软，纹理顺直；硬木岳尾，上涂朱漆；涂金饰螺钿琴徽，木足，六棱形青玉轸；琴体秀美，琴面弧度较平，具有薄而轻的特点，重量极轻，边棱明显；承露方角，与岳山共用一木，长度相同；冠角、焦尾明显，结处较尖，龙龈承弦不明显，龈托半圆形；一足缺失，另一足呈柱基形；长方形龙池、凤沼，均无贴格，纳音微隆；岳山长与边齐，肩在三徽，腰上至九徽偏上、下至十一徽偏上，足在十徽偏上，龙池长27.0厘米、宽2.2厘米，凤沼长11.2厘米、宽2.3厘米，瓦灰、极薄，没见葛布，似有朱漆底，黑色光漆、亮度较差。

图1 "凤凰成韵"琴琴底

底板在琴肩附近刻有铭文三行，中间刻"凤凰成韵"，右刻"万历乙未年中秋月"，左刻"太华山人梅溪氏造"（图2）。此琴应是明代万历二十三年（1595年）斫制。

古琴的仲尼式，又称孔子式或夫子式，相传由孔子创制，是采用最多的古琴样式。仲尼式的一般形制：琴首，方形，宽度小于琴肩、大于琴项，琴头一端稍宽于琴项一端；承露、岳山，两者同长，长度一般都与琴边平齐；琴颈，起自岳山后约五六厘米处、止于琴肩，内收大体呈弧状，项宽较窄，一般与琴腰和琴尾宽度接近；琴肩处最宽，从琴肩至琴尾，琴体两边成一直线；琴腰，内凹入琴体，两端斜入，腰内平直，深度较浅；琴体大多边棱清晰，琴面扁平（图3）。

最早的仲尼式古琴实物为唐代，但在唐代仲尼式古琴的数量相对较少，从宋代起仲尼式为广大琴人所接受，成为最流行的古琴样式，其数量远远超过其它琴式的总和；由中国艺术研究院音乐研究所等编《中国古琴珍萃》[2]一书，共介绍传世古琴109张，其中仲尼式就有62张；本文所整理的历代古琴实物中，宋代35张、其中仲尼式28张，元代11张、其中仲尼式10张，明代90张、其中仲尼式60张，清代41张、其中仲尼式29张。

河南博物院收藏的这张"凤凰成韵"琴，形制规整、保存完好，可以作为研究传统古琴，特别是明代仲尼式古琴的宝贵资料。

图2 "凤凰成韵"琴铭文

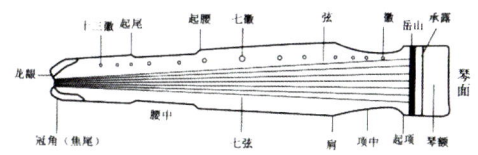

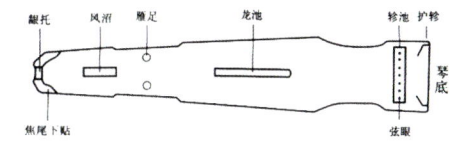

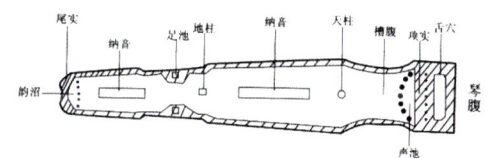

图3 仲尼式古琴各部位名称[1]

文化解读

关于古琴的形制，汉代桓谭的《琴道》[3]就指出："琴长三尺六寸有六分，象朞之数；厚寸有八，象三六数；广六寸，象六律；上圆而敛，法天；下方而平，法地；上广下狭，法尊卑之礼"。《琴道》的这一传统被后世所接受，但是古琴的形制不是一成不变，每个时代都有其特点，并且还有一定的继承、延续关系。

宋代的斫琴文献是现在已发现的最早的较完整、较系统的斫琴文献，后世的大多数斫琴文献都引用或转载宋代文献的内容，宋代斫琴文献中以《碧落子斫琴法》[4]《琴苑要录·琴书》[5]《太古遗音》[6]等文献对琴体形制的记述最为全面和详细，对后世影响也最大。综合宋代斫琴文献记载的古琴形制：通长，平均约三尺六寸六分（约113.5厘米），最长三尺八寸四分（约119.0厘米），最短三尺六寸（约111.6厘米）；隐间，平均约三尺四寸（约105.4厘米）；肩宽，平均约六寸（约18.6厘米），最宽七寸四分（约22.9厘米）；尾宽，多为四寸（约12.4厘米）；最厚，一寸八分（约5.6厘米）或一寸五分（约4.7厘米）；额宽，平均约五寸五分（约17.05厘米），最窄五寸二分（约16.12厘米）；头部厚，平均约一寸二分（约3.72厘米），最厚一寸四分（约4.34厘米）；项宽，四寸（约12.4厘米）；通长与肩宽比平均约为6.1，通长与尾宽比平均约为9.15；琴肩位置，多为三徽正，最下为三徽下三分之一处；琴腰位置，多为八徽至十二徽上；琴足位置，基本都在九徽与十徽中间。

比较研究

"来凰"琴。仲尼式，唐，浙江省博物馆藏。通长120.4、隐间110.7、额宽5.8、肩宽20.7、最厚5.6、尾宽13.5厘米。漫圆肥厚的琴面，项与腰两处边沿的特殊处理。肩在二三徽中间，腰上至八徽、下至十一徽下，足在九十徽中间。（图4）

"秋鸿"琴。仲尼式，唐，浙江省博物馆藏。通长109.3、隐间100.5、额宽15.1、肩宽17.0、尾宽11.8、最厚5.3厘米。形体扁平、偏小。肩在三四徽中间，腰上至八徽下、下至十一徽上，足在九十徽中间。（图5）

"玉润鸣泉"琴。仲尼式，宋，山东省博物馆藏。通长137.0、隐间122.5、肩宽24.0、尾宽16.5、厚4.5厘米。体宽而扁。肩在三徽下，腰上至八徽、下至十一徽上，足在九十徽中间。（图6）

"玉壶冰"琴。仲尼式，南宋，故宫博物院藏。通长119.1、隐间110.3、额宽17.8、肩宽19.3、尾宽13.3、厚4.8、底厚1.1厘米。琴体秀美，琴面弧度较平，具有薄而轻的特点，额下由轸池向外微坡。肩在三徽，腰上至八徽、

图4 浙江省博物馆藏"来凰"琴

图5 浙江省博物馆藏"秋鸿"琴

图6 山东省博物馆藏"玉润鸣泉"琴

下至十徽下，足在九十徽中间下。（图7）

"秋声"琴。仲尼式，元，中国艺术研究院音乐研究所藏。通长123.5、隐间114.0、肩宽21.5、尾宽14.8、厚5.3厘米。琴体浑厚，琴面弧度大，琴底平坦。肩在三徽，腰上至八徽、下至十一徽下，足在九十徽中间下。（图8）

崇昭王妃琴。仲尼式，明代，中国艺术研究院音乐研究所藏。通长129.4、隐间120.5、肩宽21.5、尾宽15.0、厚4.6厘米。琴面浑圆、弧度较大，琴底平坦。肩在三徽，腰上至八徽下、下至十一徽上，足在九十徽中间下。（图9）

"聚云"琴。仲尼

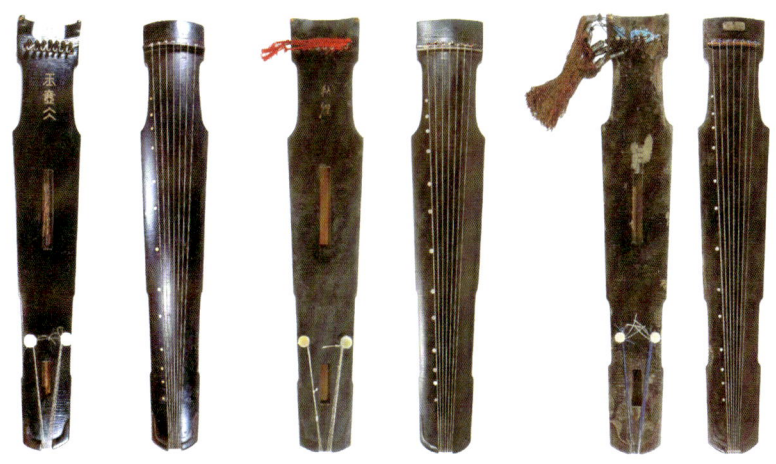

图7 故宫博物院藏"玉壶冰"琴　　图8 中国艺术研究院音乐研究所藏"秋声"琴　　图9 中国艺术研究院音乐研究所藏崇昭王妃琴

图10 故宫博物院藏"聚云"琴　　图11 中国三峡博物馆藏杨少五款琴　　图12 中国闽台缘博物馆藏泉州府学古琴

式，明，故宫博物院藏。通长116.2、隐间108.5、额宽17.1、肩宽17.9、尾宽13.0、厚4.9厘米。肩在三徽下，腰上至八徽下、下至十一徽下，足在九十徽中间下。（图10）

杨少五款琴。仲尼式，清，中国三峡博物馆藏。通长124.2、隐间112.3、肩宽18.6、肩厚5.3、尾宽14.4、尾厚5.0厘米。肩在三徽上，腰上至八徽、下至十一徽，足在九十徽中间上。（图11）

泉州府学古琴。仲尼式，清代，中国闽台缘博物馆藏。通长100.2、隐间91.0、肩宽17.9、尾宽13.5厘米。肩在三徽，腰上至八徽、下至十一徽上，足在九十徽中间。（图12）

通过对比可以发现，历代的仲尼式古琴在长度、宽度和厚度等方面差别都较大，即使是同一时期也有很大差异，长度最长可以达到137.0、最短只有100.2厘米，宽度最宽可以达到122.5、最窄只有91.0厘米，厚度最厚可以达到5.6、最薄只有4.5厘米。由于长度、宽度和厚度都是影响古琴声音品质的关键因素，由此可以看出，历代、以及同一时代的琴人对仲尼式古琴的声音、品质和诠释有着不同的理解和追求。

古琴也叫七弦琴,那么大家知道古琴是怎么利用这7根弦演奏出美妙的旋律的么?这七根弦又跟13个徽位有什么关系呢?

古琴流派

百家争鸣,对于学术的发展能够起到很强的推动作用。琴文化自然也是如此。不同地域、不同师承的琴家的风格彼此都不相同。同一地域、同一师承的琴家的风格也是各有特点而不尽相同。同一曲目,不同的琴家会有不同的理解,而形成不同的风格。

古琴家们各自遵循某些共同琴道观点,秉持彼此相近的艺术观点和演奏风格,从而形成一定的琴家群体,即所谓琴派。同一琴派的形成,还取决于地方色彩、师承渊源、本派所依据的传谱、琴学观点及基本演奏风格。

琴派是怎么形成的呢?琴乐是人心灵的外在体现。不同琴家,对于琴文化的理解,自然也受其天资、性格、个人修养、思想境界、心理状态的影响。随着理解的不同,流露于指下,则神韵各异,形成不同的艺术风格。风格相近者,最终形成琴派,就是很自然的事了。琴派的形成,主要因素约可总结为三个,即地域影响、师承影响、传谱不同。

所谓地域影响,是指同一地域的琴家,便于寻师访友,相互切磋琴艺,加之民风相近,性格往往相近。如此相互影响,较易产生默契,形成相同或相近的理解和风格,最终形成琴派。

所谓师承影响,是指卓越的琴学家,由于其深厚的造诣,独树一帜,得到大众的仰慕,以致琴人相继随之学习。如此就形成了不同的师承体系。同一师承的琴家,遵循恩师的教导,往往对琴道的理解和演奏的风格相同或相近,最终形成琴派。

所谓传谱不同,是指随着琴谱的普及,不同琴家,依照不同的琴谱钻研琴学。学习同一琴谱的琴家,则更易形成相同或相近的理解和风格,最终形成琴派。

自唐朝起,琴学流派就已见于著录。如隋唐赵耶利所述:"吴声清婉,若长江广流,绵延徐延,有国士之风。蜀声躁急,若激浪奔雷,亦一时之俊。" 北宋时,亦有京师、两浙、江西等流派,并有著录评价说:"京师过于刚劲,江南失于轻浮,惟两浙质而不野,文而不史。" 到了明朝,江、浙、闽派也有很大影响。如明朝刘珠所说："习闽操者百无一二，习江操者十或三四，习浙操者十或六七。"明末清初以后，至于现代，相继又出现了"虞山""广陵""浦城""泛川""九嶷""诸城""梅庵""岭南"等著名琴派。

参考文献

[1] （明）屠隆. 考槃馀事 中国古代物质文明史 彩色图文版. 北京：金城出版社，2012-02：187.

[2] 中国艺术研究院音乐研究所，北京古琴研究会. 中国古琴珍萃 [M]. 北京：紫禁城出版社，1998-10.

[3] （汉）桓谭. 新论 [M]. 上海：上海人民出版社，1977-06：63.

[4] 王耀华，方宝川. 中国古代音乐文献集成 第2集 第11册 [M]. 北京：国家图书馆出版社，2012-01：110-120.

[5] 王耀华，方宝川. 中国古代音乐文献集成 第2集 第11册 [M]. 北京：国家图书馆出版社，2012-01，64-76.

[6] 文化部文学艺术研究院音乐研究所，北京古琴研究会. 琴曲集成 第1册 [M]. 北京：中华书局，1981-12：35-94.

[7] 郑珉中. 故宫古琴图典 [M]. 北京：紫禁城出版社，2010-08.

[8] 《中国音乐文物大系》总编辑部. 中国音乐文物大系.

[9] 重庆中国三峡博物馆. 古琴 重庆中国三峡博物馆藏文物选粹 [M]. 北京：文物出版社，2011-09.

[10] 石超. 浙江省博物馆藏琴 [J]. 乐器. 2011（2，3，4）.

青釉伎乐俑

作者：贾雪飞

青釉伎乐俑，瓷器，隋代，共9件，高21-21.5厘米，底径7-7.5厘米，2008年河南省安阳市龙安区置度村隋墓出土，现藏安阳市文物考古研究所。

安阳置度村八号墓位于安阳市龙安区置度村南，规模较大，保存基本完整，是安阳地区继1959年张盛墓之后发掘的又一座保存完整的隋代墓葬。该墓虽未见墓志，但是从墓葬形制、出土器物组合、特征来看，时代为隋代无疑。该墓出土了大量的瓷器、瓷俑、陶俑等。其中出土俑19件，包括为侍女俑和伎乐俑两类。这组青瓷伎乐俑则是这一批瓷俑中独具特色的随葬器物[1]。

该伎乐俑共9件，瓷质，胎体为灰白，通体施豆青色釉，其中7件乐俑出土的位置在棺床前，横向排列为内弧状，保存大体完整。伎乐俑均为女子模样，其中1件俑的手持之物已遗失（有人认为是指挥俑），2件为舞者形象，其他的俑手持乐器分别是排箫、箜篌、箫、笙、笛、钹等。该组伎乐俑均为站立姿态，身穿对襟窄袖襦裙，下身着紧身及足长裙，裙腰高齐至胸口，胸前系扎的长带飘飘垂于身前，脚着高头鞋履。伎乐俑头发向上梳于头顶，发髻向左偏，高鼻小口，眼中含笑，嘴角微微上翘，神情柔和恬淡。姿容典雅、体态轻盈、身形纤秀，弹奏姿态惟妙惟肖。

吹排箫伎乐俑（图1），高21厘米、底径7厘米，两眼微微睁开，面部神情端庄，两只手臂弯屈向上，两手展开，左手在下，右手在上，捧排箫置于唇边作吹奏状。

弹筝篌伎乐俑（图2），高21.5厘米，底径7厘米，两眼微微睁开，面部神情凝重端庄，抱筝篌在右胸侧，右手手臂持着筝篌，右手低，左手高，手指作弹奏状弯曲，身姿优美动人。

吹箫伎乐俑（图3），高21厘米，底径7厘米，两眼微微睁开，面部表情凝重端庄，腹部微微向前，两手持箫作吹奏状。箫的音色轻柔圆润，典雅幽静，适用于独奏和重奏。

吹笙伎乐俑（图4），高21厘米，底径7厘米，两眼微微睁开，两只手臂向上，两手持一笙，脸颊微微鼓起作吹奏状。

吹笛伎乐俑（图5），高21.5厘米，底径7厘米，两眼微微睁开，两手持笛子作吹奏状于左侧，姿态生动优美。

持钹伎乐俑（图6），高21厘米、底径7厘米，两眼微微睁开，两只手臂弯曲在胸前，两手作敲击状持钹。

站立伎乐俑（图7），高21厘米，底径7.5厘米，两眼微微睁开，微微向左方侧目，两手臂弯曲在胸前，双手展开，但遗憾的是手持之物已丢失。

另外两件舞俑（图8、图9），高21厘米，底径7厘米，形制与大小基本相同。舞俑两眼微微睁开，发髻高盘上梳于头顶，面部丰润，嘴角微微上扬，神情自然安详。两个舞俑一个右手臂屈伸至腹部，

图1 吹排箫伎乐俑　　图2 弹筝篌伎乐俑　　图3 吹箫伎乐俑　　图4 吹笙伎乐俑

图5 吹笛伎乐俑　　图6 持钹的伎乐俑　　图7 伎乐俑　　图8 舞俑一

左臂垂下，另一个两手臂向后放于身体两侧。两个舞俑身着襦裙，袖口垂下遮住双手，胸前的飘带垂于身前，长裙及地，脚着方头鞋，似翩翩起舞。

隋代实现了南北统一后，国力日渐强盛、经济不断发展，南北间文化及各民族间的文化交流逐渐频繁，歌舞诗乐都得到了发展。这组伎乐俑表现出了隋代在音乐舞蹈方面的成就，不仅继承了魏晋南北朝以来的乐舞艺术传统，还融会贯通了外来的音乐元素，实现了文化的大融合，使乐舞文化得到了历史性的发展，为以后唐代的乐舞俑的制造提供了借鉴[2]。这组伎乐俑也为人们研究隋朝时期的文化历史及中国音乐提供了十分难得的资料。

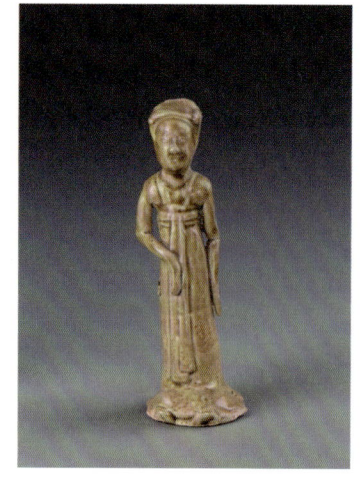

图 9 舞俑二

文化解读

俑，也称为偶人，后来其外延有所扩大，有生命的牲畜家禽以及想像中的神灵的摹拟品亦被纳入其中，是中国古代丧葬习俗中使用普遍的一种随葬明器[3]。俑最早来源于我国古代"事死如事生"的丧葬观念。由于人殉制度极其残忍，于是渐渐出现了代替真人殉葬的茅草扎束人形，称为"刍灵"，这可能是最早的俑的形态了。后来，用模拟人形物随葬的方法渐渐盛行，开始用陶、泥等来制作的模拟人形，这就是俑。最早的俑发现于安阳殷墟商朝王室墓中与人殉一同发现的双手绑缚的奴隶俑；至春秋战国时期，社会的进步导致了人殉时代的终结，代替人殉旧俗的随葬俑兴盛起来[4]。

图 10 殷墟出土灰陶人俑

俑的种类很多，按照制作材料可分为陶俑、木俑、石俑、铜俑、瓷俑等，其中以陶俑（图10）居多。按照用途可分为仪仗俑、兵马俑、镇墓俑、生肖俑、伎乐俑等。

隋朝的统一，使得南北的音乐文化得到了不断融合。隋文帝推崇汉化，保留和继承了魏晋南北朝以来的乐舞传统，建立了"七部乐""九部乐"的宫廷音乐体制，并将文化的发展建立在了多民族并存发展的基础之上，为后期唐、宋文化的繁荣和发展奠定了良好的基础[5]。成队的伎乐俑，在隋代就已经出现。如安阳张盛墓中就出有八件陶伎乐俑。唐王朝立国不久，便完善了隋代的乐舞制度，创立了"十部乐"和"坐、立部伎"。在维护封建礼乐等级制度的前提下，官僚士大夫阶层也纷纷自拥家乐，以礼待宾客和自娱自乐，形成了唐代社会崇乐尚舞之风，上至宫廷达官显贵、下到民间百姓文人，不论节庆嫁娶，大席宴会，都琴声相伴，歌舞相随，促进了音乐文化的繁荣。在南方地区，在唐代的墓葬中用伎乐俑随葬：如武昌何家垅唐墓中出土有五个陶伎乐俑；初唐时期的成对青瓷伎乐俑首次见于长沙咸家湖唐墓[6]。

隋唐音乐表演中分为坐部伎和立部伎。那么，何谓"坐部伎"和"立部伎"，《新唐书·礼乐志》云：玄宗时"分乐为二部：堂上立奏，谓之立部伎，堂上坐奏，谓之坐部伎。"《旧唐书·音乐志》亦云："安乐等八舞（立部伎的八部乐舞），声乐皆立奏之，乐府谓之立部伎，其余总谓之坐部伎"[7]。所谓的坐部伎和立部伎是根据演出时的需要和演奏者的业务水平来区分，坐部伎堂上坐奏，立部伎堂下立奏。坐部伎演出多在室内，规模较小，人员较少，演奏的技术精湛，多为宴享时的伴奏，独居浓郁的艺术气氛。而立部伎，一般在庭院广场表演，规模较大，人员众多，气势恢宏[8]。隋唐以来，各个民族间的文化、音乐经过不断的融合，唐朝的音乐家和各民族的音乐家共同协作，创作出了繁盛的音乐和舞蹈。而坐部伎和立部伎在各个民族间相互的融合环境下，吸收了一定的异域文化，并具有相当高的艺术水平。

比较研究

安阳置度村墓出土的伎乐俑，均成站立状态。在河南安阳地区的隋代张盛墓出土的绘彩陶女乐俑群（图11），与安阳置度村墓伎乐俑年代相近，手持的乐器相似，而与之不同的是张盛墓出土的伎乐俑皆跪坐演奏。这组伎乐俑共8件，高17.0-19.0厘米，为白陶胎，绘彩，模制。此组伎乐俑，其发饰和服饰大体相同，均头梳隋代流行的盘桓发髻，脑后插梳，黑发朱唇，窄袖短襦。外罩长衫，锦带并垂。铺地长裙为红彩条纹的"间色裙"。8个跪坐演奏的乐女除2人乐器已失外，其余6人手中分别持曲颈和直径琵琶、竖箜篌、横笛、钹、排箫、筚篥，姿态各异，形象地再现了隋代官府乐队的乐器组合配置，构成殿堂上的宴飨乐舞演出的场面。

由隋代至唐代，经过各民族间的融合，文化间的交流，音乐文化既继承舞乐艺术传统，又融合了外来的音乐因素，形成了中国古代乐舞的一个高峰。在河南巩义市北窑湾唐墓出土的绘彩乐舞女俑群（图12），有乐俑6个，舞俑1个，其中6个乐俑也都是均跪坐在底板上。左右底板长36.1厘米、宽11.8厘米、俑高13.0—17.0厘米。乐俑或梳椎髻、丫髻及单刀髻，身穿圆领低胸窄袖衣，高系裙腰，束带垂下，下半身

图11 张盛墓伎乐俑（8件）

图12 河南巩义市北窑湾唐墓绘彩乐舞女俑群（7件）

图 13 洛阳孟津岑氏夫人墓彩绘乐舞俑（10 件）

着红色的长裙，衣饰与托板皆施有相同的红、绿彩绘。6 人两组分别跽坐在两块长方形托板上。左边一组 3 个伎乐俑分别手持琵琶、箜篌、箫等乐器，右边一组 3 个则分别持琵琶、讴歌俑、笙等。中间是女舞俑，高 16.8 厘米，发梳双髻、身穿长裙，虽然双臂已残缺，但仍身姿婀娜，体态柔美，翩翩起舞，生动地再现了唐代乐舞表演的场面。

与河南巩义北窑湾墓同属唐代出土于洛阳孟津岑氏夫人墓的彩绘乐舞俑（图 13），也为跽坐俑，一组 10 件，其中乐俑 6 件，俑高 19.5 厘米；舞俑 4 件，俑高 28.7 厘米。6 件女乐俑，都呈现跽坐状态。乐俑头梳双髻，面部圆润，朱唇粉面，眉心间饰紫色花钿，身着半臂窄镙衫，长裙曳地，神情专注，作吹奏或弹奏乐器状。在乐俑的伴奏下，4 件女舞俑翩翩起舞，身姿优美动人。

隋唐时期，中国的雕塑艺术延续了北朝雕塑艺术成就，雕塑艺术大放异彩。石窟造像、俑像、陵墓雕刻等都显示出雄健奔放、饱满瑰丽、意气风发的时代风格，这在陶俑中表现尤为明显。尤其是隋代，前承北朝，后启唐风，展现出了独特的时代风貌。

安阳置度村墓出土的伎乐俑，在人物造型上，姿容典雅，身材纤秀，体态轻盈优雅，发髻高高挽起，长裙飘飘欲动，弹奏姿态惟妙惟肖，摆脱以前呆板的姿势，全身线条的刻画随着人物的动态而有所变化，使整个瓷俑显得优雅而娴静，比之北朝的俑像，人物的肢体比例也更加匀称，在人物的写实和姿态表情上，显然更进了一步。在雕塑手法上，以现实为依据，配以丰富的生活经验、敏锐的观察能力和精湛的表现技巧，置度村墓的伎乐俑在刻画上沿用了传统的简朴、写实、规整的雕塑艺术风格，在人物的刻画上特别注重人物的面部表情及服饰衣纹，使每个乐俑的面部都较前代更为饱满，人物神情也形象生动，造型姿态优美极为传神，动中有静，静中有动，极富变化。这组伎乐俑的发现为人们研究隋唐历史文化和中国民族音乐提供了非常珍贵、直观的资料。

 趣味猜想

河南省安阳市置度村 M8 出土的这组伎乐俑手中所拿的乐器组合起来，能演奏出什么样的曲子呢？

相关链接

相州窑的窑址位于今安阳市洹河南岸，原安阳市电池厂及其它周围地区。据调查这一区域建厂前原是一块高地，建厂时进行了平整。从 1974 年 2 月发现相州窑后，前后共发掘过 4 次，是南北朝至隋唐时期中国北方最大的青瓷窑址，也是中国白瓷烧制的创始，在中国陶瓷史上占有非常重要的地位[9]。

从安阳地区的考古发掘来看，安阳一带北朝、隋墓中出土有大量瓷器，一些墓葬还有确切的纪年，这批墓葬的发现为我们研究北朝至隋唐时期的瓷窑分布、瓷器种类、瓷器组合以及中国白瓷的起源等提供了丰富的资料。

参考文献

[1] 孔德铭，焦鹏，申明清. 河南安阳市置度村八号隋墓发掘简报 [J]. 考古，2010（4）：50.

[2] 彭晓丹，周伟. 试谈河南安阳置度村 M8 的时代、性质与青瓷伎乐俑的价值 [J]. 文博，2013（6）：47.

[3][4] 陈根远. 古俑春秋 [N]. 中国艺术报，2001-05-04（007）

[5][8] 王敏英，华夏遗韵：中原古代音乐文物 [M]. 郑州：中州古籍出版社，2010：133.

[6] 高至喜. 唐代青瓷伎乐俑 [J]. 乐器，1986（5）：24.

[7] 王学敏. 唐"坐部伎"和"立部伎"考略 [J]. 中原文物，1983（4）：82.

[9] 孔德铭. 安阳相州窑及相关问题研究 [J]. 殷都学刊，2014（1）：35.

黑陶圈足尊

作者：周伟

　　黑陶圈足尊，陶器，商代，口径17.5厘米，底径14.6厘米，腹围49.9厘米，高23厘米，深19厘米，安阳殷墟遗址出土，现藏安阳博物馆。

深度品鉴

　　此陶尊为泥制，表里黑灰色，器表通体磨光。胎质细腻致密，灰黑色，烧造火候较高。胎体较薄，器形规整，制作精美。该器基本完整，口沿、圈足处各有1处小磕伤，另圈足底有1处接近五分之一的残缺。以上均可复原。

　　该器敞口，口沿外卷，筒形直腹，腹下部外鼓，圜底，高圈足外侈。口沿下至腹部装饰3组纹饰。第1组位于口沿下，上部为2条旋切减地弦纹，下部为1条旋切减地弦纹，中间夹1周竖划纹，划纹由2条斜向竖线组成1组，部分斜向竖线未交叉，部分接近平行。在竖划纹中基本等距分布附加圆泥饼和扉棱。第2组位于腰部，装饰图案与第1组相同，附加圆泥饼和扉棱上下位置一一对应，但是图案相反，即第2组附加圆泥饼对应第1组的附加扉棱，附加扉棱对应第1组的附加圆泥饼。第3组图案位于外鼓的腹下部，装饰图案与前2组同，附加圆泥饼与扉棱位置与第1组同而与第2组相反。高圈足上装饰3条旋切减地弦纹，第3条旋切减地弦纹靠近圈足底外侈部。圈足底的内侧有 1 条凸起弦纹。

圈足尊虽然在殷墟遗址较为常见，但多为残破器物，完整器较少，灰陶多，磨光黑陶少。在对殷墟历年来发掘资料统计后，郑振香先生认为，圈足尊最早在殷墟文化第一期的晚段出现，到殷墟文化第四期早段尊的腹部发展为筒形[1]。从形态特征看，此件圈足尊虽与第四期早段的形态特征相近，但是未出现连珠纹，而更接近殷墟文化第四期晚段的殷墟花园庄东地 M48、M51 出土陶圈足尊[2]。因此，综上意见，从考古类型学的角度看，安阳博物馆馆藏黑陶圈足尊的时代当在殷墟文化第四期晚段，大约相当于帝乙、帝辛时期，也可能进入了西周初期[3]。

在上世纪 30 年代的殷墟发掘中也曾发现过类似的器形，但也未见完整器。李济先生把该类型陶器划分为圈足器的第十二组，命名为 244M。关于该类型器物纹饰排列及装置的意义，他认为与山东龙山文化城子崖遗址的黑陶竹节纹最为近似。从制作工艺上来看，李济先生认为是轮制品，保有黑陶法式，打磨极光润[4]。郑振香等先生在李济研究的基础上，提出了簋、尊、盂等陶容器的制作方法属于同类。即口部轮制，底腹模制，圈足轮制后接到底腹上[5]。从安阳博物馆馆藏的这件黑陶圈足尊保存的工艺特征来看，仍然遵循了这个方法。

关于陶土的来源。周仁等就我国黄河流域新石器时代和殷周时代陶器原料问题进行了化验，认为泥制灰陶、红陶所用的陶土并不是普通的黄土，而是通过选择的可塑性更好、烧成温度更高的红土和沉积土[6]。山东龙山文化的黑陶原料就采用了黄河冲击下的纯净而细腻的红胶土。郑振香等先生沿用了上述意见[7]。殷墟地处安阳盆地，发源于太行山的洹河从殷墟西南流入，穿行后流入卫河、海河，最终汇入渤海。盆地中堆积了冲洪积物和晚更新世马兰黄土、全新世黄土。1997 年—1998 年，中国社会科学院考古研究所、美国明尼苏达大学科技实验室联合组成的中美洹河流域考古队在洹河流域进行的区域考古调查中发现，在殷墟附近的商代遗址所依附的古地面属于中全新世的红褐色古土壤，并被晚全新世的黄土状沉积物覆盖[8]。唐际根、周昆叔先生在对姬家屯遗址西周文化层下自然堆积红褐色"生土"的分析和研究证实，该生土是西周文化层形成之前的古地面，包含了殷商时期及殷商以前的丰富信息[9]。中国社会科学院考古研究所、加拿大英属哥伦比亚大学、美国威斯康辛大学等在殷墟刘家庄北地陶窑发掘和研究的基础上，进行实验考古，证实泥质灰陶使用的是深褐色古土壤，夹砂灰陶使用的是深灰色古土壤[10]。笔者长期生活在殷墟遗址一带，小时候在住家附近仍然能找到大量的红胶土，当地称为红胶泥，可以制作各类的泥质玩具。因此，殷商时期制作陶器的陶土应该是取材于当地的中全新世的褐色古土壤。

一般认为，陶尊作为日用陶容器，用途是盛贮器。也有量器、祭器、酿酒或盛储酒的酒器的看法。

1992 年 10 月 12 日，国家文物鉴定委员会委员、一级品文物专家鉴定组的耿宝昌、张浦生等先生在安阳博物馆（时称安阳市博物馆）的实地鉴定中认为，其造型端庄秀美，是殷商时期制陶工艺的杰作。该陶尊形体大方，制作精细，且较为罕见，为研究商代陶业的发展提供了很好的实物资料。因此被定为一级文物[11]。

此器曾著录于《河南省文物志选稿》第二辑[12]、《中国文物精华大辞典（陶瓷卷）》[13]。

文化解读

陶器的发明与使用是人类继发明使用火的方法以后最为重要的划时代事件，是人类最早通过化学手段使一种物质转变为另一种物质的创造性活动成果。一些学者还把陶器作为划分旧石器时代与新石器时代的重要标志[14]。陶器产生后，在人类的生产、生活中应用广泛，数量最多，也是人类遗址和墓葬中最常见的文化遗物。与铜器等相比，陶器的使用更加普遍，其数量和种类更多，而且富于变化，成为考古学在新石器时代、青铜时代进行分期断代的重要标准[15]。需要强调的是，这里所说的陶器主要是指人类日常生活的陶容器。

尊，东汉许慎《说文解字》解释为酒器，并引述《周礼》中记述的六尊阐述为祭祀礼仪与宴飨宾客用器[16]。陶尊上未见自命名的。张小丽认为，商周青铜器铭文中，尊常与彝连用，如"作宝尊彝"，此处"尊"是作为器物的共名来使用，是对礼器的统称，而非某种器物的专名。她提出，北宋吕大临《考古图》首次以尊为器物专名，但所收的尊形器并非现在我们习惯所称的尊。直到北宋宣和年间成书的《博古图录》才较好的把尊与其他器物区别开来[17]。虽然直到目前，学术界尚未有关于尊的确切定义，但是，大口是所有尊都具备的主要特征。即口径是整个器物的最大径。容庚、马承源也对尊的定名进行研究，共同指出大口、盛酒的特征[18]。郑振香先生还把一种折肩无耳罍定为尊[19]。

商周时期，尊字有两种写法：一种是本字，作 尊尊（甲骨文写法）、尊（金文写法）；一种是加阜字旁，作尊或尊（甲骨文写法）、尊（金文写法）[20]。从字形上来看，甲骨文尊字中的"酉"的形态特征接近二里头文化至殷墟时期陶质大口尊的形象，而与同时期青铜尊有明显差异（图1、图2）。

二里头文化灰陶大口尊，出土于偃师市二里头遗址。器型特点是泥质深灰陶，大口，长颈，广肩，深腹，底内凹，颈、肩及上腹装饰多周凹凸弦纹和压印纹，下腹部装饰绳纹。此类大口尊最早出现于二里头文化，流行时间较长，至商代早期仍然广泛使用[21]。

殷墟时期大口尊，出土于殷墟遗址YH027。器型特点是：口呈喇叭形，窄肩，深腹，圜底，表面装饰弦纹与绳纹，肩部装饰附加堆纹两周。内外打磨光滑。该形制的陶大口尊在殷墟出土数量较多。因为形制奇特，给发掘者留下了深刻印象。李济先生把该类器物作为圜底器的23式，并又细化为23G、23J两个亚型[22]。

金文的"酉"字则更接近二里头到二里岗文化的陶大口尊形象。高明先生指出，金文中尊字多从阜符作尊[23]。在山东菏泽市博物馆收藏的《宰甫卣》铭文中，出现了独立的酉（即酒）

图1 二里头文化灰陶大口尊

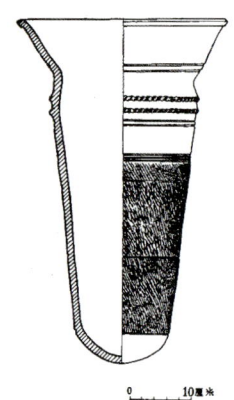

图2 殷墟时期YH027陶大口尊

字 ⊕，形态特征则与二里头文化大口尊极为相近。从铭文内容看，记录了商王狩猎后，赏赐宰甫喝酒的事情（见下图）[24]。（图3、图4）

一般认为，圈足尊是由大口尊发展而来的。李济先生认为，尊形器是由圜底的陶罐发展而来[25]。因此，邹衡先生提出，讨论圈足尊的用途必须考察大口尊的使用功能[26]。李济先生根据 YH027 器物埋藏特点认为，陶圜底大口尊应是殷墟鼎盛时与祭祀有关一种用具[27]。安金槐先生认为，鉴于大口尊的特殊器型，既不能作炊器，又不能作饮食器，作为盛储器也不大方便，应该是作为粮食交易中的量器来使用[28]。邹衡先生认为，小屯的大口尊虽也不少，但大都属于早期的，持续时间并不长，后来即加

图 3　菏泽市博物馆藏商代宰甫卣

图 4　商代宰甫卣铭文

图 5　大汶口文化晚期灰陶大酒尊

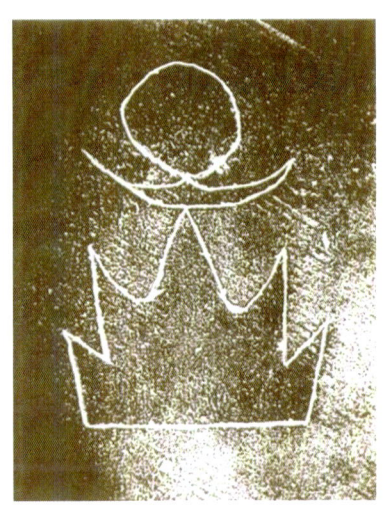

图 6　大汶口文化晚期灰陶大酒尊上的刻画符号

上了圈足，更由圈足尊演变成了定型的尊型器，提出了从大口尊到圈足尊演变的轨迹[29]。方酉生、杜金鹏、岳洪彬、许宏、孙战伟等认为，大口尊是用于酿酒和盛储酒的器具[30]。

大汶口文化晚期发现过一种灰陶大口尊（图5、图6）。杜金鹏、岳洪彬认为，这种大口尊是新石器时代晚期大汶口文化的重器之一，并有刻画图案，有人认为是古代的图腾，多数人认为是酒神的形象。与之同时出土的器物中，往往随葬丰富的温酒、斟酒和饮酒的酒具。称之为有酒神庇护的酒具[31]。

综上所述，殷墟时期的青铜尊，从出土情况和器物组合特征等分析，当是酒具无疑。而陶圈足尊由圜底罐、大口尊发展而来，又因其材料的易得、制作的相对简易、使用的便捷，量器、祭器和酒具的功能或许兼而有之，而酒具的功能可能是其主要用途。当然，作为陶容器或盛器，陶圈足尊更为精准的用途，应当结合出土器物的环境来做深入的判断。值得注意的是，陶圈足尊中的部分磨光黑陶制品，因其制作工艺的相对复杂，或许是地位较高的阶层用品。

比较研究

陶器是殷墟遗址出土最多的文化遗物，但是却极少发现陶窑[32]。同时，也未发现陶圈足尊制作的遗迹现象。对其制作工艺的研究，更多是从器物上遗留的制作痕迹分析而来的。圈足尊的出现和在殷墟时期的大量使用不是孤立的现象，而是与当时社会生产力发展水平、生活习俗、物产环境等长期综合发展的结果。通过近90年来的考古发掘与研究，殷墟文化的总体面貌和年代分期框架已经基本完善。下面结合殷墟文化各期的演变规律，讨论一下圈足尊在殷墟各时期发展变化的面貌，以及同时期青铜圈足尊的对应关系，主要对圆形圈足尊进行比较研究。（图7）

（一）殷墟各时期陶圈足尊形态演变

圈足尊，是殷墟遗址常见的器物类型，但是多为残破器。见有泥质灰陶、泥质黑陶，泥质黑陶表里常见磨光。纹饰见有弦纹、方格纹、绳纹、划纹和泥饼装饰、附加堆纹等。纹饰的变化随时期而有不同。

殷墟文化第一期　数量较少，多见于第一期的晚段。有泥质灰陶和磨光黑陶。磨光黑陶表里均打磨光滑。总体特征是敞口外卷、颈部和肩部不明显，收腹、圜底、矮圈足，腹部较深。颈下多装饰弦纹，下腹部多装饰绳纹。杨宝成、郑振香先生把一种小口折肩罍也划为圈足尊，该器物与M331白陶尊近似，将另文讨论。

殷墟文化第二期　晚段数量较多，多平沿，圆腹，腹部较浅，圜底，矮圈足多外侈，多为盆型。可分为3式。颈下多装饰弦纹，下腹部多装饰绳纹。见有磨光陶。

殷墟文化第三期　器型发生明显变化，与殷墟文化第一期、第二期区别明显，成为常见器型。总体上以筒形为主要特征。筒形直腹，下腹部多外鼓，高圈足有外折，弦纹、划纹为主，出现三角划纹、三角绳纹。个别器物腹内留有泥条盘筑痕迹。磨光陶表里磨光。与同期的青铜尊出现相同器型。

殷墟文化第四期　成为殷墟遗址常见器型，多残破。口沿多外卷，口沿下呈筒形直腹，下腹部均外鼓，高圈足外侈。装饰图案包括弦纹、竖向划纹、三角划纹、连珠纹，以及圆形泥饼、扉棱等装饰，图案的装饰、设计感增强。出现仿铜陶圈足尊。

（二）殷墟青铜圈足尊形态演变

青铜圈足尊在殷墟文化第一期、第二期与同期的陶质圈足尊形制差异较大，进入殷墟文化第三期、第四期以后，与同期陶质圈足尊出现形制接近甚至相同的现象，乃至出现了仿铜陶器。陶圈足尊与青铜圈足尊的发展演变呈现出了相互影响的趋势。当然，仿铜陶器的出现似乎表明陶器仿铜器的因素更多些。

殷墟文化第一期　早段：口略外侈，颈部明显，束颈宽肩，矮圈足，形态特征更接近杨宝成、郑振香先生所认为的陶质小口折肩罍，而与其它2型差异较大。晚段：喇叭状口，高颈，束颈窄肩，腹较早段浅，出现扉棱装饰。与早段铜圈足尊形制区别较大。

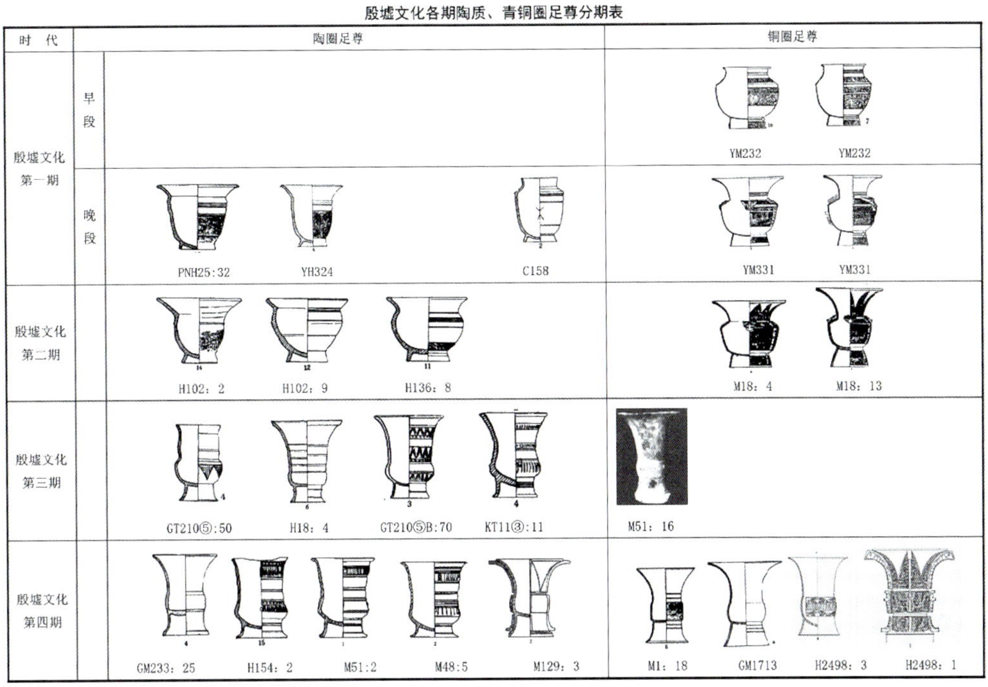

图 7 殷墟文化各期圈足尊分期表

殷墟文化第二期　与第一期晚段青铜尊有明显传承关系。喇叭状口，侈口，高颈，束颈窄肩，腹部变浅。

殷墟文化第三期　出现了与前2期完全不同形制的器型，也是第三期器型变化最大的器类之一。侈口，径较直，腹部略鼓，圈足较高，形制特征更接近殷墟文化第一期的粗体青铜觚。张长寿先生认为，两者之间可能存在承袭、演变的关系[33]。这一新出现的器型，与同期的陶圈足尊出现了相同的特征。如筒形直腹、下腹部外鼓、高圈足等。

殷墟文化第四期　敞口，筒形直腹，下腹部略外鼓，高圈足。圈足明显高于第三期。出现有2件成对出土的现象，而且2件形制相同。圈足内壁出现铭文。

综上所述，圆形圈足尊作为殷墟时期常见器型，材质包括陶质和青铜质（原始青瓷暂不在本文讨论范围）。在殷墟文化各期，圆形圈足尊经历了一个发展、演变的历程。诚如邹衡先生所言，历经圜底罐、大口尊而定型为尊形器。尊型器又经过殷墟不同文化时期的发展，从早期的类束颈窄肩、矮圈足的类盆形、类壶形器发展为筒形直腹、高圈足的类觚形器，并衍生出仿铜陶器，成为殷墟文化中一个别具特色的类别。

趣味猜想

你认为这件陶圈足尊是酒具吗？筒形圈足尊是殷墟时期的代表器物吗？殷墟时期的陶圈足尊与青铜圈足尊之间有着怎样的联系呢？

龙山文化磨光黑陶

龙山文化是指中国黄河中、下游地区新石器时代晚期晚于仰韶文化的一类文化遗存。1928年因首次发现于山东历城县龙山镇（今属章丘）而得名，距今约4000-4500年。主要分布于黄河中下游的河南、山东、山西、陕西等省。

1928年春，考古学家吴金鼎在山东省历城县龙山镇发现了举世闻名的城子崖遗址。此后，考古学家们先后对城子崖遗址进行多次发掘，取得了一批以精美的磨光黑陶为显著特征的文化遗存。根据这些发现，考古学家把这些以黑陶为主要特征的文化遗存命名为"龙山文化"。因在其文化遗存中发现了大量轮制漆黑光亮的黑陶和蛋壳黑陶，所以最初称为"黑陶文化"，被认为是起源于东方而与仰韶文化不同系统的文化遗存。

1931年，考古学家梁思永在河南安阳后冈遗址，第一次发现了小屯（商代）、龙山、仰韶3种文化遗存上下依次堆积的"三叠层"，明确了三者的相对年代关系。

黑陶的烧成温度达1000度左右，按质地可分为三种：泥质黑陶、夹砂黑陶、细泥黑陶。其中以细泥薄壁黑陶制作水平最高，有"黑如漆、声如磬、薄如纸、亮如镜、硬如瓷"的美誉。这种黑陶的陶土经过淘洗、轮制，胎壁厚仅0.5-1毫米，再经打磨，烧成漆黑光亮，有"蛋壳陶"的美誉。这一时期的黑陶以素面磨光的最多，带纹饰的较少，有弦纹、划纹、镂孔等几种。

黑陶选用的泥土来自于黄河下游冲积平原，是黄河所携带的大颗粒泥沙沉入河底，经过不断冲刷，流至其下游，因此它的深层泥土土质特别细腻、无沙、且粘性大，而且富含多种矿物元素，在烧制中能产生纯黑均匀质感。

黑陶在制作过程中，先把淘洗沉淀后的陶泥取出晾干，后过滤制成泥坯，应用快轮制陶技术并经手工拉坯造型后，用贝壳反复压光，直到陶坯表面密度增加，光滑如镜。再以特制的雕刻工具运用线雕、浅雕、深雕、镂空等技法，手工雕刻出绚丽的图案。然后给黑陶作品安装耳、环、鼻、腿等配件。

黑陶表面所呈现纯净的黑色，是以独特的无釉无彩碳化窑变的古老工艺烧制而成的。在器物烧成的最后一个阶段，从窑顶徐徐加水，使木炭熄灭，产生浓烟，有意让烟熏黑，而形成的黑色陶器。出窑后就是浑然天成，不再做任何处理，其外观效果黑如漆、亮如镜。它是继仰韶文化彩陶之后，中国新石器时代制陶业出现的又一个高峰，被赞誉为"土与火的艺术，力与美的结晶"。

参考文献

[1] 中国社会科学院考古研究所. 殷墟的考古发现与研究 [M]. 北京：科学出版社，1994：224.
[2] 中国社会科学院考古研究所.. 安阳殷墟花园庄东地商代墓葬 [M]. 北京：科学出版社，2007：44.
[3] 唐际根、汪涛. 殷墟第四期文化年代辨微 [A]. 见：中国社会科学院考古研究所夏商周考古研究室. 三代考古（一）[C]. 北京：科学出版社，2004：178-193.
[4] 李济. 殷墟陶器研究 [M]. 上海：上海人民出版社，2007：87.
[5] 中国社会科学院考古研究所. 殷墟的考古发现与研究 [M]. 北京：科学出版社，1994：193
[6] 周仁、张福康、郑永圃. 我国黄河流域新石器时代和殷周时代制陶工艺的科学总结 [J]. 考古学报，1964（1）：6-7.
[7] 中国社会科学院考古研究所. 殷墟的考古发现与研究 [M]. 北京：科学出版社，1994：224.
[8] 中国社会科学院考古研究所、美国明尼苏达大学科技实验室中美洹河流域考古队. 洹河流域区域研究初步报告 [J]. 考古，1998（10）：19.
[9] 唐际根、周昆叔. 姬家屯遗址西周文化层下伏生土和商代安阳地区的气候变化 [J]. 殷都学刊，2005（3）：18.
[10] 岳占伟、荆志淳、岳洪彬等. 殷墟出土陶器的制作与烧制的实验研究 [J]. 南方文物，2014（3）：101.
[11] 安阳博物馆馆藏藏品档案资料.
[12] 河南省文化厅文物志编辑室编辑，1983 年内部资料.
[13] 国家文物局. 中国文物精华大辞典（陶瓷卷）[M]. 上海：上海辞书出版社，香港：商务印书馆，1995：59.
[14] 赵朝洪、吴小红. 中国早期陶器的发现、年代测定和早期制陶工艺的初步探讨 [J]. 陶瓷学报，2000（4）：228-229.
[15] 邹衡. 夏商周考古学论文集 [C]. 北京：文物出版社，1980：4.
[16] 许慎. 说文解字 [M]. 北京：中华书局，1985：497.
[17] 张小丽. 出土商代青铜尊研究 [D]. 西安：西北大学，2004（5）：2.
[18] 容庚、张维持. 商周青铜器通论 [M]. 北京：文物出版社，1984：23.
马承源. 中国青铜器（修订本）[M]. 上海：上海古籍出版社，2003：185.
[19] 中国社会科学院考古研究所. 殷墟的考古发现与研究 [M]. 北京：科学出版社，1994：207.
[20] 高明. 古文字类编 [M]. 台北：大通书局，1986：457.
[21] 杜金鹏、岳洪彬. 唇边的微笑：酒具 [M]. 上海：上海文艺出版社，2002：72.
[22] 李济. 殷墟陶器研究 [M]. 上海：上海人民出版社，2007：58-60.
[23] 同 [20]：457.
[24] 同 [21]：73.
[25] 李济. 殷墟青铜器研究 [M]. 上海：上海人民出版社，2008：393.
[26] 邹衡. 试论郑州新发现的殷商文化遗址 [A]. 见：邹衡. 夏商周考古学论文集 [C]. 北京：文物出版社，1980（10）：21.
[27] 李济. 殷墟陶器研究 [M]. 上海：上海人民出版社，2007：60.
[28] 安金槐. 商代的粮食量器——对商代大口尊用途的探讨 [J]. 农业考古，1984（2）：314.
[29] 邹衡. 试论郑州新发现的殷商文化遗址 [A]. 见：邹衡. 夏商周考古学论文集 [C]. 北京：文物出版社，1980（10）：12，27.
[30] 方西生. 偃师二里头遗址第三期遗存和桀都斟鄩 [J]. 考古，1995（2）：165. 杜金鹏、岳洪彬. 唇边的微笑：酒具 [M]. 上海：上海文艺出版社，2002：60. 许宏. 最早的中国 [M]. 北京：科学出版社，2009：110. 孙战伟. 夏商时期大口尊研究 [D]. 西安：陕西师范大学，2011（5）：60.
[31] 杜金鹏、岳洪彬. 唇边的微笑：酒具 [M]. 上海：上海文艺出版社，2002：60.
[32] 中国社会科学院考古研究所安阳工作队. 河南省安阳市殷墟刘家庄北地制陶作坊遗址的发掘 [J]. 考古，2012（12）：58.
[33] 张长寿. 殷商时代的青铜容器 [J]. 考古学报，1973（3）：285.

林则徐行书轴

作者：许小丽

林则徐行书轴，纸质，清代，纵113厘米；横30厘米，现藏河南博物院。

深度品鉴

林则徐行书轴，书"纵横诗笔见高情，何物能浇块垒平。老阮不狂谁会得，出门一笑大江横。遗山论诗林则徐书"。左下角作者自题款下有"臣林则徐字少穆印""身行万里半天下"阴阳文印记两方。

诗句出自元好问《论诗三十首》，内容评论了西晋诗人阮籍不满司马氏的统治，故以酗饮和故作旷达来逃避迫害，做出了不少惊世骇俗的事情。世人以为阮籍狂、痴，元好问认为阮籍的诗笔纵横，如长江奔流，神与俱远，表现了作者内心的失落、忘却人生抱负之后，转而采取的一种人生态度，有点我行我素、独自风流的放荡和无奈。作者引用此诗，表达了作者胸中不平之气，凛然不惧的豪放情怀。

作者的笔势刚强豪迈，精神饱满，字体遒劲有力，生气蓬勃。林则徐的书法以欧阳询书体为根本，不过其动笔、间架结构等均有一股清新劲秀之处，其笔画不以欹侧取媚，而是"端正安详，伟岸宽博，似拙反巧，整齐中寓参差，着意处见自然，有安排而安排无迹，守法度而不拘泥，既清劲遒健，又浑重庄重，既含蓄又挺拔，似不经意，在法度中显出自然古朴的气韵。笔墨流畅，一气呵成，自然得体，毫无造作的痕迹，用笔含而不露，内藏筋骨，寓刚于肉。"[1] 他的这件作品结体平正安祥，章法疏朗整齐，处处给人以清秀妩媚的感觉，为研究林则徐的书法艺术提供了很好的实物资料。

文化解读

　　清代书法在近300年的发展历程中，打破了宋明时期盛行的帖学盛行的局面，大批金石碑版文字进入书法取法的范围，开创了碑学新风，书法风格也发生了极大的变化，书坛因此显得流派纷呈。

　　清初书坛名家都是明代遗民，他们在书法上的造诣很深。其中有王铎、傅山、朱耷等（图1）。乾隆时期，由于皇帝推崇董其昌、赵孟頫的书法（图2），上行下效的结果造成书法界惟奉董、赵为圭臬，因而缺少多元化的风格。

　　由于清廷大兴文字狱，文人学者多专志于金石考据，所以这一时期帖学衰微。嘉庆后，大量的秦汉魏晋南北朝碑版出土，金石考据之学逐渐兴盛，并涌现了众多的篆隶名家，代表有邓石如、伊秉绶等。书坛上出现了以宋、明盛行的帖学和清代开始倡导的碑学分流的局面，导致了文人书法流派前所未有的大分化。碑学是研究考订碑刻源流、时代、体制、拓本真伪和文字内容等的学问，审美风格上崇尚朴拙雄

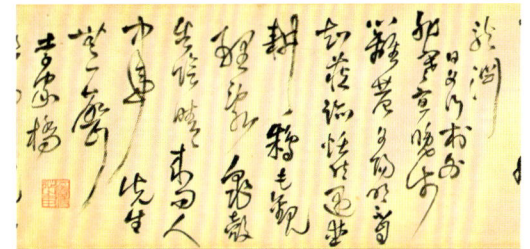

图1 王铎草书卷（局部）纵27厘米，横470厘米

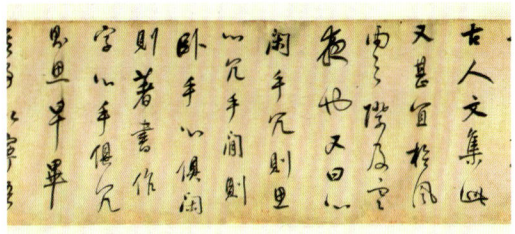

图2 董其昌行书卷（局部）纵24厘米，横460厘米

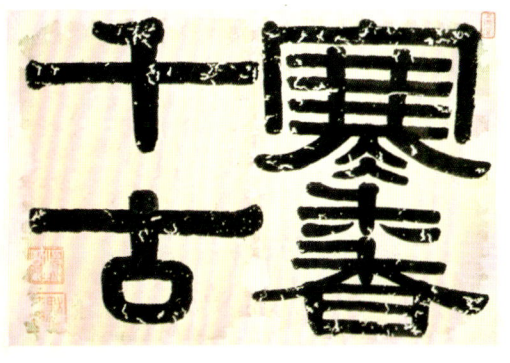

图3 伊秉绶隶书"寒香千古" 纵29厘米、横44厘米　　图4 邓石如《篆书唐诗联句》纵116.5厘米、横34.5厘米

浑，书风追求的是一种质朴之美、刚健之美、雄强豪放之美，书法的特点是简约、厚重、大气、生拙。碑派书法的形成，是书法向隶书和篆书的笔法回归。

台北故宫博物院藏伊秉绶隶书"寒香千古"（图3），笔划平直，墨色浓厚，结字方正，用笔粗细变化不大，伊秉绶擅长大字隶书，且愈大愈壮，具雄杰之势；北京故宫博物院藏邓石如《篆书唐诗联句》（图4），结体疏朗，刚而不火，静而不板，笔力千钧，具有阳刚之美。邓石如书法以篆隶为最高，他的小篆以李斯、李阳冰为师，结构略长，大胆的用长锋软毫，提按起伏，特别是晚年的篆书，线条圆涩厚重，雄浑苍茫，富有创造性地将隶书笔法糅合其中。邓石如、伊秉绶为碑学的代表。

同时，与晚明入仕途的多样化和社会生活的多元化相比，参加科举考试几乎成为清代士人出人头地的唯一途径。科举考试均需文法、楷法兼重，清代科举制度所产生的馆阁体，要求乌、方、光，类似明代的台阁体，科考答卷对书写字体更有明确规定，要求是工整的小楷，一笔不苟，不能用行书，不能连笔，书写时不能表现出明显的某书体特征，从字体上杜绝了徇私舞弊的可能性，还易于辨识。其次，是公文整齐性的要求，朝廷和各级官府的公文主要依靠手书，手书就会带来不同面目的字体，反而成为公文体的一种障碍，所以要统一标准，整齐划一书体，工工整整，一丝不苟。

北京故宫博物院藏《敬斋箴册》《楷书心经》（图5、图6）通篇点画一丝不苟，章法、结构和谐统一，字体造型更是丰腴端庄，笔法淳朴自然，是较高水准的"馆阁体"代表。

特别是清代的《四库全书》，由纪晓岚带领数百位学者编撰，数千人抄写，耗时十多年才完成，所用字体全为整洁、庄重的"馆阁体"，对于古籍的保存和弘扬，做了重大贡献，可以看出"馆阁体"极大地推动了明清时期书法艺术的普及。

自清代书法发展史角度来看，林则徐处于乾嘉学派书法活动和清代碑学思想初起之间，历来人们对林则徐书法评价较高，民国时代林森称他"书法率更，峻秀遒丽"，林则徐书法以骨力为主，以韵致为辅，奠定其书法风格的基本面貌。林则徐楷书用笔沉雄朴厚，法度严谨；小楷书用笔一丝不苟，点画相对轻灵，法

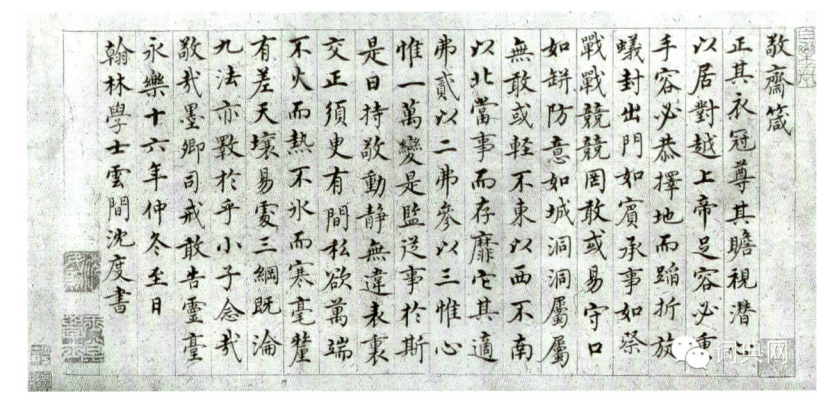

图5 沈度《敬斋箴册》纵23.8厘米，横49.4厘米

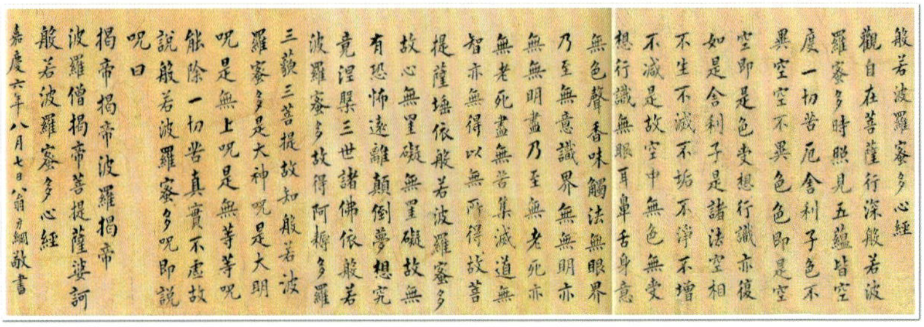

图6 翁方纲《楷书心经》

度严谨近似馆阁之风，呈现精丽秀润之气息；行书作品则呈现韵致、沉着、秀丽，可见，林则徐书法呈现多样化，书法取法广泛，从中也可以看出林则徐书法深受时代大环境的影响。

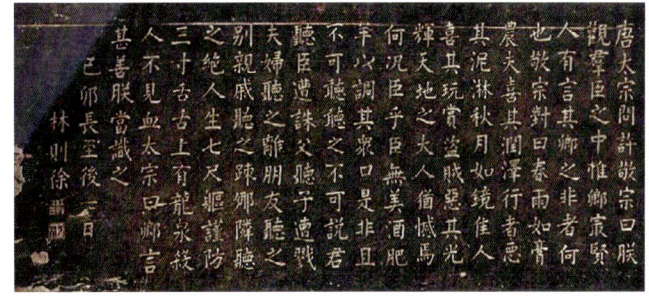

图7 林则徐《唐太宗问许敬宗君臣对》

林则徐是清朝时期的政治家、思想家和诗人，曾任湖广总督、陕甘总督和云贵总督，两次受命钦差大臣，主张严禁鸦片，曾主持举世闻名的"虎门销烟"，是著名的"民族英雄"。林则徐一生勤奋务实，清廉爱民，同时也是晚清书坛中的佼佼者，特别是林则徐"海纳百川 有容乃大"的精神，反映在其书法作品上，更呈现出独特的君子之风与浩然正气。

一、林则徐早期作品

《唐太宗问许敬宗君臣对》（图7），"朕观群臣之中，唯卿最贤……"并有作者自题款，并印两方。

二、林则徐的中期作品

"自叙才华归道力，长将威望振勋门。道光壬辰（1832）七夕前一日，少穆弟林则徐"，并有林则徐印、词臣开府阴阳纹印记两方（图8）。

三、林则徐的晚年作品

林则徐名句"海纳百川有容乃大，壁立千仞无欲则刚。"（图9）意即大海因为有宽广的度量才容纳了成百上千的河流，高山因为没有勾心斗角的凡世杂欲才如此的挺拔。

林则徐行书对联，纵162厘米，横60厘米，上为作者行书八言对："金鼎流辉玉壶映洁，春云等润秋月齐明"，下联作者自题款下有"臣林则徐字少穆印""身行万里半天下"。（图10）

纵观林则徐书法艺术的发展，从其书法作品中，我们约略得见其书法的英雄之气和高洁的情怀。

林则徐的作品可分为早期、中期和晚期。早期作品如图7，通篇书欧体，字形稍长、端庄、整齐、严谨。无一处紊乱，无一笔松塌，用笔方入方出，显示出深厚

图8 林则徐行书对联

的楷书功底；图8为林则徐47岁中年时期作品。运笔抑扬顿挫，行笔快如风，不拖泥带水，继承了王羲之的飘逸、秀劲的一面，而且他还把唐楷的笔法融入到行书中。图9、图10、图11为晚期作品，图9通篇书柳体，结体布局平稳均匀，左紧右疏，运笔方圆兼施，运用自如。点画斩钉截铁，爽利挺秀，骨力遒劲，典型地体现了柳体楷书清俊劲挺、开阔疏朗的特点。林则徐晚年作品。笔势刚强豪迈，字体遒劲有力，气势逼人，字形富有张力，点画结实力能扛鼎，观后使人感到大气豪放，典雅精致。

图9 林则徐行书对联　　图10 林则徐行书对联

林则徐书法最重要的特点是"秀挺"和"绵连"。秀挺的字则神完气足，骨力洞达，有清逸之气。"绵连"就是笔断而意连，笔画间带有细小的牵丝连绵不绝。他曾说过："或谓学唐书者，专从事于间架分布之间，魏晋风流去之弥远，能真不能草，宜碑板而不宜翰札，此言诚然，然初学临摹，辄舍唐人矩范，而躐等于钟、张、二王，是犹未能立而使之疾行，僵卧必矣。"从以上自述可以看出他辩证指出学习唐楷的必要，不学则不能立；如果只学唐楷，也是有缺憾的。除此之外他还特别重视基本功的训练，在给好友郭远堂的信中强调："学书惟于腕下作功夫，无他谬巧也……凡一横一竖，除欹侧以取势外，无不贵乎论笔者，转处，钩处亦然。先注而转，则力足而不飘"。

林则徐的行书虽有师柳之说，但主要表现在小字上，大字却明显受到清代崇尚赵松雪、董其昌法书的潮流影响，结体严谨、均衡，秀润而华美，带有馆阁体的味道。其楷书，不拘泥于某家框架，也并不纯然是唐人规矩，还在点划使转之间偶尔透露出晋人的风度，愈是晚期之作越如此。书法取势，端重安祥，绝无矫揉造作的气息。

趣味猜想

为什么林则徐虎门销烟是民族英雄，但却成为朝廷中的一名"罪臣"？

相关链接

林则徐生平

　　林则徐（1785-1850），字元抚、又字少穆。晚号俟村老人。今福建福州人，出身贫寒家庭，为官清廉正直关心民隐，为民众所称颂。中国清代爱国政治家、思想家、诗人。鸦片战争时期主张严禁鸦片、抵抗西方资本主义侵略坚持维护中国主权和民族利益缴获和焚毁大批鸦片并粉碎了英国侵略者的多次武装挑衅，表现了伟大的爱国主义精神。史学界称他为近代中国"开眼看世界的第一人"。

　　嘉庆九年（1804年）中举。十一年赴厦门任海防同知书记，次年应福建巡抚张师诚招入幕府。十六年中进士选庶吉士。曾与龚自珍、魏源、黄爵滋等提倡经世致用之学。后历任编修、协修等京官两度外放江西、云南乡试考官。二十五年起先后外任浙江杭嘉湖道、盐运使、江苏按察使、江宁布政使。任上整顿盐务、兴办河工、筹划海运、采用劝平粜、禁囤积、放赈济贫等措施救灾抚民。

　　道光十年（1830）任湖北、河南布政使，次年升任河东河道总督其间，不辞劳苦，不避怨嫌，积极铲除弊端，亲自实地查验山东运河、河南黄河沿岸工程，提出改黄河由山东利津入海以根治水患的治河方案。十二年授江苏巡抚，曾奉命驱逐在吴淞口外刺探情报的英国胡夏米商船，又协助两江总督陶澍，采取许多利国便民的经济改革措施。江苏旱涝灾情严重，他不顾朝廷斥责上奏历陈民间困苦，坚请缓征受灾州县漕赋，致力兴修水利工程疏浚白茆、刘河、徒阳运河等河道。为克服银荒和利于货币流通他反对一概禁用洋钱，提出自铸银币的主张。这是中国近代币制改革的先声。十五年和十六年两署两江总督兼两淮盐政积极推行淮北"票盐"制度。

　　道光十七年升任湖广总督。当时鸦片已成为危及中国国计民生的严重弊害。十八年鸿胪寺卿黄爵滋上疏主张以死罪严惩吸食者，道光帝令各地督抚各抒己见。林则徐坚决支持黄爵滋的严禁主张，提出六条具体禁烟方案，并率先在湖广实施，成绩卓著。八月，他上奏指出历年禁烟失败在于不能严禁。警告"若犹泄泄视之，是使数十年后中原几无可以御敌之兵且无可以充饷之银。"九月应召进京，在连续八次召见中，力陈禁烟的重要性和禁烟方略。十一月受命为钦差大臣，前往广东禁烟并节制广东水师查办海口。

　　道光十九年（1839）正月抵广州。他会同两广总督邓廷桢等传讯洋商，令外国烟贩限期交出鸦片。采取撤买办工役、封锁商馆等正义措施，挫败英国驻华商务监督义律和烟贩的狡赖，收缴英国趸船上的全部鸦片。四月二十二（6月3日）起在虎门海滩销烟，20天中销毁鸦片19179箱、2119袋，共计2376254斤。在此期间，林则徐注意了解外国情况，组织翻译西文书报，供制定对策、办理交涉参考。所译资料，先后辑有《四洲志》《华事夷言》《滑达尔各国律例》等成为中国近代最早介绍外国的文献。为防范外国侵略，林则徐大力整顿海防，积极备战，购置外国大炮加强炮台，搜集外国船炮图样准备仿制。他坚信民心可用，组织地方团练。从沿海渔民、村户中招募水勇，操练教习。七月因义律拒不交出杀害中国村民的英国水手又不肯具结保证不再夹带鸦片，他下令断绝澳门英商接济。义律诉诸武力挑起九龙炮战和穿鼻洋海战。林则徐亲赴虎门布防督师数败英军。十一月遵旨停止中英贸易。十九年十二月实授两广总督。此时他已觉察英国正蓄意发动侵华战争，以所得西方消息五次奏请令沿海各省备战。

道光二十年六月，鸦片战争开始后，英军攻粤闽未逞改攻浙江，陷定海。再北侵大沽。道光帝惊恐求和，归咎林则徐在广东"办理不善"，屡次下旨斥责。九月林则徐被革职，留粤备查问。但仍奔走察看要隘，筹募壮勇守卫广州，反对钦差大臣琦善畏敌求和。继而向主持粤战的奕山上防御建议，不被采纳。

道光二十一年三月受命赴浙江协办海防。在浙积极筹议战守，提供炮书，帮助研制新式炮车和车轮战船。五月道光帝以广东战败，归咎前任，林则徐被革去四品卿衔，从重惩处充军伊犁。途经镇江，授老友魏源以《四洲志》及有关外国资料嘱撰《海国图志》旋因黄河在河南开封祥符决口酿成水患奉旨往河南黄河工地治河工竣仍成伊犁。

道光二十二年抵伊犁。他协助办理垦务，亲历南疆库车、阿克苏、叶尔羌等地勘察，行程三万里，所至倡导水利开辟屯田。又绘制边疆地图，建议兵农合一，警惕沙俄威胁。二十五年被重新起用署陕甘总督，次年转任陕西巡抚。二十七年升云贵总督。曾先后平息、镇压西北、西南民族冲突和人民起义，整顿云南矿政。二十九年因病辞职归籍。三十年九月奉旨为钦差大臣，赴广西镇压农民起义。十月抱病起程年11月22日病逝于潮州普宁县（今广东普宁北）行馆。清代著名思想家、史学家魏源闻讯挽联对其一生人品和功绩，作了全面和崇高的评价"品望重当朝，犹忆追陪瞻雅范；褒荣垂史乘，徒殷景仰吊遗徽。"咸丰元年（1851年）咸丰帝赐祭葬，谥号"文忠"晋赠太子太傅。林则徐逝世后全国哀悼福州建祠奉祀。

著有《云左山房文钞》《云左山房诗钞》《使滇吟草》等。所遗奏稿、公牍、日记、书札等辑为《林则徐集》。

参考文献

[1] 赵强. 书画鉴定 100 讲 [M]. 天津：天津百花出版社，2009：164.

彩绘陶鸭

作者：张滢

彩绘陶鸭，陶器，战国，通高30厘米，通长34厘米，郑州二里岗出土，现藏河南博物院。

深度品鉴

1953年秋至1954年夏，河南省文化局文物工作队在郑州二里岗一带对商城遗址进行再次发掘时，于陇海路东段南侧发现战国墓葬群。该墓葬群范围约7万平方米，有墓葬500余座，其中绝大部分为战国墓葬。经科学发掘的战国墓葬212座，分布特别集中，保存比较完整。该墓葬群出土遗存丰富，有大量陶器、铜器、铁器、骨器、玛瑙、玉器、石器、蚌器、料器等，其中陶器和铜器数量最多，分别为684件和582件。陶器种类繁多，

图1 彩绘陶鸭俯视图

图 2 彩绘陶鸭前视图

图 3 彩绘陶鸭可拆卸部件

有鼎、豆、壶、盘、匜、碗、盆、尊、罐、釜、瓮、鸭等。鼎、豆、壶、盘、匜、尊、釜、瓮等陶器具有明显模仿同时期铜器形式的特征。在为数不多的彩绘随葬陶器中，彩绘陶鸭极具特色[1]。

二里岗战国墓葬群的彩绘陶鸭共有两件，分别出土于编号为147和221的两座墓中。这两件陶鸭虽出自不同的墓葬，但形制、大小完全相同，造型别致、工艺精巧，鸭身平面呈椭圆形，侧面呈扁圆形，腹部中空，脊背中央有一个圆形小孔（图1）。陶鸭为泥质灰陶，鸭身上绘彩绘，姿态昂首引颈，展翅欲飞，十分生动（图2）。

鸭首上昂张嘴，脖颈斜向前伸，似在鸣叫；双翅呈月牙形，伸展张开；尾部平直，双足呈扇形着地，形成稳固的支撑。更为有趣的是，陶鸭整体由鸭身、双翼、尾部和双足六部分组成，都有活榫可以插装和拆卸。陶鸭全身用黄、红、白、黑四种颜色施以彩绘，眼睛和鸭嘴绘黄色，腹部和足部绘红色，鸭身、两翅和尾部以黑白相间调配成羽毛的形状，美观而醒目（图3）。

整件器物的创作不仅运用了彩绘的手法，也借鉴了青铜器分铸和拼接的方法，彰显了战国时期的制陶工艺水平和艺术活力，为陶塑艺术走向独立奠定了基础。

文化解读

我国是世界上最早把野鸭驯化为家鸭的国家。家鸭是由野鸭的一种"绿头鸭"驯化而来。古人称野鸭为"凫"，称家鸭为"舒凫"或"鹜"[2]。早在商周时期的玉器和青铜器中，就出现了鸭的艺术形象。1975年在河南安阳殷墟小屯村出土了一件商代晚期的石鸭（图4），灰白石料经过精心设计，把灰色条带安排在鸭眼和鸭翅部位，以简练的几根弧线，勾勒出一只丰满可爱的鸭子形象。整件作品除了用阴刻手法表现出鸭子的眼、翅和足形外，别无装饰，但已将鸭子瞬间的形态捕捉下来，生动朴拙。1955年，在辽宁省凌源市出土了一件西周时期的青铜鸭尊（图5），也有人称其为凫尊，这件尊通体做成鸭形，尊口开于鸭背，鸭的双脚在前，后腹有一柱形支撑物，与双脚共同支撑身体，鸭身遍布网格纹，形象颇为生动，制作精美。尊是商周时期酒器造型之一，商周时期的尊常被做成动物的样子，而鸭尊则是其中比较常见的器型，这表明至少在西周时期，我国先民已经和鸭之间产生了较密切的关系。进入春秋时期,我国的养殖业开始普及,民间养鸭逐渐兴起。到了秦汉时期,我国三大家禽就包括了鸭,而鸭的主要养殖地区包括华中、华北、华东、华南、华西各个地区。

图4 安阳殷墟小屯村石鸭

图5 辽宁省凌源市西周铜鸭尊

鸭俑,也就是用不同材质制作成的鸭雕塑品,古人将其作为陪葬品。纵观中原地区唐代以前的古代墓葬,其出土的鸭俑就有陶鸭、彩绘陶鸭、釉陶鸭、三彩鸭四种[3]。陶鸭,用纯粹的泥质灰陶、黑陶或

图6 上海博物馆汉代绿釉陶鸭

图7 洛阳博物馆唐三彩鸭衔荷叶杯

红陶,单个手工捏塑或批量模塑烧造,除了陶泥本身或部分刻画纹样外,没有彩绘等其他装饰;彩绘陶鸭,在泥质灰陶或泥质红陶之外,用彩绘的方法施以白、红、蓝、黑各种颜色纹饰,色彩艳丽,装饰性极强;釉陶鸭,在泥质陶胎之外施以绿釉、黄釉、棕釉等釉彩,使整件器物呈现润泽的光泽(图6);三彩鸭,兴盛于唐代,在泥质红陶或白陶之外施以白、绿、黄、红、褐等釉彩,入窑低温二次烧制,使釉汁流淌、色彩变化无穷,器物典雅华丽(图7)。

战国至唐代,墓葬出土鸭俑的地方几乎覆盖了我国华中、华北、华东、华南、华西各个地区。涉及到河南的郑州、唐河、淅川、南阳、偃师、巩义、洛阳、孟津等地以及山东、广西、安徽、湖北、广东、四川、湖南、河北、江苏、云南、山西和北京,共计14个省、41个市(地)、县70余座墓,近150件鸭俑[4]。

图8 景德镇陶瓷考古研究所藏三彩鸭熏

唐代之后,作为随葬用品的的鸭俑数量急剧减少,而具有实用功能的鸭形器在社会生活中继续

扮演着重要的角色，其材质也不仅仅局限于陶制。例如，依据仿生设计的鸭形熏炉，也称"鸭熏"（图8），是常见的焚香熏衣生活用具，常用于文人书房与女子闺阁间[5]。其形式多样，材质种类有铜制、陶制和瓷质，工艺方式有铜胎嵌金银、铜胎掐丝珐琅、三彩釉等，致趣而典雅，因而宋元明时期的文人常用诗句和绘画表现鸭熏，托物言志表达情思。

比较研究

春秋战国时期，实行活人殉葬的人殉制度同时，陶俑因耐腐蚀的特性和相对低廉的制造成本而被社会接受，陶俑、木俑、石俑、铜俑等陪葬俑的殉葬方式也逐渐出现。但战国时期动物陶俑发现并不多，有鱼、鸡、鸭、马、虎等，墓葬中的鸭俑数量尤其稀少，全国经科学发掘出土的鸭形随葬器中，陶质鸭仅数件。

1959年，河北省文物研究所在邯郸市百家村战国墓进行发掘，出土两件陶鸭（图9、10）。其中一件高15厘米，泥质灰陶，器形作鸭状，曲颈似鸣，腹部椭圆，背上有一圆形小孔，尾作扁方形向上翘起，腿短而粗壮，蹼作扁圆形。器身施以红彩，多已脱落，尚可隐约看出羽毛纹饰。另一件陶鸭为泥质灰陶，素面未施彩绘，鸭身平面呈椭圆形腹部中空，脊背中央有一个圆形小孔。鸭脖颈斜向前伸，张嘴鸣叫，双足短而粗壮，脚蹼宽厚，着地形成稳固的支撑，尾部微微翘起[6]。

1974，河北省平山县三汲乡中山王䰝墓出土两件战国灰陶鸭尊（图11、12），其中一件现藏河北博物院。这件鸭尊为泥质灰陶，器表渗碳还原呈黑色，器身各出装饰磨光压花纹，腹部、盖上中部饰卷云纹，流部和器柄上饰S形纹。卷云纹中间呈折角，对角相交形成菱形，菱形内填以斜纹或横线纹。鸭尊器腹为球形，流口巧妙地制成伸长的鸭首，器柄像上翘的鸭尾，器足粗壮，宛如扁平的鸭蹼，器身上生动地刻画出一只憨态可掬的鸭子形象，线条洗练，形神兼备[7]。

这几件出土于河北等地的陶鸭、鸭尊，造型上与河南郑州二里岗战国墓出土彩绘陶鸭较为相似。鸭身姿态都为引颈或曲颈似鸣，身体均圆润朴拙，脚蹼粗壮而厚实，且双脚分立而站。陶胎都为泥质灰陶，器表装饰性强，或彩绘，或磨光压花，绚丽夺目，把陶器制作工艺和装饰艺术推进到一个新阶段。

图9 河北邯郸百家村陶鸭

图10 河北邯郸百家村陶鸭

图11 河北平山中山王䰭墓灰陶鸭尊

图12 灰陶鸭尊磨光压花纹

汉代以后，随葬陶鸭的数量逐渐增多，造型与组合方式均发生了转化。汉代随着儒家孝义礼制葬俗观念的广泛推行，汉代明器制造业迅速兴起。陶鸭和陶狗、陶牛、陶马、陶猪、陶鸡、陶羊这些与人们生产与生活密切相关的禽畜类，与陶楼以及仓、灶、井、磨，成为不同组合的随葬明器，成为墓主人生前生活的写照。从考古发掘出土的汉代"水上楼阁"来看，绝大部分楼下水里有鸭、有鱼。比如，1956年在河南陕县刘家渠东汉墓出土的绿釉陶楼阁，楼的四周是水池，池中有鱼、鸭，反映了庄园里饲养家禽的情况。1983年春，山西平陆圣人涧汉墓出土的绿釉三层庑殿顶禽鸟玉人陶楼[8]，平底折沿方盘状池塘中央有一座三层望楼，望楼一层池塘中及池边折沿上就有11只游鸭造型俑（图13）。

因汉代明器有广泛而大量的需求，官方设立明器制造厂"东园"，有专职官员为统治阶级死后主持制造大墓内所需要的随葬品。民间也有一批专门以制造明器业为主的民间艺人，用捏塑、模塑等手段，制造大小不同，形态各异、种类齐全的明器。正因如此，汉代以后的鸭俑在艺术形态上极为丰富，塑造种类有老鸭、雏鸭、公鸭、母鸭，造型上有站立状、漂浮状、游浮状、伏卧状、睡眠状、张望状、捕食状、展翅状、合翅状等多种姿态，组合方式上有独鸭、双鸭（公母匹配）、鸭群、子母鸭（图14、15）。唐代之后，具有实用功能的鸭形器逐渐增多，并在社会生活中继续扮演着重要的角色。

郑州二里岗战国墓葬出土的彩绘陶鸭，虽然在艺术形态上还较原始朴拙，但在工艺技术上呈现了我国陶塑水平的不断进步，为汉代鸭俑艺术的繁盛奠定了基础，更为难得的是从一个侧面向我们展示了古代鸭驯化养殖的发展进

图13 山西平陆圣人涧汉墓出土绿釉陶楼

图14 故宫博物院藏汉代陶鸭

图15 河南博物院藏隋代陶鸭

程,以及古代社会文明和思想观念的演进。

你认为彩绘陶鸭的用途是什么呢?为什么战国时期的墓葬出土鸭俑比较稀少?

战国时期的丧葬陶器装饰艺术

战国时期,制陶手工业较之春秋以前有了较大的发展,生产更加集中,更加专业化,不断汲取和借鉴当时较为发达的铜器和漆器工业的生产工艺,错金银、镶嵌、线刻等铜、漆器工艺,深刻影响了制陶手工业。在陶制丧葬器中,磨光、压花、朱绘、彩绘等多种装饰手段迅速兴起,以求达到铜器、漆器的效果[9]。

磨光是在陶器成形不久,坯体还是半干的时候,在器物表面进行打磨,烧成后器面光滑;压花是在将干未干的坯面雕刻斜方格纹、S纹、弦纹等纹饰之后,用尖端细而光滑的工具压磨,将花纹压成光亮的暗纹,看上去复杂精美;朱绘是在加陶衣或磨光陶器烧成之后,在绘制上去,呈朱红色,色彩鲜艳但易脱落;彩绘制作方式与朱绘相同,红、黄、白、黑颜色配合彩绘而成,多数用三种颜色,少数也使用红黄二色,装饰感极强。

随着齐、楚、燕、赵、魏、韩、秦七国的兼并战争、人才流动和社会经济发展,陶器绚丽多彩的装饰艺术也在各国得到不同的应用和推广。楚国、郑国等地流行彩绘几何纹饰;燕国运用线刻、细致地刻绘鱼、兽等纹饰；赵国、魏国、韩国三国地区则盛行磨光压花，在打磨烧制光滑的器体表面进行压印，纹饰具有优美的节奏和韵律感。

参考文献

[1] 河南省文化局文物工作队. 郑州二里岗 [M]. 北京：科学出版社，1959：1-82.

[2] [8] 卫斯. 我国养鸭起始时期小考 [J]. 山西农业科学，1987（1）：39-40+44.

[3] [4] 卫斯. 吐鲁番三大墓地随葬彩绘木鸭习俗研究_兼与张弛先生商榷 [J]. 吐鲁番学研究，2014（2）：64-83.

[5] 陈方圆，魏洁. 古代鸭熏发展略谈 [J]. 艺海，2015（8）：133-134.

[6] 孙德海. 河北邯郸白家村战国墓 [J]. 考古，1962（12）：613-634+3-6.

[7] 刘卫华. 战国中山国黑陶赏析 [J]. 收藏家，2013（10）：46-50.

[9] 中国硅酸盐学会. 中国陶瓷史 [M]. 北京：文物出版社，1982：1-454.

中原藏珍品鉴·卷伍 | AN INTERPRETATION OF HENAN ARTIFACT TREASURES VOL.5

错金镶嵌带钩

作者：杨伟朋　刘战

　　错金镶嵌带钩，铜器，战国，长25.5厘米，宽3.3厘米，1977年新郑县烈江坡采集，现藏河南博物院。

深度品鉴

　　1977年，河南省博物馆在新郑烈江坡采集到一件战国时期的铜带钩，长25.5厘米，宽3.3厘米，钩面呈长方形，钩体呈弓背形，钩首残缺。整体器物通体错金，镶嵌深浅颜色不同的绿松石，错金以"×"形纹饰的几何纹居多（图1），间有云纹，其纹理规整精细，华丽无比。

　　就其外形来看，整个错金镶嵌带钩造型呈弓背状（图2），钩体部分宽且较长，钩面呈长方形且

图1　错金镶嵌带钩上的几何纹饰

图2　错金镶嵌带钩侧面

平滑整齐，钩颈部分由宽变窄，较为细小，钩首（即短钩）缺失，钩尾则棱角分明，末端为直角，应为长牌形带钩[1]。带钩背面较为平整，有两枚钩钮（图3，图4），钩柱、钮面保存完整，背部钩面分布有少量铜锈。

图 3 背部钩钮

图 4 背部钩钮

从工艺来看，这件错金镶嵌带钩不仅采用错金，还采用镶嵌绿松石工艺，繁缛的花饰，使其外观色彩斑斓，有很强的层次感。绿松石是中国古代的一种美石，呈绿色，黄金则呈黄色，利用黄、绿二色之间的差别，达到一种互衬辉映的效果。

整体器物在绿松石和黄金的映衬下，更显奢华与高贵，体现了古人对青铜器装饰别样的审美观念。这种错金镶嵌的装饰工艺，在已发现的青铜器上，可谓是凤毛麟角，同时用绿松石和黄金这些昂贵的材料装饰于一件器物，可见带钩的主人并非寻常百姓，应为当时的王宫贵族们所专属。

由此可见，这件错金镶嵌带钩不仅是战国时期青铜铸造工艺成熟的体现，也标志着中国古代的错镶工艺已经达到很高的水平，对于研究我国古代的铜器铸造工艺、措镶工艺以及服饰史研究同样也提供了重要的实物例证。

文化解读

带钩，古称"钩"。束腰带具上的构件，用于束带或佩系。多为铜质、铁质，也有金、银、玉、石等材质。一般由钩首、钩体、钩钮三部分组成，也有个别的异形带钩无钩或无钮。带钩侧视如"S"形，钩钮固定于带具上，钩首用于钩住带具的一端，或用于钩挂器物、佩饰等。带钩造型各异，常见有水禽形、兽形、琵琶形、竹节形等。[2]

就带钩的形状而言，一端的弯曲处，称作"钩首"，多为鸟兽头形；正面横长部分称为"钩体"，其中间部称作"腰"；另一端背面则有"钩钮"，其下面有钮面。钩首与钩体连接部位被称为"钩颈"，与"钩首"相对应的另一端称作"钩尾"。钩体的正面是钩面，通常装饰有纹饰或铭文。钩体反面的钩背上作有钮，钮由钮柱与钩体相连接。钩钮的表面称钩面，有时也有纹饰。（图5）

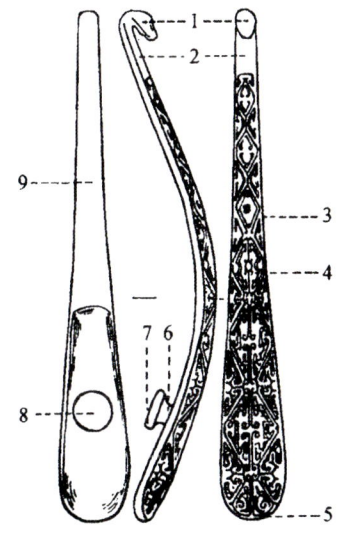

图 5 带钩各部位名称[3]
（1.钩首 2.钩颈 3.钩体 4.钩面 5.钩尾 6.钮柱 7.钩钮 8.钮面 9.钩背）

在考古发现的现有文献资料中，我国春秋至战国早期的墓葬中，大多都有带钩出土。随着历史的发展和推进，带钩的使用区域逐渐扩大，分布范围也越来越广，尤其以东汉时期最广，魏晋以后分布范围逐渐缩小。魏晋以后，带钩的使用和分布基本维持在中原地区。

按照考古发现，带钩依据其使用地域特征，可以分为两类：一是古代中国的带钩；二是流行于黑海北岸到西伯利亚的斯基泰——西伯利亚式带钩。

从带钩质料上来讲，主要以青铜质料为主，也有用金、银、玉、铁、石、骨、木等质料制成。木质带钩目前考古发现数量极少，其中一件出土于江西贵溪战国早期的越人崖墓里"S"形木器（图6），长22厘米。系用一根木棒前凿一槽后加一柱钮组成；[4] 还有极少数的琉璃带钩[5]，如广州市东北郊西汉木椁墓出土的琉璃带钩（图7）；以及陶制带钩[6]；这三种带钩应该只是一种玩赏品。

从造型上看，日本学者长广敏雄将带钩划分为大、中、小九种类型，大型：琴形、棒形、络龙形；中型：匙形、鸟形、琵琶形；小型：虎形、小钩及其它。[7]

从带钩制作工艺上来讲，带钩又有错、镂、鎏、镶嵌、刻之别。

带钩作为古代一种装饰品，也经历了从无到有、由盛而衰的发展过程，大致可以分为始作、鼎盛、普及、衰落四个时期。

中国最早的带钩可以追溯到新石器时代鹿骨状钩型器，再到后来浙江良渚文化时期的玉带钩（图8），这一时期的玉质钩状型器物也称为带钩，但是早些时期的钩状型器物应该是一种礼器，真正的带钩作为实用应该在春秋中期，在周都洛阳出土的一件带钩，应该目前最早的实用型带钩。它是在洛阳中州路西段M2205中的随葬品，似水禽形，长7.4厘米[8]，同地M209出土的另一件带钩（图9），则为春秋晚期器物。

商周时期，腰带多为丝帛所制的宽带，《诗经》有载："淑人君子，其带伊丝。"郑笺："谓素丝大带，有杂色饰者。"故大带又名绅带。而在《礼记·玉藻》中记载"士三尺，有司二尺有五"。记录了丝带束紧腰部后下垂的部分的长度。在当时，女子的腰带也用丝质的，长腰称作绸缪，打成环状结易于解开的叫纽，打紧死结不好解开的叫缔。由于绅带上不好钩挂佩饰，所以人们又在腰部束革带。西周晚期至春秋早期，随着铜带钩的出现，其固

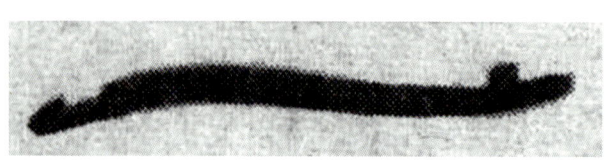

图6 江西贵溪崖墓出土"S"形木器

图7 广州市东北郊西汉木椁墓出土琉璃带钩

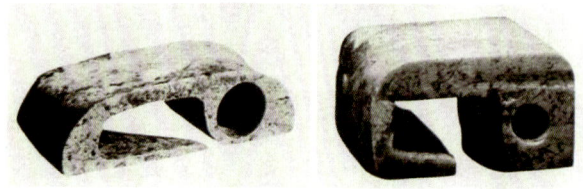

图8 上海青浦福泉山良渚文化时期玉带钩

定在革带的一端，只要把带钩钩住革带另一端的环或孔眼，就可以把革带钩住，这样以来，革带的使用既方便又美观，所以人们就把革带直接束在外面。《淮南子》中记载有："满堂之坐，视钩各异"，充分说明革带在当时已经露在外面使用。因此，革带也越来越制作精致和华丽，带钩的造型也逐渐丰富多样，而且工艺复杂，镶嵌金玉等手法和技艺也被应用其中，进入春秋中晚期，带钩更是深受人们喜爱，逐渐得到普遍的使用和传播。

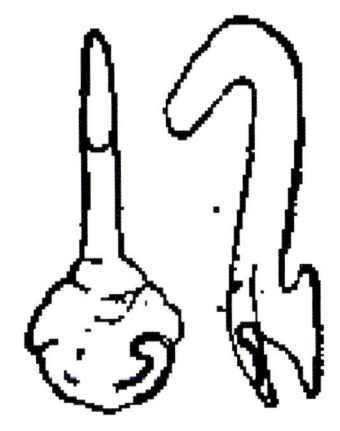

图9　洛阳中州路西段M209出土带钩

战国中晚期带钩进入鼎盛期，其分布广、数量多、工艺精美。带钩的材质更是多样化，玉质、金质、银质、青铜、铁质多种多样，其工艺制作更是丰富多样，除雕镂花纹，还有青铜镶嵌工艺，铜或银的鎏金工艺，铜、铁上的错金嵌银工艺，即金银错工艺。王公贵族、社会名流都以带钩为装饰，形成一种风气，带钩的制作也日趋精巧。

秦汉时期，带钩广为流行，尤其是各品种的小型带钩，制作大多精致轻巧。早期流行的大带钩已不多见，生活中带钩的使用已很普遍，形制也日趋精巧，有竹节形、琵琶形、棒形、鱼鸟形、兽形等，其材质包括金、银、铜、铁、玉、玛瑙各类。带钩既是服具又有装饰意义，因此贵族们所用带钩的工艺特别考究，有些铜、铁带钩是用包金、鎏金、错金银、嵌玉、嵌琉璃或绿松石等方法加工的，品种繁多，制作大多精致轻巧，是非常珍贵的艺术品。

考古发现的文献资料显示，魏晋时期，带钩出土明显减少，南北朝以后铰具（即带扣）盛行，带钩逐渐被带扣取代。随着人们对带钩的认识，它的用途也逐渐多起来，除了被用作皮带扣外，它还被用于悬挂武器、印章、玉器、铜镜等，可以分作革带用钩、配器用钩、饰物用钩、佩饰用钩等。另一方面，根据考古发掘出土的文物，腰带带钩的用法又分为数种。一种是横装于带端用来搭接革带两端的；一种是与环相配直挂在革带上勾挂佩饰的；另有一种较长的衣钩可装于衣服肩部勾挂衣领或装于衣领勾挂衣服肩部，这种衣钩至今仍在和尚的袈裟上使用。

比较研究

战国时期，中原地区的带钩造型丰富，在郑州岗杜、洛阳、开封均有发现，现以河南博物院收藏的这一时期铜带钩进行比较分析。

燕形带钩（图10），其外形似展翅飞翔的燕子，双眼及燕尾羽毛铸造的清晰可见，燕尾部被一怪兽紧咬，其背面有圆形钩钮，风格写实，为典型的禽类写真带钩。长7厘米，宽3.60厘米。

龙形带钩（图11），这件带钩体形较为庞大，作为异形带钩的一种，其钩体呈波浪形状，龙的脊背部铸有沟槽，疑似镶嵌之物丢失或脱落，同时个别的部位还有鎏金的痕迹。长18厘米，宽4.6厘米。

蟠兽纹鎏金带钩（图12），钩体呈椭圆状，以浮雕的兽面为装饰，其面目狰狞，整体变形，构

图 10 燕形带钩

图 11 龙形带钩

图 12 蟠兽纹鎏金带钩

图 13 鸟首带钩

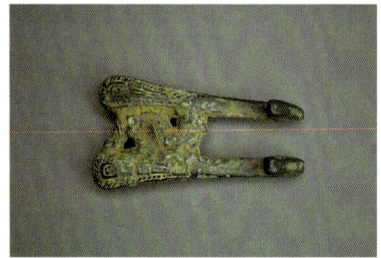

图 14 双连形带钩

图 15 耜形带钩

背有一圆钮，钩颈短而直，钩首弯曲成钩，长 9.5 厘米，宽 4.9 厘米。

鸟首带钩（图 13），钩体呈琵琶形，其钩首为鸟头状，顶有椭圆形平冠，深目，尖嘴，背部靠尾端有圆形钩钮。钩面铸几何图案，花纹内似镶嵌有装饰物，但已全部残缺，个别错金还隐约可见。长 19.8 厘米，宽 2.60 厘米。1950 年，河南开封市移交。

双连形带钩（图 14），带钩的钩头部为二钩相并连接一处。双钩首前折，钩尾略宽于钩颈，两钩身间连以蟠螭，每个钩面饰有绚索纹与回纹。后背和尾部各有一钮。长 5.5 厘米，宽 3 厘米。

耜形带钩（图 15），这件带钩为典形的耜形，远看就像勺子的形状，其钩颈是一支长而直的杆，半圆形钩面上装饰有几何纹，背面则有圆形钩钮。长 7.80 厘米，宽 4 厘米。

通过以上几件河南博物院收藏的铜带钩，我们可以看出在战国时期的中原地区带钩形式多样，青铜带钩主要有琵琶造型，还有兽面型、长牌型等造型的出现，这时的造型已经趋于写实，但其制作工艺也更加多样。几何纹、绚索纹等纹饰的应用，使带钩的外形更加精美；鎏金、错金银、镶嵌工艺已经十分成熟，使带钩更加华贵；写实手法的应用，使这一时期的带钩应加形象生动，趋于生活化。总之，战国时期的带钩，样式和纹饰多样，呈现多元化发展，为秦汉带钩制作工艺进一步的发展奠定了基础。

趣味猜想

带钩与带扣同是古代的束带用具，带扣比带钩使用起来更加方便，而且结实牢靠，它的使用延续更久。那么带扣是何时出现，它有什么作用？和带钩又有什么区别呢？

 相关链接

错金银与鋄金银工艺

在中国古代，随着青铜器时代的到来，传统器物的装饰方法逐渐得到发展，其种类多样，手法不尽相同。其中，镶嵌工艺是其中最常见的一种工艺，最早见到的是铜镶嵌绿松石，至今已经3000多年，仍然坚固如初。与此同时，镶嵌其他金属的工艺也不断得到发展。

春秋时期，铜器上的镶嵌工艺区分不大，其主要是将镶嵌的金、银或者红铜提前固定在陶范上，然后进行浇铸。器物完成后，其他类形的金属便固定在铜器物上了。随着制作工艺的不断发展和新材料铁的运用，铸造镶嵌的方法受到局限，错金银装饰工艺在战国或更早时期，渐渐取代了镶嵌工艺来装饰铜器。错金工艺为青铜铸造装饰开辟了新的天地，呈现出异光流彩的效果。错金银工艺分为制槽、镶嵌、磨错三个步骤。嵌入金丝或片的谓之金错，嵌入银丝或片的谓之银错，同时嵌入金银丝片谓之金银错，嵌入红铜丝或片的谓之铜错，如果嵌入绿松石者谓之错石或碧错，填黑漆者谓之漆错。其特点是用隐嵌技法形成有别于器物本身的图案或文字，从而形成鲜明的对比。首先，工匠们要在器物的表面刻画出所需要图案和文字的凹槽，一般是在器物上预刻凹槽，也有直接錾刻浅槽的。其次，再向凹槽中嵌入金、银等材料，并用火适当加温，以增强它的可塑性。最后，则用厝石磨错，从而使嵌入的金、银、铜丝或片等和器表高低一致。同时，我们在器物表用木炭或皮革加清水反复打磨，使之光滑平整。由于在坚硬的铁等金属器物的表面嵌入金银是很困难的，铁错金器物需要耗费大量的人工，在当时是非常珍贵的，只有王侯贵族们才可能使用。

大约在汉代，人们为了降低成本，鋄金银技术应运而生，到了宋代时，其工艺日渐成熟，元明清时则成为一种广泛使用的普遍工艺。传统鋄银工艺大致分为五个步骤：首先是发路，工匠先在铁的表面挫出细密的网格文。其次是鋄罩，将金银丝或者片按照预先设计的形状直接鋄在器物表面。第三是烧砑，将器物入火烧到一定温度，然后用砑子将金银处理平滑，使金银结合更加牢固。第四是钩花，在金银片与线等的表面錾刻花纹，修整图案。第五是点漆，将金银以外的部分涂上涂层，使颜色加深，以凸现金银图暗的光彩。这种工艺相对于错金银更加快捷，其质量确实无法与错金银相提而论，但就快捷与成本而言，鋄金银技术更加有利于传承推广。

参考文献

[1][3] 王仁湘著. 善自约束 古代带钩与带扣 [M]. 上海：上海古籍出版社，2012：8.

[2] 王巍著. 中国考古学大辞典 [M]. 上海：上海辞书出版社，2014：48.

[4] 程应林，刘诗中. 江西贵溪崖墓发掘简报 [J]. 文物，1980（11）.

[5] 麦英豪，黎金. 广州市东北郊西汉木椁墓发掘简报 [J]. 考古通讯，1955（4）：40.

[6] 麦英豪. 广州淘金坑的西汉墓 [J]. 考古学报，1974（1）：145.

[7] 长广敏雄. 带钩の研究 [M]. 京都：东方文化研究所，1943.

绿绸绣花鞋

作者：许小丽

绿绸绣花鞋，绸缎清代，长9厘米，后跟宽3.2厘米，鞋尖宽0.3厘米，现藏河南博物院。

深度品鉴

绿绸绣花鞋，鞋面绣有花鸟。为弓鞋类，鞋面是绿色绸，里衬白布，垫有1.5厘米的内增高。鞋帮一面绣有莲花，一面绣有一只蝴蝶飞花草中。鞋口镶黑色布边，鞋前端约5厘米长的黑色丝线交叉穿起，可以根据脚的大小调节，鞋口处配有粉红色鞋带。鞋后跟钉有蓝色提拔，布鞋底。绣线色彩为红、粉红、紫、黄、绿等，颜色鲜艳。鞋总长为9厘米，是典型的"三寸金莲"的尺寸。

文化解读

缠足是中国古代社会一种特有的文化现象，也是中国古代社会发展过程中长期存在的陋习之一。它是指"把女子的双脚用布帛缠裹起来，慢慢地扚折足部骨骼，使其成为一种特殊的形状，是一种摧残肢体正常发育的行为"。[1]

关于妇女缠足的来历众说纷纭，有春秋说、战国说、汉代说、晋代说、唐代说。五代之前，关于缠足只有零散的记载，女性缠足未形成习俗。学术界比较认可的看法，是五代时期关于缠足的记载。

陶宗仪《辍耕录》引《道山新闻》说：南唐的后主李煜，有"宫嫔窅娘，纤丽善舞"，他"令窅娘以帛缠脚，令纤小，屈上作新月状，素袜舞云中，回旋有凌云之态。"据说宫女窅娘用帛缠足，使脚纤小弯曲如月牙状，脚上外套白袜，在六尺高的金质莲花台上回旋起舞，若仙子凌云之态，很受李后主的宠爱。从此把缠足与金莲联系在一起，甚至把"缠足"称为"金莲"，"三寸金莲"之说要求脚不但要小，而且还要弓弯。这是文献中可风的最早缠足的人物形象。

宋代，缠足受到文人阶层的欣赏，如苏东坡的《菩萨蛮·咏缠足》："涂香莫异莲承步，长愁罗袜凌波去；只见舞回风，都无行处踪。偷立宫样稳，并立双趺困；纤妙说应难，须从掌上看。"宋人徐积《咏蔡家妇》中也有"手自植松柏，身亦委尘泥，但知勒四支，不知裹两足。"缠足日渐成为社会上对于妇女的一种主流审美。宋话本小说《碾玉观音》中有"莲步半折小弓弓"之句，形容脚很小。"折"为拇指与食指伸开的间距。"半折"指这间距的一半。一般来说，"折"为五寸至六寸，那么半折当二点五寸和三寸。"小弓弓"指鞋底呈弓形。宋人洪迈曾在撰写《夷坚志》中详尽的记载"我以平生洗头洗足分外用水，及费缠帛履抹之累，阴府积移水五大瓮，今日饮之。"这就足以证明宋代妇女缠足已经逐渐发展成为一种社会习俗。福州发掘的南宋贵妇黄升墓中，出土六双女鞋，长度在 13.3–14 厘米，宽度在 4.5–5 厘米，并且墓主的脚上还有裹脚布带，带长 210 厘米，宽 9 厘米。据此可以推断出南宋女性已经确定缠足无疑。由此，可以看出，至迟在宋代，缠足已经由一种孤立的个体行为发展成为一种普遍的社会现象。（图1）

元代缠足之风甚盛，妇女缠足的标准继续向纤小发展，女鞋最显著的特点是窄和弓，元代后期已有"三寸金莲"之类的记载。元曲中不少戏文都有反映，如商挺《潘妃曲》中："小小鞋儿连跟绣，缠得帮儿瘦。腰似柳，款撒金莲懒抬头。""小小鞋儿白脚带，缠得堪人爱。疾快来，瞒着爹娘做些儿怪。"如此戏文甚多。女鞋在戏文中有"双凤衔玉弓样弯，窄玉圈金三寸悭""见刚刚三寸迹，想窄窄一双鞋""衬湘裙玉钩三寸，露春葱十指如银""蹴金莲三寸弓，启樱桃半点红。"缠足现象大量出现，不缠足为耻的观念也逐渐出现。

明代杂剧作家柯丹邱在其《荆钗记》中写到"下香阶显弓鞋金莲窄窄，这双小脚却刚刚三寸三分。"三寸金莲一词在明代记载很多。风流才子唐伯虎在《咏纤足排歌》中对三寸金莲极为羡慕，"第一娇柔娃，金莲最佳，看凤头（鞋名）一对堪夸……"留传后世的明代壁画均能看到尖头绣花鞋和弓形鞋图样。

清代妇女缠足发展到登峰造极的地步，缠足成为了社会地位

图1 南宋《杂剧人物图》中的缠足女性形象

与贵贱的象征。缠足成了清代女性日常生活的重要内容，小脚成为衡量女子的基本价值标准。清人钱咏在其作品《履园丛话》中曾有"然元、明以来，士大夫家以至小民编户，莫不裹足，似足之不能不裹，而为容貌一助也。"甚至不缠足的女子在社会生活上受到严重的歧视。"三寸金莲"倍受推崇，成为男性择偶的重要标准。甚至远到西北、西南少数民族也染上了缠足的习俗。满人本不缠足，有的妇女也偷偷缠足。虽然最高统治者并不提倡缠足，甚至还曾下令禁止缠足，但都无济于事，妇女的小脚受到了前所未有的崇拜和关注。直至晚清民国时期，随着自由、平等、民主的思想的传播，缠足的习俗才逐渐消亡。

纵观缠足的发展，可以看出封建伦理纲常对女性的禁锢，传统社会中男尊女卑的观念，以及夫权对女性的压抑与束缚，女性社会地位与社会角色的缺失，使女性使为男性的附属品，女性的一切行为都为迎合男性的需求为目的，从而使大多数古代女性沦为封建礼教的牺牲品。民间谚语说："裹小脚一双，流眼泪一缸。"还有一首歌谣："做女儿多辛酸，未成年脚先残，三尺布带一生和着血泪伴，苟且偷生强欢颜。"正是这种身心俱受折磨的真实、痛苦的写照。

比较研究

图 2 南宋《杂剧打花鼓图》的缠足女性形象

图 3 南宋"罗双双"银鞋

《南史·齐东昏侯纪》记载，"凿金为莲花以帖地，令潘妃行其上，曰'此步步生莲花也'。"后人因东昏侯的这个故事，称女子缠过的小脚为"金莲"。所谓"三寸"，乃是用以形容缠过的足极其短小，纤细也。鞋形似翘首鸟头，鞋底为木质，弯曲如弓，故称"弓鞋""绣履"或"弓鞋绣履"。弓鞋原本指弯底鞋，后泛指缠足妇女所穿的小脚鞋子。宋以后，"三寸金莲"绣花鞋，造型各异，品类齐全。其造型独特和绣花工艺精美令人称奇。

三寸金莲按式样有：高筒金莲、低帮金莲、翘头金莲、平头金莲。按鞋底分有：平底金莲、弓形底金莲、高跟金莲。

南宋杂剧人物图中的妇女，双足纤小，鞋头还带有明显的弯势，也有包缠足部的习俗。(图2)

南宋"罗双双"银鞋（图3）。现藏浙江省衢州市博物馆，鞋长14厘米、宽4.5厘米、高6.7厘米。每只鞋由三块银片（鞋底一片、鞋面两片）焊接而成。鞋头上翘，口沿錾忍冬纹一周，鞋面錾宝相花，鞋底錾刻线纹及双钩"罗双双"字样。

明万历帝后弓鞋（图4），鞋长12厘米，宽5厘米，跟高4.5厘米，圆高跟长7厘米，凤头高7.3厘米，鞋底后跟部加垫长圆高跟，高跟以多层革板纸相叠，用合股丝线钉在一起，再以红素缎裱裹。底前部内夹少量革板纸，加厚足尖部分，鞋底不缝纳。鞋面提跟为浅红色暗花缎，鞋尖两侧刺绣莲蓬荷花花纹。叫法是"凤头鞋"。鞋口上缀一颗珍珠，是典型的缠足所穿的尖头鞋，鞋尖弯翘而起，呈反曲之势。

清代蓝色绣花鞋（图5），鞋长14厘米，鞋尖宽1厘米。两只鞋所绣花纹不一样，可以称为鸳鸯鞋。一只鞋帮两面对称绣花虫、云纹，鞋尖绣"寿"字。鞋口镶蓝色边。鞋底为布底，涂上一层白色漆。另一只鞋帮两面对称绣花肠纹、云纹等，鞋尖绣"钱"纹，鞋为布底涂一层白色漆。

民国蓝绸绣花鞋（图6），鞋长15厘米，合4.7寸，鞋尖宽1.2厘米，鞋面绣蝙蝠，鞋底绣梅花。

民初绿布绣花鞋（图7），鞋长13.5厘米，鞋尖宽0.5厘米，鞋口镶黑色布边及彩色花边一圈，并带有鞋带及提拔，鞋尖绣蝴蝶。

民初黑缎绣花鞋（图8），鞋长12厘米，鞋尖宽0.5厘米，亦为弓鞋类，鞋面绣花叶纹和梅花。鞋长合3.43寸。

民初大红布印花鞋（图9），鞋长10厘米，鞋尖宽0.6厘米，亦为弓鞋类，鞋面印有大雁和太阳图案。

从以上绣花鞋来看，不同时期绣花鞋的颜色尺寸也具有一定的规律性。一般来讲，三寸金

图4 明万历帝后弓鞋

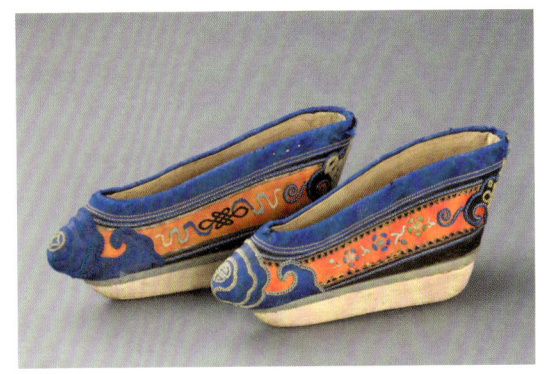

图5 清代 蓝色绣花鞋

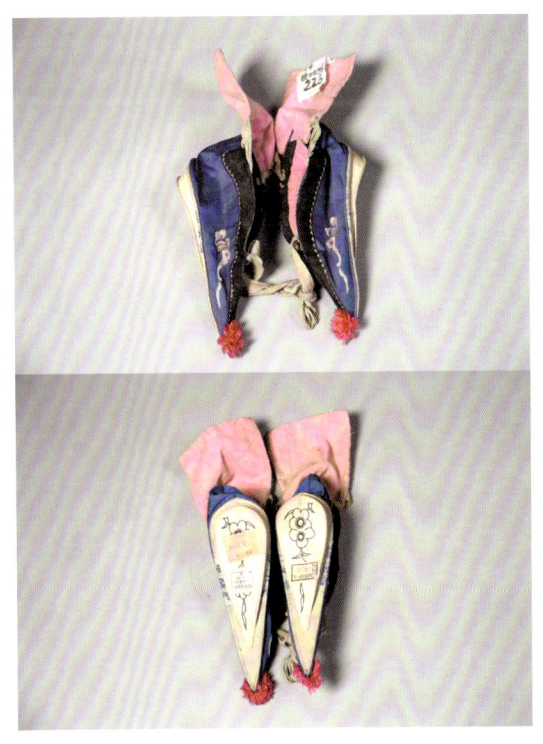

图6 民初蓝绸绣花鞋

图 7 民初绿布绣花鞋

图 8 民初黑缎绣花鞋

图 9 民初大红布印花鞋

莲应在 4 寸—4.5 寸之间。宋代 1 尺相当 30.7 厘米，罗双双银鞋，鞋长 14 厘米，相当于 4.5 寸，鞋尖宽 4.5 厘米，应该属于"三寸金莲"的范畴。在明代 1 尺相当于 31.1 厘米，明万历帝后弓鞋，鞋长 12 厘米，相当于 3.9 寸，鞋尖 4.5 厘米，也属于"三寸金莲"。

清到民初 1 尺相当 32 厘米。鞋长 15 厘米和 16 厘米，鞋尖均在 1 厘米以上，也应属于缠足鞋。鞋的最大长度为 13—14.5 厘米，相当于 4.06—4.53 寸，鞋尖均为 0.5 厘米；鞋长 9—12 厘米，相当于 2.81—3.75 寸，鞋尖为 0.3—0.6 厘米。

不过，三寸金莲为泛称。可以看出，宋代的缠足是把脚裹得"纤直"但不弓弯。明代流行圆高跟的"凤头鞋"，它们的尺寸都在三寸金莲的范畴内，但它们的鞋尖比较宽，而到了清和民初鞋尖变得更尖了，脚缠得也更小了，最小的鞋长 9 厘米，仅 2.8 寸，还不到 3 寸，可以说是名符其实地三寸金莲，也可以说三寸到四寸半之间都可以称为三寸金莲，只有脚缠得小而又能走路方为美足。

此外，清朝的鞋饰制度也十分严格。一般女子不可在包括"三寸金莲"在内的鞋饰上用金绣和珍珠，不可饰龙凤，不可穿用黄色及绿色"三寸金莲"。至多只可穿杏黄色（即一种泛红的黄色）"三寸金莲"。贵族女子允许穿金黄色（即深黄色）"三寸金莲"。违者照律治罪。为了漂亮，平民女子也只能在"三寸金莲"上装饰绒球、铜铃、蝴蝶以及刺绣各式花鸟图案。不然，就在式样上讲究精工细作。

从中国目前收藏的传世实物"三寸金莲"来看，刺绣的图案多以吉祥图案和季花为主，多见牡丹、石榴、桃等。桃意为祈"寿"；石榴意为"多子多孙"；云纹绵绵不断，意为如意长久；绣"蝙蝠"寓意"福"。从绣鞋的图案上也折射出了古代女子的精神世界。

妇女因缠裹而成的小脚为什么被称为"金莲"？"金莲"与小脚是怎样联系起来的？

清代缠足习俗

清代，三寸金莲在文人笔下赞颂，是男人娶妻的条件之一，但是在它的背后，是一串串痛苦和辛酸。据说，女子最好在五岁的时候就开始缠足，不要超过七八岁，如果年纪长大，脚很难缠小，缠的时候爱苦更大。清人顾铁卿《清嘉录》中说："八月二十四日，煮糯米和赤豆作祀灶谓之餐团，人家小女子皆择是日裹足，谓食餐团缠脚能令胫软。"传说八月二十四日是小脚步娘娘的生日，要缠好小脚必须要拜小脚娘娘，所以大部分女子都会选择那天开始缠足，也有人从历书上选择"缠足吉日"开始缠足的。

缠足前要做好充分准备，据说要准备六条蓝色的缠脚布。要准备平底鞋五双，鞋的大小随脚形而定。要准备睡鞋两三双，睡觉时也得穿着，防止缠脚布松开。用针线把缠脚布缝紧缝好，还得准备些棉花，缠足时脚骨凸出部位，穿鞋时得用棉花垫着，避免把脚磨破。缠足也有一定程序，试缠、试紧、裹尖、裹瘦、裹弯。

缠足前需要准备的物品：

蓝色的裹布六条。大约要八尺到十尺以上，裹布要比一般的长且要浆好，缠到脚上才不会挤出皱折。

平底鞋五双。鞋形稍带尖，鞋子大小宽窄要能随着缠脚的过程慢慢缝小、缝瘦。

睡鞋两三双。睡觉时穿着，可防裹布松开来。

针线。裹布缠妥后，把裹布的缝及裹布的头密密缝好。

棉花。缠足时脚骨凸出的部位，穿鞋时用棉花垫着，免得把脚磨破生鸡眼。

脚盆及热水。缠足前用温水洗脚。

小剪刀。修脚趾甲及鸡眼之用。

参考文献

[1] 贾逸君. 中国妇女缠足考 [M]. 北京：北平文化学社，1926.

伏羲式古琴

作者：顾永杰

伏羲式古琴，木漆器，宋代，通长123.0厘米、宽20.5厘米，现藏河南博物院。

深度品鉴

伏羲式古琴。梧桐木面板，色棕黄，质地较密实，龙池凤沼处木纹较乱；硬木底板，硬木承露、岳山、焦尾均上漆，青玉龙龈，硬木尾拖和龈托均未上漆，螺钿徽、形制规整，六棱硬木轸，硬木刻纹圆足；黑色漆，漆色光亮。琴体匀称厚重，琴面弧度较大，琴底弧度较平，琴体边棱较为明显、没有做圆迹象；小圆弧形琴首，琴首两角较尖，内洼弧形项，琴肩在三徽偏下位置，内收双连弧形琴腰，琴腰上至八徽偏下位置、下至十二徽偏上位置，足在十徽偏上位置，琴体尾端呈外凸圆弧形，龈口内收；承露圆角、长与岳山齐，岳山规整、长不至琴边，焦尾

图1 河南博物院藏伏羲式古琴背面

结处较尖,焦尾表面光滑未刻纹饰;圆形龙池,长椭圆形凤沼。

伏羲式古琴相传由伏羲创制,《五知斋琴谱》记载:"伏羲间(见)凤集于桐,乃象其形,立高三尺,赠(增)六寸六分,制以为琴,法六律六吕之会,取期之数。纯素丝为弦。修真理性,反其天真。斫琴者则而象之,丝桐之制,自此始也。"[1] 现存的明清文献中有关于伏羲式古琴的记载,一些文献中还配有图样,比如:明代永乐十一年(1413年)刊印的《太音大全集》[2]、嘉靖十一年(1532年)刊印的《风宣玄品》[3]、万历十八年(1590年)刊印的《琴书大全》[4]、万历二十四年(1596年)刊印的《文会堂琴谱》[5]、万历三十七年(1609年)刊印的《太古正音琴经》[6]、万历三十九年(1611年)刊印的《琴适》[7]、崇祯七年(1634年)刊印的《古音正宗》[8]、清康熙九年(1670年)刊印的《琴苑心传全编》[9]、康熙三十一年(1692年)刊印的《德音堂琴谱》[10]、康熙六十年(1721年)刊印的《五知斋琴谱》、光绪二年(1876年)刊印的《天闻阁琴谱》[11] 等11种文献,详见表1。

表1 明清文献中记载的伏羲式图样

文献	太音大全集	风宣玄品	琴书大全	文会堂琴谱	太古正音琴经	琴适	古音正宗	琴苑心传全编	德音堂琴谱	五知斋琴谱	天闻阁琴谱
图样											

这11种明清文献中记载的伏羲式图样大体可以分为四种:第一种,琴首为圆弧形,内收弧形琴项和琴腰,琴项部的弧形要大于琴腰部的弧形,琴首的宽度略大于或基本等于琴肩的宽度,大多数明清文献记载的是这种图样;第二种,头部不明显,琴首为小平弧状,琴首至项中较平直、首端稍宽,内收小弧形琴腰,只有《琴书大全》记载了这种图样;第三种,琴首为圆弧形,内收双连弧形琴项,项中弧峰较平,内收小弧形琴腰,只有《太古正音琴经》记载了这种图样;第四种,琴首为圆弧形,内收弧形琴项,琴腰为斜坡形,窄尾,只有《琴苑心传全编》记载了这种图样。

现在对伏羲式古琴的定名习惯较为一致,除琴项部稍长、琴腰部为内收双连弧外,其它大体与明清文献记载的第一种图样一致,传世的伏羲式古琴实物如中国国家博物馆收藏的唐代"九霄环佩"琴(图2):琴首为圆弧形;琴项自琴首斜下至琴肩下,上宽下窄,项中至琴肩为内收弧状;琴腰为内收双连弧形。伏羲式古琴的这一形制,最迟在唐代已经定型,以后基本都遵循这一形制[12]。

根据现有定名习惯,在笔者搜集到的现已公开资料的近六百张存世历代古琴实物中,伏羲式古琴只有17张,其中唐代6张、宋代3张、

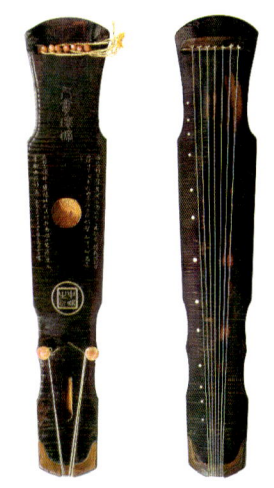

图2 中国国家博物馆藏"九霄环佩"琴[13]

明代 6 张、清代 1 张、时代未定 1 张。河南博物院收藏的这张伏羲式古琴，形制规整、保存完好，是现已确认的仅有的 3 张宋代伏羲式古琴之一，弥足珍贵。

文化解读

每一种事物的存在都有它的价值和作用，古琴和琴乐作为中华文化的代表之一也不例外。古琴作为乐器，其最主要的功能必然是演奏，因此琴乐的功能也就是古琴的最主要功能。在琴乐几千年的发展演变过程中，形成了独具特色的文化传统和功能定位。

琴乐的传统功能定位，是传统古琴文化的重要体现。其萌芽于先秦时期，在两汉时期基本定型，两汉之后虽然随着时代的更迭和文化传统的演进会有一定的差异，但变化不大，总体来说主要可分为两个方面：一方面与社会、政治有关，即修身、治国等功能，可以简单统一为修身功能；另一方面与自然、本性有关，即养性、自娱、养生、养心、抒情等功能，可以简单统一为养性功能。虽然从表面看，琴乐在这两个方面所达到的目的不同，但本质上是相通的，都是要通过中和、平和、有表现力的琴乐来平静人心，禁止或防止淫欲、邪念等，以最终达到修身养性的目的。总体来看，传统文化中更注重琴乐的修身功能。

先秦时期，思想领域比较活跃，人们对琴乐的修身功能和养性功能的重视程度基本均等。认为相济相成琴乐能平和人心，心平则德和，从而达到修身养性的目的，而烦手淫声之乐不利于修身、对身心有害，比如：《诗经》"我有嘉宾，鼓瑟鼓琴。鼓瑟鼓琴，和乐且湛""妻子好合，如鼓琴瑟。兄弟既翕，和乐且湛"，指出了琴乐的娱乐功用和礼仪作用；《左传·昭公元年》"君子之近琴瑟以仪节也，非以慆心也"[14]，强调琴乐的功用是为了节制自己，而不是为了放纵欲念；《左传·昭公二十年》"声亦如味，一气、二体、三类、四物、五声、六律、七音、八风、九歌以相成也，清浊、小大、短长、疾徐、哀乐、刚柔、迟速、高下、出入、周疏以相济也，君子听之，以平其心，心平德和"，认为琴乐是为了平和人心和德行。

两汉统治者"独尊儒术"，从而确立了儒家思想的统治地位，儒家提倡"子孙长久安宁数百岁，此皆礼乐教化之功也"[15]，因此琴乐的修身功能得到重视，而养性功能则处于从属地位。认为符合礼制、富有表现力的中和之乐可以修养人的德行、防止纵欲放荡，可以修身，从而可以安抚百姓、治理国家，比如：《史记·乐书》"凡音由于人心，天之与人有以相通……故舜弹五弦之琴，歌《南风》之诗而天下治；纣为朝歌北鄙之音，身死国亡""夫礼由外入，乐自内出。故君子不可须臾……离乐，须臾离乐则奸邪之行穷内。故乐音者，君子……所以养行义而防淫佚也"[16]，《田敬仲完世家》"琴音调而天下治"[17]，将琴乐视为修身治国的重要工具；桓谭《琴道》[18]"昔神农氏继宓羲而王天……削桐为琴，绳丝为弦，以通神明之德，合天地之和焉""下征七弦，总会枢极，足以通万物而考治乱也。八音之中，惟丝最密，而琴为之首。琴之言禁也，君子守以自禁也子……古者圣贤玩琴以养心"，强调琴乐的治国、修身功能，提出"琴者，禁也"的琴禁思想；琴禁思想后被《白虎通》、蔡邕《琴操》、应劭《风俗通义》等所继承和发展，对后世影响很大，琴禁思想主要是以琴乐约束人的内心思想，即"禁邪僻""禁淫僻""禁止淫邪""去邪欲""防心淫"，从而做到"守以自禁"，最终达到"修身理性，反其天真""正人心""玩琴以养心"的目的，体现的就是琴乐的修身养性功能。

魏晋至隋唐时期，琴乐的养性功能地位更为凸出。养性功能方面，认为恬淡、平和的琴乐"可以导养神气，宣和情志"、可以自娱、可以养生、可以养心，主要体现在嵇康、陶渊明、白居易等人的琴乐思想中，比如：嵇康《琴赋》可以导养神气，宣和情志"，《琴赞》"宣和养气，介乃遐龄"[19]；陶渊明《答庞参军》"衡门之下，有琴有书，载弹载咏，爰得我娱"，《归去来兮辞》"悦亲戚之情话，乐琴书以消忧"[20]；白居易《清夜琴兴》："清泠由木性。恬淡随人心。心积和平气，木应正始音"，《夜琴》"入耳淡无味，惬心潜有情"，《好听琴》"一声来耳里，万事离心中。清畅堪消疾，恬和好养蒙"[21]。修身功能方面，认为琴乐"声正而不乱，足以禁邪止淫也"，主要体现在阮籍、薛易简等人的琴乐思想中，比如：阮籍《乐论》"乐者，使人精神平和，衰气不入，天地交泰，远物来集"[22]，指出琴乐与自然、治国的关系；薛易简《琴诀》"声正而不乱，足以禁邪止淫也"[23]。

宋元明清时期，突出琴乐的治国、修身、养性等功能，也认可琴乐的自娱、抒情等功能，比如：朱长文《琴史》[24]"雅琴之音，以导养神气，调和情志，摅发幽愤，感动善心""君子之于琴也，非徒取其声音而已，达则于以观政焉，穷则于以守命焉"；范仲淹《与唐处士书》："圣人之作琴也，鼓天地之和而和天下"，《听真上人琴歌》"将治四海先治琴"[25]；欧阳修《送杨寘序》："声之至者能和其心之所不平。心而平，不和者和，则疾之忘也宜哉"[26]。

比较研究

现存已确定的伏羲式古琴实物的最早时代是唐代，除了元代之外，宋明清时期都有伏羲式古琴实物存世。总体来说

"九霄环佩"琴（图3）。伏羲式，盛唐，故宫博物院藏。桐木面板，杉木底板，蚌徽，紫檀木岳尾，白玉足，红木轸，紫檀护轸。通长124.0、隐间114.2、额宽21.8、肩宽21.2、尾宽15.4、最厚5.8厘米。琴体阔大厚重，形制浑厚古朴，琴面浑厚呈半椭圆形。项与腰两处内收部位上下边做圆，额下由轸池向上减薄斜出。承露圆角，长如岳山。焦尾明显，圆润不露棱角，结处较尖，其上凸雕灯草线两道。龙池、凤沼为扁长圆形，均有桐木贴格，贴格接口于龙池、凤沼口右侧中部。岳山长不至边，肩在三徽下，腰上至八徽上、下至十一徽下，足在九徽与十徽中间偏上，龙池上至四徽与五徽中间、下至七徽，凤沼上至十徽与十一徽中间、下至十三徽。腹内纳音隆

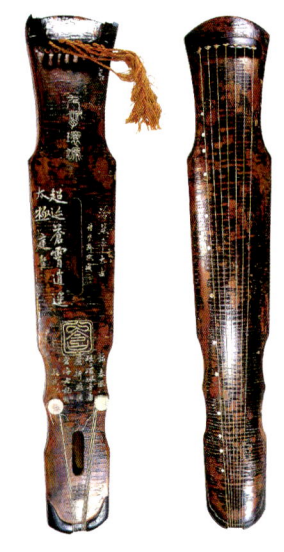

图3 故宫博物院藏"九霄环佩"琴

起，纳音中间开有宽2.5、深1.0厘米的长沟，长沟贯通纳音的始终。髹紫色漆，有剥落伤裂，后人用朱漆修补多处；纯鹿角灰胎；胎下有粗丝黄葛布底。琴背音松而有回响，按音温劲松透，纯粹完美，九德俱全。[27]

"春雷"琴（图4）。伏羲式，唐代，旅顺博物馆藏。桐木面板、木质古而松，鎏金铜徽。通长128.6、肩宽21.3、尾宽14厘米。琴体扁中带圆，琴面弧度较圆，琴面项、腰两边棱角无浑圆之象，琴底项、腰两处棱角浑圆，护轸之间、凤舌之下亦未见减薄迹象。圆形龙池与凤沼。岳山长不至边，肩在三徽下，腰上至八徽上、下至十二徽下，足在九徽与十徽中间，龙池上至五徽下、下至六徽下，凤沼上至十一徽上、下至十三徽下。龙池内纳音处有拼接痕。髹黑漆，原有底漆似为加有银粉的紫漆；鹿角灰胎；侧面脱漆处露葛布底。[28]

"大圣遗音"琴（图5）。伏羲式，中唐，王世襄旧藏。桐木面板，红木岳尾，金徽，青玉轸足。通长121.0、隐间112.6、额宽20.0、肩宽19.6、尾宽14.7、最厚5.0厘米。琴体古拙凝重，带明显圆势。圆形龙池，扁圆形凤沼。岳山长不至边，肩在三徽下，腰上至八徽上、下至十一徽，足在九徽与十徽中间，圆形龙池、长椭圆形凤沼，池中在六徽，凤沼上至十一徽上、下至十三徽。鹿角灰胎，栗壳色漆。[29]

"九霄环佩"琴（图6）。伏羲式，中唐，吴金祥藏。杉木斫、琴木质松黄，配以蚌徽，白玉制琴轸、雁足，岳山焦尾等均为紫檀制。通长120.5、隐间112.5厘米。岳山长不至边，肩在三徽下，腰上至八徽、下至十一徽下，足在九徽与十徽中间，池中在六徽，凤沼上至十一徽上、下至十三徽。琴身髹暗红色漆，鹿角灰胎，间以历代修补之墨黑、补漆等。[30]

"虞廷清韵"琴（图7）。伏羲式，北宋，赵涛藏。桐木面板，木质松黄。通长125.1、隐间114.5、肩宽21.8、尾宽15.7、厚6.0厘米。琴体宽大厚重。圆形龙池，椭圆形凤沼。岳山长不与边齐，肩在三徽，腰上至八徽上、下至十一徽下，足在九徽与十徽中间，龙池中在五六徽中，凤沼上至十徽下、下至十三徽。纳音微凸。琴背栗壳色，鹿角灰胎。郑珉中定为北宋官琴。[31]

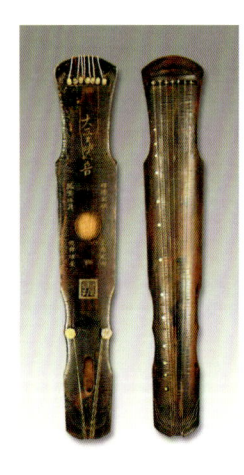
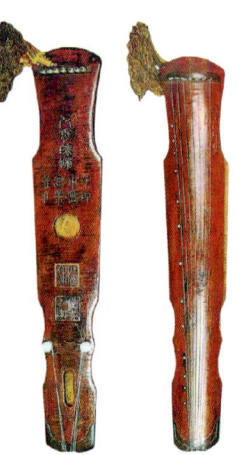

图4 旅顺博物馆藏"春雷"琴　　图5 王世襄旧藏"大圣遗音"琴　　图6 吴金祥藏"九霄环佩"琴　　图7 赵涛藏"虞廷清韵"琴

"龙门风雨"琴（图8）。伏羲式，明代，故宫博物院藏。桐木面板，蚌徽，青玉足，紫檀轸，黄杨岳尾。通长120.8、隐间111.0、额宽21.0、肩宽20.2、尾宽14.3、最厚6.0厘米。圆形龙池，扁椭圆形凤沼。岳山长不至边，肩在三徽下，腰上至八九徽，下至十二徽，足在十徽上，龙池中在七徽，凤沼上至十一徽下、下至十三徽下。黑漆上罩朱漆，瓦灰胎。[32]

"凤鹤"琴（图9）。伏羲式，明代，浙江省博物馆藏。通长124.0、隐间113.3、额宽19.4、肩宽21.5、尾宽14.5、最厚5.3厘米。琴体扁而宽。圆形龙池，扁椭圆形凤沼，均有竹簧镶边。

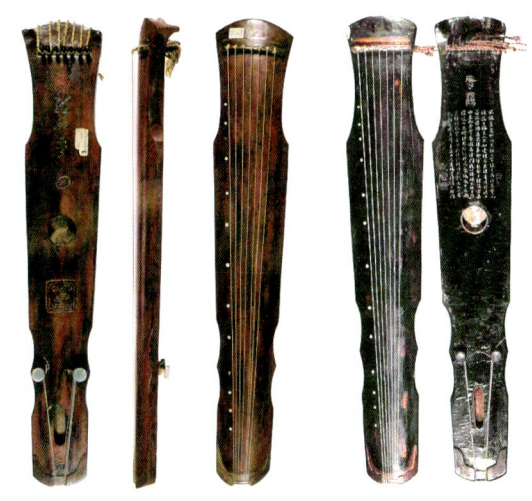

图8 故宫博物院藏"龙门风雨"琴　图9 浙江省博物馆藏"凤鹤"琴

岳山长与边齐，肩在三徽，腰上至八徽、下至十一徽，足在九徽与十徽中间，龙池中在六徽，凤沼上至十徽与十一徽中间、下至十三徽。黑漆，琴面局部露出朱色漆。[33]

"飞龙"琴（图10）。伏羲式，明代，浙江省博物馆藏。通长111.7、隐间101.8、额宽17.3、肩宽17.5、尾宽12.0、最厚5.2厘米。圆形龙池、凤沼。岳山长不至边，肩在二徽，腰上至八徽、下至十一徽，足在九徽与十徽中间，龙池中在六徽，凤沼中在十二徽与十三徽中间。琴面黑漆洒银，琴背黑漆；鹿角灰胎。[34]

"玉壶"琴（图11）。伏羲式，明代，浙江省博物馆藏。通长119.0、隐间108.6、额宽18.1、肩宽19.4、尾宽13.8、最厚5.7厘米。琴徽在右侧。圆形龙池，长方形凤沼。岳山长不至边，肩在二徽，腰上至八徽上、下至十徽上，足在九徽，龙池中在五六徽中，凤沼上至十徽、下至十二徽。朱漆。[35]

"神俊清奇"琴（图12）。伏羲式，清代，河北博物院藏。镀银铜徽，骨饰岳尾，青玉尾、足。通长120.3、隐间110.2、额宽21.8、肩宽19.0、尾宽12.5厘米。圆形龙池、凤沼，池径6.0厘米，沼径4.0厘米。岳山长不至边，肩在三徽上，腰上至八徽下、下至十一徽下，足在九徽与十徽中

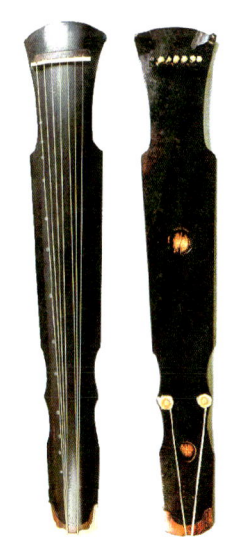

图10 浙江省博物馆藏"飞龙"琴　图11 浙江省博物馆藏"玉壶"琴　图12 河北博物院藏"神俊清奇"琴

间下，龙池中在五六徽，凤沼上至十一徽、下至十二徽。髹素棕黑漆。[36]

根据以上实物和笔者的统计：传世伏羲式古琴实物的形制大多较为接近，通长多在121.0厘米至124.0厘米之间，肩宽多在19.0厘米至21.0厘米之间，尾宽多在13.0厘米至15.0厘米之间，琴肩位置多在三徽上至三徽下，琴腰位置多在八徽上至十一徽下，琴足位置多在九十徽中，岳山几乎都不与边齐，龙池基本都是圆形，龙池池中位置多在六徽上或六徽，凤沼多为长椭圆形，凤沼沼中多在十二徽附近，漆色多为栗壳色等浅色；但部分实物的形制相互间差别也较大，比如通长最长可达

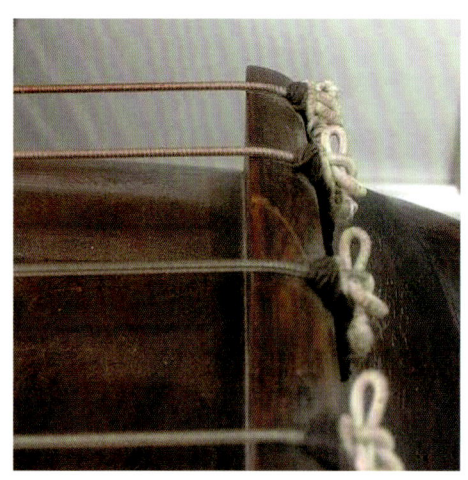

图 13 实用古琴的岳山

128.6厘米、最短才111.7厘米；从时代发展看，唐代至清代尺寸有逐渐变小的趋势。

使用古琴的岳山，都是靠近琴体一侧要稍高于靠近琴首一侧（图13），您知道是为什么吗？

传统古琴文化中的"琴禁"思想

"琴禁"思想是传统古琴文化中的最重要思想之一，影响深刻、深远。"琴禁"思想主要是基于琴乐的功能而言，"禁"就是约束人的内心思想，即"禁邪僻""禁淫僻""禁止淫邪""去邪欲""防心淫"，从而做到"守以自禁"，最终达到"修身理性，反其天真""正人心""玩琴以养心"的目的，倡导修身养性、陶冶情操。

"琴禁"思想的最初来源可以追溯到先秦时期。《左传·昭公元年》中记载有秦国名医医和以乐喻病的一段议论："先王之乐所以节百事也，故有五节，迟速、本末以相及。中声以降，五降之后不容弹矣。于是有烦手淫声，慆堙心耳，乃忘平和，君子弗听也。物亦如之，至于烦，乃舍也已，无以生疾。君子之近琴瑟以仪节也，非以慆心也"，指出琴乐的功用是为了节制自己，而不是为了放纵欲念；《左传·昭公二十年》中记载有晏婴和齐侯讨论音乐的对话："声亦如味，一气、二体、三类、四物、五声、六律、七音、八风、九歌以相成也，清浊、小大、短长、疾徐、哀乐、刚柔、迟速、高下、出入、周疏以相济也，君子听之，以平其心，心平德和"，指出琴乐的作用是为了平和人心。

两汉时期，"琴禁"思想基本形成。《史记》"乐音者，君子之所养义也。夫古者天子诸侯听钟磬未尝离于庭，卿大夫听琴瑟之音未尝离于前，所以养行义而防淫佚也"，其中"养行义而防淫佚也"即包含有"琴禁"思想。桓谭《琴道》中首次明确提出了"琴禁"思想："八音之中，惟丝最密，而琴为之首。琴之言禁也，君子守以自禁也。大声不震哗而流漫，细声不湮灭而不闻。八音广博，琴德最优，古者圣贤玩琴以养心"，"琴禁"即"守以自禁"，目的是"玩琴以养心"。然后被《白虎通》、蔡邕《琴操》、应劭《风俗通义》等所继承和发展：《白虎通》"琴者，禁也，所以禁止淫邪，正人心也"，提出"禁止淫邪"、以"正人心"；蔡邕《琴操》"昔伏羲氏之作琴，所以御邪僻，防心淫，修身理性，反其天真也"，提出"御邪僻，防心淫"，明确提出要"修身理性，反其天真"；《风俗通义》"琴之为言禁也，雅之为言正也，言君子守正以自禁也"，提出"守正以自禁"；《淮南子·泰族训》"神农之初作琴也，以归神杜淫，反其天心"，指出"归神杜淫"，以"反其天心"；杨雄《琴清英》"昔者神农造琴，以定神，齐（禁）淫僻，去邪欲，反天真者也"，指出"定神，齐（禁）淫僻，去邪欲"，以"反天真"。

"琴禁"思想可以从两个方面理解：一是琴音之禁，二是琴人之禁。

琴音之禁。《琴道》在明确提出"禁琴"命题之后，即指出"大声不震哗而流漫，细声不湮灭而不闻"，可见古琴之"禁"首先是作为对古琴之声音的规定而提出；《风俗通义》又解释"以为琴之大小得中而声音和，大声不喧哗而流漫，小声不湮灭而不闻"，要求古琴之"禁"要求琴音的音量大小适中；《白虎通》又指出"雅者，古正也，所以远郑声也。孔子曰：'郑声淫'何？郑国土地民人山居谷浴，男女错杂，为郑声以相诱悦铎。故邪僻声皆淫色之声也。……琴者，禁也，所以禁止淫邪，正人心也"，说明古琴为"禁"要禁淫邪，而存雅正之音。值得注意的是，"琴禁"对古琴之音的规定，目的在于通过正"音"来正"心"，"自古帝明王，所以正心、修身、齐家、治国、平天下者，咸赖琴之正音是资焉"，只有通过正"音"来正其"心"，才能完成修身、齐家、治国、平天下之大任，古琴的"琴禁"思想便是承载了这样一种意义的艺术，也是其艺术魅力所在。

琴人之禁。"琴禁"思想以正"音"来正"心"，禁淫邪反天真，明确包含了对弹琴之人的规定。唐代薛易简《琴诀》提出："鼓琴之士志静气静，则听者易分；心乱神浊，则听者难辨矣。常人但见用指轻利，取声温润，音韵不绝，句度流美，俱赏为能，殊不知志士弹之，声韵皆有所主也。……盖其声正而不乱，足以禁邪止淫也。……弹琴之法必须简静，非谓人静，乃手静也。手指鼓动谓之喧，简要轻稳谓之静。"认为欲使琴音"禁邪止淫"，就要求琴人"志静"与"气静"，另外还要做到"手静"；宋代司马承正《素琴传》"琴者禁也，以禁邪僻之情而存雅正之志，修身理性，返其天真。"朱熹《紫阳琴铭》"养君中和之止性，禁尔忿欲之邪心，乾坤无言物有则，我独与子钩其深。"

"琴禁"思想在明清时期出现了过度地解读，已经明显地歪曲了其原本的意义，比如：明代杨表正《弹琴杂说》"琴者，禁邪归正，以和人心。"紧接着就提出一系列的具体规定，以说明如何能"禁邪规正""和人心"："凡鼓琴必择净室高堂，或升层楼之上，或于林石之间，或登山巅，或游水湄，或观宇中，值二气高明之时，清风明月之夜，焚香静室，坐定，心不外驰，气血和平，方与神合，灵与道合。……如要鼓琴，要先须衣冠整齐，或鹤氅，或深衣，要知古人之象表，方可称圣人之器；然后浴水焚香，方才就榻，以琴近案，座以第五徽之间，当对其心，则两方举指法……"文中，为了达到"琴禁"的目的"对弹琴的时间、地点以及弹琴之人的姿势状态等各方面都提出了苛刻的具体要求，而这样的规定在现存的明清琴谱中常有出现。这些具体而又玄虚的仪式使得古琴艺术"禁"的文化理念似乎成为了单纯的教条和封建保守的代表"。[37]

参考文献

[1] （清）周子安. 五知斋琴谱. 北京：中国书店出版社，2003.

[2] （明）袁均哲. 太音大全集 //《续修四库全书》编纂委员. 续修四库全书 1092 子部·艺术类. 上海：上海古籍出版社，1996：245-304.

[3] （明）朱厚爝. 风宣玄品 // 文化部文学艺术研究院音乐研究所，北京古琴研究会编. 琴曲集成 第2册. 北京：中华书局，1980-11：1-380.

[4] （明）蒋克谦. 琴书大全. 北京：中国书店，2007-01.

[5] （明）胡文焕. 文会堂琴谱 // 四库全书存目丛书编纂委员会编. 四库全书存目丛书 子部 第74册. 济南：齐鲁书社，1995-9：1-198.

[6] （明）张大命. 太古正音琴经 //《续修四库全书》编纂委员编. 续修四库全书 1093 子部·艺术类. 上海：上海古籍出版社，1996：393-501.

[7] （明）孙丕显. 琴适 // 文化部文学艺术研究院音乐研究所，北京古琴研究会编. 琴曲集成 第8册. 北京：中华书局，1989-2：1-68.

[8] （明）朱晞. 古音正宗. // 文化部文学艺术研究院音乐研究所，北京古琴研究会. 琴曲集成 第9册. 北京：中华书局，1982-11：241-380.

[9] （清）孔兴诱. 琴苑心传全编 // 文化部文学艺术研究院音乐研究所，北京古琴研究会. 琴曲集成 第11册. 北京：中华书局，1992-6：247-253.

[10] （清）汪天荣. 德音堂琴谱 // 文化部文学艺术研究院音乐研究所，北京古琴研究会编. 琴曲集成 第12册. 北京：中华书局，1994-10：445-583.

[11] （清）唐铭彝. 天闻阁琴谱 // 文化部文学艺术研究院音乐研究所，北京古琴研究会编，琴曲集成 第25册. 北京：中华书局，1992-6：99-107.

[12] 郑珉中. 漫谈中国古琴珍萃中的唐琴 [J]. 收藏家，2001（5）：35-39.

[13] 中国艺术研究院音乐研究所，北京古琴研究会编. 中国古琴珍萃 图集 [M]. 北京：紫禁城出版社，1998.

[14] 蔡仲德注释. 中国音乐美学史资料注释 第2版 [M]. 北京：人民音乐出版社，2004：40.

[15] （汉）班固撰；王继如主编；王华宝，谢秉洪副主编. 汉书今注 3. 南京：凤凰出版社，2013-1：1486.

[16] 蔡仲德注释. 中国音乐美学史资料注释 第2版 [M]. 北京：人民音乐出版社，2004：346-347.

[17] 蔡仲德注释. 中国音乐美学史资料注释 第2版 [M]. 北京：人民音乐出版社，2004：353.

[18] （汉）桓谭著. 新论 [M]. 上海：上海人民出版社，1977-6，63，64.

[19] 苗建华. 古琴美学思想研究 [M]. 上海：上海音乐学院出版社，2006-8：119-120.

[20] 蔡仲德注释. 中国音乐美学史资料注释 第2版 [M]. 北京：人民音乐出版社，2004：125.

[21] 蔡仲德主编. 中国音乐美学史下 [M]. 北京：人民音乐出版社，2004：607-619.

[22] 蔡仲德注释. 中国音乐美学史资料注释 第2版 [M]. 北京：人民音乐出版社，2004：434.

[23] 苗建华. 古琴美学思想研究 [M]. 上海：上海音乐学院出版社，2006-8：555.

[24]（北宋）朱长文.琴史 // 王耀华，方宝川主编.中国古代音乐文献集成 第 2 辑 2[M]. 北京：北京图书馆出版社，2012-10：89-325.

[25] 蔡仲德注译，中国音乐美学史资料注译：增订版（第二版），人民音乐出版社，2004-03 第 2 版：161.

[26] 蔡仲德注译，中国音乐美学史资料注译：增订版（第二版），人民音乐出版社，2004-03 第 2 版：16 3.

[27] 郑珉中主编；故宫博物院编.故宫古琴 [M]. 北京：紫禁城出版社，2006.
中国艺术研究院音乐研究所，北京古琴研究会编.中国古琴珍萃 图集 [M]. 北京：紫禁城出版社，1998-10：19.

[28] 中国艺术研究院音乐研究所，北京古琴研究会编.中国古琴珍萃 图集.北京：紫禁城出版社，1998-10：22.

[29] [30] 刘岐荣.唐琴综述 [J]. 收藏家，2015（7）：15-22.

[31] 中国艺术研究院音乐研究所北京古琴研究会编；吴钊主编.中国古琴珍萃 全1册 增订版 [M]. 北京：文化艺术出版社，2015：18.

[32] 中国艺术研究院音乐研究所北京古琴研究会编；吴钊主编.中国古琴珍萃 全1册 增订版.北京：文化艺术出版社，2015：129.

[33] 王静主编.非凡的心声 世界非物质文化遗产中的中国古琴 [M]. 北京：中国摄影出版社，2011：116.

[34] 王静主编.非凡的心声 世界非物质文化遗产中的中国古琴.北京：中国摄影出版社，2011：126.

[35] 王静主编.非凡的心声 世界非物质文化遗产中的中国古琴.北京：中国摄影出版社，2011：122.

[36]《中国音乐文物大系》总编辑部编.中国音乐文物大系 2 河北卷 [M]. 开封：河南教育出版社，2008：109.

[37] 张娣.论中国古琴艺术之"禁"的观念 [J]. 首都师范大学学报（社会科学版），2011（3）.

红绿釉陶鸮壶

作者：张滢

红绿釉陶鸮壶，陶器，汉代，两壶均通高17.5厘米，腹围34.00厘米，河南省济源泗涧沟汉墓出土，现藏河南博物院。

深度品鉴

1969年11月到12月，河南省博物馆和新乡市文化部门在济源轵城南约两公里的泗涧沟进行汉代墓葬发掘，发掘出一批丰富的随葬器物，其中鸮形壶、龟座博山炉、陶碓和风车、桃都树等陶器极具特色。编号为M16的西汉后期墓葬为一座长方形的单室墓，墓葬出土2件红绿釉陶鸮壶，两件鸮形陶壶并列放置在棺的东侧中部[1]。

这两件鸮壶大小尺寸一致，均为泥质红陶，头部施以红褐釉，背和腹部施绿釉，双翅施黄绿釉，并塑有羽毛状的纹饰，平底。壶整体呈静立站姿鸮鸟形象；圆而大的脸上，双目圆睁，注视前方，双耳呈略不对称式竖起，似在警戒，嘴短粗前端成下钩状；尾部着地，身体部分塑出双翅和爪，胸前和双翅塑有羽毛，呈波浪状，造型栩栩如生。这两件鸮壶的壶首与壶身并非一体，鸟身即是壶体，内部中空，头部即是壶盖，有子母口，可转动或与壶身盖合，构思巧妙（图1、2）。发掘出土时，前胸无刻画羽毛装饰的鸮壶基本完整，另一件壶头部残损，经修复复原。

这两件陶鸮壶壶体圆润饱满，十分形象的模拟了鸮鸟站立的姿态，壶首部塑造精致写实，一反汉代以前鸮鸟形象敏锐狞厉

图 1 陶鸮壶头部壶盖接口

图 2 陶鸮壶贴塑羽毛细节

的威严之感，反而多了一分淳朴的生活气息，反映汉代鸮形象与商周时期截然不同的文化内涵。

文化解读

鸮，俗名猫头鹰，古称鸱、枭、鸱鸺、鸱鸮、鸱枭、服鸟等。是世界上分布最广的鸟类之一。鸮以鼠类为主要食物，昼伏夜出，善闻死腐动物之气，鸣叫声凄厉，飞行时无声，因此在人类眼中充满神秘感。

鸮在漫长的进化过程中始终和人类保持着不可分割的关系。在欧洲，人们普遍对鸮鸟抱有友好和喜爱的态度。古希腊人对鸮非常崇拜，认为它是智慧的象征，同时也是古希腊神话中智慧女神雅典娜的象征和化身；加拿大温哥华印第安人的后裔仍保留鸮的图腾，不但有大型木雕的鸮形象，而且有模仿鸮捕获猎物的舞蹈；英国人认为鸮智商高超，能够通晓人类的感情和语言。在亚洲，不同的国家和地区对鸮的态度褒贬不一，反差极大，有的将其视作幸福、美满的象征，有的则视其为不祥和恐怖的化身。在日本，日语"鸮"的发音谐音与"福"接近，人们称它为福鸟。而在印度和中国，人们通常把鸮视为不祥之物，厌恶而惧怕。

鸮在中国的形象演化，大致上经历了一个从神圣、被崇拜的动物到被视为不祥恶鸟的过程。

早在新石器时期，鸮的地位非常高崇，被人们看做一种神圣的动物，生活在黄河、长江流域的先民通过模仿鸮鸟的形态来制造不同材质的祭器。1979 年，辽宁朝阳市牛河梁村发现一个距今 5500 年的红山文化遗址，遗址范围内的女神庙出土了一件精美绝伦的玉鸮，整件玉鸮运用玉雕阴刻的手法，刻划出鸮鸟眼大喙尖、展翅飞翔的状态，这是我国目前发现最早的一件以鸮为题材的玉质艺术品（图 3）。陕西西华县出土的仰韶文化红陶猫头鹰头（图 4），双目圆睁，眼眶一周饰

图 3 辽宁牛河梁女神庙玉鸮

图 4 陕西西华县仰韶文化红陶猫头鹰头

锯齿纹，喙长而内钩，双耳缺失，头部满饰的锥刺状纹酷似羽毛，栩栩如生。除此以外，红山文化出土的大量玉鸮、绿松石鸮，陕西华县出土仰韶文化巨型陶鸮鼎，甘肃、青海马家窑文化和齐家文化的鸮面陶罐，长江流域石家河文化的陶鸮塑像等大量的鸮形祭祀用器，是鸮被人们纳入原始宗教的体现，表明鸮鸟是普遍和重要的崇拜对象。

进入商代以后，鸮鸟的形象更加突出而广泛地出现在青铜器、玉器、石器和陶器等多种材料的器物上，铜鸮形器、玉鸮（图5）、石鸮等鸮形制品被作为具有祭祀礼天功能的礼器和祭器。在商代较高级别的墓葬中，往往会有鸮尊和鸮卣的出现。出土于殷墟妇好墓的鸮尊，铸工精湛、姿态生动，通体布满饕餮、云雷、羽、蝉等8种纹样，反映出庄严狞厉的审美倾向和强烈而浓厚的宗教色彩（图6）。仅河南安阳殷墟妇好墓一座墓就出土有玉鸮牌饰、鸮形玉梳、鸮形玉雕等多件。与此同时，在数量众多的青铜器上也饰有惟妙惟肖的鸮形纹饰，繁缛精致，也都是商人敬鸮尚鸮的体现。

西周初期以后，鸮的形象逐渐减少，不再作为青铜礼器，只加工成小型玉器，这可能与周灭商的原因有关。战国时期，鸮逐渐演变成为邪恶的象征，《诗经·鸱鸮》云"鸱鸮，鸱鸮，既取我子，无毁我室"，说明当时人们对鸮怀有了厌恶之感。

汉代中原地区人们认为鸮鸟不祥不孝，会带来厄运和灾难。《汉书·杨雄列传》"今子乃以鸱枭而笑凤凰，执蝘蜓而嘲龟龙，不亦病乎"是人们认为鸮鸟带来灾祸的记载。《说文解字》中"枭，不孝鸟也。"，以及《正字通·木部》"枭，鸟生炎州，母妊子百日，羽翼长，从母索食，食母而飞"的记载，都是汉人把鸮鸟看做不肖恶鸟的佐证[2]。汉代以孝治天下，忠孝是当时人们所奉行的重要准则，对鸮"不孝""不忠"的厌恶、畏惧大概是造成汉初人们大量捕杀鸮鸟主要的原因。

随葬鸮俑和鸮壶的风俗起源于西汉，发端在统治中心区的中原河南、山西、山东地区，汉王朝抗击北方少数民族的过程中，这一风俗对内蒙古、宁夏等地区产生了重大

图5 殷墟妇好墓玉鸮　　图6 殷墟妇好墓鸮尊

图7 宁夏银川汉墓陶鸮俑

影响（图7）。东郡，西汉时位于现在河南省东北部、山西南部和山东省西部部分地区，多鸮鸟出没，《史记·孝武本纪》引三国魏如淳注："汉使东郡送枭，五月五日为枭羹以赐百官。以恶鸟，故食之。"[3]因而，当时这些地区有对鸮鸟灭其族、俑而葬之辟邪的习俗。河南新乡，西汉时期属河内郡，东侧紧邻东郡，受到东郡地区影响，西汉时期捕杀鸮鸟的风气兴盛，因而发掘鸮形器较多[4]。

内蒙古磴口地区，古代地理位置上位于秦汉长城之内，西汉属朔方郡临戎县。汉武帝征伐匈奴之后，继而在昭帝、宣帝和元帝时期，陆续移民150万人在周边地区屯田、戍边[5]。这些内地迁徙而来的汉人及其后代，沿袭了原有汉文化观念和生活习俗，并影响着当地民族的生活。磴口地区发掘的汉代墓葬数量较多，汉文化中恶鸮的观念，以及中原地区以鸮形器随葬的习俗在这一地区得以延续。

西汉早期和中期，随葬鸮俑体型较瘦长，比较接近真实鸮鸟的体态，显得庄严，作为墓主人在冥间降魔驱邪的镇墓之用。到西汉晚期，由于大量捕杀，东郡及周边地区鸮鸟数量急剧减少，这一时期以鸮俑随葬的现象也较为少见。由于鸮鸟锐减，鼠作为鸮的食物，数量反而增多为患，加之这一时期汉墓中的明器多随葬模型化的生活用陶器，人们把鸮善于捕鼠的特性融入对鸮俑功能的改进，形成肥硕中空的鸮壶，寓意为盛放粮食的陶器，以期防范鼠患，使墓主人在冥间生活富足无忧。东汉初期，出土鸮形器的墓葬锐减，鸮形器逐渐绝迹。

比较研究

汉代墓葬中出土的鸮形器主要有鸮俑和鸮壶两种，分布地域也相对集中。根据目前公布的考古资料，全国汉墓出土鸮俑和鸮壶约有120多件，集中在河南、山西、内蒙古三省，山东、宁夏也有少量出土。其中，河南地区主要的出土地点是新乡，也涉及到济源、三门峡、灵宝；山西主要出土在侯马地区，内蒙古主要在磴口县境内。汉墓出土的鸮壶数量较少，经科学考古发掘出土的仅60多件[6]。

从汉代墓葬发掘情况来看，河南和内蒙古地区出土的鸮俑和鸮壶总数最多，河南地区出土的鸮俑较多，鸮壶较少，而内蒙古地区出土的鸮壶较多，鸮俑罕见。河南地区一座汉代墓葬出土数件鸮俑的情况较多，个别墓葬出土1-2件鸮俑，出土鸮壶基本是一墓1件；内蒙古磴口县境内出土鸮壶一般是一墓1件，个别墓葬一墓出土2件；山西侯马地区出土绝大多数为鸮俑，一般是一墓1件[7]。

1950年至1952年，中国科学院考古研究所在河南辉县境内进行考古发掘，在琉璃阁发掘17座汉代墓葬，其中10座墓葬出土22件陶鸮壶（瓶），

图8 辉县琉璃阁汉墓出土陶鸮壶

均手捏塑或模制，鸮头插入鸮身接口部，两足和尾部做三点支撑。模制的鸮身印有羽毛状纹样。（图8）[8]。

1992年9月，三门峡市文物工作队在209国道三门峡段与三门峡市晴山路交叉口立交桥进行考古发掘工作，发现一批古代墓葬，其中有2座汉墓，一座编号为M4的西汉晚期墓葬出土1件陶鸮壶（图9）。该壶通高26厘米，为蹲式鸮形，壶口在头顶两立耳间，二眼圆睁，翅、尾紧贴于体自然下垂，羽纹用阴线刻出。泥质红陶，外饰绿釉，眼、耳、啄、腿等部位饰黄褐釉[9]。

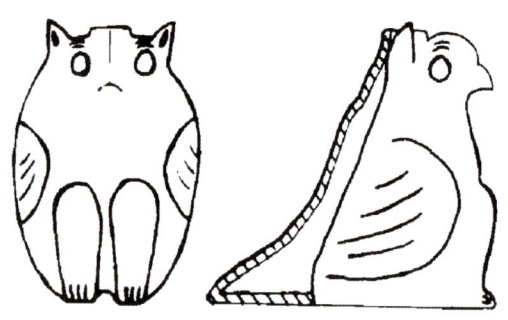

图9 三门峡汉墓鸮形陶壶线图

鄂尔多斯市东胜区漫赖村出土的一件西汉晚期黄釉鸮形双系带盖壶（图10），通高21.5厘米，口径8.7厘米。鸮壶为泥质陶胎，通体施黄釉，呈蹲立之姿，壶头部即是壶盖，壶腹部为鸮身，平底下有三枚乳钉足。鸮头圆形，双目圆睁，注视前方，双耳呈略不对称式竖立，嘴短粗前端成下钩状；身体两侧贴塑双翅，没有刻画纹饰，双翅上方靠近脖颈处有两个突出的钮，有穿孔可系绳；壶体脖颈短粗，壶盖有子母口，可转动或与壶身盖合。这件鸮壶整体显得圆润肥硕，与河南泗涧沟出土的红绿釉陶鸮壶及其神似。

1993年，内蒙古磴口县金沙套海粮油基地规划区清理发掘出一批西汉晚期汉墓，出土11件陶鸮壶（图11）。这批鸮壶通高在14厘米到19厘米之间，呈站立或蹲踞式，圆鼓形壶身中空，扁圆形壶首，钩嘴圆目，壶头顶部开口，口上配有模印纹饰小盖。令人瞩目的是，鸮壶腹内多残留有谷黍朽壳[10]。

1992年10月和1993年6到7月，内蒙古文物考古研究所与巴彦淖尔盟文物工作站两次对磴口县纳林套海农场进行抢救性发掘，共发掘出王莽至东汉时期墓葬45座，出土数件陶鸮壶。编号为M21的墓葬出土1件鸮壶。折肩鸮壶为泥质灰陶，陶壶通高17.6厘米，由头和身体两部分构成，形象较生动。鸮壶头部以半写实的手法做出鸮的嘴、眼睛和耳，头顶部开口，口上有一圆形小盖，上饰三蒂或四蒂；

图10 黄釉鸮形双系带盖壶

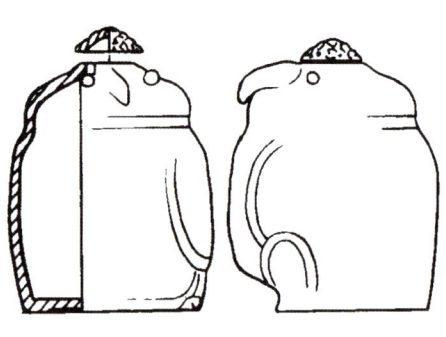

图11 金沙套海汉墓鸮形陶壶线图

图12 纳林套海汉墓鸮形陶壶

身体部分刻划鸮的翅膀和腿，壶底平坦，虽结构简单，但完整模拟了猫头鹰的姿态（图12）[11]。

1992年10到11月，内蒙古磴口县包尔陶勒盖农场清理发掘一批西汉中期到东汉早期汉墓，出土的一批陶鸮壶与纳林套海农场所出鸮壶极为相近。编号为M16的墓葬中出土的一件陶鸮壶，通高17.7厘米，由头和身体两部分构成。壶头顶部开口，口上有一伞形小盖，盖上饰山形纹，头部以半写实的手法做出鸮的嘴、眼睛和耳；身体部分圆鼓腹，腹侧刻划出翅膀和腿，身后有尾，壶底平坦（图13）[12]。

图13 包尔陶勒盖汉墓出土陶鸮壶线图

那么，鸮壶的出土是否有规律可循？从出现时间上看，西汉早期，鸮形陶俑随葬年代最早的出现在河南新乡，山西、内蒙古没有发现鸮俑或鸮壶；西汉中期，继河南之后，山西侯马地区也发现鸮俑的随葬，且全部为鸮俑；西汉晚期，内蒙古河套地区才出现以鸮壶随葬的现象，并延续到东汉早期。从发掘数据来看，西汉早期到中期，河南地区出土鸮俑约45件，仅有鸮壶2件，山西侯马出土鸮俑11件；西汉晚期，河南地区出土鸮壶不到30件，并没有发现鸮俑；从西汉晚期到东汉初期，内蒙古地区出土鸮壶约40件，没有发现鸮俑；宁夏、山东等地发现鸮俑零星数件。据此推断，汉代墓葬随葬鸮形器，从流行鸮俑到被鸮壶取代，大致经历了从河南逐渐向北传播，即由中原地区逐渐向北方少数民族地区流布的过程[13]。

从考古发掘资料分析，通过对河南地区和内蒙古地区出土的鸮壶比对，以鸮壶随葬的现象出现在西汉晚期，并延续到东汉早期是确切的。这一阶段公布的考古资料显示，这两个地区出土陶鸮壶施釉的非常罕见，大多数素面或彩绘装饰，手捏塑或模制，形象不是很整齐。大多数壶体高度大约在14厘米到19厘米的范围，个别体型较大，达20多厘米，造型上极为相似，都塑成或蹲或立的鸮形，扁圆脸敛颈，鼓腹中空，双翅收敛。不同的是，河南地区的鸮壶主要把整个头部作为壶盖，在颈部设置子母口供拆卸，内蒙古地区的鸮壶主要把头部的头顶作为壶盖。从内蒙古地区出土的鸮形壶内有残余谷壳来看，相比中原地，该地区鸮壶有模拟实用的寓意。

红绿釉陶鸮壶是实用生活用具吗？为何河南和内蒙古地区出土的陶鸮壶较多？

河南地区汉代墓葬的陶塑动物

陶塑动物是两汉墓葬随葬陶俑中非常重要的一类，河南汉代墓葬中出土的陶塑动物俑数量庞大，依据动物种类可以将其分为陶家禽家畜类、陶非驯养类以及陶神兽类动物俑三类。

陶家禽家畜俑主要是指我国古代的六畜，是和人类生活息息相关的禽畜类动物，包括陶狗、陶牛、陶马、陶猪、陶鸡、陶羊、陶鸭等；陶非驯养类动物一般是指自然界的野生动物，有陶虎、陶鸟、陶熊、陶蟾蜍、陶鱼等；陶神兽类动物是揉合了自然动物特征的臆想中的神兽，有陶天禄、陶辟邪、陶镇墓兽等。

西汉早、中期为萌芽期，这一时期的汉墓中出土陶塑动物数量较少，品种较单一，出土地区以新乡和南阳为主，艺术风格明显地继承了秦代陶塑艺术的风格特征。

西汉中期至东汉早期为发展期，这一时期陶塑动物的出土数量大幅增加，题材广泛，制作技艺逐渐成熟，类型也趋于多元化，家禽家畜类动物仍占主流地位，一些人们臆测中具有神力的动物也开始出现。

东汉中期至晚期为陶塑动物的繁荣期，这一时期伴随着庄园经济的大规模发展，社会生活富足安定，明器的制作也围绕谷粮满仓，六畜兴旺等题材进行。陶塑动物模型广泛分布于河南各个地区，野生动物及"祥禽瑞兽"较东汉早期更多出现，动物型器皿也更为广泛的出土于墓葬之中，表现出浓郁的社会自然生活气息。不仅从内容上丰富了汉代陶塑动物，也从功能上实现了创新[14]。

参考文献

[1] 河南省博物馆. 济源泗涧沟三座汉墓的发掘 [J]. 文物，1973（02）：46-54+69.
[2][5] 内蒙古文物考古研究所 魏坚. 内蒙古中南部汉代墓葬 [M]. 北京：中国大百科全书出版社，1998：351.
[3][4][6][7] 张抒. 汉代墓葬出土鸱枭俑（壶）浅析 [J]. 考古与文物，2010（02）：86-89.
[8] 中国科学院考古研究所. 辉县发掘报告 [M]. 北京：科学出版社，1956：60-61.
[9] 三门峡市文物工作队. 三门峡市立交桥西汉墓发掘简报 [J]. 华夏考古，1994（01）：12-21.
[10] 魏坚. 巴彦淖尔汉墓 沙金套海墓葬 [A]. 内蒙古中南部汉代墓葬 [C]，1998：49.
[11] 魏坚. 巴彦淖尔汉墓 纳林套海墓葬 [A]. 内蒙古中南部汉代墓葬 [C]，1998：47.
[12] 魏坚. 巴彦淖尔汉墓 包尔陶勒盖墓葬 [A]. 内蒙古中南部汉代墓葬 [C]，1998：21.
[13] 谌璐琳. 河套地区汉墓出土鸮壶述略 [J]. 肇庆学院学报，2011（03）：52-56.
[14] 中国硅酸盐学会. 中国陶瓷史 [M]. 北京：文物出版社，1982：1-454.

"飞泉漱玉"琴

作者：顾永杰

"飞泉漱玉"琴，木漆器，明代，蕉叶式，通长123.0厘米、宽20.0厘米，现藏河南博物院。

深度品鉴

"飞泉漱玉"琴。梧桐木面板，硬木底板，硬木承露、岳山、焦尾、琴珍、龙龈、尾拖和龈托，螺钿徽、形制规整、徽径较大，硬木圆足；酱紫色漆，漆色光亮，漆面较粗糙。琴体厚重，琴体边棱圆润、有做圆迹象；小圆弧形琴首，琴头边棱圆润，内洼弧形项，琴肩在二徽与三徽中间位置，琴肩凸出

图1 "飞泉漱玉"琴背面

较圆，琴首无明显护轸设置、只是底板在琴首处下凸以作护轸之用，琴体两侧自肩至尾对称有七个上下起伏的波浪状设置、琴体两侧边较薄，足在十徽偏上位置，琴体尾端呈外凸圆弧形，龈口内收；承露方角、长与岳山齐，岳山规整、长不至琴边，焦尾结处较尖，焦尾表面光滑未刻纹饰，尾拖整体呈圆弧状、较短小；长方形龙池、凤沼；琴底项部刻楷书"飞泉漱玉"四字。

蕉叶式，又称刘伯温式，相传为明代刘伯温所创制，因其形制酷似一把展开的蕉叶，所以亦称为蕉叶式。在存世的六种明清文献中有关于蕉叶式古琴样式的记载（表1）：明代天启三年（1623年）刊印的《乐仙琴谱》[1]、崇祯七年（1634年）刊印的《古音正宗》[2]，清代康熙九年（1670年）刊印的《琴苑心传全编》[3]、康熙三十一年（1692年）刊印的《德音堂琴谱》[4]、康熙六十年（1721年）刊印的《五知斋琴谱》[5]、光绪二年（1876年）刊印的《天闻阁琴谱》[6]。

表1　　　　　　　　　　主要明清文献记载的蕉叶式古琴图样

文献	乐仙琴谱	古音正宗	琴苑心传全编	德音堂琴谱	五知斋琴谱	天闻阁琴谱
图样						

六种明清文献中记载的蕉叶式图样较为一致：整个琴形似一张开的芭蕉叶，圆弧形首，首端有一叶柄状凸起，圆弧形额，琴体两侧边作波浪形、上宽下窄。

现在较一致的蕉叶式古琴定名习惯与明清文献中记载的蕉叶式图样不完全一致，而是将与图样较像似的实物都定名为蕉叶式，较典型的传世古琴实物如故宫博物院藏明代"蕉叶听雨"琴（图2）：琴体浑圆，圆弧形琴额、较尖，琴体中上部较宽、至头尾逐渐变窄，琴体两侧起伏较小，琴面中部自一徽附近至琴首有一逐渐加深、加宽的凹槽，琴首下链接凹槽有一叶柄状凸起，琴底中央自首至尾开有凹槽，琴底周边有较窄波浪形下凸。

根据现有定名习惯，在笔者搜集到的现已公开资料的近600张存世历代古琴实物中，伏羲式古琴只有20张左右，其中明代16张、清代4张。河南博物院收藏的这张蕉叶式"飞泉漱玉"琴，形制比较独特且保存完好，是研究传统蕉叶式古琴的珍贵实物资料。

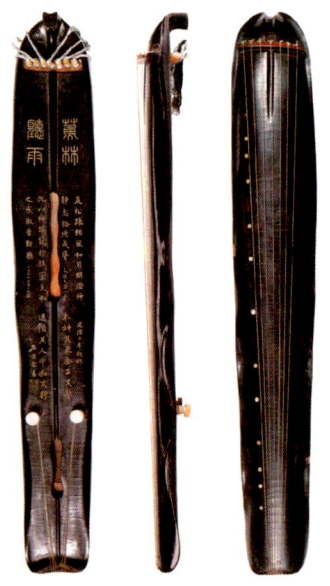

图2　故宫博物院藏明代"蕉叶听雨"琴[7]

文化解读

琴乐审美是传统古琴文化中非常重要的内容，其至迟自商周时期已经开始萌芽，在两汉时期大致定型，两汉之后缓慢发展。总体来说以"和"即"中和""平和"以及后来的"淡和"为美，肯定琴乐的表现力，反对烦手淫声，排斥郑声、悲乐、俗乐。[8]

先秦时期。先秦时期是琴乐思想的形成时期，肯定琴乐的丰富表现力，反对烦手淫声、慆堙心耳，排斥新声、悲乐。比如：《左传·昭公元年》"先王之乐所以节百事也，故有五节，迟速、本末以相及。中声以降，五降之后不容弹矣。于是有烦手淫声，慆堙心耳，乃忘平和，君子弗听也"[9]，指出琴乐要以中声、平和为美，反对烦手淫声；《左传·昭公二十年》"……清浊、小大、短长、疾徐、哀乐、刚柔、迟速、高下、出入、周疏以相济也""若以水济水，谁能食之？若琴瑟之专壹，谁能听之"，认为琴乐要平和，琴声要丰富、协调、相辅相成，不能音调单一，明确琴乐的美在和而不同。

两汉时期。这一时期的琴乐审美在延续先秦时期琴乐审美的基础上，进一步完善，以中和、平和为美，崇尚雅乐，肯定琴乐的表现力，反对烦手淫声，排斥新声、悲乐。比如：《史记》"大弦浊以春温者，君也；小弦廉折以清者，相也""琴音调而天下治"[9]，要求琴乐要合乎礼仪制度；桓谭《琴道》[10]"昔神農氏繼宓羲而王天下……始削桐為琴，繩絲為絃，以通神明之德，合天地之和焉""八音之中，惟絲最密，而琴為之首……大聲不震嘩而流漫，細聲不湮滅而不聞。八音廣博，琴德最優"，要求琴乐要平和、要"合天地之和"、要"大声不震哗而流漫，细声不湮灭而不闻"，排斥烦手淫声；《风俗通义》[11]"琴之大小得中而声音和，大声不喧哗而流漫，小声不湮灭而不闻"，突出琴声的和；蔡邕《琴赋》[12]"通理治性，恬淡清溢""繁弦既抑，雅韻乃揚"；傅毅《琴赋》[13]"盡聲變之奧妙，抒心志之鬱滯。絕激哇之淫"。

魏晋至隋唐时期。主要表现为以中和、平和、恬淡为美，肯定琴乐的丰富表现力，虽然阮籍、嵇康等人有以悲为美的倾向，但总体来说依然是以排斥郑声、悲乐仍然是主流。比如：阮籍提出以"平和恬淡"为美的审美准则，要求琴乐要整齐划一，排斥烦手淫声；[14] 嵇康崇尚自然、以和为美、肯定琴乐的丰富表现力，《琴赋》[15]"含天地之醇和兮，吸日月之休光""鸾凤和鸣戏云中"；谢希逸《琴论》[16]"若夫心意感发，声调谐应，大弦宽和而温，小弦清廉而不乱，攫之深，醳之愉，斯为尽善矣"，突出琴乐的协调、平和；白居易强调恬淡平和，排斥俗乐、郑声，《清夜琴兴》"清冷由木性。恬淡随人心。心积和平气，木应正始音"，《邓鲂张彻落第》"古琴无俗韵，奏罢无人听""众耳喜郑卫，琴亦不改声"，《废琴》"丝桐合为琴，中有太古声。古声淡无味，不称今人情"[17]。

宋元明清时期。认可琴乐的表现力，以淡和、中和、平和为美，强调琴声的清、静、远，排斥郑声、民乐和新声。《琴史》[18]肯定琴乐的表现力，"夫八音之中，惟丝声于人情易见，而丝之器，莫贤于琴"；范仲淹要求琴乐要中和、雅正，排斥民乐和新声，《与唐处士书》"盖闻圣人之作琴也，鼓天地之和而和天下，琴之道大乎哉""'清厉而静，和润而远'……'清厉而弗静，其失也躁；清厉而弗远，其失也佞；弗躁弗佞，然后君子，其中和之道欤'"；欧阳修要求琴乐要平和，《送杨置序》"心而平，不和者和,则疾之忘也宜哉"[19]。

"和"简单来说就是"和谐,相应,协调"的意思,[20] 其作为中国传统音乐审美的范畴由来已久,至迟在春秋时期就已经出现:《国语·郑语》"和实生物,同则不继""和六律以聪耳""声一无听",《左传·襄公二十九》"五声和,八风平,节有度,守有序",《左传·襄公十一年》"如乐之和,无所不谐"。音乐之和也即琴乐之和,就是"迟速、本末以相及""清浊、小大、短长、疾徐、哀乐、刚柔、迟速、高下、出入、周疏以相济"。

"中和""平和"的审美在春秋战国时期已经形成:《国语·周语下》"政象乐,乐从和,和从平。声以和乐,律以平声""咏之以中音""大不出均","中声以降,五降之后不容弹矣。于是有烦手淫声,慆堙心耳,乃忘平和",《说苑·修文》"执中以为本""奏中声,为中节"。这里的"中声"是指音高、速度、节奏都适中的、有节制的音乐,具体说来就是五声"大不逾宫,细不过羽",或者说凡是能使人保持平和之心的音乐即为中声,中声这一范畴后被荀子发展为中和,《荀子·乐论》"乐者,天下之大齐也,中和之纪也"。"'和'要求'平和',反对过与不及,'中'要求合度,反对过度与不及度,二者是相通的,'中'而不'淫'就是'平和',也就是'和'"。[21] 中和、平和强调和而不同、肯定音乐丰富的表现力——"迟速、本末""清浊、小大、短长、疾徐、哀乐、刚柔、迟速、高下、出入、周疏""若以水济水,谁能食之?若琴瑟之专壹,谁能听之",和与同相对,和才有美,同则无美;认同"君子听之,以平其心,心平德和"。

"淡和"萌芽于《老子》,形成于宋代。"淡"出自《老子·三十五章》"道之出言,淡兮其无味",宋代的周敦颐以儒家思想为基础提出"淡则欲心平,和则躁心释"的"淡和"说,被后代琴人所接受。淡和,强调"使听之者游思缥缈,娱乐之心不知何去,斯之谓淡……吾调之以淡,合乎古人,不必谐于众"(《溪山琴况》),强调"节有度,守有序,无促韵,无繁声,无足以悦耳,则诚淡也。至淡之旨,其旨愈长,唯其淡也,而和亦至焉矣"(《乐经律吕通解·乐教第七》),追求一种淡至无味,使人无欲的"至淡之旨"。淡和融合了中和、平和,同时也限制了琴乐的表现力。[22] "烦手"即演奏中复杂多变的手法;"淫声"与中声相对,指超出了中声范围过度追求音响效果、速度变化无节制的音乐[23];"郑声"相对于"雅乐",在内容与形式上都是淫而不是和,有悖于中和、平和;[24] 悲乐,即以悲为美,以不平为美。[25]

比较研究

"古呆"琴[26](图3)。蕉叶式,明代,故宫博物院藏。桐木面板,无底,蚌徽,青玉轸,紫檀木岳尾。通长121.2厘米、肩宽7.5厘米、尾宽12.3厘米。岳山长几与边齐,足在九徽与十徽中间下。黑漆微现紫色;八宝灰胎。

无名琴[27](图4)。蕉叶式,明代,中国艺术研究院音乐研究所。桐木面板,紫檀岳尾,寿山石徽,檀木焦尾、尾托。通长122.0厘米、肩宽18.4厘米、尾宽14.0厘米。琴面弧度近半圆形,两侧极薄,左右对称起伏如蕉叶状。龙池、凤沼皆作椭圆连弧形。岳山长几与边齐,足在九徽与十徽中间,龙池上至四徽与五徽中间、下至七徽上,凤沼上至十徽下、下至十二徽下。纳音微隆起。原为黑髹罩绿色漆,后加朱漆多处;鹿角灰胎。

祝公望琴[28](图5)。蕉叶式,明代,湖南省博物馆藏。杉木面板,杉木底板,硬木岳尾、上漆,红木足,蚌徽。通长121.0厘米、肩宽20.3厘米、尾宽15.0厘米。体宽而扁。长方形龙池、凤沼为。岳山长不至边,肩在三徽,足在九徽与十徽中间,

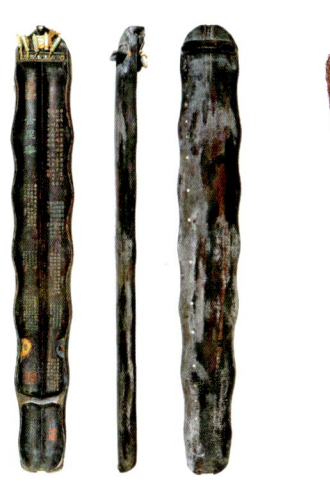

图3 故宫博物院藏"古呆"琴

图4 中国艺术研究院音乐研究所藏蕉叶式无名琴

龙池上至四徽与五徽中间、下至七徽,凤沼上至十徽与十一徽中间、下至十三徽。黑漆;薄鹿角灰胎。

"秋声"琴[29](图6)。蕉叶式,明代,南京博物院藏。蚌徽。通长117.5厘米、肩宽18.6厘米。长椭圆形龙池、凤沼。岳山长不至边,肩在二徽与三徽中间,足在九徽与十徽中间,龙池上至四徽与五徽中间、下至七徽,凤沼上至十徽与十一徽中间、下至十三徽。通体髹黑漆。

"砚雪"琴[30](图7)。蕉叶式,明代,山东省博物馆藏。桐木面板,通长119.0厘米、肩宽18.6厘米、尾宽13.0厘米。岳山长不至边,肩在三徽,足在九徽与十徽中间,龙池上至四徽与五徽中间、下至七徽,凤沼上至十徽与十一徽中间、下至十三徽。黑漆;鹿角灰胎。

无名琴[31](图8)。蕉叶式,明代。桐木面板,螺钿徽。通长117.0厘米、肩宽15.0厘米、尾宽12.5厘米。岳山长与边齐,足在十徽上,龙池上至四徽下、下至七徽下,凤沼上至十一徽、下至

图5 湖南省博物馆藏祝公望琴

图6 南京博物院藏"秋声"琴

图7 山东省博物馆藏"砚雪"琴

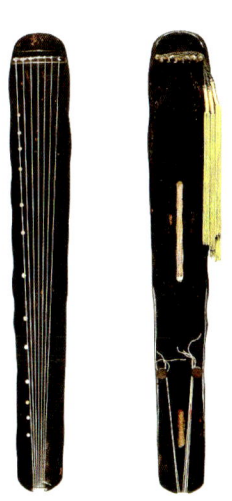

图8 明代蕉叶式无名琴

十三徽下。栗壳色漆。

无名琴[32]（图9）。蕉叶式，明代。无底，蚌徽，黄杨木足，紫檀木岳山、承露、轸，牛角龙龈、冠角。通长112.0厘米、肩宽16.7厘米、尾宽12.8 4.2厘米。岳山长不至边，肩在三徽上，足在十徽上。黑色漆。

"归凤"琴[33]（图10）。蕉叶式，清代，黄岗博物馆藏。通长120.0厘米、最宽17.0厘米。圆形龙池、凤沼。岳山长几与边齐，足在九徽与十徽中间，龙池中在四徽与五徽中间，凤沼上至十徽、下至十二徽。黑漆。

华季直藏琴[34]（图11）。蕉叶式，清代，上海博物馆藏。百衲琴，无底。通长110.7厘米、肩宽17.0厘米、尾宽12.0厘米。岳山长与边齐，肩在二徽，足在九徽与十徽中间下。

无名琴[35]（图12）。蕉叶式，清代，中国三峡博物馆藏。桐木面板，梓木底板，蚌徽，檀木岳尾。通长119.5厘米、肩宽15.4厘米、尾宽12.6厘米。圆形龙池、凤沼。岳山不与边齐，足在九徽与十徽中间，龙池中在五六徽中，凤沼中在十二徽上。栗壳色漆；鹿角灰胎。

通过以上实物资料的对比可以看出，现在较认可的蕉叶式古琴的形制大多与明清文献记载的图样较为接近，琴体浑圆，有波浪形琴边或琴首有叶柄状护轸，但具体来看也存在一定的差别，粗略可分为几类：第一类，琴体浑圆，无明显波浪式形琴边，琴头部有凹槽贯通至琴首底部，凹槽与叶柄状护轸相通，底板中部自首至尾有凹槽贯通，如故宫博物院藏"蕉叶听雨"琴、中国艺术研究院音乐研究所藏无名蕉叶式琴；第二类，琴体浑圆，有明显外凸波浪状琴边，头部有凹槽，凹槽下通叶柄状护轸，如故宫博物院藏"古呆"琴；第三种，琴体浑圆，无明显波浪式形琴边，琴头部无凹槽，琴首底部中间镶嵌叶柄状护轸，有明显项部和肩部，如湖南省博物馆藏祝公望琴、山东省博物馆藏"砚雪"琴、上海博物馆藏华季直藏琴；第四种，有明显上下起伏波浪状琴边，有明显项部和肩部，叶柄状护轸和凹槽，如河南博物院藏"飞泉漱玉"琴、南京博物院藏"秋声"琴。

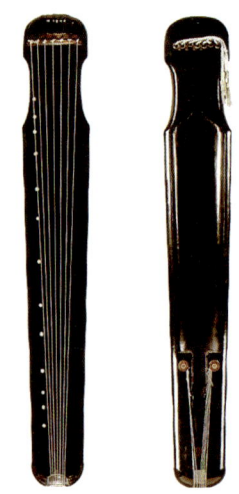
图9 明代蕉叶式无名琴

图10 黄岗博物馆藏"归凤"琴

图11 上海博物馆藏华季直藏琴

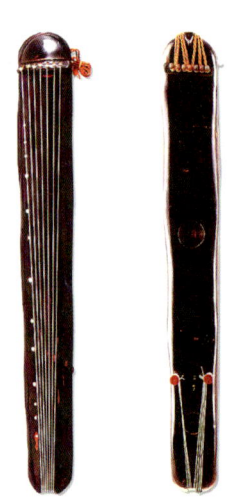
图12 中国三峡博物馆藏清代蕉叶式无名琴

实用古琴的琴面自琴肩附近至岳山都会明显地向下勾头、减薄，即所谓的"低头"，您知道古琴"低头"设置的作用吗？（图13）

图13 九霄环佩琴侧

传统古琴文化与儒道佛思想

古琴文化深受传统儒家、道家和佛家思想的影响。儒家和道家的思想在先秦时期以及开始影响古琴文化，魏晋之后佛家的思想也开始渗入到古琴文化之中。

一、古琴文化与儒家思想——"琴者，禁也"

"琴禁"思想是古琴文化中的重要命题，始见于汉代桓谭的《琴道》"琴之言禁也，君子守以自禁"，后来被逐渐引用发展，影响了其后近两千年的古琴文化发展。"'琴者，禁也'突出代表了儒家音乐思想，因为儒家在中国古琴文化中占据极其重要的地位，它也是古琴美学的主流思想。儒家提倡古琴的'禁'主要基于它对音乐基本功能的认识。儒家认为音乐的首要功能是教化……强调古琴经世致用的功用"。[36]《史记·田敬仲完世家》"琴音调而天下治"，《琴道》"总会枢要，足以通万物而考治乱也"，朱长文《琴史》"君子之于琴也，非徒取其声音而已，达则于以观政焉，则于以守命焉"，范仲淹《听真上人琴歌》"将治四海先治琴"，《诚一堂琴谈·集论》"古之圣帝明王所以正心、修身、齐家、治国、平天下者，咸赖琴之正音是资焉"，《琴学正声·指法精义说》"琴之为器，贯众乐之长，统大雅之尊，系政教之盛衰，关人心之邪正"。儒家在琴乐审美方面强调"中和""平和"，排斥郑声、悲乐和"烦手淫声"。

二、古琴文化与道家思想——"琴者，心也"

《老子》崇尚自然，以自然为美，排斥人为之乐，推崇"淡兮其无味""大音希声"。庄子主张"法天贵真"，肯定琴乐的娱乐作用，提出"鼓琴足以自娱"。《老子》的"淡兮其无味"思想被嵇康、白居易、周敦颐等人吸收、发展形成了琴乐的"淡和"审美；《老子》的"大音希声"思想为陶渊明、白居易、薛易简等发展为琴乐的"希声"之境成；老、庄对自然之美的推崇为嵇康、陶渊明、李贽等人发展为琴乐对人和自然的统一的追求；庄子对琴乐娱乐作用的的认可被嵇康、李贽等人发展。李贽在庄子音乐思想的基础上提出了"琴者，心也，琴者，吟也，所以吟其心也"，其在"以自然之为美"的基础上将琴乐视为抒发人们内心感情的艺术。[37]

三、古琴文化与佛家思想——"攻琴如参禅"

"佛教音乐对我国民间音乐的发展做出过重要贡献，古琴领域也曾出现过许多知名琴僧，尤其是隋唐以后，琴僧的数量更有所增加，宋代还出现了僧人琴派"，佛家思想对古琴文化有一定的影响，特别是禅宗的"顿悟说"。[38] "顿悟说"把"禅理与琴学联系在一起。认为参禅和学琴有同样的思维方式，都须"瞥然省悟"，即顿悟，才能超越自我、蔼超越尘世，达到至境"，认为琴乐"也是通过有声之乐去寻求超越物质、感悟心灵与自然合而为一的奇妙人生之精神境界"。[39]

尽管"儒、道、释三家从各自的教义出发，对音乐的功用、目的等有不同的看法，但在音乐的审美上其总体特征基本一致，即均以"平和""淡和"为其审美准则，视淡、雅、和等音乐为美，排斥艳、媚、俗等音乐。"[40]

参考文献

[1] （明）汪俊庆. 乐仙琴谱 // 文化部文学艺术研究院音乐研究所，北京古琴研究会编. 琴曲集成 第8册. 北京：中华书局，1989：339-447.

[2] （明）朱晞. 古音正宗. // 文化部文学艺术研究院音乐研究所，北京古琴研究会. 琴曲集成 第9册. 北京：中华书局，1982：241-380.

[3] （清）孔兴诱. 琴苑心传全编 // 文化部文学艺术研究院音乐研究所，北京古琴研究会. 琴曲集成 第11册. 北京：中华书局，1992：247-253.

[4] （清）汪天荣. 德音堂琴谱 // 文化部文学艺术研究院音乐研究所，北京古琴研究会编. 琴曲集成 第12册. 北京：中华书局，1994：445-583.

[5] （清）周子安. 五知斋琴谱. 北京：中国书店出版社，2003.

[6] （清）唐铭彝. 天闻阁琴谱 // 文化部文学艺术研究院音乐研究所，北京古琴研究会编，琴曲集成 第25册. 北京：中华书局，1992：99-107.

[7] 郑珉中. 故宫古琴 [M]. 北京：紫禁城出版社，2006：155.

[8] 顾永杰，裴建华. 试析传统的琴乐思想 [J]. 当代音乐，2016（23）.

[9] 蔡仲德注释. 中国音乐美学史资料注释 第2版. 北京：人民音乐出版社，2004：346，353.

[10] （汉）桓谭著. 新论. 上海：上海人民出版社，1977：63，64.

[11] 蔡仲德注译，中国音乐美学史资料注译：增订版（第二版），人民音乐出版社，2004：388-389.

[12] （清）严可均辑. 全后汉文 下. 北京：商务印书馆，1999：712.

[13] 费振刚，仇仲谦，刘南平校注. 全汉赋校注. 广州：广东教育出版社，2005：423.

[14] 蔡仲德主编. 中国音乐美学史 下 [M]. 北京：人民音乐出版社，2004：471-497.

[15] 杜兴梅，杜运通评注. 中国古代音乐文学精品评注. 北京：线装书局，2011：52-54.

[16] 易存国编. 乐神舞韵：华夏艺术美学精神研究 文献篇. 哈尔滨：黑龙江人民出版社，2002：263.

[17] 张春林编. 白居易全集. 北京:中国文史出版社,1999:3,45,65,486.
[18] (北宋) 朱长文. 琴史 // 王耀华,方宝川主编. 中国古代音乐文献集成 第2辑 2. 北京:北京图书馆出版社,2012:89-325.
[19] 罗伟豪,萧德明编著. 范仲淹选集. 广州:广东高等教育出版社,2014:160.
[20][21][23] 蔡仲德主编. 中国音乐美学史 上 [M]. 北京:人民音乐出版社,2004:55-57.
[22] 蔡仲德主编. 中国音乐美学史 上 [M]. 北京:人民音乐出版社,2004:17-18.
[24] 蔡仲德主编. 中国音乐美学史 上 [M]. 北京:人民音乐出版社,2004:100.
[25] 蔡仲德主编. 中国音乐美学史 上 [M]. 北京:人民音乐出版社,2004:13-14.
[26] 郑珉中主编;故宫博物院编. 故宫古琴. 北京:紫禁城出版社,2006:165.
[27] 中国艺术研究院音乐研究所,北京古琴研究会编. 中国古琴珍萃 图集 [M]. 北京:紫禁城出版社,1998:222.
[28] 中国艺术研究院音乐研究所,北京古琴研究会编. 中国古琴珍萃 图集 [M]. 北京:紫禁城出版社,1998:220.
[29] 黄翔鹏主编;马承源,王子初主编. 中国音乐文物大系 上海卷 江苏卷 [M]. 郑州:大象出版社,1996:245.
[30] 中国艺术研究院音乐研究所,北京古琴研究会编. 中国古琴珍萃 图集 [M]. 北京:紫禁城出版社,1998:224.
[31] 台北市立国乐团,财团法人鸿禧艺术文教基金. 古琴纪事图录:2000年台北古琴艺术节唐宋元明百琴展宝录,2000:121.
[32] 台北市立国乐团,财团法人鸿禧艺术文教基金. 古琴纪事图录:2000年台北古琴艺术节唐宋元明百琴展宝录,2000:244.
[33] 王子初主编. 中国音乐文物大系 湖北卷 [M]. 郑州:大象出版社,1999:147.
[34] 黄翔鹏主编;马承源,王子初主编. 中国音乐文物大系 上海卷 江苏卷 [M]. 郑州:大象出版社,1996:137.
[35] 深圳博物馆,重庆中国三峡博物馆,四川博物馆编著. 松石间意 巴蜀地区典藏古琴精品. 北京:文物出版社,2015:121.
[36][37][38] 苗建华. 古琴美学中的儒道佛思想 [J]. 音乐研究,2002(2).
[39][40] 汪宇飞. 浅论儒道释思想对古琴文化的影响 [J]. 大舞台,2011(6).

彩漆木雕镇墓兽

作者：陈晓琳　李洁

　　彩漆木雕镇墓兽，木漆器，战国，高128厘米，河南信阳长台关1号墓出土，现藏河南省文物考古研究院。

　　1957年春末夏初发掘的河南信阳长台关一号楚墓，规模宏大，随葬品丰富，曾轰动一时。河南省文物工作队在这座墓的发掘简报中说："在镇（指长台关）的西北约四公里有一条小土岗，由西南延向东北，到十字港入淮河处为止。岗上散布着六个大土塚；传说的楚王城和太子城就在这条岗的东北部。"一号楚墓是这六个大土塚中的"第四座土塚"，（由东北端数起）[1]。这件口吐长舌、双眼鼓突、头插鹿角的"镇墓兽"就出自第四座土塚。

　　"镇墓兽"呈怪兽形，龇牙咧嘴，头身部扁平，为蹲坐状，兽头顶插两支彩绘鹿角，两耳翘起，双目圆睁，吐长舌至腹，胸部绘双乳，背面雕有四个对称的卷云纹，上肢上举，双爪抓住口里咬的蛇，又用红、黄、褐等色漆绘眼、舌、耳、爪和鳞纹等，面目狰狞。从背面的卷云纹上看似乎像虎皮纹，但是其红色的大眼睛和高耸的鼻子又不太像虎，从其全身鳞状来看似乎暗示是个龙身。"镇墓兽"的前肢、后肢不是蹄形，呈爪状，手长如人弯曲的胳膊肘状。可以看出：长台关"镇墓兽"是混杂了鹿角、虎、龙、人的各个部分[2]。

 文化解读

"镇墓兽"由兽形首、鹿角和方形座构成，方形底座四周雕刻或彩绘花纹，身躯置于方座正中，与底座套榫组合；头部为面目狰狞、吐舌利齿、突额瞪目的兽形或人形，有单、双头之分；头顶插有一对鹿角，鹿角少则几叉，多则十几叉。从战国早期到晚期，镇墓兽的头部和身躯有直身屈身、单头双头、兽面变人面、无舌变长舌、无颈变曲颈或长颈、狰狞变和善、兽面由彩绘变雕刻等变化。这种种变化无非都是渲染怪诞神秘的色彩，随着时间的推移、观念的转变，到战国末期镇墓兽形状变得简单，几乎流于形式，以至慢慢地消失了。

漆器"镇墓兽"20世纪30年代首次发现于长沙楚墓中，随着考古发掘工作的广泛展开，在湖北、湖南、河南等地楚墓中都出土了一定数量的漆器"镇墓兽"。漆器"镇墓兽"一般一墓只出一件，出两件者极罕见，均出土于有棺椁的墓中。出土位置大多在头箱，也有见于边箱的。且同时有铜礼器或仿铜陶礼器随葬，说明墓主人具有较高的身份和地位，这表明漆器"镇墓兽"是当时楚国贵族的随葬明器。

目前发现的楚国漆器"镇墓兽"在造型上有虽然有简单和复杂之分，但总体来说，它们的形象大体相似，可以认为是同一种用途的丧葬明器。漆器"镇墓兽"的质地以木雕为主，其早期往往裸漆并加以彩绘，到了中后期漆器"镇墓兽"的面部轮廓则由彩绘变为雕刻。漆器"镇墓兽"是除楚墓以外其它战国墓中不多见的特殊之物，具有鲜明的地域特点和时代特征，是典型的楚文化标志性器物，也是楚墓区别于中原东周墓的一个显著特征[3]。据考证，它从春秋晚期的楚墓中开始出现，但数量很少，到了楚漆器发达的战国中期，漆器"镇墓兽"的数量最多。在战国晚期又很少见，直至最后消失。这种数量上的变化与当时楚国兴衰的历史是一致的。此种器物外形抽象，形象怪异，具有强烈的神秘意味和浓厚的巫术神话色彩。战国早期，楚人墓室中设置镇墓兽，是守护死者，引导死者走向彼岸。到了战国中后期，龙凤升天题材成为主流，"镇墓兽"助死者升天的作用削弱。主要起到守护墓主的作用。本来在死者身边担当帮助死者升天和守护死者作用的"镇墓兽"被驱逐出墓室，变换成专一担任保护墓主的守护神[4]。

鹿在我国古代是有名的瑞兽，被赋予了太多古人美好的祝愿。古籍中关于鹿的记载也不绝于书。《庄子·盗跖》中有"神农之世，卧则居居，起则于于，民知其母，不知其父，与麋鹿共处，耕而食，织而衣，无有相害之心。"[5]《左传·哀公十四年》"西狩获麟"[6]，杜预注"麟者，瑞兽圣王之嘉瑞也"《山海经·中山经》"荆山，……其兽多闾麋。"[7]《说文》："麋，鹿属，从鹿米声"，古人所说的"麒麟"的原型也是麋鹿，"麒麟"二字都从"鹿"可见其原型必是以鹿为主体。《说文》云"麟，大札鹿也。""麒，仁兽也。"《楚辞·天问》云："惊女采薇，鹿何祐？北至回水，萃何喜？"王逸注："昔者有女子采薇菜，有所惊而走，因获得鹿，其家遂昌炽，乃天佑。"可见鹿能带来吉祥。

鹿的神性，使之与我国古代巫术有着密切的关系。传说中的神异之物多假借鹿形或鹿角。鹿角是鹿的简化和超越，在更深的层次上使鹿神圣化。汉建筑中有神兽天禄、辟邪，天禄即天鹿，用来镇守住宅。《楚辞·离骚》"前望舒使先驱兮，后飞廉使奔属"，《楚辞·哀时命》有"浮云雾而入冥合，骑白鹿而容与"，鹿成为巫觋的助手，帮助巫觋神游四方。传说中的"飞廉"就是"身似鹿"而混合其他动物的形象，鹿成为风神，疾走如风，帮助巫师远游。南阳汉代画像石"鹿车升仙图"中车舆上坐一驭者，一主人，上有华盖，下饰云气簇拥车轮，车前有两只冲鹿引导，车后有一只神鹿护佑，另有仙人侍卫。鹿成为驾驭墓主人升天的神灵。可见鹿在我国先秦时期被巫觋当作沟通天地和与神灵交流的助手与使者。 东周时期，鹿被许多民族的宗教所崇奉，但特别钟情于鹿的以楚人为甚。楚国得地利，其腹地有地形多样的云梦泽，它是鹿适宜的繁衍地，鹿是楚地的方物。江汉平原的先秦遗址，以及东周墓葬中常伴有鹿角出土。至于以鹿为题材的艺术造型，在楚人墓葬中则屡见不鲜，它是楚人一个重要的艺术情结。楚墓中常常出土的漆盆、漆豆、漆瑟等，漆器图案的主体以龙身组成为鹿，图案集鹿、龙、虎、马之大成，鹿又居首位，可见楚人对鹿的器重和崇拜。

比较研究

1971年湖南长沙浏城桥1号墓出土的漆雕镇墓兽（图1），战国早期，单头兽面，兽身作方形，兽首，两眼圆睁，口吐尖舌，狰狞可怕，颈部弯曲，身绘云纹。

1980年湖南常德临澧九里1号墓出土的黑漆镇墓兽[8]（图2），兽身方形，头作虎首状，竖耳，曲颈，口吐长舌，舌连到胸部，面目狰狞；身躯作龙形"。

漆器镇墓兽[9]（图3），湖北当阳曹家岗5号墓出土，保存较好，造型抽象，覆斗状方座上直立一根四棱柱形，该方柱应是身躯，柱上顶圆角方形的头，没有五官，头顶也没有榫头，同样也没有插上鹿角，但首次出现了曲颈的形象。

彩绘单头漆雕镇墓兽（图4），荆州江陵藤店一号战国楚墓出土，通

图1 湖南长沙浏城桥1号墓出土的漆雕镇墓兽

图2 湖南临澧九里1号楚墓出土的黑漆镇墓兽

图3 湖北当阳曹家岗5号墓出土的漆器镇墓兽

图4 江陵藤店楚墓出土的彩绘单头漆雕镇墓兽

高 110 厘米，兽头高 69 厘米，底座 32.19 厘米。斫木胎，座上插单面兽头，口吐朱漆长舌，双目外凸，兽头上插双鹿角。通体髹黑漆，方座上绘朱、白彩兽面纹，兽身绘朱彩 S 形卷云纹和菱形纹等。

彩绘漆木雕双头镇墓兽[10]（图 5），战国，1986 年湖北荆州江陵雨台山 M6 出土，方座为梯形，梯形面较高。

雕双头镇墓兽[11]（图 6），湖北荆州天星观 M2 出土，二怪兽头对称背向相连。两兽面为雕刻而成，眼外突，卷眉，圆鼻孔，龇牙咧嘴，长舌下垂。两兽头曲颈相连，分体挺胸，方柱形的细长身，腹部各有一方形腰带，下肢又连成方形体，并用一方形腰带捆束，底端成榫头插入方座之上。方座上部雕成斜面，呈梯形。

图 5 湖北江陵雨台山 M6 出土的彩绘漆木雕双头镇墓兽

图 6 荆州天星观 M2 出土的雕双头镇墓兽

图 7 湖北江陵天星观 1 号出土的双头木雕镇墓兽　　图 8 江陵藤店 1 号墓出土的彩绘漆鹿角镇墓兽

双头木雕镇墓兽（图 7），1978 年湖北江陵天星观 1 号墓出土，战国中期，高 170 厘米，从整体造型来看，两只兽头雕成变形龙面，背向的双头曲颈相连，兽首两侧和方座四侧各饰一衔环铺首，龙面巨眼圆睁，长舌夸张的垂至颈部。木雕双头似人非人、似兽非兽，给人一种狰狞恐怖的感觉。双头上各插一对巨型鹿角，四只鹿角杈桠横生，意象极为奇异生动。色彩和纹样的运用也极为华丽，以红、黄、金色在通体的黑漆上绘兽面纹、勾连云纹。方座整体浮雕几何形方块并饰菱形纹、云纹、兽面纹。杈桠横生的巨大鹿角，对称的兽头和稳重的方形方座构成了一个神秘的氛围。从造型和纹饰来看，兽面型"镇墓兽"的制作工艺达到了战国中期的最高水平。

彩绘漆鹿角镇墓兽（图 8），通高 110 厘米，兽头高 69 厘米，底座 32.19 厘米。荆州江陵藤店一号战国楚墓出土，斫木胎，座上插单面兽头，口吐朱漆长舌，双目外凸，兽头上插双鹿角。通体髹黑漆，方座上绘朱、白彩兽面纹，兽身绘朱彩 S 形卷云纹和菱形纹等。

彩绘漆雕镇墓兽（图 9），战国晚期，通高 73 厘米，宽 110 厘米，荆州刘永台 M25：1 出土。

通过以上出土实物资料可以看出，目前已出土春秋中晚期到战国早期的漆器镇墓兽形制大多比较简单，形体较矮，一般通体施黑漆，大多用木料雕刻，单头单身，插于盖状的漆木方体底座上，

图9 彩绘漆雕镇墓兽

面目简单模糊,没有出现长舌,被认为是"镇墓兽"的一种初始状态,虽然已具备鹿角、兽面、方座这三种基本特征,但兽面的五官没有成形,处于漆器"镇墓兽"的雏形阶段。

战国中期,在继承战国早期形制的基础上,出现了单头兽面和双头兽面"镇墓兽",形体高大,形象渐至完善复杂。此时的面部五官已由模糊不清渐变为兽面,头部的形状由圆变方,眉目的表现手法为彩绘或者雕刻,运用雕刻手法制作的漆器"镇墓兽"均具有突眼,卷眉,龇牙的特点,通身髹黑漆,身较短,没有纹饰。鹿角上绘有黑色卷云纹和弦纹。颈部修饰有龙纹;身和方座绘有"S"形纹和几何云纹。木雕双头似人非人、似兽非兽,给人一种狰狞恐怖的感觉。与前一时期的简单粗糙造型不同,这一时期的"镇墓兽"制作精美、形体高大、色彩艳丽、纹饰繁复。它们大多通体髹黑漆,然后用红、黄等颜色彩绘,其身上多饰卷云纹和龙纹。

战国晚期,不再出现双头兽面的形制,且面目重新回复简单。"镇墓兽"依旧头部两侧插鹿角,只是面部不似龙面,而近似人形,眼鼻运用雕刻手法,眼睛已成一条线,呈弯月形,鼻扁平,口微张,不见龇牙,感觉温和了很多。直颈,身细长,方座梯形面较矮,这点与战国中期的兽面型方座相同,只是在纹饰上简单了许多,上髹黑漆,没有彩绘。这一时期的漆器"镇墓兽"虽然在湖北江陵楚墓、湖南长沙楚墓都有出土,但从造型上来看有了变化,江陵楚墓中出土漆器"镇墓兽"保留了长舌造型,而长沙楚墓则没有,以将其完全演变为人的面部及上半身。方座也恢复到原始状态,造型非常简洁,没有运用更多的纹饰来装点。

漆器"镇墓兽"始出现于春秋晚期,消失于楚国衰亡之际,跨越了几百年的时间。而且头部的形象与早期的相比有了很大的改变,这一时期由于铁器的使用,雕刻代替了彩绘,面部开始雕刻有五官,尤其是河南信阳长台关1号墓出土的漆器"镇墓兽",其凶悍形象更是登峰造极。到战国晚期,头部由兽面向人面转变,面部像人了,直眉弯目,看上去较为和善,只是湖南长沙地区缺少了长舌这一特征,而江陵地区所出漆器"镇墓兽"依旧有长舌吐垂。

漆器"镇墓兽"不是实用器,而是当时楚人敬奉的一种偶像,属于丧葬用品。那么,它是作为一种什么形象被制作出来的,这种木质偶像到底有什么含义,它的随葬和墓主有什么样的联系呢?

相关链接

漆木器的脱水定型保护

　　漆木器是我国古代科技史上一项伟大的创造，是中华民族优秀文化遗产的一个重要组成部分。根据保存状态，把考古出土的漆木器分为两种类型，一种是北方干燥地区出土的缺饱和水状态漆木器，也叫亚浸水漆木器，另一种是南方潮湿地区出土的饱水漆木器。一般来说，南方地区出土的饱水漆木器出土时较为完整，保护方法也较为成熟。

　　我国出土的漆器大都是木质胎体，因此保存状况的好坏主要取决于埋藏环境，当然和漆木器的制作工艺也有一定的关系。漆木器的木质胎体属于有机物质，长期处于复杂的地下环境中，经受着水、盐分、微生物等的侵蚀，木材细胞壁严重受损，部分纤维素、半纤维素以及木质素降解并且流失，内部空隙度增高，从而导致器物强度降低。相对而言，南方地区出土的漆木器由于其埋藏时所处的地下环境水位较高，一些器物常常浸泡在水中，水分子逐渐进入木胎内部并填充在空隙中，同时由于外部水的浮力作用，使得器物整体的受力较为均匀；此外，由于水的隔绝作用使器物处于相对绝氧密封、温湿度相对稳定的环境中，减弱或阻止了进一步的降解破坏，器物与环境达到了一种平衡，因而出土时保存较为完整。而北方地区漆木器由于处于潮湿的埋藏环境，没有水的填充、支撑和隔绝，在长期的腐蚀下，木质极度腐朽，许多已经完全变形将塌，因此北方地区的漆木器出土时大都残损严重。

　　对于饱水漆木器来说，脱水定形是最重要的环节，国内外学者已经做了大量的工作，出现了很多方法，如自然干燥法、冷冻燥法、醇醚连浸法、乙二醛法、聚乙二醇法、蔗糖法、明帆法、活性碱法等等。

　　漆木器的保护技术研究是一项系统工程，需要考虑到漆木器本身的材质、埋藏环境、保存状况；保护材料的作用机理、对器物的影响、自身老化以及材料的使用技术；保护处理前、处理时及处理后的环境条件，温湿度、紫外线等对器物保存的影响等等，涉及到的内容多且复杂。

　　木材是木胎漆器胎体不可缺少的材料。除此之外，制作漆木器的主要材料是生漆。辅助材料多种多样，不同时代、不同类型的漆木器所用的材料有时也有所不同，但是大致包括以下一些材料：底胎材料，入漆颜料，装饰工艺的材料等。其中制作底胎的材料除了生漆外，还有灰料、麻布织物等。只有了解了古代漆木器的用材及制作工艺，才能有针对性的选用适合的保护方法，这样才能做到更有效、更科学地保护漆木器。

参考文献

[1] 河南省文物研究所. 信阳楚墓 [M]. 北京：文物出版社，1986.

[2] [日] 吉村芭子，贾晓梅译. 楚墓镇墓兽的产生和展开 [M]. 南京艺术学院，1997.

[3] 肖岚. 楚墓中漆器镇墓兽形制特征及演变 [J]. 高等函授学报，2012（12）.

[4] 耿华玲. 楚"镇墓兽"形制、文化内涵及其流变综考 [D]. 华中师范大学硕士学位论文，2005.

[5] 杨柳桥译注. 庄子译注 [M]. 上海：上海古籍出版社，2007.

[6] 李梦生撰. 左传译注 [M]. 上海：上海古籍出版社，1998.

[7] 袁珂校译. 山海经校译 [M]. 上海：上海古籍出版社，1985.

[8] 湖南省博物馆. 中国博物馆·湖南省博物馆 [M]. 北京：文物出版社，1983：图73.

[9] 陈跃均，院文清. "镇墓兽"略考 [J]. 江汉考古，1983（3）.

[10] 湖北省荆州地区博物馆. 江陵雨台山楚墓 [M]. 北京：文物出版社，1984.

[11] 湖北省荆州地区博物馆. 江陵天星观1号墓 [J]. 长江大学学报，2015（15）.

三彩文官俑

作者：熊丽萍　何娟

三彩文官俑，陶器，唐代，左俑高66.5厘米、右俑高65.5厘米，1991年河南孟津送庄乡西山头村出土，现藏河南博物院。

深度品鉴

1991年夏秋，为配合310国道郑汴洛高等级公路（今连霍高速）工程建设，河南省文物考古研究所、洛阳市文物工作队组成310国道孟津考古队在孟津送庄乡西山头村东南1.5千米的路基下发掘四座唐墓，其中M64为纪年唐墓，墓中出土各类文物90多件，以陶器为主，其中三彩器物39件，绘彩器物27件。三彩器物中有两件文官俑，体形高大，施釉清新靓丽，是河南唐墓随葬品中难得的珍品。

文官俑（图左），通高66.5厘米，拢发，头戴一梁进贤冠，上穿绿、黄、白右衽间色襦，腰束带，下着白裙，足着黄色云头履，拱手胸前立于三彩中台座。俑天庭饱满，鼻直口方，弯月似的眼中透出自信的目光，是典型的文官形象。

文官俑（图右），通高65.5厘米。头戴鹖冠，身穿黄、绿、白交领间色襦，外披假两，下着白裙，腿间绿色长飘带，足着黄色笏头履，拱手立于三彩中台座上。俑浓眉低垂，长眼微眯，宽鼻头、厚嘴唇，不怒自威。两件文官俑颈部以上均未施釉，露白胎，衣服颜色多以黄褐和绿色釉相互搭配。

墓主名屈突季札，公元681年夭折于父亲辽东任上，年十三。屈突季札的父、兄、祖、曾祖均是刺史以上的高官，家世显赫，他从小便背负家人的无限期望，这从他与春秋时期著名政治家、外交家季札同名便知。而从墓志记述来看，季札果然幼少能事，长闻诗礼，隐隐有王佐之才，所以夭折十年后，父兄不惜人力财力，将其迁回邙山安葬，并僭越使用三品官员的葬器，这要冒一定的政治风险。虽然如此，这两件文官俑及其它一些重要器物均成为河南地区唐墓最重要的标准断代器物。

文化解读

文官一词最早产生于汉代，据《汉书·刘敬孙叔通列传》记载："功臣、列侯、诸将军、军吏以次陈西方，东乡；文官丞相以下陈东方，西乡。"文官制度大约在汉武帝实行"察举"制度以后方始形成。其主要内容是选任制度，察举制度是由地方长官对辖区内人才进行考察后推荐给上级或中央，经考核后再任命的一种制度。它带有很大的人为因素，完全取决于地方长官是否忠于职守，是否公正廉明。曹丕实行的"九品中正制"是中国文官制度的第一次发展，隋唐时期则迎来了文官制度的蓬勃发展期。隋炀帝开科取士，主要考察士子治理国家的能力，将任命官吏的权力收归中央。为了更好地选拔官史，唐代完善了科举制制度，武则天更创首殿试，对选拔人才起到积极作用。受儒家思想的影响，唐代士人多投身政治，出仕为官，唐朝许多宰相便出身于进士。唐代文官俑的大量出现便是这一历史背景的直接体现。

文官俑，也叫文吏俑，是唐墓随葬品中较为常见的一类人物俑，是基于北朝的小冠俑发展而来的。隋代，小冠俑在造型上有了形的变化，如安阳隋张盛墓中出土的两件瓷俑，均梳着发冠，且服饰相同，上穿裲裆，下穿蓝衫，双手按刀直立于莲座上。到了唐代，文官俑在面相、冠服上有较大的改观，其表现为双手作拱，三停肃立，冠式有梁冠、鸟形冠、皮弁、高冠等。服饰为交领左衽的博衣，半翻的阔袖衣，袖宽到膝，手藏其中，外罩裲裆袍，褐衣白袴，脚穿如意头云履。釉色以黄褐、绿、白为主。文吏面部丰颊厚颐，红唇厚耳，鼻宽面满，眉宇轩朗，斯文雍容。面部表情或儒雅含笑、或嗔目呵斥、或孤傲冷漠、或肃穆庄重，若有所思，具有恭谨威严之感。真实再现了唐代社会文臣官宦的复杂微妙的内心世界与精神面貌，体现出唐代社会的等级制度和尊卑观念。

唐代文官俑多左右成对并置于墓室较醒目之处，且高大精美，有不可侵犯之气势。与武士俑和镇墓兽等一起通常随葬在皇亲国戚和官吏墓中，昭示墓主人尊贵的身份与地位，同时也折射出盛唐时期经济与文化的繁荣，以及厚葬之风盛行的社会现实。在制作工艺上分为彩绘俑和釉陶俑两种，并继承了前代的模制和捏塑两种技术。

唐中晚期，经过安史之乱后，取而代之的是藩镇割据势力越来越强大，由于战争频繁，动荡的政治形势和经济日益衰退，使皇室贵族的丧葬规模大为缩小。到唐晚期丧葬习俗也发生了新的变化，墓葬中随葬的文官俑数量急剧减少，且制作简陋，直至消失。

比较研究

根据墓志记载，屈突季札埋葬于武周天授二年（691年），正值武则天时期，即已处于盛唐年代。墓葬中出土的三彩文官俑使我们了解到了唐三彩发展成熟和盛行时期的情况。文官俑在此之前是什么样子呢？

唐代早期，文官俑的造型为头戴平巾帻，身穿宽袖襦，下着大口裤，即所谓的裤褶。如公元647年偃师崔大义墓[1]出土的文官俑，平巾帻和隋代的没什么区别，仍穿交领宽袖襦，披裲裆甲，下着大口裤，足着云头履，拱手胸前立于地。眉清目秀，典型的文官形象（图1）。

初唐与盛唐之际，文官俑所戴的平巾帻起了很大变化。平巾帻后耳变高，帻顶出现了展筩与簪导，成为典型的一梁进贤冠。据《旧唐书·舆服志》记载，一梁进贤冠为五品以下至九品的文官穿戴。如公元672年偃师杨堂墓[2]出土一件进贤冠俑。俑方头大眼，面孔略显扁平，颈下用朱笔写出"文官"二字。身穿交领宽袖襦，腰束带，下着大口裤，足着履，双手拢袖拱于胸前，立于地。其毕恭毕敬的神态，平添了几分文气（图2左）。2006年发掘的巩义新兴家园M15[3]出土一件与之完全相同的文官俑，但胎为瓷胎，级别更高（图2右）。

初唐、盛唐之际，河南的唐墓还出土了头戴二梁进贤冠的文官俑。如2005年，郑州市文物考古研究院在汝河路启福花园发掘的公元673年的杨质墓[4]出土一对文官俑，裲裆与褾皆贴金，俑站于低台座上，级别较高，故头戴二梁进贤冠（图3）。

从目前可见的文官俑来看，文官俑大概在公元675年以后发生分化，进入公元700年后，文武官俑发展到顶峰，即由服饰一样、相貌相同的一对文官俑分化成一戴进贤冠，一戴鹖冠，其服饰一样，容貌相差无几的两个俑。孙机先生考证头戴鹖冠的是武官俑。《新唐书·仪卫上》记：皇帝朝会仪仗，

图1 偃师崔大义墓平巾帻俑　　图2 文官俑　　

图3 郑州杨质墓文官俑

分为五仗，供奉仗、亲仗、勋仗、翊仗，皆服鹖冠、绯衫袄；散手仗，服绯施裲裆，绣野马；皆带刀捉仗，列坐于东西廊下。墓葬一个文官俑化身为鹖冠俑，可能取其具有保卫的职能，能够保护墓主人不受鬼魅侵害，又能与文官俑配对，具有朝班意义。目前墓中最早的武官俑出现在1988年发掘巩义芝田耐火材料厂M36[5]墓中，文官俑头戴一梁进贤冠，身着交领宽袖襦，外披假两，下着裙，足着云头履，拱手立于底板上。武官俑头戴鹖冠，颜题之上有山形额花，或称金博山，服饰、站姿同文官俑（图4）。

文武官俑分化不久便进入盛唐前期，墓中主要器物风格趋向张扬，逐渐变得高大。公元691年屈突季札墓中的文武官俑便是这一时期的杰出代表。进入公元700年后，文武官俑发展到顶峰，器物最为精美华丽，高度也最高。如公元709年的洛阳安菩的墓[6]中文武官俑。文官俑头戴黑色一梁进贤冠，上穿绿色交领宽袖襦，外披绿色裲裆甲，下着白裙，腿间白色长飘带，足着绿色云头履，拱手立于三彩岩座上。俑面相端庄，为标准文官相。高112厘米（图5左）。武官俑，头戴黑色鹖冠，冠缘饰一周宝珠，身穿酱黄色交领宽袖襦，襟、襈饰绿釉，外披三彩裲裆甲，下着白裙，腿间黄色长飘带，足着黄靴，拱手立于三彩高台座上，手中握一笏板。俑长髭浓须，两眼射出领人胆寒的目光。高113厘米（图5右）。

公元720左右，河南地区唐墓中的文武官俑已开始衰落，制作不如鼎盛期精致，高度也下降。如年代约为公元720年的偃师杏园M1902[7]出土的文武官俑，这是我们能见到的河南地区最晚的三彩文武官俑，施釉草率，高44.2厘米、45.3厘米（图6）。而巩义文管所1986年从南河渡乡南河渡村收缴的一批唐代文物[8]（一墓所出，墓葬年代约公元720年）中有两件文武官俑，文官俑背后墨书"文官"二字，武官俑背后墨书"武官"二字，这就坐实孙机先生的考证正确的。两俑分别高43厘米、44厘米（图7）。

公元720年以后，河南地区的唐墓中的文武官俑急剧减少，三彩文武官俑几乎不见。但在西安地区，

图4 芝田M36文武官俑

图5 洛阳安菩墓文武官俑

图6 偃师杏园M1902文武官俑

图7 巩义南河渡村文武官俑　　　　图8 西安苏思勖墓石门线刻文官俑

文武官俑的发展历程还远未结束，一直使用到公元750才有所减少。此后文武官俑仅在高官或王族墓中使用，且不少是刻在石门上的线刻。如公元745年西安苏思勖墓[9]石门线刻文官俑（图8），公元763年西安高力士墓[10]石门线刻文武官俑（图9），公元784年西安唐安公主墓[11]中石门线刻文武官俑（图10），皆博大闳中，气势勃然。

综上，从文官俑的发展历程来看，文官俑的整体造型是从低矮到高大，从古朴到华丽精美的动态演变，尤以冠服为著。这一演变应该当有所本，是唐朝官吏冠服一定程度的反映，而非工匠艺人的闭门造车。我们只是根据时间举出几个散点，并未做到反映一个时间段冠服的完整平面。从冠服发展的内在规律来看，既有时间上的变化，也有等级的不同，我们的例举也能看出这一点。

显然，屈突季札墓中出土的这两件三彩文官俑，只是文官俑发展过程中的一个节点，但也在一定程度上体现出唐朝文官制度的繁荣。

图9 西安高力士墓石门线刻文武官俑　　　　图10 西安唐安公主墓石门线刻文武官俑

趣味猜想

唐墓的文官俑（包括武官俑）在墓中的具体作用是什么？

文官俑最后从墓中消失的原因是什么？

相关链接

平上帻：原为北朝小冠俑头戴饰，是帻巾的一种，前边半圆平顶，后边呈斜坡状，斜面上可以插簪将帻固定在发髻上。帻下有硬物支撑以保持形状，因有簪，又称小冠。唐时平上帻后耳逐渐升高。

裤褶：原为北朝武吏服。褶系上衣，交领、左衽、右衽皆有，但右衽是汉族的习惯，身短而袖长，且为阔袖，腰间束带。裤系下衣，北朝裤口较小，为行军方便，裤腿间还有横襕系缚。初唐时裤口较大，习称大口裤，后逐渐为裙代替。

唐代科举制度：源于隋，目的是加强中央集权制，把选拔官吏的权力收归中央。办法是开科取士，考中者称进士，即所谓的进士科。唐代科举制有了进一步的发展和完善，科举分常科和制科。常科科目有秀才、明经、进士、俊士、明法、明字、明算等五十多种。常科考生来源有两个：一个是生徒，即学馆毕业生；另一个是乡贡，非学馆出身，经过州县考试合格的人。常科过关后，还要经吏部考试，再合格者，方授予官职，非合格者，只能到节度使那儿去当幕僚，以待进取。

参考文献

[1] 赵会军，郭宏涛. 河南偃师三座唐墓发掘简报 [J]. 中原文物，2009（5）：4-16.

[2] 偃师商城博物馆. 河南偃师四座唐墓发掘简报 [J]. 考古，1992（11）：1004-1017.

[3][8] 巩义博物馆内部资料。

[4] 郑州市文物考古研究院内部资料。

[5] 郑州市文物考古研究所，巩义市文物保护管理所. 河南省郑州市巩义芝田两座唐墓发掘简报 [J]，文物，1998（11）：51-64.

[6] 洛阳市文物工作队. 洛阳龙门唐安菩夫妇墓 [J]. 中原文物，1982（3）：21-41.

[7] 中国社会科学院考古研究所河南二队. 河南偃师市杏园村唐墓的发掘 [J]. 考古，1996（12）：2-7.

[9] 陕西考古所唐墓工作组. 西安东郊唐苏思勖墓清理简报 [J]. 考古，1960（1）：30-36.

[10] 陕西省考古研究所. 高力士墓发掘简报 [J]. 考古与文物，2002（6）：21-32.

[11] 陈安利，马咏钟. 西安王家坟唐代唐安公主墓 [J]. 文物，1991（9）：16-27.

绿釉陶水榭

作者：梁爽

绿釉陶水榭，陶器，东汉，高53厘米，横长45厘米，纵长45厘米，池径40厘米，1972年河南省灵宝县张湾出土，现藏河南博物院。

1972年，为配合三门峡基本建设工程，河南省博物馆（今河南博物院）在河南省灵宝县张湾发掘了一批古代墓葬。其中有四座汉墓，里面出土了一批精致的绿釉陶明器，包括楼阁、仓房等建筑模型，其中有两件陶水榭。这件绿釉陶水榭就出土于二号墓。

这件绿釉水榭分上下两层，可拆卸组装（图1）。底部为方盘式水池，平底折唇，池内塑有小鱼10尾、蛙4只、龟3只，池垣四角各有一个四方形攒尖小凉亭，顶光面，无瓦垄；垣上还装饰有水鸭5只、小鱼4尾。盘底中央矗立着一座两层楼阁式水榭，通高0.54米。一层平座四角各有一裸体抚肚掩耳坐俑守卫，平座中的楼阁四角立柱，柱间三面为门，一面为大方格窗。楼阁的下层直接承托上层的平座，其形制与下层的平座相同。平座四隅各有两个持械俑和两个头戴平帻、身着长衣的俑（图2）。最上为四角攒尖顶，光面，无瓦垄，可能原有饰件，现已失，仅留有痕迹。此绿釉陶水榭制作规整，风格写实，目前仅见灵宝张湾2号汉墓出土的一件。

图 1 绿釉陶水榭拆卸部件

图 2 绿釉陶水榭局部图

该水榭为东汉中晚期遗物，榭通体施绿釉，造型玲珑剔透，是研究东汉时期富商大贾闲逸生活及建筑艺术、铅釉陶器烧制工艺的珍贵资料。

文化解读

榭是建在高台上的建筑物，一般有屋顶、楹柱，没有墙壁。临水而建的榭称水榭，往往是架临水上，悬立水面，多用于园林建筑中。《吴越春秋》记载："吴王阖闾，治宫室，立台榭于安华池。" 说明早在春秋战国时期，各国贵族已有兴建苑囿池榭的风习，当时的榭是台上筑屋。

到了汉代，水榭慢慢摆脱了对"台"的依赖，用简炼的木构架将主体建筑高高托起，整体造型凌空欲飞，富于动感。整体通透敞亮，建筑结构明确，技法高超，装饰华丽，又都建造在水中，榭内主人或行六博或听音乐或谈天，为人们游艺、避暑、休憩的绝佳场所。由于年代久远，建筑早已毁灭殆尽，我们现在已经无法看到水榭的建筑原貌。虽然欣赏不到它们当年的模样，但是依然可以从现存的一些画像石和绘画作品中，看到精美的水榭图。

山东省微山县两城镇出土的水榭画像石（图3），其结构为在岸边立一倾斜的登梯，梯顶旁立一庑殿顶亭子，亭下有一从登梯中间伸出的弯曲粗大的立柱承托，立柱之上还有三层出挑斗拱，之下由一立墩支撑，有6人位于登梯之上，2人位于亭中，水中亦有若干网鱼、刺鱼的人。

1976年山东省滕州市城郊马王村出土的水榭画像石（图4），画面中的水榭结构较为简单，只有一座庑殿顶的亭子，其下有两根弓形立柱支撑，亭中两人正在钓鱼，水榭之下一船驶过。

图 3 山东省微山县两城镇出土的水榭画像石

图 4 山东省滕州市城郊马王村出土的水榭画像石

五代时期,绘画作品中就已出现水榭。此时的水榭隐藏于山林湖泊中,属于"林中榭"。水榭与山林树丛融为一体,宁静而悠远(图5)。

宋代的水榭常与房屋相结合,既是房舍用来居住,又可供赏景(图6)。

元代水榭还有着房舍的形貌,四面都有落地的大窗,并没有完全向外界通透敞开(图7)。

到了明代,水榭造型更简单,四周开始通透敞开,没有房屋那样封闭,视角也变得开阔。明代王谔的《溪桥访友图》便是代表,图中清晰可见山川中立有一座水榭完全通透(图8)。

清代山水画中的水榭,在之前的基础上,又出现了一些造型庞大的水榭,且多为砖瓦或琉璃屋顶,外观更加别致。清代吕焕成的《山水册》中水榭在山间小溪上盘旋曲折,近水一侧设有窗帘,赏景时拉开,既保证了水榭内的透光和通风,又可以供水榭中的人观景(图9)。

本文所讲陶水榭,作为陪葬明器多出土于汉墓中。西汉末期豪强势力扩张,庄园经济空前的发展,至东汉时期武装割据频发,豪强们争相营建大型院落、楼

图 5 五代董源的《寒林重汀图》

图 6 南宋刘松年的《秋窗读易图》

图 7 元代黄公望的《山水轴》

图 8 明代王谔的《溪桥访友图》　图 9 清代吕焕成的《山水册》

阁,以供家族享用。

为了满足豪族们死后仍能将生前的奢侈生活带进墓葬的需求,我们今天所看到的精美的陶制建筑明器,如陶楼、陶仓、陶水榭等,都是当时现实生活中各种各样的建筑替代物,是人们死后希望能够过上某种幸福生活的理想物。

比较研究

目前所见陶水榭有很多共性,基本可以归纳为:通体施绿釉,平面为方形,一般不超过四层,每层都有门、窗,每层都有栏杆,其中常有持武械的武士俑,底部有方形或圆形的水池底座。根据建筑造型、制作和装饰风格的不同,大体可分为塔式水榭和亭式水榭两类。

一、塔式水榭

1972年河南灵宝县张湾3号墓中出土三层绿釉陶水榭(图10),通高130厘米,池径42厘米。下有方盘式水池,池内有鱼、鳖、龟、鸭等动物模型。池沿正面和左右两侧共有九个陶俑,有的吹奏,有的手持弓箭,有的做迎宾状。池中置方形平座,上立三层四阿顶水榭。第一层正面开长方形门,地栿上坐一吹奏俑。门上方和两侧面均有凸起的菱形镂孔方窗。榭身四角各平出一挑梁,上置一斗三升斗拱,托住二层平座。平座正面有菱形图案,其上有两个吹奏俑,两个武士俑。榭身第二层与第一层形制基本相同,但四角斜出挑梁上承四阿顶,作瓦垄,檐下饰圆形瓦当,四条垂脊下端反翘,置柿蒂形脊饰。第三层建筑形制与第二层相同,仅形体略小,榭内有一高冠长衣俑。顶部正脊两端反翘,中间是一只展翅欲飞的朱雀。

1955年河南陕县刘家渠3号墓出土的三层绿釉陶水榭(图11、12),通高104厘米,池边长30厘米。下有方盘式水池,平口沿外折。榭身立于水池中央,池内有鱼、龟、青蛙、蟹等水中动物,池壁三面有成列的水鸭。第一层,开四个拱形门,正门紧闭,上有辅首,其余三门半开半闭,门的旁

图10 灵宝县张湾3号墓出土三层绿釉陶水榭

图11 陕县刘家渠3号墓出土的绿釉陶水榭

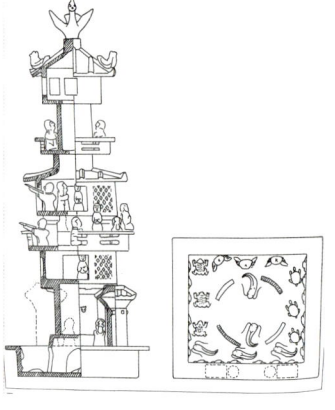
图12 河南陕县刘家渠出土陶水榭正面、水池俯视图

图13 淮阳县九女冢村陶水榭

侧有方格形窗。四隅外挑出梁，置斗拱承托屋顶，最上部为四阿顶，顶上有一朱雀。此水榭建筑结构较严紧，各层房间较为封闭，整体像碉堡，防御性很强，其上有披坚执锐的武士。

1954年河南淮阳县九女冢村采集人形柱三层绿釉陶水榭（图13），通高144厘米，面阔43厘米，进深47厘米。第一层正面设有前廊，廊后为一房，其正中为双扉大门，门前有一人字形梯道，梯道上部有一裸体俑，上身赤裸，双手上举。梯旁立有四个女俑。二层、三层整体造型完全相同，为敞开的亭式结构。其下部为方体基座，上承平座。平座四周有低平的围栏，每面均附有变形人体斗拱数个，四角立两两并立的裸体人形柱。裸体人具有明显的两性人特征，胸部有突出的乳房，下部有男性生殖器。上置四阿顶，作筒瓦垄，檐下饰圆形瓦当，四条垂脊上各置一鸟雀。第三层正脊两端反翘，中部塑一朱雀。陶水榭整体修长挺拔，制作精巧，设计独特。

二、亭式水榭

1964年河南淅川出土二层绿釉陶水榭（图14），通高45厘米，池径40厘米。下为圆盆形水池，榭立于水池中央，与池边有桥相连。池岸上有武士俑、猎手和鹿等。池中有鱼、龟、鳖、鹅、鸭等动物俑。榭楼底座为圆形，上有四根立柱承托第二层。第二层中端坐一俑，四周有立俑相间。顶部为四阿顶，并立有一瑞鸟。水榭建筑设计简洁，但辅助景物极其复杂，富有自然情趣。

淅川县宋湾河林场出土的三层绿釉陶水榭（图15），通高53厘米，池径43厘米。圆盆状水池，池内架有桥，池沿上环列家畜家禽动物俑和人俑。榭的下部是圆形平座，正中有立柱支撑上部圆顶，光面，无瓦垄。第一层水榭内有站立、正坐、抱物的多个人物。二、三层与一层建筑形式大体相同，尺寸略小，第三层四阿顶有一元宝形正脊，脊上栖息一鸟。此水榭与上述淅川出土的二层水榭造型大同小异，但不及它精细。

1972年灵宝张湾2号墓出土的二层绿釉陶水榭（图16），该水榭底部为一方形水池，池岸上有鱼、龟、蛙等。池边四隅各有一造型相同的四角攒尖顶亭子。水池正中为二层榭楼，楼身为方形，也是四角攒尖顶，不覆瓦垄。第一层和第二层形制相同，同为四角立柱，并且两层平座四角都有俑。此水榭制作规整，风格写实。

从以上实物资料中我们不难看出，塔式陶水榭的设计精巧，结构相对复杂，不仅有四阿、庑殿等传统木构建筑的屋顶形式，而且大量使用平座结构和一斗三升的斗拱承托技术。制作工艺上全面运用了捏塑、镂刻、浮雕等手法；装饰中出现的浮雕裸体人像以及人形柱制作精巧；建筑的各个部位，如三层阁楼的逐层施柱、逐层收小，镂空的阳台与窗棂，形式丰富的屋脊装饰等，都体

图14 淅川出土的二层陶水榭　　图15 淅川县宋湾河林场出土三层绿釉陶水榭

现了高超的建筑艺术水平。

亭式水榭多制作规整，结构相对简单，榭体通透，装饰风格比较写实，榭中塑造的各种人物和动物形象生动，小桥的塑造连接池亭，富于生活气息。

无论是塔式陶水榭还是亭式陶水榭，榭中多置持械守卫的武士，陶俑披坚执锐，如临劲敌，尤其是一些塔式水榭墙壁相对封闭，形似碉堡，防御性很强，在一定程度上均反映了社会阶级矛盾的尖锐。

图16 河南省灵宝县张湾二号墓出土绿釉陶水榭

总之，陶水榭不仅为我们了解和研究汉代的社会状况提供了重要的实物资料，也是研究我国建筑史、汉代建筑技术的珍贵实物资料。

在一些陶水榭的立柱和斗拱上，出现了裸体人形做装饰，这是为什么？

汉代庄园政治

庄园政治是贯穿整个东汉时期的一个社会现象。汉墓中出土的陶望楼和陶水榭明器，就是庄园政治的一个表现。东汉时期，豪强地主势力急剧发展地主庄园经济，逐渐形成了分裂割据、各自为政、世代相沿、等级森严的门阀士族。整个社会风貌就是大一统局面下暗藏着地方割据势力。

东汉的豪强地主势力具有先天优势，加之中央政府的监管不力，逐渐造成该时期的豪强地主通过依仗宗族，养宾客，收门生、雇佣家兵等方式，拥兵自重割据一方，甚至在东汉晚期掌握了地方郡州的实际权力。这一时期，营建楼阁园林、池塘苑囿成了豪强地主互相效仿的时尚。

河南汉墓中出土的陶望楼和陶水榭数量不算多，主要发现于灵宝、陕县等地。楼中一般都会有武士俑伴存，有的持瞭望状，有的带武器持戒备状，有的弯弓张弩持射击状等等，防御色彩很浓，形象地反映了汉代庄园的防御设施。

东汉时期的的庄园经济是其庄园政治的基础。仲长统《昌言理乱篇》记载："豪人之室，连栋数百，膏田满野，奴婢千群，徒附万计。"这样的庞大的地方经济体，必然会造成地方上的政治独立，也就造成了东汉后期地方豪强势力的强大，激化社会矛盾，最终导致了东汉王朝的灭亡。

参考文献

[1] 张勇. 豫西汉代陶水榭 [J]. 中原文物，2003（3）.

[2] 李樱樱. 汉代两京出土陶楼建筑研究 [D]. 北京建筑工程学院硕士生论文，2010.

[3] 褚亚龙. 河南汉代陶楼考古学研究 [D]. 西北大学硕士生论文，2012.

[4] 牛琳琳. 河南汉代陶楼艺术研究 [D]. 郑州大学硕士生论义，2015.

[5] 黄河水库考古工作队. 河南陕县刘家渠汉墓 [J]. 考古学报，1965（1）.

[6] 河南省博物馆. 灵宝张湾汉墓 [J]. 文物，1975（11）.

[7] 杨絮飞. 琼楼玉宇的缩影_汉代陶楼造型艺术探析 [J]. 艺术理论.

[8] 河南博物院. 河南出土汉代建筑明器 [M]. 郑州：大象出版社，2002.

[9] 候锐. 汉代画像石建筑题材研究 [D]. 江西师范大学硕士生论文，2013.

[10] 吴旸. 中国古代山水画中的亭与水榭 [D]. 南京艺术学院硕士生论文，2016.

[11] 周学鹰，宋远茹. 汉代"建筑明器"的性质和分类 [J]. 华夏考古，2010（4）.

刻符龟甲

作者：周伟

刻符龟甲，新石器时代中期，龟腹甲，长16.2厘米，前宽8.4厘米，后宽9.95厘米，重79.50克，河南省舞阳县北舞渡镇贾湖村出土，现藏河南博物院。

深度品鉴

本版刻符龟甲1987年出土于贾湖遗址T101的M344。器物标本编号为M344：18，是一个整龟的腹甲部分，另有一个背甲与之共出。出土时，与其它7个整龟个体均位于墓主人的头骨位置（头骨缺失）。

M344：18的背甲，长16.3厘米，宽12.0厘米，高7.4厘米，第二椎盾稍突，个体较大，第5椎盾前沟通过第7椎板。背甲边缘轻磨，把握光滑。颈盾钻1个通透的圆孔，方向为由外向内。部分龟甲缺失。无钻、凿、灼痕迹，无刻划符号（图1）。

本版龟甲为M344：18的腹甲（图2）。内腹甲前尖突。

图1 刻符龟甲背面

腹甲前叶首端即喉盾位置钻 1 个通透的圆孔，与颈盾位置相对应，方向也是由外向内钻。圆孔下缺失部分龟甲。腹甲后叶左腹盾下部有一个人工刻划的""符号，类似人类眼睛形状。长度约 1.2 厘米，高度约 0.3 厘米。无钻、凿、灼痕迹（图3、图 4）。

图 2 M344：18 的龟甲

经鉴定，M344 出土的龟甲均属于黄缘闭壳龟（Cuorafiavomarginala），是龟科的一种现生属，目前只分布在东亚和东南亚，被称为"亚洲特产"。这种黄缘闭壳龟也是河南省内唯一一种现生龟，目前主要分布在淮河干流以南的信阳地区。

根据层位关系、器物组合、陶器分期的结果，出土本版刻符龟甲的 M344 的考古学时代，被发掘者定为贾湖遗址的第Ⅱ期第 5 段，是贾湖遗址全盛时代的遗物。贾湖遗址第Ⅱ期的绝对年代为公元前 6600—6200 年。

本版龟甲为随葬用龟，并与其它 7 个完整龟甲形成 1 组 8 龟的组合，同时伴出 47 粒石子（图 5）。龟甲上均未见钻、凿、灼迹象，因此其用途应和殷墟甲骨有异。依据大量龟甲与石子共出并具有发声的功能，发掘者把其归入乐器类。同时，发掘者总结了发声说（即响器或龟铃）、灵物说（即龟灵）、甲囊说（即盛器）等后，指出其用途可能是几种功能兼而有之。从龟甲的形态、伴出器物和时代等因素来看，这一认识是非常客观和合理的。它的用途应是兼具盛装器、响器和占卜等功能的原始宗教用品。

本版龟甲上的刻划符号，是中国目前发现的时代最早的契刻符号，可以称之为原始文字或具有文字性质的符号，为研究中国文字的起源提供了重要线索。

本版龟甲著录于河南省文物考古研究所主编的《舞阳贾湖》、中国社会科学院历史研究所编《甲

图 3 M344：18 上的契刻符号　图 4 M344：18 腹甲平剖面图　　图 5 M344 内出土龟甲与石子

骨文合集补编》[1]。

文化解读

贾湖遗址由舞阳县文化馆于1961年发现（图6）。1980年春，经河南博物馆文物工作队确认为裴李岗文化遗址。先后进行了7次发掘，发现了大量的遗迹和遗物。根据测年结果，贾湖遗址总的年代跨度大致在B.C.7000-B.C.5800。贾湖遗存早于仰韶文化，被学术界命名为裴李岗文化贾湖类型，属于新石器时代中期的史前聚落遗址[2]。邵望平、高广仁等先生认为，贾湖遗存是淮河流域中华古文化的源头，孕育和发展了淮系文化[3]。俞伟超先生赞誉为"20世纪80年代以来我国新石器考古中最重要的工作"[4]。石兴邦先生也指出，贾湖遗址的发现对中国史前史的研究具有重大意义[5]。其中，刻符龟甲和骨笛是贾湖遗址最重要的发现。

出土本版龟甲的M344（图7），其墓主人经鉴定为壮年男性，但未见

图6 贾湖遗址全景

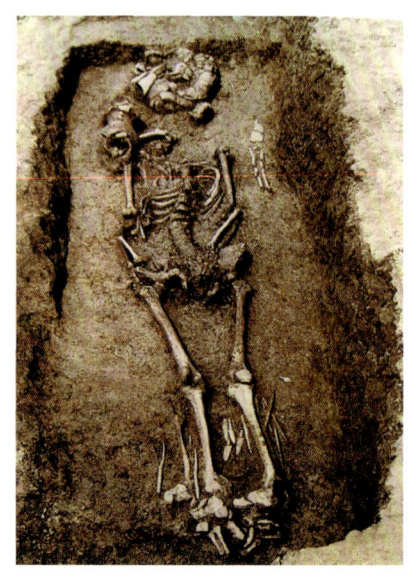 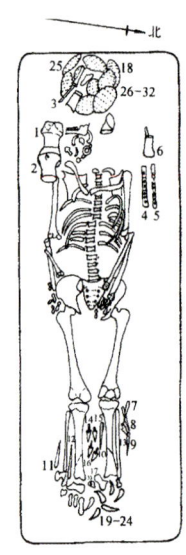

图7 M344发掘现场　图8 M344出土人骨与随葬品位置平面图

头骨，而其它骨架均保存完好。头骨部位放置了1件骨制叉形器和8个龟甲。共有随葬品33件，包括陶壶、骨器、龟甲、骨笛、石器等（图8）。其中，在2件龟腹甲上发现2个刻划符号，在1件骨制叉形器上发现刻划符号。通过对2个保存完好的颅骨形态和尺寸的测量与分析，贾湖人的种族特征属于亚洲北部的蒙古人种（包括北亚和东北亚）。贾湖居民与同一时代（即新石器时代）、同一地区（即今河南省境内）的居民最为相似，基本上代表了新石器时代当地居民的体质特征。与黄河下游（即今山东省）的居民有密切关系，属于同一个类型。张居中先生认为可能是东夷部落中太昊氏的先民[6]。他引述陈星灿先生关于史前时代猎头与断头葬的研究成果[7]，并结合随葬原始巫术法器的现象，认为墓主人的身份是氏族部落的首长兼巫师。吴汝祚、吴钊等先生给予了认同[8]。

在贾湖遗址的14件器物上发现契刻符号17例（见表1）。这些符号的刻痕一般较深、成型。其

表1　　　　　　　　　　　贾湖遗址出土契刻符号一览表

序号	契刻内容	材质	契刻位置	出土位置	所属器物号	备注
1		龟甲	腹甲后叶左侧	头骨部位	M344：18	龟甲基本完整
2		龟甲	腹甲前叶首端 左侧	头骨部位	M344：28	龟甲基本完整
3		龟甲	腹甲后叶左侧	左股骨左侧	M335：15	龟甲残
4		龟甲	腹甲后叶左侧	左肩外侧	M94：4	龟甲基本完整
5		龟甲	腹甲	头骨左外侧	M233：11	龟甲基本完整
6		龟甲	内腹甲	头骨左外侧	M233：15	
7		龟甲	腹甲前叶右侧	整置于被扰乱骨上	M387：4	二次葬。刻符
8		龟甲	腹甲前叶右侧	整置于被扰乱骨上	M387：4	二次葬。划痕
9		龟甲	左侧第九缘板	整置于被扰乱骨上	M387：4	二次葬。中间一划利用了龟甲的自然纹路
10		龟甲	腹甲后叶左侧	整置于被扰乱骨上	M387：8	二次葬。脱落形成，疑似符号
11		龟甲	腹甲后叶右侧	整置于被扰乱骨上	M387：8	二次葬。脱落形成，疑似符号
12		骨质	一侧吹口端与第一孔间	整置于右股骨上	M253：4	骨笛。刻痕较细
13		骨质	骨叉刀状面上	头骨部位、龟甲上	M344：3	叉形骨器。较浅，刻痕宽且明显
14		骨质	一面上		H123：5	牛肋骨
15		河卵石，含铁粉砂岩。	器端，研磨面上		H141：1	颜料块。刻痕深且宽。疑似陶工戳印
16		绢云母片岩	首部圆拱型顶部		M330：2	二次葬。柄形饰。
17		陶器	外口沿上		H198：7	深腹盆。呈点状的戳刺
18		陶器	口沿下、器腹上部		H190：2	卷沿罐
19		陶器	端面		T108③B：2	陶坠。刻痕较深

注：部分器物上只有刻划线条的，本文暂未纳入。10、11为疑似。

中，M344：18龟腹甲契刻的图案类似人类眼睛。从该符号笔画一侧较平齐、一侧略有毛边的现象判断，似乎是用单刀斜刃契刻而成。饶宗颐先生认为，在新石器时代一目或多目的纹样符号代表了富庶女神（fertility goddess）[9]。蔡运章先生引述《周易·说卦传》中"离为龟""离为目"的记载，认为"⊙"字是离卦之象，并推论是巫师为了记录八卦之象而创造的[10]。随后，蔡运章、张居中通过对刻划符号的释读，断定为伏羲氏时代的卦象文字[11]。日本学者荒木日吕子认为，龟刻上"⊙"表示了眼的强大灵力[12]。冯时先生通过与古彝文"吉"字字形、字义的比较研究，将⊙释读为吉凶之"吉"[13]。冯凭、吴长旗等先生，将⊙阐释为太阳崇拜的标志[14]。张居中、王昌燧认为，贾湖契

图 9 M233 内出土龟甲与石子　　　　　　图 10 贾湖遗址出土龟甲与石子

刻符号已经进入了用一个表意符号或一组抽象的图画来记录一句话或一件事情的阶段[15]。随后，张居中先生提出贾湖契刻文字与殷墟甲骨文在笔势、笔画组合等方面有着惊人的相似，具有原始文字的性质，可能是汉字的真正源头[16]。王震中先生则认为在缺乏系统性佐证材料的情况下，应当审慎地对待8000年前的贾湖遗址刻划符号与3000年前的甲骨文之间的联系性[17]。

1959年山东泰安大汶口遗址第一次发现了有穿孔、腹装石子的龟甲，引起了学术界对中国史前用龟现象的关注[18]。贾湖遗址出土的349座墓葬中，随葬龟甲的达到了23座，而且多数伴出石子[19]。（图9、图10）蔡运章先生认为龟甲是占卜的工具[20]。范方芳进一步阐释了《舞阳贾湖》报告的观点，认为龟甲器是巫师的特殊器物，具有一器多用的功能[21]。学者们也探讨了M344等出现1组8龟和8音骨笛等现象，把原来认为是仰韶时期才有的数量8的概念上推了1000多年[22]。这些现象表明，贾湖遗址存在着与巫师和巫术活动有关的龟灵崇拜，具有原始宗教的性质。所以，张居中先生提出中国传统文化中具有重要地位的龟文化，早在8000年前的贾湖文化时期就已经初步形成[23]。

综合以上信息，可以做出以下综合判断。一是贾湖遗址刻符龟甲的时代确凿无疑，是距今8200—8600年新石器时代中期裴李岗文化时期人类的遗物。二是刻符龟甲的所有者即墓主人是新石器时代黄淮流域兼有巫师身份的部落酋长。三是刻符龟甲的用途是兼有巫术与发声功能的原始宗教用器。四是龟甲上的刻符是目前中国境内发现时代最早的契刻符号，虽然与后世的甲骨文有相似的地方，但是缺乏足够的佐证材料证明两者的联系性。因此，称之为具有原始文字性质的符号较宜。不可否认的是，贾湖遗址刻划符号为研究中国文字的起源提供了重要的指示线索。五是贾湖遗址及其出土的刻划符号在中国早期文明研究中具有重要的地位和价值，期待进一步的考古发掘与研究。

比较研究

汉字是世界上使用寿命最长的文字。学术界公认，甲骨文是我国目前所见最早的成体系记录语言的文字。在商代以前，汉字经历了一段相当长的发展过程。贾湖遗址刻符龟甲的发现对于认识汉字起源具有重要的指示意义。

图 11 古埃及托特神（Thoth）像　　　图 12 古希伯来摩西（Moses）像　　　图 13 仓颉像

关于文字的起源，各国都有不同的神话传说。古埃及人相信托特神（Thoth）是文字的发明者（图11），古希伯来人认为摩西（Moses）是文字的创造者（图12）。中国古人把传说中黄帝时代的史官仓颉看作文字的创造者（图13），并还有"上古结绳而治，后世圣人易之以书契"的传说。上世纪，沈兼士先生的文字画阶段学说、唐兰先生的中国文字起源于图形学说影响很大[24]。王晖先生把距今8000—7000年的裴李岗时期划为中国早期文字性符号起源阶段，把距今5000年之前的仰韶文化时期划为文字性符号的大发展时期，把距今4500-4000年之间的龙山文化（传说时代的尧舜至夏初时期）划为汉字体系的正式产生时期[25]。笔者认为，该分期意见是合理的。下文主要针对距今约5000年以前、与贾湖遗址裴李岗文化同时期或相近的彭头山文化、大地湾一期文化、跨湖桥文化等遗址发现的刻划、彩绘符号进行比较分析。

需要指出的是，曾有学者把距今约2.8万年的山西朔县峙峪村旧石器时代遗址发现的人工刻痕作为刻划符号（图14）。发掘者之一的尤玉柱先生把这些刻痕统称为记号，并把一件野马肱骨上的痕迹解读为猎捕普氏羚羊和鸵鸟的场景[26]。袁广阔等先生提到该遗址出土的一件骨器上有 ⚹、⚹、⚹ 等3个契刻符号[27]，但笔者未在发掘报告中检索到相关内容。张俊山先生在对这些人工作用痕迹研究后，将之称为人工割痕[28]。从目前已经发表资料并结合旧石器时代的研究成果看，该类人工作用痕迹称为人工割痕是科学的。旧石器时代人类已经有了数字的概念且用于计数的推论言之过早。总体来看，从目前的考古成果和研究状况来看，张俊山

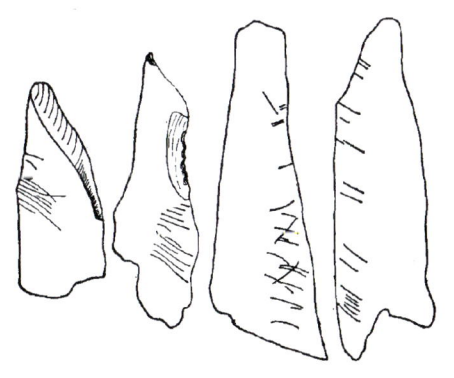 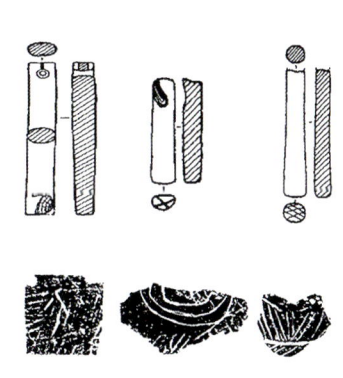

图 14 旧石器时代峙峪遗址出土骨片上的割痕　　　图 15 彭头山文化出土刻划符号

表2　　"五"字甲骨文、金文字形表[32]

序号	字形	字体类别	所属时代	备注
1	X	甲骨文	甲骨文第一期	
2	8	甲骨文	甲骨文第四期	
3	X	甲骨文	甲骨文第五期	
4	X	金文	商代	宰椃角
5	X	金文	西周早期	保卣
6	X	金文	春秋	吴王光鉴
7	X	金文	战国	中山王鼎

先生的解读显然更合理。

彭头山文化是分布在湖南省北部的洞庭湖周围和湘、资、沅、澧四水下游地区以及长江三峡东部至江汉平原之间的长江沿岸的新石器时代中期文化，也是目前长江中游地区发现的最原始的新石器时代文化，距今约8500-7500年。发掘者认为八十垱遗址发现的少量器底划纹和刻符，划纹较规范，而刻符的含义不明[29]（图15）。刘志一先生认为彭头山遗址石棒饰上⋈形刻划具备文字的流通性与定型化特征，并用古彝文进行了解读。他还用古彝文将贾湖遗址发现的柄形石饰上的4个刻符解读为"荒野孤魂"[30]。从表2列举的部分甲金文可以看出，两者在字形结构上的相似度非常高。不同的是，一个是横置，一个是竖置。

李孝定先生引证仲五父器、戈五甗、伯农卣等器的资料，认为⋈与甲骨文做五字的用法相同[31]。因此，在不考察器物所属考古学文化内容与源流的前提下，单纯用古彝文比较，做出⋈形符号是古彝文的判断显然过早。

大地湾一期文化（也称老官台文化）是分布在渭水流域与陕甘地区、早于仰韶文化的一类新石器遗址，距今约7900—7000年。在秦安大地湾一期文化中发现了23片彩绘符号陶片（图16），多为用红彩画的连续性线条或单独个体的符号。值得注意的是，在白家村这个比较单纯的大地湾一期文化遗址还发现了7个刻划在陶片上的符号[33]（图16）。大地湾一期与西安半坡、临潼姜寨、大地湾二期上的陶器符号，形状大小基本相同。发掘者认为有些可能具有记事或表达某种意义的功能[34]。总体而言，在大

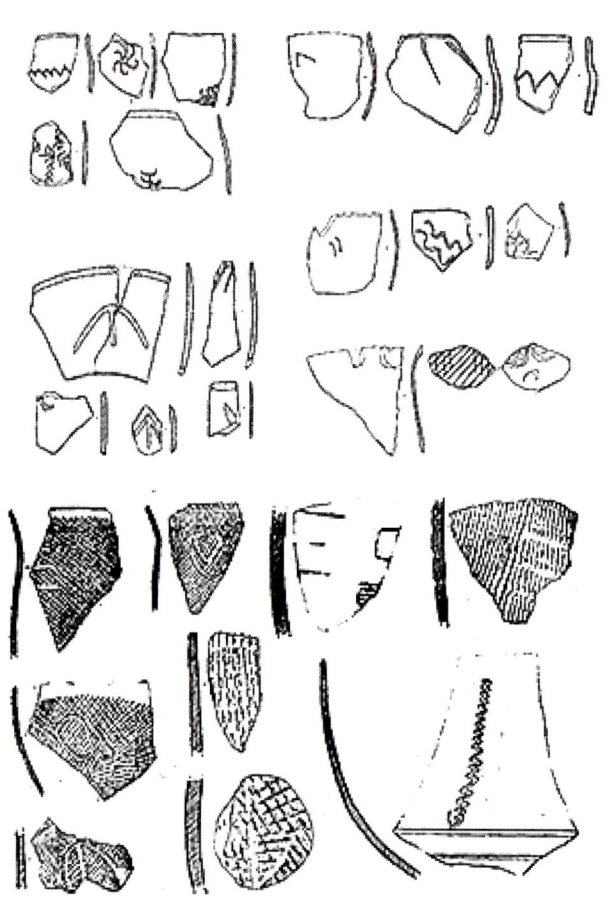

图16　大地湾一期文化出土刻划彩绘符号

图 17 跨湖桥文化出土彩绘刻划符号

编号	器名	器号	符号	试释文
1	鹿角器	T0512 湖 IV：7		六六一一一一
2	鹿角器	T0512 湖 IV：7		八六一一一一
3	鹿角器	T0512 湖 IV：7		一一一一一一　八六一一一一
4	鹿角器	T0512 湖 IV：7		六六一一一一？一一一一一
5	鹿角器	T0512 湖 IV：7		六六一一一一？一一一一
6	鹿角器	T0512 湖 IV：7		六六一一一一？
7	木著（正）	T0409⑤A：1		一一八一一八
8	木著（反）	T0409⑤A：1		八八八

图 18 王长丰、张居中、蒋乐平先生对跨湖桥文化易卦类刻划符号的释读[38]

地湾一期文化中，这类彩绘、刻划符号发现的数量较少，缺少可资比对的数据，难以就其表达的意义、内容做进一步分析。

跨湖桥文化是浙江境内以湘湖及其周围地区为重要分布区的新石器时代中期文化遗存，年代距今约 8000～7400 年。学术界认为，跨湖桥文化年代早于河姆渡遗址，文化面貌不同于中国东南沿海地区原有的其他考古学文化，是一种新的发现[35]。在跨湖桥文化 3 件器物上共发现 9 个符号（图 17）。王长丰等先生把跨湖桥文化出土符号分为绘图类与易卦符号两类，并重点对易卦类符号做了释读[36]。牛清波先生在此基础上对释读内容进行了部分修正[37]。彩绘"田"字形符号均位于陶罐双耳的正面，虽与后世田字的字形结构相似，但因数量太少，缺少比较资料，似乎解释为装饰图案更为妥当。而出土的刻划符号，确实与后世易卦相类。目前来看，王长丰、牛清波等先生的解读应当是合理的。不过，据此得出文字起源于易卦的结论似乎也有些过早。文字是语言的载体，寻找文字起源不能忽视对语言起源、族属等因素的考察。这个课题应该有更科学的方法论做指导（图18）。

此外，因贾湖遗址首次在龟甲上发现了契刻符号，很多学者对贾湖龟甲刻符与殷墟甲骨文的联系进行了广泛讨论。其中，王晖先生的意见最具有代表性。王晖先生认为，贾湖刻符与殷墟甲骨文具有高度的相似性，为探索甲骨文的起源提供了可靠的证据。他提出，贾湖遗址龟甲、陶器上的"目""乙""甲或七""八""九""日""永"等符号，可与殷墟甲骨文的写法相对照，并且具有较高的象形性，从中可以观察到文字性符号形成初期的面貌，应是有语义的文字性符号，符合原始文字起源于图画的观点（见表3）[39]。

表3　　　　　　　　　　贾湖遗址刻符与甲骨文、现代汉字比较表

类别	1	2	3	4	5	6	7
贾湖遗址	◉	⌒	⊕	八	⼓	▱	⼻
殷墟遗址	⌒	ʃ	十	八	⼓	▭	⼻
现代汉字（王晖释读意见）	目	乙	甲或七	八	九	日	永

你认为这个刻划符号是目字吗？它是中国汉字的源头吗？它与殷墟甲骨文有联系吗？这个龟甲的用途是什么呢？

相关链接

甲骨文，又称"契文""甲骨卜辞""殷墟文字"或"龟甲兽骨文字"，是契刻在龟甲和兽骨上的占卜、记事文字。属于上古汉语的记录载体。有时候也被认为是汉字的书体之一，是中国现存最古老的一种成熟文字，最早出土于河南省安阳市的商代遗址——殷墟。

目前，能见到的最早的甲骨契刻实物是在河南省新石器时代裴李岗文化贾湖遗址发现的。在殷墟时期，甲骨文已经成为相当成熟的文字。

据不完全统计，自1899年甲骨文发现以来，殷墟共出土甲骨约15万片，发现单字约4500个。其中，有1000多个单字已经被释读，其它未被释读的大多是地名或人名。甲骨文记录的内容十分丰富，涉及商代社会的各个领域，不仅是反映商代历史的最为珍贵的史料，而且也是中国最早的文献记录。早在19世纪，一些专家学者就对甲骨文的性质、内容、断代、分期等开始了研究，并将其分为武丁、祖庚和祖甲、廪辛和康丁、武乙和文丁、帝乙和帝辛五个时期。殷墟甲骨文的发现和研究，是中国学术史上的一件大事，使中国上古史和考古学研究进入了全新的阶段。目前，甲骨学已经成为一门

世界性的学问。

甲骨文记录的内容显示，殷商时期，商王室的占卜活动十分频繁，几乎每事必卜，祈求天帝、祖先和自然神灵的护佑。《礼记·表记》中有"殷人尊神，率民以事鬼，先鬼而后礼"的记载。占卜的内容基本上以商王、贵族为中心，就其关心的问题，通过贞人向上帝、鬼神、先公先王等求疑问卜，以便预示吉凶，祈望得到庇佑。占卜所用的材料主要是龟腹甲和牛肩胛骨，也有少量的龟背甲。鉴定结果反映，占卜所用的龟主要产自今天的中国南方沿海，有的甚至产自今天的马来西亚。牛肩胛骨则主要为本地所产。

占卜用的甲骨，在使用前要进行整治和凿、钻等工序。占卜时，烧灼甲骨上的凿、钻处。甲骨因受热不均，会出现不同形态的裂纹，占卜者则根据裂纹的形态来判断吉凶。甲骨经过占卜契刻后，有的被有意识的存储起来，如1936年发现的YH127甲骨窖穴、1991年发现的花园庄东地H3甲骨窖穴等，都是集中保存的例子。有的则散落废弃，如出土于宫殿宗庙遗址的零星甲骨和一些练习用的刻辞等。

甲骨文记载的内容非常丰富。按照《甲骨文合集》的统计和分类，甲骨文的内容主要可分为4大类：（一）阶级和国家。包括奴隶和平民、奴隶主和贵族、官吏、军队、刑罚、监狱、战争、方域、贡纳等内容；（二）社会生产。包括农业、渔猎、畜牧、手工业、商业、交通；（三）思想文化。包括天文历法、气象、建筑、疾病、生育、鬼神崇拜、祭祀、吉凶梦幻、卜法、文字；（四）其它。

甲骨文是中国目前最早成系统的文字，具有重要的历史和科学价值。它的发现，弥补了中国古代典籍中对商代历史记载不足的缺陷，为我们今天研究商代社会、重建商代历史提供了不可多得的珍贵资料。甲骨文中关于商人祭祀上帝、天地、自然神祇和祖先的大量记载，反映出中国古代社会早期人们对自然的敬畏和朴素的宗教情感，使我国古代文献中关于"殷人尚鬼""国之大事，在祀与戎"的记载得到了印证。甲骨文中关于国家、职官、刑罚、监狱、军队、战争的记载，则从不同的侧面揭示了商代的家族形态、阶级结构、社会形态。甲骨文中关于农业生产、农作物种类、农业收成、畜牧业和渔猎的记载，则反映了商代社会发达的生产力水平。甲骨文中关于天文历法、气象、医学的记载，则为古代科技史的研究提供了珍贵的资料。同时，文献中的商王世系、人方、土方、亘方、鬼方、羌方等活跃于商代疆域周围的重要方国也在甲骨文中得到了证实。

甲骨文作为一种较为成熟的文字，已经具备了后世汉字结构的基本形式。汉字"六书"的造字方法，在甲骨文中都有体现，文法也和现代汉语语法也基本一致。此后，汉字的书体虽然经历了篆书、隶书、楷书等的演变，但是，以形、音、义为特征的文字和基本语法基本保留下来，至今仍为世界上五分之一的人口所使用，对中华文明的形成与发展起到了重要作用。

参考文献

[1] 河南省文物考古研究所. 舞阳贾湖 [M]. 北京：科学出版社，1999（2）：455-461.中国社会科学院历史研究所. 甲骨文合集补编 [M]. 北京：科学出版社，1999（7）：1468.

[2] 刘庆柱.中国考古发现与研究（1949-2009）[M].北京：人民出版社，2010（4）：114.中国社会科学院考古研究所.中国考古学. 新石器时代卷[M].北京：中国社会科学出版社，2010（7）：130.杨育彬，袁广阔.20世纪河南考古发现与研究[M].郑州：中州古籍出版社，1997（12）：113.

[3] 邵望平，高广仁.淮系古文化概说[A],中国史前考古学研究——祝贺石兴邦先生考古半世纪暨八秩华诞文集[C].西安：三秦出版社，2003（11）：334.

[4] 俞伟超.舞阳贾湖·序[A]，舞阳贾湖[M].北京：科学出版社，1999（2）：i.

[5] 石兴邦.喜读《舞阳贾湖》[J].考古，2001（6）：82.

[6] 张居中.舞阳贾湖·前言[A]，舞阳贾湖[M].北京：科学出版社，1999（2）：ix-x.

[7] 陈星灿.史前的猎头与断头葬[J].中国社会科学院研究生院学报，1989（6）：73-78.

[8] 同注释[1]：989.吴汝祚先生认为是刻符掌握者与富有者的觋巫，在社会上是居有高层次的领导者、统治者。见吴汝祚.舞阳贾湖遗址发掘的意义[J].中原文物，1991（2）：4.吴钊先生认为是一献身殉社的巫师或氏族领袖。见吴钊.贾湖遗址龟铃骨笛与中国音乐文明之源[J].文物，1991（3）：54.

[9] 饶宗颐.陶符、图案与文字[A]，符号、初文与字母——文字树[C].上海：上海书店出版社，2000（3）：27-28.

[10] 蔡运章.中国文字的起源与远古刻画符号——中国古代卦象文字简论[A]，见中国高等科学技术中心.原始农业对中华文明形成的影响[C].北京，2001（3）：141，144.

[11] 蔡运章，张居中.中华文明的绚丽曙光——论舞阳贾湖发现的卦象文字[J].中原文物，2003（3）：17-22.

[12]（日）荒木日吕子.从淮河流域发现的符号所看到的世界观[A].2004年安阳殷商文明国际学术讨论会论文集[C].北京：社会科学文献出版社，2004（9）：556.

[13] 冯时.试论中国文字的起源[J].四川文物，2008（3）：47-48.

[14] 冯凭，吴长旗.舞阳龟甲刻符初探[J].中原文物，2009（3）：51-58.

[15] 张居中，王昌燧.试论刻画符号与文字起源——从舞阳贾湖契刻原始文字谈起[J]，中国书法，2001（2）：47-48.

[16] 同注释[1]：960.

[17] 王震中.中国文明起源的比较研究（增订本）[M].北京：中国社会科学出版社，2013（3）：234.

[18] 高广仁，邵望平.中国史前时代的龟灵与犬牲[A]，见中国考古学研究编委会.中国考古学研究——夏鼐先生考古五十年纪念论文集[C].北京，文物出版社，1986（8）：57-70.栾丰实.大汶口文化的骨牙雕器、龟甲器和獐牙勾形器[A]，见海岱地区考古研究[C].济南，山东大学出版社，1997（6）：181-200.陈星灿，李润权.申论中国史前的龟甲响器[A].见邓聪、陈星灿主编.桃李成蹊集——庆祝安志敏先生八十寿辰[C].香港：香港中文大学中国考古艺术研究中心，2004（1）：72-87.

[19] 同注释[1]：967.

[20] 同注释[10]：141.

[21] 范方芳.中国史前用龟现象研究[D].中国科学技术大学博士学位论文，2010（4）：57.

[22] 同注释[1]：951.

[23] 同注释[1]：969-970.

[24] 沈兼士.从古器物款识上推寻六书之前的文字画[A].沈兼士学术论文集[C].北京：中华书局，1986（12）：67-71.唐兰.古文字学导论（增订本）[C].济南：齐鲁书社，1981（1）：71-83.

[25] 王晖.中国文字起源时代研究[J].陕西师范大学学报（哲学社会科学版），2011（5）：5-23.

[26] 尤玉柱.峙峪遗址刻划符号初探[J].科学通报，1982（16）：1009-1010.

[27] 袁广阔，马保春，宋国定.河南早期刻画符号研究[M].北京：科学出版社，2012（6）：158.

[28] 张俊山.峙峪遗址碎骨研究[J].人类学报，1991（4）：338-339.

[29] 湖南省文物考古研究所.彭头山与八十垱[M].北京：科学出版社，2006（8）：291，297.

[30] 刘志一.湖南彭头山刻符考证[J].江西文物，1991（3）：7-8.

[31] 于省吾. 甲骨文字诂林 [M]. 北京：中华书局，1999（12）：3574-3575..

[32] 高明，涂白奎. 古文字类编（增订本）[M]. 上海：上海古籍出版社，2008（8）：88.

[33] 中国社会科学院考古研究所. 临潼白家村 [M]. 成都：巴蜀书社，1994（8）：82-84.

[34] 甘肃省文物考古研究所. 秦安大地湾——新石器时代遗址发掘报告 [M]. 北京：文物出版社，2006（4）：46-48.

[35] 浙江省文物考古研究所，萧山博物馆. 跨湖桥 [M]. 北京：文物出版社，2004（12）：334. 中国社会科学院考古研究所. 中国考古学. 新石器时代卷 [M]. 北京：中国社会科学出版社，2010（7）：185.

[36] 王长丰，张居中，蒋乐平. 浙江跨湖桥遗址所出刻划符号试析 [J]，东南文化，2008（1）：26-29.

[37] 牛清波. 浙江跨湖桥遗址所出刻划符号补释 [J]. 中原文物，2013（1）：60-62.

[38] 同注释 [36]：29.

[39] 同注释 [25]：8-9.

潞王琴

作者：顾永杰　王文析

潞王琴，木漆器，明代，列子式，通长120.7厘米、宽18.5厘米，现藏新乡市博物馆。

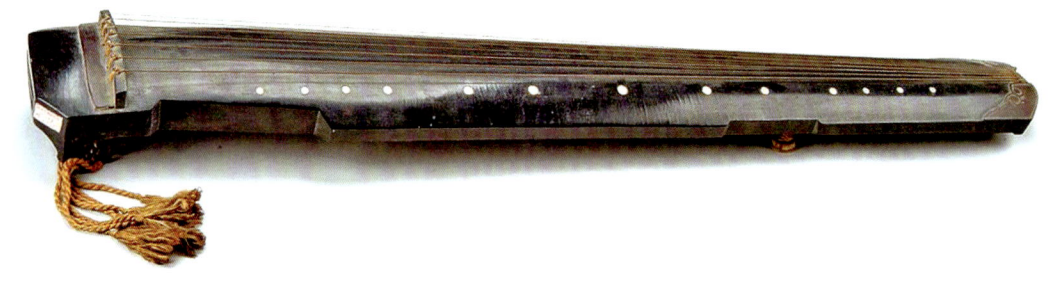

深度品鉴

潞王琴，也称"中和琴""潞国制陆拾肆号琴"。20世纪80年代初，新乡市博物馆几经周折从北京一张姓琴家征集到一张古琴，后经专家鉴定此琴由明代晚期小潞王朱常淓于大明崇祯甲戌年（1634年）监制而成。朱常淓一生监制过数百张古琴，并分别编列编号，此琴的编号为64号。朱常淓（1607-1646年），字中和，号敬一主人，又号敬一道人，明太祖朱元璋的十世孙，明朝第二代潞王，世称小潞王。朱常淓喜爱古琴，不仅斫制和监制古琴，还编撰有琴谱《古音正宗》传世。

此琴，琴体圆厚，琴型方正，琴体的边线线条均呈方折；方形琴头，首端两角呈切角状；平直项，上部较窄、下部较宽，入项和琴肩呈规整斜直状；浅平底腰，上部较宽、下部较窄，形状与琴项相似，只是相对较浅、较短；承露圆角，长与岳山齐；冠角结处较尖，冠角上刻有灯草线卷草纹，尾拖较小；圆形龙池，方形凤沼；岳山长不至边，肩在三徽偏上，腰上至八徽偏下、下至十徽偏上；髹素黑漆。龙池内环刻有"大明崇祯甲戌岁潞国制陆拾肆号"，龙池上方刻"中和"二字，龙池下刻楷书五绝"月

图 1 潞王琴背面

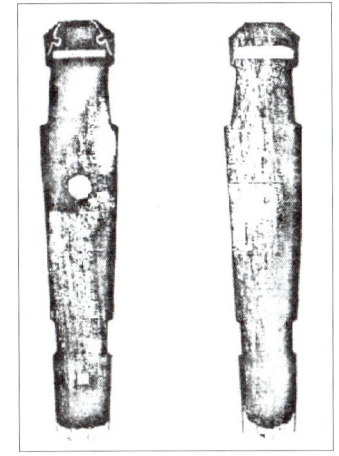

图 2 《古音正宗》中记载的中和式古琴图样

印长江水,风微滴露清,会到无声处,方知太古情",款刻"敬一主人",其下刻篆书"潞国世传"方印。

古琴的列子式,相传由列子创制,《五知斋琴谱》记载:"列子作,两项间为峻厉之势。尝游泰山,见霹雳伤桐,因而制琴,大有声。居郑圃四十年,人无知者。作《襄陵》《枯鱼》二曲。缀七十二小调,作一百六十种杂弄。"[1] 现存的明清文献中至少有十三种记载有列子式古琴的图样(表1),但这些图样并不一致。崇祯七年(1634年)刊印的《古音正宗》[2] 中对中和式古琴有专门的记载:"皇明潞王敬一道人式。中和琴式论:是制也,额起八棱,以按八节,腰起四棱,以按四时,龙池上圆、凤沼下方,以按天圆地方。琴尾作环云、托尾作双星,以按景星庆云,乃成天象,名曰中和",并配有图样(图2),这一琴式现在多称为列子式,有时也称"潞王式"。

虽然明清文献中记载的图样不太一致,但现在对列子式古琴的定名习惯却较为一致,一般都将与《古音正宗》中记载的中和式古琴图样接近的古琴定名为列子式,由于这一琴式古琴上的铭文多为"中和",有些文献也将其称为中和式。

根据现有定名习惯,在现已公开的较为可靠的资料中,传世的列子式古琴只有十几张,基本都是明代古琴。新乡市博物馆收藏的这张列子式古琴,形制规整、保存完好,并且有确切的铭文,极

表1　明清文献记载的列子式图样

文献	太音大全集	风宣玄品	琴书大全	文会堂琴谱	太古正音琴经	琴适	乐仙琴谱	古音正宗	琴苑心传全编	德音堂琴谱	五知斋琴谱	兰田馆琴谱	天闻阁琴谱
图样													

具代表性。

传统的古琴文化注重琴乐的修身养性功能,传统的琴乐审美强调"以和即中和、平和、淡和为美,肯定琴乐的表现力,反对烦手淫声,排斥郑声、悲乐、俗乐。"[3] 与传统的琴乐功能定位和琴乐审美相对应,在古琴和琴乐的发展过程也形成了较为一致的传统琴声审美。传统的琴声审美萌芽于先秦时期,"至迟到宋代已经形成了较为一致的标准,首重和,以中声为美,追求中和、平和、淡和;要求琴声要和谐、协调、表现力丰富,'大声不喧哗而流漫,小声不湮灭而不闻',反对过与不及和烦手淫声;追求奇、古、透、静、润、圆、清、匀、芳、淡、畅、远、亮等琴声特征,排斥与之相对的顽钝、焦咽、过实、过虚、韵短、飘散、重浊等。"详细来讲,主要有以下特点[4]:

第一,首重和,即中和、平和、淡和。和简单来说就是"和谐,相应,协调"的意思;"'和'要求'平和',反对过与不及;'中'要求合度,反对过度与不及度。两者是相通的,'中'而不'淫'就是'平和',也就是'和'",[5] 中和强调适中,平和强调无过无不及,注重乐音的音高和音量等要适中,不能过高、也不能过低、更不能忽高忽低;淡和融合了中和、平和,强调"节有度,守有序,无促韵,无繁声,无足以悦耳,则诚淡也。至淡之旨,其旨愈长,唯其淡也,而和亦至焉矣"[6],突出声音的和顺平淡;和强调"和而不同",要求表现力要丰富、不能过于单一。具体来说,琴声的和表现为"清浊、小大、短长、疾徐、哀乐、刚柔、迟速、高下、出入、周疏,以相济也",即要求琴声要有丰富的表现力、要和而不同,各种声音特征相互间更和谐、协调;反对与和相悖的过度或不及,即淫声、悲乐、郑声等。淫声,与中声相对,是指已经超出中声的范围,过度地追求音响效果和速度变化的无节制的音乐[7],无节、过度就是淫;悲乐,即以悲为美,以不平为美[8];"郑声"相对于"雅乐",在内容与形式上都是淫而不是和,有悖于中和、平和[9]。具备和特点的乐音,可以节制人的淫欲邪念、平和人的本性、返璞人的本性,从而达到修身养性的目的;而与和相对的烦手淫声、悲乐、郑声过于强调对情感的宣泄,不利于修身养性、对身心健康不利。

第二,音高,以中声为美,反对淫声。中声,指速度、音高、节奏都合乎律吕的、适中的、有节制的乐音,即五声"大不逾宫,细不过羽"。

第三,音量,要求"大声不喧哗而流漫,小声不湮灭而不闻"。即大声不能过大,小声也要能体现,前人总结"古琴尚韵,不尚声势"[10]。

第四,发声风格,一类苍古,一类清脆,或介乎两者之间。宋代文献记载唐琴的两类发声特点:"雷(雷威)琴重实,声温劲而雅,张(张越)琴坚清,声激越而润",宋代以后这两种琴声风格并重,但更注重"发音精实脆透的琴"[11]。

第五,大弦和小弦的发声特点。"大弦宽和而温,小弦清廉而不乱",即大弦的声音音色温润,小弦的声音音色清晰纯净。

第六，散音、泛音、按音的特点。散音均而和，泛音轻而清，按音重而浊。

第七，追求的琴声特征。主要有奇、古、透、静、润、圆、清、匀、芳、淡、畅、远、亮等：奇，即奇特、不寻常；古，即"淳淡中有金石韵"；透，"发越响亮而不咽塞"，即响亮且流畅；静，"谓之无飒以乱正声"，即纯正无杂音；润，"发声不燥，韵长不绝，清远可爱"，"取声温润，音韵不绝"，即清晰、温润、余韵悠长；圆，"声韵浑然而不破散"，即完整、圆润，强调声音的丰满；清，即响亮、纯净；匀，"七弦俱清圆，而无三实四虚之病"，就是各弦发出的声音要相对均匀；芳，"愈弹而声愈出，而无弹久声乏之病"，即音质持久，越弹越佳；淡，即平淡、淳淡；畅，即流畅、余韵长；远，"清声远云端"，即幽远、余韵长；亮，即响亮、清澈。

第八，排斥的琴声特征。主要有顽钝、焦咽、过实、过虚、韵短、飘散、重浊等：顽钝，即迟钝、不灵敏；焦咽，即急促、尖厉；过实，即过于坚实；过虚，即过于空散；韵短，即余韵短；飘散，即音飘散不聚；重浊，即过于低沉。

比较研究

中和琴[12]（图3）。列子式，明代，中国国家博物馆藏。通长121.0厘米、肩宽21.0厘米、尾宽15.8厘米。焦尾较尖，上有灯草线盘成卷草纹。龙池圆形，凤沼方形。岳山长与边齐，肩在三徽偏上，腰上至八徽偏下、下至十徽偏上，足在九徽与十徽中间偏下，龙池池中在五徽附近，凤沼沼中在十二与十三徽中间。黑漆；八宝灰，加朱红孔雀石。

中和琴[13]（图4）。列子式，明代，辽宁省博物馆藏。通长124.0厘米、肩宽19.5厘米、尾宽14.5厘米。圆形龙池、方形凤沼。岳山长几与边齐，肩在三徽，腰上至八徽与九徽中间、下至十徽，足在九徽与十徽中间，龙池池中在四徽与五徽中间，凤沼沼中在十二徽与十三徽中间。褐黑色漆；八宝灰胎。

中和琴[14]（图5）。列子式，明代，陕西历史博物馆藏。通长120.0厘米、肩宽20.0厘米、尾宽14.0厘米。琴体各处直线折棱。冠角饰卷云圆形龙池，圆形龙池，方形凤沼。岳山长与边齐，肩在三徽偏上，腰上至八徽、下至十徽偏上，

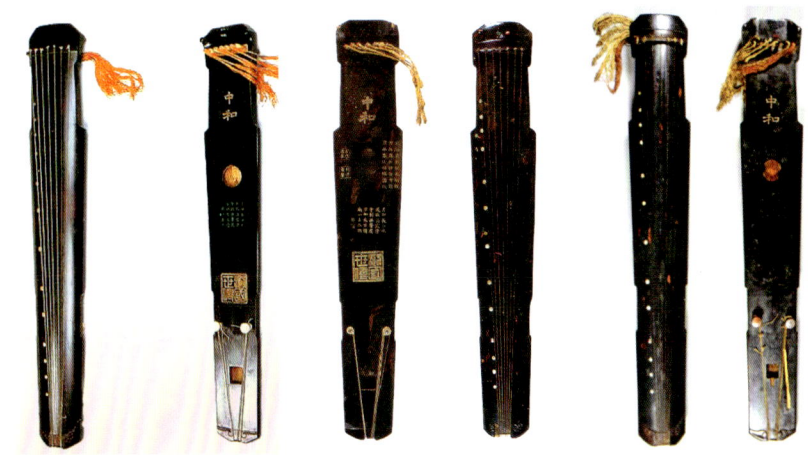

图3 中国国家博物馆藏中和琴　图4 辽宁省博物馆藏中和琴　图5 陕西历史博物馆藏中和琴

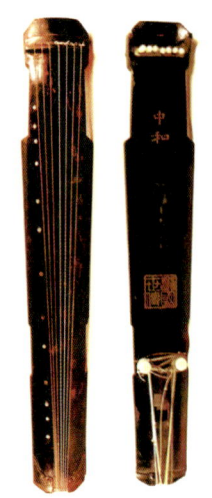
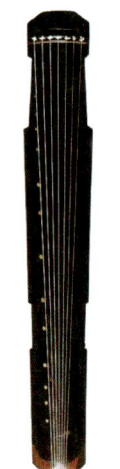

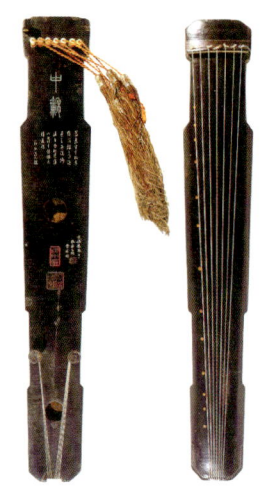

图 6 陕西历史博物馆藏中和琴　　图 7 上海博物馆藏中和琴　　图 8 重庆中国三峡博物馆藏中和琴　　图 9 列子式无名琴

足在九徽与十徽中间，龙池池中在五徽附近，凤沼沼中在十二徽附近。黑漆，朱漆底；八宝灰胎。

中和琴[15]（图 6）。列子式，明代，陕西历史博物馆藏。通长 120.0 厘米、肩宽 19.0 厘米、尾宽 14.0 厘米。琴体舒展大气，漆面光彩悦目。圆形龙池，方形凤沼。岳山长与边齐，肩在三徽，腰上至八徽偏下、下至十徽，足在九徽与十徽中间，龙池池中在五徽，凤沼沼中在十二徽。黑漆，朱漆底；八宝灰胎。

中和琴[16]（图 7）。列子式，明代，上海博物馆藏。通长 119.0 厘米、肩宽 18.8 厘米、尾宽 14.1 厘米。岳山长与边齐，肩在三徽，腰上至八徽偏下、下至十徽，足在九徽与十徽中间，龙池上至四徽偏下、下至七徽偏上，凤沼沼中在十徽与十一徽中间。黑漆；八宝灰。

中和琴[17]（图 8）。列子式，明代，重庆中国三峡博物馆藏。通长 120.8 厘米、肩宽 18.6 厘米、尾宽 14.2 厘米。圆形龙池，方形凤沼。岳山长与边齐，肩在二徽与三徽中间，腰上至八徽偏下、下至十徽偏上，足在九徽与十徽中间，龙池池中在五六徽，凤沼沼中在十二徽。髹黑漆，红漆地；八宝灰胎。

无名琴[18]（图 9）。列子式，明代。通长 123.0 厘米、肩宽 19.2 厘米、尾宽 14.0 厘米。圆形龙池、方形凤沼。岳山长与边齐，肩在三徽，腰上至九徽偏上、下至十徽，足在九徽与十徽中间，龙池池中在四徽与五徽中间，凤沼上至十一徽、下至十二徽与十三徽中间。黑漆。

潞王中和琴[19]（图 10）。列子式，明代。通长 120.0 厘米、肩宽 18.4 厘米、尾宽 14.0 厘米。圆形龙池、方形凤沼。岳山

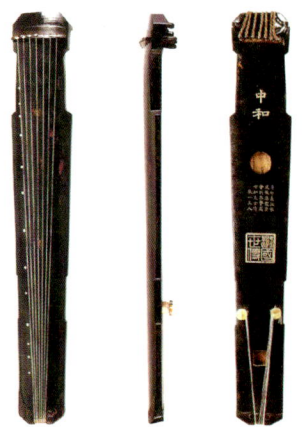
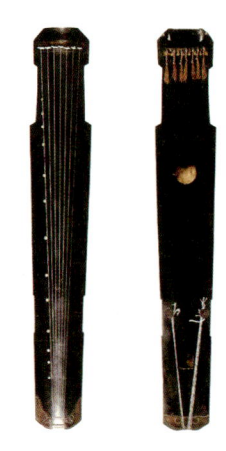

图 10 潞王中和琴　　图 11 谢尊秀藏中和琴

长与边齐，肩在三徽，腰上至八徽、下至九徽与十徽中间，足在九徽与十徽中间，龙池池中在四徽与五徽中间，凤沼上至十一徽与十二徽中间、下至十二徽与十三徽中间。黑漆。

中和琴[20]（图 11）。列子式，谢尊秀藏。通长 125.0 厘米、肩宽 22.0 厘米、尾宽 16.0 厘米。圆形龙池，圆形凤沼。岳山长与边齐，肩在二徽偏下，腰上至八徽、下至十徽与十一徽中间，足在九徽与十徽中间，龙池池中在五徽与六徽中间，凤沼沼中在十二徽。黑色漆。

根据以上的比较和笔者的统计，存世的列子式古琴实物，形制都非常接近，显著特点是：琴体边棱较直、边线方折，琴首两端均为切角，琴项和琴腰均为平底，琴项长度和深度均明显大于琴腰，琴项下宽上窄，琴腰上宽下窄；琴体通长多在 120.0 厘米至 125.0 厘米之间，肩宽多在 18.0 厘米至 20.0 厘米之间，尾宽多在 14.0 厘米至 15.0 厘米之间；琴肩位置多在三徽或三徽偏上，琴足位置多在九徽与十徽中间，岳山几乎都与边齐，龙池都为圆形、池中多在五徽附近，凤沼多为方形、沼中多在十二徽附近；漆色多为黑色，灰胎多为八宝灰。

实用古琴的琴弦与面板之间的距离，在靠近龙龈处较窄一般为一至两毫米，而自龙龈至岳山琴弦与面板的距离越来越宽，您知道这是为什么吗？

从古代文献看传统琴声审美的形成发展过程[21]

宋代以前。强调琴声的和与丰富的表现力，要求琴声音量的大小要适中，也提到了静、清、润、淡、畅等琴声审美；认识到了古琴大弦、小弦不同的发音特性。比如：

《左传·昭公元年》"先王之乐所以节百事也，故有五节，迟速、本末以相及。中声以降，五降之后不容弹矣。于是有烦手淫声，慆堙心耳，乃忘平和，君子弗听也。"强调琴声要合乎律吕，是中和、平和之声，明确反对"烦手淫声"；《左传·昭公二十年》"声亦如味，一气，二体，三类，四物，五声，六律，七音，八风，九歌，以相成也。清浊、小大、短长、疾徐、哀乐、刚柔、迟速、高下、出入、周疏，以相济也……以水济水，谁能食之。若琴瑟之专壹，谁能听之。"强调琴声的表现力要丰富，要和而不同，并且相互之间要相济相和。

《史记·田敬仲完世家》"夫大弦浊以春温者，君也；小弦廉折以清者，相也。"指出大弦的音高低声音温润、小弦的音高高声音清晰的特点；汉代桓谭《琴道》"八音之中，惟丝最密，而琴为之首。琴之言禁也，君子守以自禁也。大声不震哗而流漫，细声不湮灭而不闻。八音广博，琴德最优，古者圣贤玩琴以养心。"指出古琴的声音在八音之中最富于表现力，强调琴声不能过大、并且小声也不能过小；汉代傅毅《琴赋》"尽声变之奥妙，抒心志之郁滞。绝激哇之淫。"肯定琴声的丰富表现力；魏晋嵇康《琴赋》"众器之中，琴德最优""翩绵飘邈，微音迅逝""鸾凤和鸣戏云中""众葩敷荣曜春风""金石寝声，匏竹屏气，王豹辍讴，狄牙丧味"等，肯定琴声的丰富表现力。

唐代白居易，《清夜琴兴》"是时心境闲，可以弹素琴。清泠由木性，恬淡随人心。心积和平气，木应正始音"；《好听琴》"本性好丝桐，尘机闻即空，一声来耳里，万事离心中。清畅堪消疾，恬和好养蒙"，突出琴声的静、淡、清、畅等；唐代薛易简《琴诀》"取声温润，音韵不绝""清丽美畅"，突出琴声的润、清、畅。

宋代。宋代出现了专门的较为系统的斫琴文献，它们对琴声的记述跟接近实践也更为全面、深入。宋代文献中对琴声的描述出现了清、静、远、古、淡、润、平、亮、畅、奇、圆、匀、芳、透等特点，特别是"琴有九德"对琴声的描述和总结更是全面深入，成为后世判断琴声好坏的重要标准，影响巨大。

《碧落子斫琴法》，强调琴声要清、畅、中和、韵长等，排斥过实、过虚、过高、顽钝、焦咽等。

《琴苑要录·琴书》，"惟要轻脆滑为良材也，太硬则无声，太缓则声虚。梓须避其心，太硬则声细而浊，太则声透下而响""木既已出，击而听之，其声坚劲清响为妙"，指出琴声要坚劲清响；"唐贤所重惟张、雷之琴，雷琴重实，声温劲而雅，张琴坚清，声激越而润"，指出唐琴的两种不同声音类型：一种温劲而雅像雷氏琴，一种激越而润像张越琴。

《斫匠秘诀》"古琴之音，或如雷震，或如水激，或如敲金戛玉，或如撞钟击磬，或含和温润，或高明敦厚""有清流过浅滩，清声远云端之言也""虽知有含和瓮盎，而不知有温柔敦厚，虽有撞钟击磬，而不知有监金戛玉"，指出古琴声音的不同类型特点；《乐书·琴制》"然断制之妙，蜀称雷霄郭谅，吴称沈镣张越，霄谅清雅而沉细，镣越虚鸣而响亮""凡琴稍高响者则必干，无温粹之韵。雷氏之琴其声宽大复兼湿润"，指出唐琴有清雅沉细、虚鸣响亮、温润响亮等发声风格；《琴史》"以律和声，则清浊高下之必正也""尽其和以至其变，激之而愈清"，强调琴声的和、清；成玉磵《琴论》"盖调子贵淡而有味"，强调琴声的淡；陈伯葵《琴说》"古琴多干虚，而贵润实。假如材腐朽如此，则声也已干虚，而指下岂复有温润不穷之余韵耶，此失于好古之过耳"，强调琴声的润、实、畅。

《太古遗音》记述的相关内容较为丰富，论述了古琴的散音、泛音、按音，提出了"琴有四虚"和"琴有九德"："琴有四虚：一曰兑虚，谓槽腹太宽也；二曰散虚，谓胶缝脱落也；三曰浊虚，谓材太慢也；四曰清虚，谓材太薄也"，指出琴声不能虚。"琴有九德"，一曰奇，二曰古，三曰透，四曰静，五曰润，六曰圆，七曰清，八曰匀，九曰芳。郑珉中先生对这九德分别进行了解释："奇，即不寻常；古，即淳淡而无新韵；透，即厚实而不梗塞；润，即细腻而不枯燥；静，即不喧嚣；圆，即无扁仄之弊；匀，即平均而无大小之别；清，即清激而不粗浊；芳，即愈听愈觉美好"。[22]

元明清时期。这一时期基本上传承了宋代的琴声审美的标准，特别是"琴有九德"。比如：元代陈敏子《琴律发微》"变化无尽，琴皆有之……善之至者，莫如中和……其次若冲澹、浑厚、正大、良易、豪敦、清越、明丽、缜栗、简洁、朴古、愤激、哀怨、峭直、奇拔，各具一体，能不逾于正乃善。

若夫为艳媚、纤巧、噍烦、趋逼、琐杂、疏脱、惰慢、失伦者，徒堕其心志，君子所不愿闻也"，突出琴声的中和，肯定琴声的表现力，总结出 14 种琴声特点；清代汪绂《立雪斋琴谱》"先王之乐，惟淡以和。淡，故欲心平；和，故躁心释"，强调琴声的淡和、正；徐上瀛《溪山琴况》"故清者，大雅之原本，而为声音之主宰"，突出琴声的清；杨抡《太古遗音》提出"清、奇、幽、雅、悲、切、娇、雄"八种琴声风格；刘珠《丝桐篇·内篇》"诚得良材，制更尽善，发音清奇，是亦不减于古琴矣"，强调琴声的清、奇，"琴有六病：一曰声闵，谓腹宽广也；二曰声散，谓缝脱落也；三曰声浊，谓材太慢也；四曰声浮，谓材太薄也；五曰声促，谓桐不老也；六曰声乱，谓徽不的也"，指出琴声的闵、散、浊、浮、促、乱等六种毛病；祝凤喈《与古斋琴谱》"以音得其坚实清亮，而不致于空浮蔽滞者，庶为中肯。若审音不精，则以空散为洪亮，蔽滞为坚实，每因欲洪亮，而多失于薄，致音闵然者，往往而冈觉"，强调琴声的坚实、清亮，"恬淡清润、沈实洪静、铿然绝妙之响者，实出于材质之轻松脆滑，四美俱备并得制造之精良而然"，指出古琴发声的几种类型。《丝桐篇·内篇》《太古正音琴经》《琴适》《青莲舫琴雅》《琴苑心传全编》等均转述了《太古遗音》的"琴有九德"。

参考文献

[1] （清）周子安. 五知斋琴谱 [M]. 北京：中国书店出版社，2003.

[2] （明）朱晞. 古音正宗. // 文化部文学艺术研究院音乐研究所，北京古琴研究会. 琴曲集成 第 9 册 [M]. 北京：中华书局，1982-11.

[3] 顾永杰，裴建华. 试析传统的琴乐思想 [J]. 当代音乐，2016（23）.

[4][21] 顾永杰，裴建华. 试析传统的琴声审美 [J]. 当代音乐，2016（36）.

[5] 蔡仲德主编. 中国音乐美学史 上 [M]. 北京：人民音乐出版社，2004：60.

[6] 蔡仲德注释. 中国音乐美学史资料注释 第 2 版 [M]. 北京：人民音乐出版社，2004：808.

[7] 同注释 [5]：57-59.

[8] 同注释 [6]：13-14.

[9] 同注释 [6]：100.

[10] 张清治. 琴境图说 - 古琴艺术的美感境界 [J]. 音乐艺术，1988（2）.

[11] 郑珉中. 论唐琴的特点及其真伪问题 [J]. 故宫博物院院刊，1985（03）.

[12] 《中国音乐文物大系》总编辑部编；黄翔鹏总主编；袁荃猷主编. 中国音乐文物大系 北京卷. 郑州：大象出版社，1999：151. 国家博物馆网站：http://www.chnmuseum.cn/tabid/212/Default.aspx?AntiqueLanguageID=1095.

[13][20] 中国艺术研究院音乐研究所，北京古琴研究会编. 中国古琴珍萃图集 [M]. 北京：紫禁城出版社，1998-10：197-199.

[14][15] 王莉. 陕西历史博物馆藏古琴 [J]. 文博，2013（1）.

[16] 黄翔鹏主编；马承源，王子初主编. 中国音乐文物大系 上海卷 江苏卷 [M]. 郑州：大象出版社，1996-12：133.

[17] 本社编. 古琴 重庆中国三峡博物馆藏文物选粹 [M]. 北京：文物出版社，2011-09：37.

[18][19] 台北市立国乐团，财团法人鸿禧艺术文教基金. 古琴纪事图录：2000 年台北古琴艺术节唐宋元明百琴展宝录 [M]，2000-04：199-201.

[22] 郑珉中. 旅顺博物馆藏"春雷"琴辨 [J]. 故宫博物院院刊，1989（3）.

南山四皓画像砖

作者：古花开　吕恩子

　　南山四皓画像砖，陶质，南北朝时期，纵38.00厘米；横19.00厘米；厚6.00厘米，现藏河南博物院。

　　1957年邓州兴修水利时发现一南朝壁画墓，1958年由河南省考古工作队发掘，因出土的墓砖侧面有墨书文字"家在吴郡"等语，故鉴定为南朝刘宋墓。墓室内甬道、墓室一砖一图镶砌的34种模印画像砖，填涂红、黄、绿、蓝、棕、紫、黑7彩，色泽如新。南山四皓画像砖便出土于这座画像砖墓之中。

　　南山四皓画像砖呈长方体，正面模印一幅人物画像。画面描绘四人皆长发垂于肩背，宽袍广袖，两两相向而坐，从右至左一人抚琴、一人吹笙、一人展卷、一人溪边濯足，神态怡然自得。画面中四人身后香草环绕，远处峰峦叠翠，林木葱笼，空中凤鸟盘旋，画面闲适恬淡，画像左侧书有"南山四皓"四字。

　　南山四皓，又称商山四皓，是我国秦末汉初东园公唐秉、甪里先生周术、绮里季吴实、夏黄公崔广四位著名隐士。"四皓"事迹最早见于《史记·留侯世家》：上欲废太子，立戚夫人子赵王如意。

大臣多谏争,未能得坚决者也。吕后恐,不知所为。人或谓吕后曰:"留侯善画计策,上信用之。"……留侯曰:"此难以口舌争也。顾上有不能致者,天下有四人。四人者年老矣,皆以为上慢侮人,故逃匿山中,义不为汉臣。然上高此四人……"

汉十二年,上从击破布军归,疾益甚,愈欲易太子。……及燕,置酒,太子侍。四人从太子,年皆八十有余,须眉皓白,衣冠甚伟。上怪之,问曰:"彼何为者?"四人前对,各言名姓,曰东园公,甪里先生,绮里季,夏黄公。上乃大惊,曰:"吾求公数岁,公辟逃我,今公何自从吾儿游乎?"四人皆曰:"陛下轻士善骂,臣等义不受辱,故恐而亡匿。窃闻太子为人仁孝,恭敬爱士,天下莫不延颈欲为太子死者,故臣等来耳。"上曰:"烦公幸卒调护太子。"四人为寿已毕,趋去。上目送之,召戚夫人指示四人者曰:"我欲易之,彼四人辅之,羽翼已成,难动矣。"

"南山四皓"以其遁士脱俗的隐逸风度,以及适时出山辅佐贤君的事迹为后人所推崇。成为贤德高隐的象征,成为后世重复表达的一个题材,南山四皓的文化内涵也随着时代的发展,不断地拓展。本文所述南山四皓画像出土于邓县南朝画像砖墓,其中竹林七贤、王子乔升仙、南山四皓等形象集中出现在隐逸升仙题材中。南山四皓画像砖造型严谨脱俗、线条生动流畅,意趣盎然,渗透着自然之美。不同于汉代的德高贤达、匡扶天下的南山四皓的形象,邓县画像砖墓的四皓形象表现出的是一种卓然不群、飘逸不羁的精神气质。

邓县画像砖墓位处南北朝政治地域的交界地带,墓中商山四皓的题材便是两晋南北朝时期盛行的隐逸风尚的渗透与体现。

文化解读

隐逸,《说文解字》释"隐":蔽也。释"逸":失也,善逃,又引申为避世。《论语·尧曰》有云:"兴灭国,继绝世,举逸民,天下之民归心焉。"晋葛洪《抱朴子.忠贤》载:"世有隐逸之民,而无独立之主者,士可以嘉遁而无忧,君不可以无臣而政治。"由此可见,"隐逸"即包含有隐居、避世之意。明代陈谟在《镜湖书隐记》释"隐逸"为:"古之君子穷而处于下,以求其志,谓之隐,达而用于时,以行其学,谓之显。及其泽施于民物,功铭于旂,常辞荣去宠以养其贞,全其天,则谓之归隐焉。"

中国历史上对隐士盛誉有加,并见于诸多正史文献的记载。《晋书·隐逸传》载:"古先智士体其若兹,介焉超俗,浩然养素,藏声江海之上,卷迹嚣氛之表,漱流而激其清,寝巢而韬其耀,良画以符其志,绝机以虚其心。"

隐逸行为的主体是士。士是中国古代社会一个独特的知识群体,士阶层一直保有学习知识、技能的传统,因此在学术上有着很深的造诣。仕与隐中国古代士人生活的中心内容。[1]西周时期的士阶层原属于贵族。春秋战国时期,社会动荡,士阶层逐渐解体。

隐逸之风自先秦滥觞,东汉时期形成,至魏晋时期发展到顶峰,从隐士的数量、阶层、隐逸的动因与形式都独树一帜,成为中国思想发展史上独特的表达。二十四史中记录魏晋南北朝历史的正史有《三国志》《晋书》等 11 部，其中，为隐士立传的就有 7 部，见于记载的隐士有 102 名。从记载来看，隐士普遍有着较高的学识修养，明确记载其兼通儒、释、道三家的就有 59 人，占总人数的 57.8%。其余或精儒、或通佛、或研道，或赋辞章、或习音律、书画等等，虽精一艺，但明显又受诸艺之影响，许多隐士在某一领域卓有建树，著书立说与聚徒讲学，并以高尚的德行在社会上享有极高的名望。如著名文学家陶渊明、道教著名人物陶弘景、学者皇甫谧等。[2]

汉魏至六朝时期，隐逸的精神内涵也在逐渐发生着变化。呈现出多样化的特点，综合来讲主要有避乱待时之隐、避世之隐、仙道之隐、恬淡之隐、庄氏之隐、朝隐等隐逸方式，由此而兴起的尚隐之风、美隐之风，隐逸的行逐渐被视为高尚的行为，是人生的一种理想状态。以四皓为代表的隐逸是"待时而隐"，是被动之隐，邦无道而隐，邦有道而出。以嵇康为代表的隐逸是理想与现实的对抗之隐，他们用自己特殊的行为方式表达对现实的批判与对抗，表达不向淫威低头的态度。并期翼能在一方净土里，追求精神与思想的自由，实现人格的独立与完善。以董京为代表的隐逸摒弃了人间喜怒，向往绝对自由与逍遥。以陶渊明而代表的隐逸是归真之隐，恬淡、自适，真正做到了顺应自然、超然物外、返璞归真，并从隐逸的行为中找到生命的真意。以王羲之为代表的隐逸，是平衡于仙道与世俗之间的心隐等等。从隐逸思想和行为的发展来看，隐逸的原因不再局限于理想与现实的冲突，对现实的不满与对抗，而开始逐渐向诗意盎然艺术术化的生活情趣转变，发展成为崇尚自然，追求精神的自由与人格的独立，追求心灵的超然物外。六朝时期的隐逸与生命意识紧密相连，注重向人的本性回归。正史记载魏晋南北朝终身不仕的隐士达 51 人。[3]

南朝刘宋的范晔《后汉书·逸民列传序》中分析隐逸的原因说："或隐居以求其志，或曲避以全其道，或静己以镇其躁，或去危以图其安，或垢俗以动其概，或疵物以激其清。然观其甘心畎亩之中，憔悴江海之上，岂必亲鱼鸟乐林草哉？亦云性分所至而已。" 综合以往研究，导致魏晋时期隐逸之风兴盛的原因主要有如下几点：

1. 古代士人对"道"的信念与坚守。中国文化自古便有阴阳五行，强调阴阳互补。《易·坤》："天地闭，贤人隐"。自此，贤与隐便紧密联系在一起。西汉时期，儒家思想逐渐成为正统。《论语》有云：笃信好学，守死善道，危邦不入，乱邦不居。天下有道则见，无道则隐。孟子云："天下有道，以道殉身；天下无道，以身殉道。"余英时指出："中国知识分子从最初出现在历史舞台那一刹那起便与所谓'道'分不开，尽管'道'在各家思想中具有不同的涵义。'哲学的突破'以前，士固定在封建关系之中而各有职事：他们并没有一个更高的精神凭藉可恃以批评政治社会、抗礼王侯。但'突破'以后，士已发展了这种精神凭籍，即所谓道'。"[4] 建功立业、匡济天下一直是饱读儒家经典的士人向往的政治理想，而"穷则独善其身，达则兼济天下"则成为天下士人处事的方法与行为准则。对"道"的坚守，成为士人"仕"与"隐"的动因，并使士人的行为呈现出两面性。

2. 政治腐败，时局动荡。魏晋南北朝时期，政权更迭频繁，兵祸战乱前后绵延三百余年。许多士人因此选择隐逸避祸，政治斗争的加剧，使一些名士成为政治拉拢的对象。被卷入到政治与权力的角逐的士人们往往成为政治斗争的牺牲品，曾有过"一夜之间名士减半"的说法。据陆侃如《中古文学史系年》统计，从汉末至南朝的约三百年里，在政治斗争中被杀的著名文人有：蔡邕、祢衡、孔融、杨修、何晏、嵇康、钟会、韦昭、张华、潘岳、石崇、陆机、陆云、刘琨、郭璞、卢谌、谢灵运、鲍照、谢朓等等。[5]残酷的政治环境，以及士人对道的执着，以及政治理想与社会现实的冲突，对命运的无力与恐惧，促使士人们选择隐逸的方式以"养其贞，全其天"。

3. 门阀政治的兴起。曹魏时期推行的"九品中正制"的选官制度，成为世族大家巩固其政治特权的有力工具，世家大族利用这一制度垄断了政府的重要官职，形成了"公门有公，卿门有卿"世代相传、等级森严的门阀制度。门阀政治下，世族士人享受着与生俱来的社会地位与经济权力，他们可以选择自己喜欢的生活方式，又无后顾之忧。这也是东晋士族尚隐之风兴起的重要原因。[6]同时，门阀政治也将一部分普通士人隔绝在政治之外，这也是普通士人隐逸的原因。

4. 老庄学说的流行，玄学的产生。东汉末年，政治腐败，儒学影响式微，老庄思想风靡，老庄之学强调从人的内心精神世界寻求解脱，从根本上对社会的正统观念进行解构。魏晋时期，基于老庄之学发展而来的玄学理论逐渐成熟，着力摆脱汉代儒学的束缚，强调因循事物与人的本性，即"越名教而任自然"，这都为士人隐而不仕提供了心理的支撑和精神寄托。

此外，这一时期，佛教与道教的广泛传播，加之中国传统农业社会，小农经济的自给自足、男耕女织的生存模式，为隐逸提供了物质基础与保障，这都促进了隐逸之风的兴盛。

魏晋至南北朝时期兴起的隐逸之风，是以儒家、道家为代表的中国传统社会思想、哲学发展的沉淀与折射，士人是中国主流价值系统的执行者与体现者，以士人为主体的隐逸文化，对后代士人的人格范式产生了重要影响，成为中国传统文化精神的一种独特表达。

比较研究

历史上，南山四皓的故事充满传奇色彩，避乱而隐，维正统正道出仕，功成复隐。在中国文化史上，"南山四皓"是历代文人诗词、绘画作品中反复表现的主题之一。四皓作为一个典故为后人传颂。四皓在历代的政治家、文人墨客的演绎之中，文化内涵日益丰富。

汉代，四皓之隐是待时而隐，适时而出匡扶太子，其事迹散见于《史记》《汉书》《高士传》等典籍中。

两汉时期，儒家思想成为正统思想。因此四皓的形象多与辅政惠帝的主题相联，四皓形象庄重、严谨，其行为举止成为古代知识分子完美仕途的范式。[7]此后，四皓辅政的内容便延续下来，在不同的时期，被后人从不同的角

图 1 朝鲜境内出土的东汉乐浪郡故地的彩箧漆绘

度进行诠释和演绎。

目前所见有关"四皓"的绘画作品，最早的一幅是1931年出土于今朝鲜境内的东汉乐浪郡故地的彩箧漆绘。漆绘若干历史人物和孝子故事，共有九十四人之多。其中一侧有"南山四皓"榜

图2 南昌火车站东晋墓出土的彩绘漆盘及其线描图

题[8]（图1），从画面来看，此时的"南山四皓"束发戴冠，须眉皆黑，与"南山四皓"并排的还有一人，榜题"孝惠帝"。据此可知，该画面所描绘的应是南山四皓佐助汉惠帝稳固嗣位的故事。[9]

南昌火车站一座东晋墓出土一只彩绘漆盘（图2）。孙机先生在对该漆盘的画像内容进行研究后，认为图中所绘四位老者即是南山四皓，因此主张把该画像定名为"惠太子延四皓图"[10]。表明在该时期的绘画作者心目中，"四皓"故事与惠帝密切相关。此时的"四皓"仍然被视作参与重大政治活动的历史人物。但彩绘的图案中人物形象、色彩同汉代相比，已经有了较大变化，不同与汉代的正襟危坐，图像中其中一老者作抚琴状，四位老人线条流畅，形象自然、舒适，怡然自得。漆盘色彩活泼明快，还饰有动物、祥云、香炉等图案，可以看出是受魏晋时期仙隐思想的影响。

魏晋南北朝时期，随着政治斗争的加剧，受隐逸风尚及道家升仙思想的影响，"四皓"辅政的主题逐渐开始淡化，作为高士代表的四皓逐渐成为独立主题，并被作为独立的隐士形象被突显和推崇，隐逸成为四皓题材的表现重点。晋代皇甫谧作《高士传》记载："四皓者……秦始皇时，见秦暴政，乃退入蓝田山而作歌曰……乃共入商洛，隐地肺山，以待天下定。及秦败，汉高祖闻而征之，不至，深自匿终南山，不能屈已。"这一时期四皓的人物形象也发生了巨大的改变，一改汉代庄重、严谨，束发戴冠的形象，而是长发披肩、宽衣博带，率真自然的形象。（图3）。这与同一时期荣启期竹林七贤画像风格如出一辙（图4）。同时，与本文所述画像砖同时出土的还有老莱子、王子乔与浮丘公等升仙题材的内容（图5）。东晋葛洪《抱朴子》的《内篇·黄白》中还有"甪里先生从稷丘子所授化黄金法"的说法，四皓已然被视为仙家，魏晋南北朝时期的隐逸、求仙社会风尚由些可见一斑。

图3 邓县学庄村南朝画像砖墓南山四皓线描图

图4 西善桥竹林七贤及荣启期拼镶砖画线描图（局部）

隋唐时期，唐人对四皓非常重视，特别

是唐中期政局动荡，不少文人选择隐逸避世，加之安史之乱后，商洛四皓庙重建之后（见柳识《新修四皓庙记》），专为四皓所写的赞、铭、赋、论等作品屡见不鲜，如白居易的《答四皓庙》等等，以四皓为典进行吟咏的诗歌作品更是数量众多。

与以往不同的是，唐人在前人的基础上对四皓的材料进行了补充，并从历史的角度开始审视四皓。颜师古注《汉书·王贡两龚鲍传》"汉兴，东园公、绮里季、夏黄公、甪里先生"时谈到：

图 5 邓县南朝墓吹笙凤鸣画像砖

四皓称号本起于此，更无姓名可称，知此盖隐居之人，匿迹远害，不自标显，秘其氏族，故史传无得而详，至于后代皇甫谧、圈称之徒及诸地理书说，竟为四人施安姓字，自相错互，语又不经，班氏不载于书，诸家皆臆说，今并弃略，一无取焉。

苏顾《夷齐四皓优劣论》是现存最早的唐代散文中关于四皓的专论，苏文强调四皓"忠主道"，"直之德衰，则岩穴全生，刘之德盛，则衣冠就列。夏黄公之徒知时也。"梁肃《四皓赞》认为四皓不和刘邦合作的原因是"德宜辅王而偶生霸世"，"生非其时"，但四公"知几"。

宋代，四皓形象在诗文中、绘画作品中广泛出现，王禹偁撰《四皓庙碑》一文，云："《易》称：'知进退存亡而不失其正者，其唯圣人乎！'先生避秦，知亡也；安刘，知存也；应孝惠之聘，知进也；拒高祖之命，知退也。四者备矣，而正在其中，先生非圣而孰为圣乎？"四皓形象和内涵被进一步补充和完善，将四皓由"贤人"推至"圣人"之位。

值得注意的是，宋人在赞誉四皓高洁品行、道德的基础上，也对前代关于四皓的记述提出质疑。司马光、宋濂、朱熹、王阳明等文坛巨子都就四皓叙事、姓氏、籍贯、去处等内容的真实性提出怀疑。如：

司马光《资治通鉴考异》有云："岂山林四叟片言，遽能杫其事哉？""此特辩士欲夸大四叟之事，故云……"且言司马迁"好奇多爱而采之，今皆不取"。

宋濂赞成颜师古对四皓姓氏、籍贯的质疑："予方疑其诞妄不经，及读颜师古汉书注，果谓四人者匿迹远害，氏族无得而详，皆后世皇甫谧圈之徒及诸地里书说所傅会，可见古人读书精审，固有以及之者矣。"[1]

宋人对四皓的质疑应与宋代理学兴起，宋人在认识论上崇尚格物致知的精神，讲求穷理的文化精神紧密相关。此外，唐宋以来的崇老敬老的风尚也和四皓题材相结合，拓展了四皓文化的内涵，宋代李公麟《商山四皓会昌九老图》（图6）就是宋代耆老会社会风尚的体现。绘画中，四皓被描绘成为典型的宋代文人的形象，同时也是年高贤德的代表。

明清时期，四皓形象逐渐发展成为仙寿的代表，诗文、绘画作品中也往往着意刻画四皓银须皓首、

图 6 北宋李公麟 商山四皓会昌九老图（局部）

怡然山水的仙寿形象。（图7、图8）

综上所述，一是从四皓题材的流变可以看出，四皓题材内容的演绎主要呈现出几个向度：四皓是稳固惠帝嗣位政治事件的重要参与者，刘邦、张良、刘盈是故事的主线，四皓是辅助的形象，是贤德逸民的典范；二是四皓从辅政题材中独立出来，成为淡泊自然的隐士形象，率真自然；三是四皓成为道教信仰系统中的仙人形象；四是四皓成为福寿的象征。

自秦汉以来，四皓文化历经后代的反复演绎，从汉代早期士人心目中的儒家人格典范，到魏晋时期的率真自然、仙风道骨，再到唐代的品德高洁，宋代的年寿德贤，及至明清的仙人寿老的形象，四皓题材被不断的歌颂、审视、质疑与研究，四皓的文化内涵被一步步丰富和拓展。正如贝奈戴托·克罗齐所说"一切历史都是当代史"，四皓在不同时期的形象都深刻地体现出所处时代的主流价值观与文化取向，也真实、完整地展现出中国古代历史与文化层累的过程，充分体现出中国传统文化的流变，以及对后世产生的深远影响。

图 7 明 张路 商山四皓图

图 8 清 黄慎 商山四皓图

中国古代,"南山四皓"是表现隐士的常见题材,现实生活中,您认为这四位贤士也是共同隐居在一处的吗?

魏晋时期著名隐士

嵇康:三国曹魏时著名思想家、音乐家、文学家。为曹魏宗室的女婿,官至中散大夫,世称"嵇中散"。后隐居不仕,屡拒为官。因得罪钟会,遭其构陷,而被司马昭处死,时年四十岁。嵇康与阮籍等竹林名士共倡玄学新风,主张"越名教而任自然""审贵贱而通物情",为"竹林七贤"的精神领袖。

皇甫谧:三国西晋时期学者、医学家、史学家,东汉名将皇甫嵩曾孙。他一生以著述为业,后得风痹疾,犹手不释卷。晋武帝时累征不就。编撰有《针灸甲乙经》《历代帝王世纪》《高士传》《逸士传》等书在医学史和文学史上都负有盛名。

陶渊明:东晋末至南朝宋初期伟大的诗人、辞赋家。曾任江州祭酒、建威参军、镇军参军、彭泽县令等职,先后四次出仕,最末一次出仕为彭泽县令,仅八十多天便弃职而去,从此归隐田园。他是中国第一位田园诗人,被称为"古今隐逸诗人之宗"。

王羲之:东晋时期著名书法家,有"书圣"之称。早年崭露头角,有识之士多有荐举,早年累征不就,而立之年才涉足仕途,历任秘书郎、宁远将军、江州刺史,后为会稽内史,领右将军。淡泊名利,曾六拒诏书,晚年称病弃官,隐居剡县金庭,建书楼,植桑果,教子弟,赋诗文,作书画,以放鹅弋钓为娱。和许询、支遁等人遍游剡地山水。

谢安:东晋著名政治家。少以清谈知名,最初屡辞辟命,隐居会稽郡山阴县之东山,与王羲之、许询等游山玩水,并教育谢家子弟,多次拒绝朝廷辟命。后谢氏家族于朝中之人尽数逝去,40岁东山再起,任桓温征西司马,此后历任吴兴太守、侍中、吏部尚书、中护军等职。在淝水之战中作为东晋的总指挥,以八万兵力打败了号称百万的前秦军队,为东晋赢得几十年的安静和平。

参考文献

[1] 孙立群. 魏晋隐士及其品格 [J]. 南开学报, 2001（5）.

[2] 王记录. 魏晋南北朝时期隐士素质分析 [J]. 殷都学刊, 2000.

[3] 王小燕. 魏晋南北朝隐逸现象分析 [J]. 焦作师范高等专科学校学报, 2010（1）, 第26卷.

[4] 余英时. 道统与政统之间——中国知识分子的原始型态, 见《士与中国文化》, 上海：上海人民出版社, 2013：88.

[5] 康保成. 试论陶渊明的"四皓"情结 [J]. 中国文化研究, 2004（1）.

[6] 郭娜娜. 魏晋南北朝隐逸现象及相关问题研究 [D]. 南开大学, 2014.

[7] 魏敏, 李浩. 新时期以来商山四皓研究述评 [J]. 西北大学学报, 2015（1）, 第45卷.

[8] 图见《乐浪彩箧冢》图版四八, 朝鲜古迹研究会, 1934年；林树中主编. 海外藏中国历代名画 第一卷 [M]. 长沙：湖南美术出版社, 1998.

[9] 邬文玲. 商山四皓"形象的塑造与演变 [J]. 形象史学研究, 2013（00）.

[10] 孙机. 翠盖 [J]. 中国文物报, 2001-3-18.

[11] 宋濂. 宋学士文集 [M] //四库全书：文宪集. 明正德本.

无名七弦琴

作者：顾永杰

无名七弦琴，木漆器，明代，通长119.00厘米、宽19.50厘米，现藏河南博物院。

深度品鉴

无名七弦琴。梧桐木面板，材质较硬，龙池、凤沼处纹理较乱；硬木岳尾、轸、足，螺钿徽；承露、岳山、焦尾形制规整，尾拖较小；黑色漆（图1）。琴体较为轻薄；小圆弧形琴首，琴首端两角较圆润，内收弧形琴项，琴肩在三徽，浅平底琴腰，琴腰上至八徽、下至十一徽偏上，琴足在九徽偏下

图1 河南博物院藏无名七弦琴背面

位置；承露圆角、长与岳山齐，岳山长不至琴边，焦尾结处较钝；圆形龙池，方形凤沼，龙池池中在五徽偏下位置，凤沼上至十徽偏上、下至十一徽偏上。腹内铭文"嘉靖乙卯岁仲夏，皇明衡国藩翁制"。

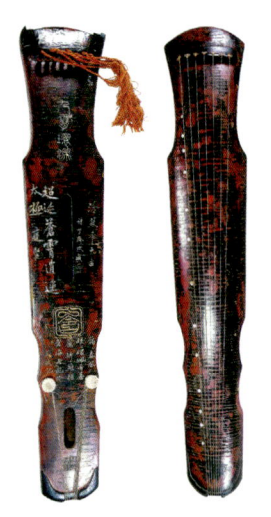

图2 故宫博物院藏伏羲式九霄环佩琴[1]

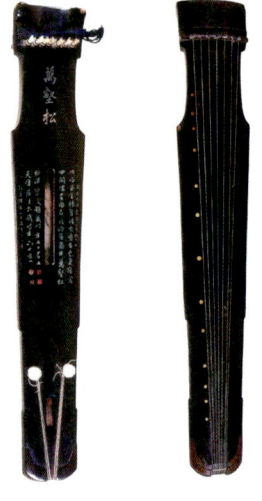

图3 故宫博物院藏仲尼式万壑松琴[2]

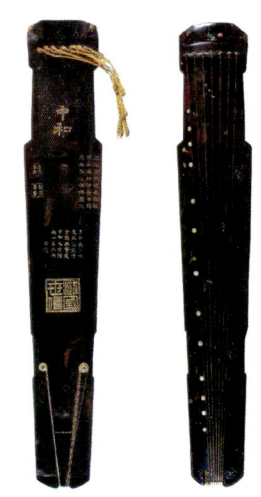

图4 辽宁省博物馆藏列子式中和琴[3]

河南博物院所收藏的这张无名七弦琴形制比较特别，不论是古代文献记载的琴式还是传世古琴的琴式，均未见到与其琴式一致的情况。器物的头部和项部与传统的伏羲式较为接近，琴首为圆弧形，琴项自琴首斜下至琴肩下、上宽下窄，项中至琴肩为内收弧状，如故宫博物院藏伏羲式九霄环佩琴（图2）；其腰部与传统的仲尼式较为接近，入腰呈小斜坡状，腰深较浅，腰底部呈平直状，如故宫博物院藏仲尼式万壑松琴（图3）；其底部形制与传统的列子式较为接近，圆形龙池、方形凤沼、拖尾较小，如辽宁省博物馆藏列子式中和琴（图4）。纵观其整体形制，与传统伏羲式最为接近，但其腰部又与伏羲式的内收双联弧形有明显区别，因此将其琴式定为伏羲式变体。这张无名七弦琴，保存完整，形制特别，对于传统古琴的琴式演变研究有着重要的参考价值。

文化解读

中国传统的古琴文化博大精深，不仅形成了传统的琴乐审美、琴声审美，而且还赋予了古琴本身丰富的文化内涵，将琴形、琴体名称、附件以及琴体的尺寸等都与传统文化相关联，这些也成为古琴文化的重要组成部分。

关于古琴的创制者。有源自伏羲、神农、炎帝、舜等众多说法，这符合中国古人崇敬圣人的传统：伏羲说，汉代蔡邕《琴操》"昔伏羲氏之作琴，所以御邪僻，防心淫，修身理性，反其天真也"，汉代马融《长笛赋》"昔庖羲作琴；神农造瑟"，等等；神农说，《世本》"神农作琴，琴长七尺二寸"，汉代《琴清英》"昔者神农造琴，以定神，禁淫僻，去邪欲，反天真者也"，汉代桓谭《琴道》"昔神农氏继宓羲而王天下，亦上观法于天，下取法于地，近取诸身，远取诸物，于是始削桐为琴，绳丝为弦"，等等；炎帝说，宋代《事林广记》"炎帝作五弦琴"等；舜说，汉代《礼记》"昔者舜作五弦之琴"等。

关于古琴的形制。古人认为，先贤创制古琴，形制取材于凤凰、天地、人体和万物，并且遵循天圆地方、尊卑有序等传统：将琴体形状（图5）与凤凰（图6）的形状相联系，凤凰体型修长，有头、项、翅、腰、尾、腿、足，古琴也琴形修长，有琴头、琴项、凤翅、琴腰、琴尾、琴腿、琴足；将琴体名称与凤凰、龙、人体等相联系，琴项也称凤颈，琴肩也称仙人肩，琴腰也称龙腰，琴尾也称凤腿，琴额也称凤额，冠线也称龙须，雁足也称凤足，还有龙龈、龙池、凤沼、舌穴、凤舌等；将琴体形制与天地尊卑相联系，琴面呈弧状凸起像天，琴底平直像地，琴头部一端较宽、尾部一端较窄以示尊卑有序。比如：汉代《琴始録》"伏羲氏见凤集于桐，乃作琴象凤首尾翅足"，唐代赵惟暕《琴书》、宋代《太古遗音》"昔者至人伏羲氏王天下也，仰观象于天，俯察法于地，远取诸物，近取诸身，始画八卦，削桐为琴"，《琴道》"上圆而敛，法天；下方而平，法地；上广下狭，法尊卑之礼"，蔡邕《琴操》"前广后狭，象尊卑也；上员下方，法天地也"，《太古遗音》"上穹隆，以象天而圆；其面下方舆，以法地而平其底"，等等。

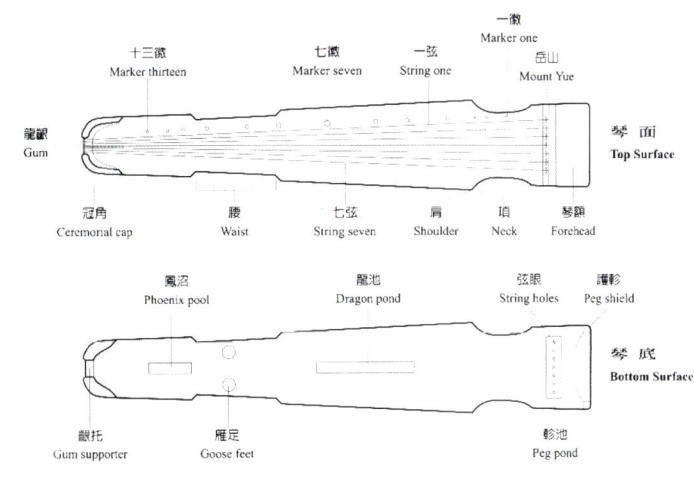

图5 琴体结构示意图[4]

关于琴弦。将琴弦数量与五行、五音相联系，将琴弦粗细、排列次序与君臣礼仪相联系，比如：《史记·乐书》"弦大者为宫而居中央，君也。商张右傍，其余大小相次，不失其次序，则君臣之位正矣"，《史记·田敬仲完世家》"夫大弦浊以春温者，君也；小弦廉折以清者，相也"，汉代扬雄《琴清英》"舜弹五弦之琴而天下治，尧加二弦，以合君臣之恩也"，桓谭《琴道》"五弦，第一弦为宫，其次商、角、徵、羽，文王、武王各加一弦，以为少宫、少商"，蔡邕《琴操》"五弦象五行也，大弦为君，小弦为臣。文王、武王加二弦，以合君臣之恩"。五行，指金、木、水、火、土；宫、商、角、徵、羽，中国古代的五声音阶。

关于琴徽。将琴徽数量与十二律、十二月和闰月相联系，比如：唐代赵惟暕《琴书》"十三徽配十二律，余一象闰也"，宋代冯元《广乐记》"十三徽以配十二律

图6 河北省天门市石家河遗址出土的玉凤[5]，河南省安阳市殷墟妇好墓出土的玉凤[6]

其一象闰"，宋代崔遵度《琴笺》"十三徽象朞之月，居中者象闰"。十二律，古人确定的十二个高度不同的标准音，分别是黄钟、大吕、太簇、夹钟、姑洗、仲吕、蕤宾、林钟、夷则、南吕、无射、应钟；闰，即闰月。

关于琴体尺寸。古人将琴体的长度、宽度、厚度等尺寸都与传统文化相联系，但由于古代文献中记载的古琴相关尺寸有较大差异，并且各时代的尺度也不尽相同。从这些不同时代的文献记载中，我们可以观察到某种文化价值观于古琴上的一种关联，但对于今天来说，这些记载的实际应用意义不大，多有附会之嫌疑。比如：《琴始録》"乃长三尺，增六寸六分，乃法六律六合之会，象周天之数，应五行之用"，六合指空间的六个方向即上、下、东、西、南、北，周天之数即一年之中的天数；桓谭《琴道》"琴长三尺六寸有六分，象朞之数；厚寸有八，象三六数；广六寸，象六律"，朞之数即一年之中的天数，蔡邕《琴操》"琴长三尺六寸六分，象三百六十六日。广六寸，象六合"；唐代李勉《琴记》"长三尺七寸八分，三尺三才也，七寸七曜也，八分八方也。底长三尺六寸六分，三尺三才也，六寸六律也，六分六吕也。头阔六寸，六合也。尾阔四寸，四时也。古人肩阔七寸四之分，应七曜四时也。项阔五寸，五行也。上池长八寸，通八音也。下池长四寸，通四气也"，三才指天、地、人，七曜指日、月加上金星、木星、水星、火星、土星五星，八方指东、南、西、北、东南、东北、西南、西北八个方向，四时指春、夏、秋、冬四季，八音指金、石、丝、竹、匏、土、革、木八类乐器，四气指温、热、冷、寒之气；赵惟睒《琴书》"中翅八寸象八风也"，八风指八个方位的风；宋代《琴苑要录·琴书》"中央高以寸二分，象十二时也"，十二时即一天的十二个时辰；《广乐记》"肩阔七寸四分，应七曜四时也。项广五寸，五行也。上池八寸，通八音也。下池四寸，通四气也"；等等。

比较研究

在现存于世的历代古琴实物中，常见的琴式只有十几种，并且大多都较为规范，但也有一些古琴实物的琴式与常见的琴式接近，可又有较为明显的差异，类似河南博物院藏的这件无名七弦琴与传统伏羲式古琴和仲尼式古琴的情况。古琴不同琴式之间的差异，主要表现在琴首、琴头、琴项和琴腰等部位。

飞泉琴[7]（图7）。晚唐，故宫博物院藏。通长121.6厘米、肩宽20.1厘米、尾宽14.4厘米、最厚5.5厘米。长椭圆形龙池、凤沼；岳山长不至琴边，肩在三徽与四徽中间，腰上至八徽、下至十一徽，足在九徽与十徽中间，龙池上至四徽与五徽中间、下至七徽，凤沼上至十徽与十一徽中间、下至十三徽；栗壳色漆，朱漆修补，鹿角灰胎。方形琴头，琴项和琴腰呈内收三联弧状、弧之间的凸起较小，《故宫古琴》《中

图7 飞泉琴

古琴珍萃》《音乐文物大系》《蠡测偶录集》等文献将其定为连珠式，这一形制是现在较为认可的连珠式古琴的形制。

轻雷琴[8]（图8）。唐代，中国艺术研究院音乐研究所藏。通长118.6厘米、肩宽19.6厘米、尾宽14.5厘米、最厚5.8厘米。圆形龙池，长椭圆形凤沼；岳山长不至琴边，肩在三徽偏下，腰上至八徽偏下、下至十一徽偏下，足在九徽与十徽中间，龙池上至六徽偏上、下至七徽偏上，凤沼上至十二徽偏上、下至十三徽；黑色漆，漆质较硬，黑漆之上加有一层赤黑相间的面漆，底层灰胎下有麻布。小弧形琴头，琴项和琴腰呈内收三联弧状，其整体形制与故宫博物院藏飞泉琴基本一致，但琴头形制有些差异，因此可将其琴式定名为连珠式变体。

鸣凤琴[9]（图9）。南宋，中国艺术研究院音乐研究所藏。通长126.5厘米、肩宽22.7厘米、尾宽16.0厘米、最厚6.5厘米。长椭圆形龙池、凤沼；岳山长几乎与琴边齐，肩在三徽与四徽中间，腰上至八徽偏上、下至十徽偏下，足在九徽，龙池上至四徽与五徽中间、下至七徽，凤沼上至十一徽偏上、下至十三徽偏下；通体原髹栗壳色漆，朱漆修补，鹿角灰胎较薄。方形琴头，琴项和琴腰呈内收四联弧状，其整体形制与故宫博物院藏飞泉琴基本一致，只是项和腰为内收四联弧，因此可将其琴式定名为连珠式变体。

九霄环佩琴[10]（图10）。唐代，沈兴顺藏。通长122.0厘米、肩宽22.3厘米、尾宽16.3厘米、最厚6.3厘米。圆形龙池、凤沼；岳山长与琴边齐，肩在三徽与四徽中间，腰上至七徽与八徽中间、下至十徽，足在九徽，池中在六徽偏上，沼中在十一徽；褐色漆，鹿角灰胎。方形琴头，琴项和琴腰呈内收双连弧形状，项中凸起较尖，腰中凸起较圆、呈外凸小圆弧状，《中国古琴民间典藏》《中国古琴珍萃2》《辽宁省博物馆藏九霄环佩琴的乐器工艺学初探》等文献将其定为霹雳式，这一形制是现在较为认可的霹雳式古琴的形制。

松石间意琴[11]（图11）。宋代，樊伯炎藏。通长126.0厘米、肩宽21.0厘米、尾宽13.0厘米、最厚4.7厘米。长方形龙池、凤沼；岳山长不与琴边齐，肩在二徽与三徽中间，腰上至八徽偏上、下至

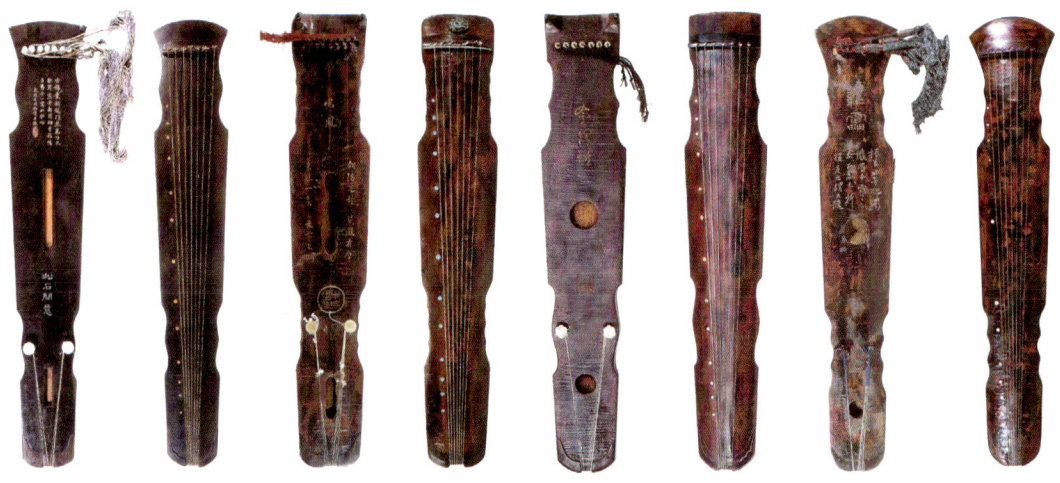

图8 轻雷琴　　　　图9 鸣凤琴　　　　图10 九霄环佩琴　　　　图11 松石间意琴

十一徽偏上，足在九徽与十徽中间，龙池上至四徽偏下、下至七徽偏上，凤沼上至十徽、下至十三徽偏上；栗壳色漆，鹿角灰胎。小弧形琴头，琴项和琴腰呈内收双联弧状，项中和腰中凸起较圆，其整体形制与沈兴顺藏九霄环佩琴基本一致，只是琴头和琴项有些差异，因此可将其琴式定名为霹雳式变体。

万壑松琴[12]（图12）。明代，山东省博物馆藏。通长123.0厘米、肩宽20.4厘米、尾宽14.7厘米。岳山长与琴边齐，肩在二徽与三徽中间，腰上至八徽偏上、下至十徽，足在九徽；黑色漆。平直琴首、琴首中部有一小凸起，方形琴头、琴头下部稍凸，平底小弧形琴项，浅平底琴腰，其形制与传统的仲尼式古琴（比如故宫博物院藏仲尼式万壑松琴）基本一致，只是在琴首、琴头和琴项处稍有差异，因此可将其琴式定名为仲尼式变体。

左宗棠遗琴[13]（图13）。清代，湖南省博物馆藏。通长127.0厘米、肩宽20.0厘米、尾宽16.0厘米。长方形龙池、凤沼；岳山长与琴边齐，肩在三徽，腰上至八徽偏下、下至十一徽，足在九徽与十徽中间，龙池上至四徽、下至七徽，凤沼上至十徽、下至十三徽；栗壳色漆。平首，方头，平底弧形琴项、较深，平底弧形琴腰、较深，其形制与传统的仲尼式古琴基本一致，只是琴项、琴腰处稍有差异，因此可将其琴式定名为仲尼式变体。

彩凤鸣岐琴[14]（图14）。中唐，浙江省博物馆藏。通长124.8厘米、最宽18.8厘米、尾宽12.4厘米、最厚5.4厘米。三徽与四徽间琴体最宽；长椭圆形龙池、凤沼；岳山长与琴边齐，足在十徽偏上，龙池上至五徽、下至七徽偏下，凤沼上至十徽与十一徽中间、下至十三徽；琴背以栗壳色原漆为主，间零星朱漆，朱漆修补，鹿角灰胎，漆灰较厚。平直琴首，方形琴头，两边琴侧自首至尾作对称小波浪形，整体呈外凸大弧形、中部明显较两头隆起，琴项、琴肩、琴腰不明显，琴体前部整体要宽与后部，《非凡的心声 世界非物质文化遗产中的中国古琴》《槁木奇功》《浙江省博物馆藏琴》《唐"彩凤鸣岐"七弦琴》等文献将其定为落霞式，这一形制是现在较为认可的落霞式古琴的形制。

云泉琴[15]（图15）。明代。通长128.5厘米、最宽18.5厘米、宽13.0厘米、最厚4.8厘米。长方形龙池、凤沼；岳山长与琴边齐，足在十徽，龙池上至四徽与五徽中间、下至七徽，凤沼上至十二徽偏上、下至十三徽偏下；栗壳色漆。小圆弧形琴首、琴头，两侧边外沿整体

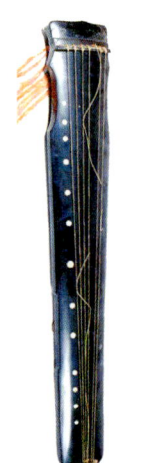

图12 万壑松琴　图13 左宗棠遗琴　　图14 彩凤鸣岐琴　　　图15 云泉琴

较直，两边琴侧自首至尾作对称波浪形、波形宽度差别较大，其形制与浙江省博物馆藏彩凤鸣岐琴基本一致，只是琴头和两侧边稍有差异，因此可将其琴式定名为落霞式变体。

道光三年琴[16]（图16）。清代，中国三峡博物馆藏。通长119.0厘米、最宽17.2厘米、尾宽13.1厘米、尾厚4.6厘米。长方形龙池、凤沼；岳山长与琴边齐，足在九徽与十徽中间，龙池上至四徽偏下、下至七徽偏上，凤沼上至十一徽、下至十三徽；暗红色漆，薄鹿角灰胎。平直琴首，方形琴头，两侧边呈对称小波浪形、外沿几乎成一直线、中部隆起不明显，其形制与浙江省博物馆藏彩凤鸣岐琴基本一致，只是琴体侧边较为平直，因此可将其琴式定名为落霞式变体。

图16 道光三年琴

纵观现存的历代古琴实物，大多琴式都较为规范，基本都是常见的十几种[17]，但是通过以上对比也可以看出一些古琴实物的形制，在传统琴式的基础上有些许演变的痕迹，这一现象简单可以理解为两个层面：一是古代在制作古琴的形制时，基本都遵循传统的审美和实践经验总结；二是在传统的基础上，也在进行着不断革新的尝试，只是这种革新的程度有限，并且流传较少、影响较小。从此意义上讲，华夏民族之向心力稳固，其审美心理也是长期稳定发展的。

我国传统的筝、瑟等乐器，它们的面板表面均未髹漆，而古琴的整个琴体都髹涂有一定厚度的灰胎和面漆，有些在灰胎下面还有裹布，您知道这是为什么吗？

相关链接

传统古琴的琴体制度[17]

古琴的琴体制度，涉及古琴琴体的外部形态，主要包括琴式、琴体尺寸和形制等。

一、琴式

现存的一些明清文献中对古琴的琴式有记载，部分文献中还绘制有琴式图样，比如明代的《太音大全集》《风宣玄品》《琴书大全》《文会堂琴谱》《太古正音琴经》《琴适》《古音正宗》、清代的《琴苑心传全编》《德音堂琴谱》《五知斋琴谱》《兰田馆琴谱》《天闻阁琴谱》等，这些文献中记载的琴式总和超过百种,但现存传世历代古琴实物的琴式远没有文献中记载的多,常见的大概只有十几种(这些琴式的统计数量,均包含其变体),比如:伏羲式、神农式、灵机式、响泉式、凤势式、连珠式、仲尼式、伶官式、师旷式、落霞式、列子式、蕉叶式等。在笔者统计的200张历代古琴实物中,仲尼式最多有131张、比例超过75%,伏羲式、连珠式、落霞式、蕉叶式、神农式、凤势式、列子式也较为常见,其它琴式则较少;不同时代古琴实物的琴式种类,唐代、明代、清代较多,宋代和元代较少;唐代已有的琴式较多,明代也出现有几种新琴式,宋代、元代、清代出现的新琴式较少;仲尼式从宋代起一直都是琴式的主流,伏羲式、神农式、凤势式、连珠式、落霞式等的时代延续性较好;落霞式、蕉叶式等自明代起采用的也较多(详见表1)。

表1　　　　　　　　　　传世历代古琴实物琴式统计表(200张)

序号	琴式	唐代	宋代	元代	明代	清代	总计
1	伏羲式	5			5	1	11
2	神农式	3	1	1	1		6
3	灵机式	1			1		2
4	响泉式	2					2
5	凤势式	2	1		1	1	5
6	连珠式	2	3		4	2	11
7	仲尼式	4	28	10	59	30	131
8	伶官式	1	2				3
9	师旷式	2					2
10	落霞式	1			5	4	10
11	列子式				4		4
12	蕉叶式				7	2	9
13	其它				2	2	4
	总计	23	35	11	89	42	200

二、琴体尺寸

古代文献中对琴体尺寸的记载较多,但相互间差别较大,比较认同的说法是琴长三尺六寸六分、肩宽六寸、尾宽四寸,但由于各时代的尺度不同,参考意义不大。从传世古琴实物的平均值来看:唐代,通长121.8厘米、肩宽20.2厘米、尾宽14.1厘米、最厚5.23厘米;宋代,通长122.1厘米、肩宽20.0厘米、尾宽14.0厘米、最厚5.4厘米;元代,通长121.0厘米、肩宽19.7厘米、尾宽14.1厘米、最厚5.2厘米;明代,通长121.8厘米、肩宽19.4厘米、尾宽13.8厘米、最厚5.2厘米;清代,通长119.5厘米、肩宽18.8厘米、尾宽13.4厘米、最厚5.3厘米。从统计可以看出:唐代和宋代的琴体通长和宽度都较大,宋代以后通长逐渐变短、宽度逐渐变窄,但琴体厚度变化不大,这说明琴体形制在逐渐变短、变窄、变圆(详见表2)。

表2　　　　　　　　　　历代古琴实物琴体尺寸统计表（单位：厘米）

	数量（张）	通长	肩宽	尾宽	最厚
唐代	23	121.8	20.2	14.1	5.23
宋代	35	122.1	20.0	14.0	5.4
元代	11	121.5	19.9	14.1	5.21
明代	89	121.8	19.4	13.8	5.2
清代	42	119.5	18.8	13.4	5.3

三、琴体形制

多数古代文献认为：琴面上隆呈圆弧形、琴底平直、首端宽、尾端窄，琴体自琴肩附近至两头逐渐变窄、减薄；琴肩位置多在三徽正，最下为三徽下三分之一处；琴腰位置多在八徽至十二徽偏上，最窄处的宽度多和琴项最窄处的宽度相近；琴尾宽度多和琴项最窄处的宽度相近。

从历代古琴实物看：琴体整体呈细长条形，琴肩处一般来说是琴体最宽、最厚的部位，向两端渐薄、渐窄；琴面中间隆起，向两侧减薄呈圆弧状，弦内弧度较小、较平，弦外弧度增大，自琴肩或一徽附近至岳山有低头设置，琴面自低头始处至琴尾弦内平直，有些琴式的面板在岳山外明显变薄，似勾头状；底板，大多都中部稍稍隆起、至两侧逐渐减薄，自肩至头和尾逐渐减薄，多数在尾部内收、长度短于面板；琴肩位置多在三徽附近，琴腰位置多在八徽至十一徽，琴足位置多在九徽与十徽中间；唐代古琴的琴体大多阔大厚重、琴面浑厚呈半椭圆形，多数将项与腰两处内收部位的上下两边棱做圆处理、底面额下由轸池或项处向上减薄斜出，从传世唐琴中的标准器来看，唐琴面板弧度之圆法，盛唐、中唐与晚唐又有不同；宋代以后，多数琴面较平、弧度宽而扁，符合前人总结的"唐圆宋扁"，琴体两侧多数较厚，少数底板有中间厚两边薄的情况；琴肩位置，唐代较靠下，基本都在三徽偏下的位置，宋代至清代基本都在三徽至三徽偏上位置。

参考文献

[1] 中国艺术研究院音乐研究所、北京古琴研究会编.中国古琴珍萃 图集[M].北京：紫禁城出版社，1998：19.
[2] 中国艺术研究院音乐研究所、北京古琴研究会编.中国古琴珍萃 图集[M].北京：紫禁城出版社，1998：95.
[3] 中国艺术研究院音乐研究所、北京古琴研究会编.中国古琴珍萃 图集[M].北京：紫禁城出版社，1998：199.
[4] 台北市立国乐团、财团法人鸿禧艺术文教基金.古琴纪事图录：2000年台北古琴艺术节唐宋元明百琴展实录，2000：14.
[5] 中国国家博物馆网站：http://www.chnmuseum.cn/tabid/212/Default.aspx?AntiqueLanguageID=6802.
[6] 中国国家博物馆网站：http://www.chnmuseum.cn/tabid/212/Default.aspx?AntiqueLanguageID=871.
[7] 中国艺术研究院音乐研究所、北京古琴研究会编.中国古琴珍萃 图集[M].北京：紫禁城出版社，1998：63.
[8] 中国艺术研究院音乐研究所、北京古琴研究会编.中国古琴珍萃 图集[M].北京：紫禁城出版社，1998：30.
[9] 中国艺术研究院音乐研究所、北京古琴研究会编.中国古琴珍萃 图集[M].北京：紫禁城出版社，1998：82.

[10] 中国艺术研究院音乐研究所，北京古琴研究会编. 中国古琴珍萃 图集[M]. 北京：紫禁城出版社，1998：61.

[11] 中国艺术研究院音乐研究所，北京古琴研究会编. 中国古琴珍萃 图集[M]. 北京：紫禁城出版社，1998：57.

[12]《中国音乐文物大系》总编辑部. 中国音乐文物大系 山东卷[M]. 郑州：大象出版社，2001：182.

[13] 湖南省博物馆网站：http://www.hnmuseum.com/hnmuseum/search/searchContent.jsp?id=010da0ff44474028811d0d9fbd0c0074.

[14] 范珮玲. 唐"彩凤鸣岐"七弦琴[J]. 东方博物，2009（3）：100-105.

[15] 台北市立国乐团，财团法人鸿禧艺术文教基金. 古琴纪事图录：2000年台北古琴艺术节唐宋元明百琴展宝录，2000：215.

[16] 古琴. 重庆中国三峡博物馆藏文物选粹[M]. 北京：文物出版社，2011：98，99.

[17] 顾永杰. 简论古琴的琴体制度[J]. 当代音乐，2016（33）.

三彩童子荷叶枕

作者：郝飞雪

三彩童子荷叶枕，陶器，宋代，长33厘米，宽16.5厘米，高15厘米，1977年河南省上蔡县的宋墓出土，现藏河南博物院。

河南省上蔡县宋墓中出土的这件三彩童子荷叶枕，枕的底部是粉白色的长方形托板，托板上卧着一个童子，上面是一个荷叶，荷叶呈弧形的从两端向中间倾斜状，形成枕面。童子头顶蓄发一至数绺。颈饰项圈，手脚饰有钏、镯。右臂坦露，向后微曲。面目圆润，目视前方，头微微上仰，左手压于身下，右手执荷叶在身上作为枕面。在荷叶状枕面和童子臂部之间左右各有一个折叠的小荷叶巧妙的连接成一体。下身着绿色短裤，神态天真可爱。此枕的造型使人仿佛看到一群眉清目秀，满脸稚气的孩童们在晴空丽日下，乘着一叶小舟，手执荷叶在湖面上打闹戏耍。

宋代陶瓷枕中，不论是婴戏纹孩儿枕还是童子造型枕，服饰多为上衣下裳制，上衣有袍衫，有开襟短袄，有肚兜。下衣大都肥腿长裤。而河南博物院这件藏品，小孩童坦胸露肚，下穿荷叶短裙，把光身顽皮的小童在水中戏闹的场景表现的惟妙惟肖，见其形如闻其声。实属宋代孩儿枕中的少见上乘之作。

文化解读

隋唐时期陶瓷枕开始创烧,唐朝以后开始大量生产,并渐渐成为百姓喜欢的床上寝具,宋金元时期,瓷枕产地遍及南北,枕具造型丰富多彩。孩儿枕大量出现,主要有以下原因:

社会原因:隋唐以后,经过五代十国长期割据战乱的洗劫,全国人口剧减,到宋代建立初年,全国户数只有唐天宝年间(公元742年)的一半,尽管宋中后期人口也有所增长,但还是一直未达到盛唐时期的规模。随着儒学的复兴,孝道思想的发展,"不孝有三,无后为大"的思想观念根深蒂固。宋代的民众非常重视对生子的养育,在宋朝上至宫廷,下至百姓,为了传承香火,不惜买卖妻妾,祈求子嗣,因此,孩童题材的各种作品很多,孩儿枕题材最盛。

经济文化原因:由于宋代社会逐步进入相对稳定时期,随着经济发展,城市的发达,市民阶层崛起,商人等为迎合平民阶层的大量绘画作品和雕塑作品大量拥现,用来适应市民阶层的审美需求。宋代画家非常喜欢画儿童题材的婴戏绘画作品,今存宋人绘画,如苏汉臣《秋庭戏婴图》《五瑞图》《货郎图》《杂技戏孩》《长春百子》及李嵩《市担婴戏》、佚名《子孙和合》等,均绘有一些儿童玩具,品类繁多,不胜枚举[1]。与此同时宋代也非常流行儿童题材的儿童玩具,如:泥雕童子,牙雕童子、木雕童子等,形态逼真,颇惹人喜爱。在此文化背景下像宋代孩儿枕这种趣味的瓷器雕塑自然很流行,瓷雕孩枕热销。在当时还有一个客观条件是宋代的制瓷业高度发达,磁州窑、耀州窑、定窑、景德镇窑等都烧制有戏婴题材的孩儿枕,尤以磁州窑为最。塑造的童子或睡或醒,或手拿荷叶或双手相交,就连发式或服饰都别具一格。于是造就了一批批优秀的活泼的孩儿枕瓷器作品。在炎热的夏季,瓷质孩儿枕做为日常使用的寝具,具有清凉舒适,爽身怡神的降温功效,还有明目益睛的功效,舒适又实用。

明清以后,随着新型的制枕材料的出现,瓷枕慢慢地退出历史舞台,百姓家中还能见到瓷枕。但孩儿枕已不多见,只在墓室中出土较多。因此,宋代孩儿枕对于研究宋金时代的艺术史、文化思想史、风俗史、雕塑史都有重要的意义。

比较研究

宋代孩儿枕常见的有娃娃枕与童子荷叶枕两种形式:第一类形式的孩儿枕,俗称娃娃枕。孩儿两手空空,双手交叉相抱,俯身卧于床榻,以童身身体为枕体的造型象生枕,孩儿抬头侧视,或闭眼熟睡,身体大都腰背圆实,厚重,以供人枕卧享用,孩儿头部一般都很大,而且头圆,头部约占到身体的三分之一,整个脸部给人一种胖小子的感觉,神态憨厚可爱,让人甚是喜爱,这一类形式以童身身体为枕体的孩儿枕,也俗称娃娃枕。古代民间有一种说法是形容古瓷绘画或雕塑娃娃枕的特点:"短胳臂短腿大脑壳,小鼻子大眼没有脖,"非常贴切。

另一类孩儿枕,也是侧卧于床榻之上做枕,但在整体枕型造型上有了很大的变化,孩儿双手持物做造型摆派，或手拿荷叶或手拿灵芝，荷叶或灵芝翻卷覆盖孩童身体，成弧形枕面，以供人枕之，整体构思巧妙，此类形式的孩儿枕我们俗称童子荷叶枕，本文介绍的孩儿枕即属于童子荷叶枕。

一、娃娃枕

娃娃枕传世作品不多，以故宫博物院藏宋定窑孩儿枕最为精致（图1）。此枕高18.3厘米，长30厘米，宽11.8厘米，枕体由两部分构成，下部即是枕底，塑成一个厚硬的椭圆形床榻，榻周开光，并印出变形花卉纹，床榻上塑一童子侧面仆卧，双脚高高翘起。圆圆的头颅。大大的眼睛，一脸的精灵气。特别是头顶上的角髻，左右丫结，更增添了童稚气。孩儿身着长袍长裤，袍后边缘绣团花。外罩素面裆，前短后长。衣褶自然，裁剪妥贴，精心刻划出孩儿的体段。更有趣的是孩儿右手还扣着一只上下有带状装饰的"香球"，备主人在被褥中使用。

香港收藏家关善明先生藏有一件金代长治窑的白地红绿彩娃娃枕（图2），此枕的特点也是继承了宋代娃娃枕的风格。大头，体态圆匀，双手交握，以卧孩的背部为枕面，面上绘以红石榴，绿叶子，枕体和枕面边界用黑线加以区分。枕体上用黑线和绿彩画出衣服的褶纹。

金代，大头娃娃枕仍很流行，但在题材上更多出现了以少女为题材的娃娃枕，如广东南越王墓博物馆藏的金长治窑褐彩卧婴枕（图3）依然大头，扎双髻，美目，皮肤白皙。

由林保照、孔超编著的《枕林寻梦》中收录有金代山西长治窑出土的女童瓷枕，同样具有大头娃娃枕的特点。（图4）

图1 宋定窑娃娃枕

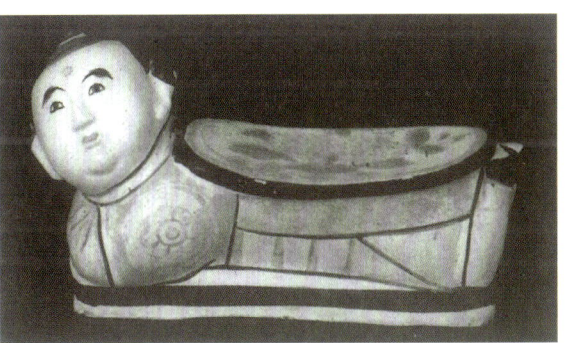

图2 金长治窑白地红绿彩娃娃枕

图3 金长治窑褐彩卧婴枕

图4 金山西长治窑出土的女童瓷枕

二、童子荷叶枕

河南博物院藏的三彩童子荷叶枕（图5）。此枕高15厘米，长33厘米，宽16.5厘米。此枕上的孩童，圆圆的脸蛋，眉清目秀，双目炯炯有神，小嘴小鼻子，黑发中分，双手合握。通体施三彩，分黑、白、绿三色。造型生动可爱。

河南新安城关窑出土的三彩篦划水波纹童子持荷枕（图6）。此枕长20.5厘米，宽13.5厘米，前高8.5厘米，后高10.8厘米。枕面划如意形框，框内用篦划出水波纹，配上三彩釉，枕座上塑一天真、稚气的侧卧婴孩，睡在棉毯底座上，手戴镯，颈带璎珞，头卧在右手上，左手执荷叶在身上作枕面，神态憨厚可爱[2]。婴孩肥头大耳，微闭双眼，面带笑容，眉清目秀，满脸稚气，悠然酣睡，底座上前侧印有三个花团，后侧印有两个花团。该枕设计巧妙，独具匠心，为北宋时期的绝佳作品。

图5 宋三彩童子荷叶枕

图6 宋三彩篦划水波纹童子持荷枕

香港收藏家杨永德先生珍藏的河南新安城关窑出土的三彩划水波纹卧婴座枕（图7），枕长14厘米，宽19.9厘米，高11.5厘米，枕上的孩童面容丰满圆润，笑咪咪地进入梦乡[3]。清乾隆皇帝曾经赋诗赞咏此类孩童枕，有四首是描写覆荷娃娃枕，诗中这样写道："荷花荷叶贴腰醎，跐股曲肱睡正甜。""荷叶荷花紧贴身，峥嵘头角嶷精神。""荷叶不离身作被，檀材新与卧为床。"形象得描述了童子手托荷叶为枕面的造型。

江苏镇江市博物馆收藏的影青孩儿持荷叶枕（图8）。此枕高15厘米，枕座长15.6，宽10.5厘米，通体施青白釉。枕座仿木"须弥座"短榻。四周印缠枝花纹。榻上塑一孩儿侧卧，双手合捧荷叶茎，茎上一片"形似团扇"，边缘软卷的荷叶，恰好供人憩息。这孩儿头枕元宝印花枕，闭目假寐。

图7 宋三彩划水波纹童子持荷枕

图8 宋青白釉童子擎荷枕

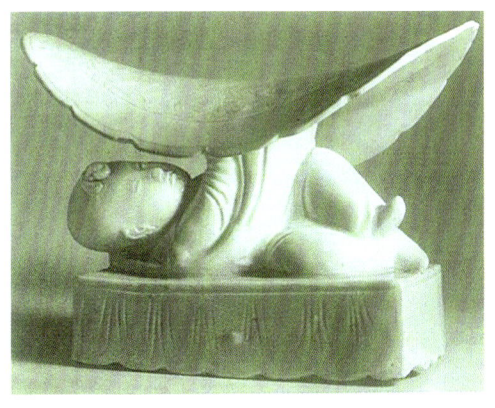

图 9 宋定窑托芝孩儿瓷枕　　　　　　　　　图 10 牙褐地剔牡丹花童子擎芝枕

孩儿的衣着是身着圆领紧身小衣，齐脚长裤，尖头鞋，外穿交领开胯短袍，腰间束带。头裹软布巾，并将头巾结在额前。

美国旧金山亚洲艺术博物馆藏的北宋定窑托芝孩儿瓷枕（图 9）。此枕长 21 厘米，宽 17.1 厘米，高 15.8 厘米。枕座是一个高高的长方形床榻，榻外罩着丝织围裙。榻上竖一瑞草灵芝。娃娃测卧其后，曲腿翘足，双手合力掌托芝盖，作成为主人荐首的枕面。灵芝枕面圆润而舒张，似马鞍形，四周锯以荷叶边，上刻花纹，遮盖着下方的娃娃。娃娃凤眼淡眉，大头圆腮，留有北方孩儿的发式，前额梳一个发结，其余部分剃光。这种发式一般出现在小孩十岁之前。陶人似乎在用这种发式告诉我们，这男孩似乎并不愿意撑顶芝盖让人睡枕，他小嘴微偏，左腿用力，甚是可爱。

金代的童子荷叶枕，也承袭宋代陶人的作风，模制出擎荷、抱芝一类枕具。例如，南越王墓博物馆收藏的杨永德伉俪的捐赠品中就有一件定窑牙黄釉童子擎荷枕（图 10）。此枕高 17 厘米，长 18.5 厘米，宽 22.5 厘米，枕座作榻形，四面开光，孩童在元宝枕上侧卧，只是左手抱在胸前的是芝柱，并不是荷梗。因此，它应正名为童子擎芝枕。另外，枕面上的白地剔褐色缠枝牡丹花纹，线条活络、操刀规矩，平面布局充盈，正中是一朵盛开的大牡丹花，象征富贵气象。

综上所述，宋代的童子枕直观的反应了劳动人民希望多子多福的大众心理。但在设计风格上，两者略有区别，娃娃枕重视孩儿的自身形象，用其身体为枕体，背部略下凹作枕面，以稳定、平衡和舒适为设计主旨；童子荷叶枕造型多为童子侧卧床榻上，头枕一椭圆或长方形印花枕，双手或身躯抱托巨叶莲梗，莲叶大可覆身，前后下卷，中间内凹，正好作睡卧用。枕体饱满，动感性强，讲究线面变化和转折部分的含蓄柔和之美。

陶瓷枕的功用是什么？是卧具，还是墓葬明器，或是有其它用途？

相关链接

枕头，是人们生活中一件普通的睡眠工具，从古至今，各式枕具丰富多彩。从功能角度看，有药枕、凉枕、箱枕、脉枕、臂枕、耳枕、肖形枕。在众多的枕具中，尤以陶瓷枕最为美观实用。

陶瓷枕属于凉枕，具有清凉明目的功效，是古人夏日避暑的用具，又是美化寝室卧具、向外展示的实物。唐人沈既济的小说《枕中记》，记载了我们大家耳熟能详的"黄粱美梦"的故事，在描述仙人交给卢生睡觉的枕头时称"其枕青瓷，而窍其两端"[4]。

20世纪初，河北发现了著名的宋代巨鹿古城，据考证这座古城约在北宋大观二年（1108年）由于黄河泛滥而被一次埋入深达二丈的泥土之中，古城发现后曾被大规模挖掘，出土了许多的瓷枕。天津博物馆曾在古城遗址收集了一些陶瓷枕，据李祥耆、张厚璜《巨鹿宋器丛录》中记载，当地人在挖掘中发现，这些陶瓷枕就摆放在房屋内的炕上。其中一方瓷枕上还有"崇宁二年新婚"的墨书铭款，足以证明这件瓷枕是当作婚嫁用具购置的。

陶瓷枕便宜实用，为平民百姓所有，宫廷贵族中少见使用，他们喜用珍贵的质材，如近年来考古发掘出土的汉枕有：河北省满城中山靖王刘胜墓出的鎏金铜框镶玉枕、湖南省长沙马王堆一号墓出的丝囊药枕、广州南越王赵眜墓的丝囊珍珠枕等，但传世品较少。陶瓷枕尤以宋代陶瓷枕数量最多，款式也最多，有兽形如龙枕、虎枕，有人形枕如孩儿枕、仕女枕。外观体型上有长方、八方、椭圆、银锭等圆腰、鸡心、云头、花瓣等。而民窑出的陶瓷枕，造型款式多样，釉色五彩纷呈。这些陶瓷枕多出自民窑，其装饰题材主要采用自然景物和民间生活情景，反映当时当地的民情风俗，这也使后人得以窥见古人的精神世界与生活情趣。

参考文献

[1] 朱瑞熙，张邦炜. 辽宋西夏金社会生活史 [M] 中国社会科学出版社.
[2] 林保照，孔超. 枕林寻梦 [M]. 上海书局出版社 2008.
[3] 杨永德伉俪捐赠藏枕 [M]. 广州西汉南越王墓博物馆、宝法德企业有限公司联合出版，1993.
[4] 元稹. 唐宋传奇 [M]. 华夏出版社 2015.

乐舞百戏画像石

作者：季伟

乐舞百戏画像石，石质，东汉，长150.0厘米；宽42.0厘米，1973年南阳县王寨出土，现藏南阳汉画馆。

深度品鉴

乐舞百戏画像石1973年出土于南阳县（今南阳市宛城区）一画像石墓中。该画像石属于东汉早期[1]。该画像石位于一后室门楣左边。画像中，右起一钟悬挂在簨架上，两旁各有一乐人，均以一手扶簨，一手执杖撞钟。向左一大腹便便的赤身俳优叉腰跨步疾走作滑稽表演；中间一娇小玲珑之女性舞者，头顶一类似灯盏之物，一手托一易碎之盘，一手作为支撑，双腿逆势高高举起，单手倒立于橔上；左起一人吹埙，一赤身突腹俳优正在奔跑之中，左手播鼗摇播，右手抛跳12丸；一男子跽坐，双臂展开，作口吐火焰的幻术。整个图像画面是一个大型乐舞百戏场面的浓缩。

文化解读

汉画像石是刻画于汉代墓葬棺椁、祠堂四壁以及建墓构石上的画像。画面中的内容涉及劳动、娱乐、神话、生活等方面，也关乎政治、经济、典章、制度、风俗人情等。汉画像不但是我国珍贵的文化遗产，也是反映汉代社会生活的一面镜子，被史学家称之为汉代社会的"绣像史"。而上图中所展示的就是反映汉代社会乐舞生活其一的百戏娱乐状况。然而，这块看似普通的乐舞画像石，百戏画像石画面中，右边挂了一个巨大的青铜甬钟，两旁各有乐人扶篪敲钟。与青铜甬钟合奏的还有左边的一个吹埙的乐人，三人共同和乐伴奏百戏。其画面内容却折射出，汉代社会巨大变迁的信息。不但承载着汉代社会娱乐的文化信息，更是汉代社会礼乐转型变迁的缩影。一方面，文献中铜钟仍具有礼仪性；另一方面，民俗色彩的画像中，铜钟地位一落千丈，在民间成为百戏配角。那么，从中能得到什么信息呢？

其一、汉代的礼制乐制发生了重大的变化。八音之中金石为贵，雅乐之中金石为先。孔子云："'礼云礼云'，玉帛云乎哉？'乐云乐云'，钟鼓云乎哉？"[2] 在西周时期，金石钟磬不单单是一种演奏的乐器，它承载更多的是其深刻的政治内涵。《礼记》曰："乐者，非谓黄钟、大吕、弦歌、干扬也，乐之末节也……铺筵席，陈尊俎，列笾豆，以升降为礼者，礼之末节也。"[3] 可见，金石钟的音乐性能是"乐之末节也"，重要的是其承载的政治用意，体现的就是礼制和等级。

上文分析不难发现，画像中的铜钟无论从数量、排列方式、悬挂方式、以及用乐方式皆不符合先秦礼制的规范。但是迄今为止，还未有汉代帝王墓出土器物的例证。而汉代其它的贵族，如广州西汉南越王墓的乐悬，从出土实物则为东北两面的判悬。类似情况的如长沙马王堆三号墓中的乐悬，墓中虽然出土的乐舞陶俑和一组十枚的木制编钟编磬，但是其摆放是按照敲击演奏的状态放置的，看不出当时的乐悬位置。而类似马王堆状况的西汉墓葬还有其他一些。只有阜阳双古堆西汉淮阴侯墓出土的陶编钟陶编磬其排列的次序类似于与其身份相近的轩悬。内地其他的汉墓出土的乐钟也均未说明其乐悬的问题。同时编钟悬挂的排列的方式也有差别。这一系列的变化，都进一步说明相对于先秦森严的金石礼制，汉代铜钟所代表的礼制，无论从形式上还是内涵上都有了较大的变化。其更注重的是现实政治意义上的礼制，而非金石钟磬所代表的礼制，先秦以来的观念在汉代正趋淡化。

从文献来看，这种变化是客观存在的。汉初，以金石为代表的古礼制雅乐被叔孙通承袭过来，但是历史的久远、时代的变迁，很难使这些楚地草根出身的汉人，对这些体现礼制秩序的古雅乐感兴趣。汉初，就连当时的宫廷大乐官，对于体现先秦礼制的古雅乐，也是"但能纪其铿锵鼓舞，而不能言其义也"。[4] 此情况一直延伸到武帝时，当时河间王刘德好古，认为治理国家非礼乐不成，就向武帝献出自己搜集的雅乐。然而，武帝却"常存肄之，岁时以备数，然不常御，常御及郊庙皆非雅声"。[5] 武帝把它存放起来，并不常观赏，只是在关键的礼仪节点，拿来来充充数。其观赏的大部分非雅声，而是民间俗乐百戏。

但是，汉初的统治者所实施的无为而治与民休息的黄老思想，对这种以儒家金石雅乐体现的礼制的管制是较为松散的、并不是很严格。"王者未作乐时，因先王之乐教化百姓"，[6] 金石钟磬只是作为象征性的先王之乐而存在，其实用性并未被有效地迄及和使用。但是鉴于汉初国家的休养生息，这些制礼作乐之事一直到了武帝时才得以被重新提及。武帝时，随着国力的进一步增强，制礼作乐被重新提及。然而，此次作乐对于铜钟为主要载体的礼制之乐更是雪上加霜。

《汉书·礼乐志》则很好地记载了此次礼制变迁："（元鼎五年）武帝定郊祀之礼。……乃立乐府，采诗夜诵。有赵、代、秦、楚之讴；李延年为协律都尉；多举司马相如等数十人，造为诗赋，洛论律吕，以和八音之调，作《十九章》之歌，以正月上辛，用事甘泉圆丘，使童男女七十人俱歌，昏祀至明"。[7] 文中，武帝"定郊祀之礼"的用乐，不是建立以铜钟为主要载体的雅乐设制，反而另起炉灶"乃立乐府"，确立了新的宫廷用乐，更重要的是赵、代、秦、楚等地的民歌百戏乐舞等，竟也被吸收进此次新的礼乐中。以金石为首的礼制音乐被彻底改革，最后归属于只有象征意义上的太乐范畴，金石的衰落、铜钟的失宠也在所难免。

其二、铜钟趋于实用，地位发生重大变化。礼制的变化、铜钟的衰落，直接导致了汉代宫廷内外上下铜钟的用乐制度，也发生了重大的变化。一方面铜钟作为象征的"礼乐重器"仍存在于宫廷礼仪之中；另一方面，铜钟由"礼乐重器"逐步向实用意义上的乐器转变。其实用功能得以释放，并有效地参与到两汉的各种乐舞演出当中。

武帝所开启的俗乐入雅，使得两汉之风大盛。与此同时，轻巧易带、表现力丰富的丝竹吹管乐的数量和比重在不断地增加，在《乐府诗集》所记载的汉代乐队中所涉及的乐器就有琴、瑟、节、笙、琵琶、笛、排箫、筝、筑等。这些丝竹乐轻巧、节奏快捷、音色优美、表现多样，作为实用意义上的铜钟与地位比重不断上升的丝竹管弦乐形成了新型的钟鼓管弦乐队，这种乐队融典雅实用、轻巧明快、娱乐为一体，成为两汉一道亮丽的风景线，在两汉乐坛大放异彩。

文献对此也有记载，班固《东都赋》说："尔乃盛礼兴乐……陈金石，布丝竹，钟鼓铿鍧，管弦烨煜。抗五声，极六律，歌九功，舞八佾，韶武备，太古乐毕。四夷间奏，德广所及……万乐备，百礼暨，皇欢浃，君臣醉，……然后撞钟告罢，百寮遂退。"[8] 汉宫中不但演奏"抗五声，极六律，歌九功，舞八佾，韶武备"的太古之乐，更演奏"四夷间奏，德广所及"的少数民族音乐，以及突破礼制规范的"朝歌北鄙之乐，齐靡曼之色"，不但"陈酒行觞"，且"夜以继日"。这一切皆足以说明，此乐已经不是那个听了让人昏昏欲睡，"岁时以备数"的古雅乐了，而是一只融典雅实用、轻巧明快娱乐为一体的新型之乐。

帝王们尚且用具有礼制象征意义的铜钟来演奏俗乐，而下属们则有过之而不及。《淮南子·原道训》描述贵族们享乐奢侈中说："夫建钟鼓，列管弦，席旃茵，傅旄象，且听朝歌北鄙之乐，齐靡曼之色，陈酒行觞，夜以继日"。[9] 贵族们不但用铜钟演奏着迷人烂漫的民间百戏之乐，且陈酒行觞、夜以继日。而丝竹兴盛、铜钟下降的同时，民间也开始尝试使用铜钟。《盐铁论·散不足》记述乡绅们娱乐时道："今富者，钟鼓舞乐，歌儿数曹"；[10] 就连民间的富有阶层的娱乐也要"钟鼓舞乐歌儿数曹"。礼制化身的铜钟俨然成了富裕家的娱乐工具。

而在以上南阳汉画像图当中，铜钟属于单个体型巨大的甬钟而非成编的甬钟或钮钟，印证了铜钟已经不再是演奏主旋律的乐器，而是在乐队中处于演奏低音或者处于色彩性的伴奏地位，其功能作用已经发生了变化。画像中铜钟伴奏百戏，从另一方面反映出了这种状况的变迁。

其三、铜钟与民间乐舞百戏等融为一体。国力的强大，民间的富足，政府的采集，不但促进了朝野间乐舞的交流和快速发展，也使得二者进一步升级换代。制礼作乐后，铜钟另一变化就是铜钟与大量进入宫廷的民间乐舞百戏融为一体。铜钟与这些民间乐舞百戏人员，在汉代演绎了一场又一场精妙绝伦的百戏舞乐。

司马相如《上林赋》说：武帝时宫中"设戏车，教驰逐；饰文采，从珍怪；撞万石之钟，击雷霆之鼓，作俳优，舞郑女"。文中既有戏车、珍怪，又有俳优、郑女等，而这些乐舞百戏活动不但有雷霆之鼓的击奏，同时还有万石铜钟的伴奏。而这些现象同时也在汉代乐舞画像石中，得到了淋漓尽致的刻画和描述。司马相如《上林赋》又云："俳优侏儒，狄鞮之倡，所以娱耳目乐心意者"。[11] 所谓"狄鞮之倡"，就是少数民族的百戏俳优，也融进汉代的宫廷音乐中了。

《后汉书集解》载："正月旦，天子幸德阳殿，临轩。公、卿、将、大夫、百官各陪位朝贺。……悉坐就赐。作九宾散乐。……钟磬并作，倡乐毕，作鱼龙曼延。小黄门吹三通，谒者引公卿群臣以次拜，微行出，罢。"[12] 文中，东汉天子幸德阳殿做礼仪音乐时，就有铜钟与民间百戏（倡乐）的配合演奏。钟磬品格高贵，鼓吹音量宏大气势宏威，百戏精彩纷呈，数者相得益彰，彰显了皇家的气派与威仪。

为了展示国家的强大，震慑域内外对手，展示帝国上下一体，君民同心、与民同乐的盛况。武帝曾在上林苑平乐观，"元封三年春作角抵戏"，一时间举国震动，"三百里内皆来观。"[13] 类似大型活动举行了多次，不但促进了朝野间的交流，也展示了大国气象。后汉的帝王们也延续着这样的传统。

而以上南阳汉代乐舞画像石中，百戏与铜钟陶埙一体演奏的画面，也正是上下融为一体的写照。类似这样的铜钟百戏一体画面，在南阳和全国还有不少。说明，其不是孤立的，而是当时大环境在民间的真实写照。总结以上，南阳王寨汉代乐舞画像石所包含的内容，看似简单，实则是汉代礼乐制度发展变化的缩影。

比较研究

百戏是流行于秦汉时期各种民间杂耍、杂技、杂弄的总称。百戏的称谓源于汉初，因其种类杂多，故称为百戏。但百戏这种形式早在先秦就亦有之。《史记·李斯传》载："是时，二世在甘泉，方作觳（角）抵俳优之观"。秦二世所观看的"角抵俳优之观"就是散乐百戏的表演。百戏因大部分散落在民间，非华夏部伍正声的行列，也就是不属于国家正统音乐的范畴，故又称为民间散乐等，意为散落在的各种杂耍杂奏杂弄等乐舞形式。故，汉画中的这些百戏均属民间俗乐的范畴。

（一）倒立

倒立是汉画中刻画较多的百戏之一。汉代的倒立种类众多，既有专门的独立表演，又有参与其他乐舞、百戏中的表演。在汉代画像石上常见的倒立主要有：在壶上、樽上、地上单手倒立、双手倒立、

图 1 南阳市东关画像石

双伎相向倒立、戏车高杆和高索上倒挂。如南阳东关画像石上的女性单手樽上倒立（图1）。

叠案倒立也是汉代著名的杂技之一，类似于今日的叠椅杂技。汉代叠案均为偶数，有两案、四案和十二案之分，也属于难度系数较高的杂技。表演叠案的多为女性伎人，要求舞者在叠加的几案上双手支撑，多倒立，难度系数因案数的增加而随之增加。有时还参加到其他的乐舞活动中进行表演。

1972年在四川郫县出土的石棺上刻有宾主饮酒观伎图（图2）。表演场面可见：二伎人各执长巾，踏鼓作舞；九重叠案上一娇小女伎双手据案，作表演倒立"柔术"；一伎盘腿跪坐，额顶长竿，竿顶一伎做戏。[14]

图 2 四川郫县画像石（局部）

（二）跳丸

跳丸（又称弄丸）是将两个以上的丸抛向空中然后自由垂落双手触接，属于手技类的杂技。文献载，跳丸先秦时期亦有之，《庄子·徐无鬼》曰："市南僚弄丸（跳丸），而两家之难介"。郭象注云："市南宜僚善弄丸铃，常八个在空中，一个在手。楚与宋战，宜僚披胄受刃，于军前弄丸铃，一军停战，遂胜之。"

在汉画中，跳丸的形式较为丰富，跳丸的"丸"可大可小，小者可握于掌心之中，大者可譬如拳头，更甚者则犹如今之皮球，如内蒙和林格尔汉墓中的所抛撒的丸，就远远大于拳头犹如今之足球；抛接的高度可高可低，高者达十数米以上，低者胸前范围即可。弄丸的丸数可多可少，就画像分析来看，多者达数十枚，少者两三枚不等。

在汉画艺术中，单人跨步在运动中跳丸的画像占有比较大的比重，其表现形式也较为多样。如在徐州睢宁县出土的一画像石就属于跨步移动跳丸。[15]（图3）该画面中心刻一建鼓，方形跗座，左右二壮汉赤膊，执桴击鼓作舞；右一大腹滑稽俳优赤身跨步正双臂向上展开跳丸，空中小球状的四丸呈弧形飞舞；一女子右向站立。画面上方，一女伎腾起做后空翻。左边刻一持鸠杖而行的老者和一持笏侍者。类似的跳丸，在其他地区画像中也有大量刻画。

以上画像石图中的无论是播鼗跳丸、单手倒立、还是赤身肥硕的滑稽表演等，均属百戏的范畴。

本文所述的百戏画像石画面中，右边挂了一个巨大的青铜甬钟，两旁各有乐人扶簴敲钟。与青铜甬钟合奏的还有左边的一个吹埙的乐人，三人共同和乐伴奏百戏。

众所周知，青铜乐钟是雅乐的标志，也是西周礼制的产物；

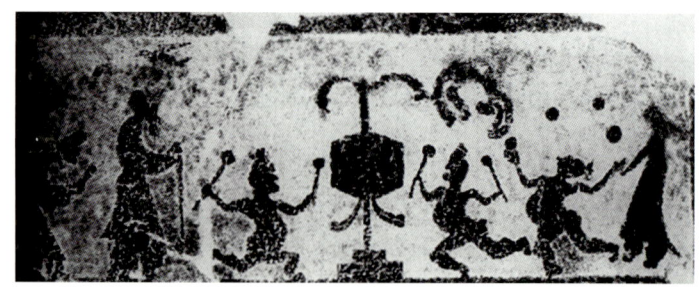

图3 徐州睢宁画像石

图4 曾侯乙编钟

自西周制礼作乐以来，以青铜乐钟为首的金石之乐，是崇高阶级地位的象征，有着高贵的血统和不可侵犯的威严。当时对于铜钟的使用，有着严格的规定，如有僭越会招来杀身之祸和血光之灾。但本文所述画像砖画面中，巨大的青铜甬钟居然和吹埙者，伴奏民俗色彩浓厚的百戏表演。而这种图像，居然雕刻在民俗色彩浓厚的民间画像石上，这不能不引起人们的思考。

按照西周雅乐礼制，对于铜钟的使用，有严格的等级标准。贵族按照等级的不同，分别享受不同的等级标准。《周礼·春官·小胥》："王宫悬，诸侯轩悬，卿大夫判悬，士特悬。"郑司农云："宫悬四面悬，悬轩去其一面，判悬又去其一面，特悬又去其一面。"春秋末期曾侯乙墓所出土的64枚编钟，分三层悬挂在木架上；甬钟挂中下层，钮钟挂上层。编钟呈南北西三面悬，属于诸侯享用的轩悬，另加编磬一架（图4）。

《汉书·礼乐志》载《安世房中歌》云："高张四悬，乐充宫庭"。晋灼注曰："四县（悬），乐四县也，天子宫县。"[16] 记载了汉代帝制为四面的"宫悬"。而《淮南子》也记载了初为皇帝的高祖，到齐鲁之地礼拜儒墨之时，所用乐舞的状况。其云："高皇帝总齐鲁之儒墨，通先圣之遗教，戴天子之旗，乘大路，建九游，撞大钟，击鸣鼓奏咸池，扬干戚。"文中"撞大钟""击鸣鼓奏咸池"等说明具有礼制意义的六代乐舞还在使用。又《后汉书·礼仪志中》云："每岁首（正月），为大朝受贺。其仪：夜漏未尽七刻，钟鸣，受贺"。[17] 这是两汉天子每年正月接受四海朝贺，在正殿宴请撞钟的情形。说明铜钟仍然具有礼仪的性质，汉代社会继承了西周的礼乐制度。

但本文所述画像砖画面中，铜钟不但不成编，反而是单独的特钟（一个）；同时，也缺少编磬或特磬（一个）的配合。画面中，几类百戏杂耍明显居于主导，而伴奏和乐的巨型甬钟和陶埙却偏居一旁。在古代，铜钟和陶埙身份高贵，是礼制的产物，也是雅乐的主奏乐器。在画像中，铜钟不但未成编成组的与编磬一起使用，反而居于配角地位，在汉代不但没有被尊崇，反而落得陪人伴奏和乐的地位。这也从一个侧面反映了汉代礼乐制度的变迁，铜钟更趋于实用。同时也说明国力的强大，民间的富足，也促进了汉代朝野间乐舞的交流和快速发展，铜钟与民间百舞乐戏融为一体。

你对以铜钟为代表的古代的雅乐以及乐悬制度有何了解？除了以上的汉代百戏外，你还知道其他形式的百戏吗？

编　钟

　　铜钟分为甬钟和钮钟，可按大小相次成编成组悬挂演奏，称为"编钟"。编钟的悬挂依枚数的多少有不同的称谓。《周礼·春官·小胥》说："凡悬钟、磬，半为堵，全为肆。"也就是说悬挂完整的一组称为"肆"，半组为"堵"。编钟的组合，在西周中期枚数较少，一般以大小三枚为一组，中期以后，枚数较多，有大小八枚为一组，春秋中晚期到战国中期钟的制作技术日益进步，编钟的组合枚数更多，一组达九至十三枚。等级身份较高的贵族，使用的编钟可在一组以上。同时编钟悬挂的排列的方式也有差别。

　　《周礼·春官·小胥》："王宫悬，诸侯轩悬，卿大夫判悬，士特悬。"郑玄注："乐悬谓钟磬之属悬于笋簴者。"郑司农云："宫悬四面悬，悬轩去其一面，判悬又去其一面，特悬有去其一面。"春秋末期曾侯乙墓是迄今出土铜钟数量最多的墓葬，共有64枚编钟，分三层悬挂在木架上；甬钟挂中下层共45枚，钮钟挂上层共45枚。编钟呈南北西三面悬，属于诸侯享用的轩悬，另加编磬一架。[18]而上文所论述的广州西汉南越王墓的乐悬，按制度则应为三面的轩悬，而实则为东北两面的判悬。长沙马王堆三号墓中的乐悬，墓中虽然出土的乐舞陶俑和一组十枚的木制编钟编磬，但是其摆放是按照敲击演奏的状态放置的，看不出当时的乐悬位置。

　　而2002年山东洛庄汉墓出土的编钟，则明显不同于曾侯乙、马王堆和西汉南越王墓，它有专门的乐器陪葬坑，编钟则位于乐器陪葬坑的南面，一套19件，其中甬钟5件，钮钟14件。这些钟分上下两层悬挂，上层为14件钮钟，下层为5件甬钟，各个自大到小依次排列。音乐考古专家王子初先生认为，有专门陪葬乐器坑的现象，以前在河南新郑郑韩故城东城西南部。[19]如金城路中段偏东一侧第2号窖藏坑和中华西路南侧的城市信用社第8号窖藏坑等。金城路2号窖藏坑发掘于1993年6月，同坑出土镈钟4件及两组钮钟20件。出土时呈南北方向摆放：镈钟一排在南面，钮钟一排作上下两层叠放在北。坑中别无他物，在中华西路的第 8 号窖藏坑，发现编钟 3 组 24 件，在坑内分别南北两排摆放，4 件镈钟在南，20 件钮钟在北，分两组作上下叠放在一起，与金城路一样，坑内别无他物。这些墓中的摆放位置与洛庄汉墓的相一致，但在时间上相差很远。

参考文献

[1] 南阳两汉画像石 [M]. 北京：文物出版社，1990：图 105.

[2][4][5][6][7] 班固. 汉书 [M]. 中华书局，1962.

[3] 范晔. 后汉书·礼仪志 [M]. 中华书局，1999 简字版：2124.

[8] 《论语注疏》卷十七 [M]. 中华书局，1980：2525.

[9] 《礼记·乐记》，《礼记正义》卷三十八 [M]. 中华书局，1980：1538.

[10] 费振刚，胡双宝，宗明华 辑校：全汉赋 [M]. 北京：北京大学出版社，1993：330.

[11] 何宁撰. 淮南子集释·原道训，新编诸子集成 [M]. 中华书局，1998：69.

[12] 桓宽撰，王利器注. 盐铁论 [M]. 中华书局 1992：353.

[13] 费振刚，胡双宝，宗明华辑校. 全汉赋 [M]. 北京：北京大学出版社，1993：66.

[14] 王先谦. 后汉书集解 [M]. 中华书局，1984 年影印版：1112.

[15] 班固. 汉书·武帝纪 [M]. 中华书局，1962：193.

[16] 随县擂鼓墩一号墓考古发掘队. 湖北随县曾侯乙发掘简报 [J]. 文物，1977（10）.

[17] 赵世纲. 中国音乐文物大系·河南卷 [M]. 郑州：大象出版社，1996 年；蔡全法，马俊才. 新郑郑韩故城金城路考古取得重大成果 [N]. 中国文物报，1994-1-2.

[18] 王子初. 洛庄汉墓出土乐器述略 [J]. 中国历史文物，2002（2）.

[19] 严福昌，肖宗弟. 中国音乐文物大系·四川卷 [M]. 郑州：大象出版社，1996：图 2·3·16b，179.

原始瓷尊

作者：朱宏秋

　　原始瓷尊，瓷器，商代，高25.6厘米、口径21.4厘米、腹围76厘米，1954年郑州人民公园出土，现藏河南博物院。

 **深度品鉴**

　　原始瓷尊双唇，口沿折侈下斜，束颈，折肩，鼓腹，下腹斜内收，圜底。通体内外满施青灰色釉，釉质较为稀薄，有轻微的流釉现象。胎色灰白，胎薄且坚质。口沿内部、颈部有明显的轮制痕迹，从另一种视角看也是一种装饰，肩部及腹部拍印细绳纹（图1）。

　　1954年3-4月，在郑州商城西城墙外约千余米处的人民公园内先后发掘出二十座商代墓葬。这件原始瓷尊出土于25号墓，25号墓为长方竖井形土坑墓，长2.07米，宽0.76米，深0.86米。骨架为仰身直肢葬，头向北。墓底中部有

图1　商代原始瓷尊俯视图

长 0.9 米，宽 0.6 米，深 2.06 米的长方形小腰坑。随葬器物除原始瓷尊外还有铜爵一，窄流尖尾，流口处有二矮柱，平底，下附三个三棱锥状足，腰饰三周弦纹。铜刀一，直柄无环，直背弧刃，背较厚，通长 31.2 厘米。铜簇一，为三角形燕尾式。陶罍、陶盆各一，玉柄形器一，卜骨一，为牛肩胛骨，有钻灼痕迹，还有带锯痕的加工骨类二。

文化解读

郑州商城遗址为商代二里岗期，距今约 3600 年，是先周时期仅次于殷墟的庞大都城遗址，根据文献记载与考证，有学者认为是仲丁隞都，也有人认为是商汤所都之亳，属商代中期。

郑州商城遗址近似长方形，面积有 25 平方千米。城垣高大，北城墙长约 1690 米，西墙长约 1870 米，南墙和东墙长度均为 1700 米，周长近 7 公里。城墙底宽 20 米左右，顶宽 5 米多，其高度复原后约 10 米。以全部的城墙长、宽、高计算，郑州商城约用夯土量为 87 万立方米，夯前挖土量约 174 万立方米。在南城外侧还发现一段外郭城墙。按当时的生产工具，若每人每天挖土 0.2 立方米，10 个人每天挖 2 立方米的虚土，然后夯筑出 1 立方米的城墙夯土。在实际筑城是，需要所有人分工合作，有人挖土，有人运输，有人夯筑，若 1 万人参加劳动，连续不停工作一年，可以修筑城墙 1460 米。可见，在商代中期，若建造这样规模巨大的城墙，绝非一件轻而易举的事情。

城墙有 11 个缺口，其中有的可能是城门。城内东北部有宫殿区，发现宫殿基址多处，其中心有用石板砌筑的人工蓄水设施。城中还有小型房址和水井遗址。城外有居民区、墓地、铸铜遗址及制陶制骨作坊址等。

在这些遗址内，出土了大量陶器、石器、象牙器、蚌器等，是郑州商城作为商代都城的无可替代的实物见证。本文所介绍的原始瓷尊也是商城遗址出土的一类非常重要的器物。

这类器物是一种"高温硬质青釉器"，1954 年在郑州商城西城墙外的人民公园及 1965 年在商城西城墙外的功铭路西侧的商代墓葬，都出土了这类器物，它们胎质呈灰白色，细腻坚硬，器表遍施光亮晶莹的黄绿色或青色釉，釉层有玻璃质感及光泽。用手轻轻叩击，即可发出清脆的金石之声。

安金槐先生在《谈谈郑州商代瓷器的几个问题》一文中认为，广义的瓷器具备几个特征：（一）胎骨是用高岭土作成的，有的胎骨也含有石英或长石等粉末。（二）有光亮的釉。（三）质地坚硬，火候高，叩之作金石声。（四）胎骨不吸水分。认为商代遗址中出土的原始瓷尊已经完全具备了早期瓷器的特征，安金槐先生把这类器物定义为早期的青瓷器。[1] 早在 1929 年，河南安阳殷墟出土了一类器表挂釉、质地坚硬、造型精美的陶瓷器，当时的研究者李济称之为"釉陶"。[2]

目前学术界普遍认同这种瓷器是我国最早的青瓷器，由于当时的工艺技术水平有限，原料的处理和胎体比较粗糙，没有经过精细的过滤、淘洗、捏练、陈腐等工艺过程，胎体中杂质较多，釉色不稳定等，与后期的成熟青瓷相比，带有明显的原始性，所以约定俗成，称之谓原始青瓷（Proto-porcelain）。

而关于原始瓷的名称问题的争论到现在还在继续，有的学者把汉代以前的青瓷，都称之谓为原始青瓷，汉代以后的青瓷称为成熟青瓷或青瓷。有的学者认为春秋战国之前的瓷器，把时代与瓷器种类的结合的命名比较科学，例如：商代青瓷、西周青瓷、春秋青瓷、战国青瓷等。有的学者认为更改原始青瓷的名称，给它一个更好的名称，例如初级青瓷、未成熟青瓷、初创或过渡青瓷、早期过渡青瓷等等。有的学者认为，早在商代，青瓷就已经诞生了，到了东汉后期才逐步趋于成熟，这一时期的青瓷名称"原始青瓷"可以把"原始"二字去掉。若一定要有所区别，可以考虑用"早期青瓷"代替。[3]

这些争论反映了考古发掘及学术研究的不断推进，都认同了由陶发展到瓷，中间存在着一个发展和提高的阶段，把商代至东汉的青釉器同釉陶区别开来，同时又与汉代以后的青瓷器区别开来，商代原始瓷是我国青瓷的开端，河南博物院藏的这件原始瓷尊就是我国北方商代原始瓷器的代表之一。

比较研究

一、夏代原始青瓷

（1）原始瓷长流平底盉（图2），二里头文化早期，颈径7.5厘米、腹径15厘米、残高15.2厘米、厚0.3—0.4厘米。出土于河南偃师二里头遗址宫殿区，现藏于中国社会科学院考古研究所。夹细砂灰胎，青釉。束颈较粗，窄平肩，鼓腹。颈部饰二周凸棱，腹部外壁拍印雷纹。

二、商代原始瓷尊

图2 原始瓷长流平底盉

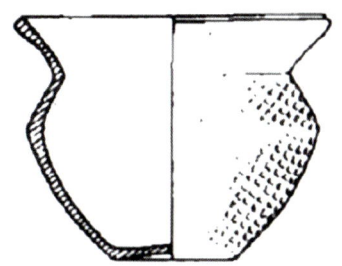

图3 郑州铭功路出土原始瓷尊

图4 郑州二里岗出土原始瓷尊

（1）郑州铭功路西侧商代墓葬出土原始瓷尊（图3），高27厘米、口径27厘米、颈径17厘米、上腹径28厘米。1965年出土于郑州商城西城外约1300米处，现藏于郑州博物馆。尖唇，大敞口，束颈，折肩，深鼓腹，腹壁斜收，圜底内凹。器物外部及器内的上部分，都施黄绿色釉，釉层光亮，釉面有微微流动痕迹，有釉堆积痕。口沿内及颈部有轮制痕迹，肩部装饰席纹，腹部装饰篮纹。胎色灰黄，胎质坚硬。

（2）郑州二里岗商代遗址出土原始瓷尊（图4），敞口、折肩、圜底，器物表面施青黄色釉，肩部、腹部都装饰小方格纹。[4]

（3）郑州南顺城街青铜器窖藏坑出土原始瓷尊（图5），南顺城街H1出土了三件原始瓷尊，均敞口、折肩，依器物整体形态不同分AB二型，其中A型两件为圈足。胎色为灰色，釉色青灰。另一件为B型，圜底，胎色为红色，釉色为青灰色。[5]

（4）郑州小双桥遗址出土原始瓷尊（图6），郑州小双桥遗址出土的原始瓷残片较多，能辨别器型的有尊、瓮等，以尊类为主，多为青灰胎，青绿或青灰色釉，釉的附着力较差，有的甚至剥落殆尽，[6]器物表面多有小方格纹，个别器表有变形云雷纹装饰。

（5）安阳殷墟出土原始瓷（图7），安阳殷墟出土的原始瓷数量不多，主要出土于第四期，帝乙、帝辛时期的居住遗址及墓葬内。[7]器型有豆、罐、壶、瓿形器和器盖等，与同时期的陶器造型完全一致。胎体较厚，胎色灰白，釉色青中泛黄或泛灰，釉面光亮，有流釉现象。

（6）湖北黄陂盘龙城遗址李家嘴M1出土商代原始瓷尊（图8），高17厘米、口径14厘米、底径10.5厘米。敞口，唇沿外翻，颈部微束，溜肩，肩部贴塑三耳，微鼓腹，最大腹径在下部，圈足外撇，略变形。尊的颈部及圈足外壁有细弦纹装饰，腹部装饰雷纹，间有叶脉纹。局部饰釉，釉层较薄，有脱釉现象，胎色灰白。[8]

（8）江西清江吴城商代遗址发掘原始瓷尊（图9），均大口，与二里岗及山东大辛庄出土的相同。[9]

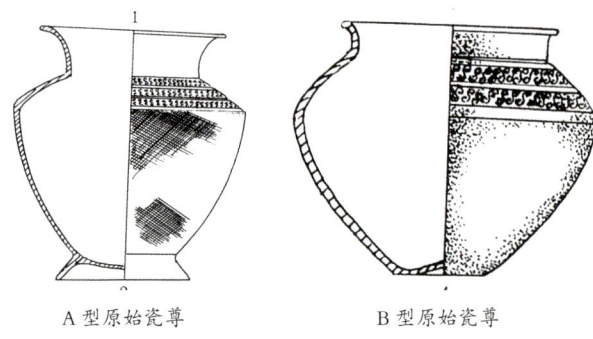

A型原始瓷尊　　　　　B型原始瓷尊

图5 郑州南顺城街青铜器窖藏坑出土原始瓷尊

 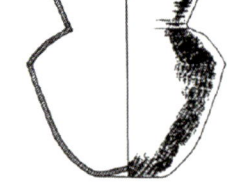

图6 郑州小双桥遗址出土原始瓷尊　　图7 安阳殷墟出土原始瓷

图8 湖北黄陂盘龙城出土商代原始瓷尊

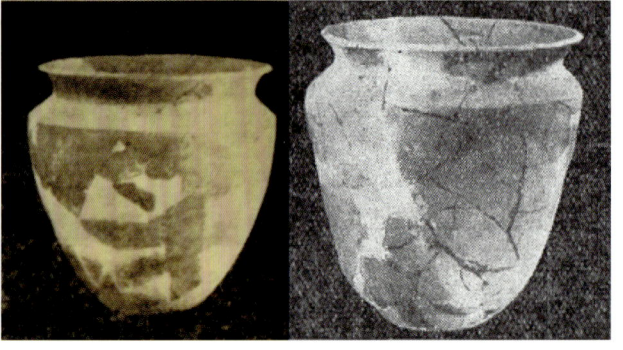

图9 江西清江吴城出土原始瓷尊

（9）浙江东苕溪中游商代原始瓷窑遗址群南山窑出土的原始瓷尊、罐（图10）。浙江东苕溪中游商代原始瓷窑遗址群大规模商代原始瓷窑址群，南山窑址最早的地层可能到商代早期或者更早，是探索原始青瓷起源的重要发现。

图 10 浙江东苕溪中游南山窑出土的原始瓷尊

三、小结

偃师二里头遗址宫殿区出土的原始瓷盉形器残片，具备一般瓷器胎体的物相特征，烧成温度超过1100℃，釉层为高温钙釉。[10] 上海马桥文化遗址出土的原始瓷片化学成分、显微结构及烧成温度的测定，烧成温度在1150～1180℃，也确定了距今3900～3500年的马桥遗址中也出现了原始青瓷。[11] 马桥文化原始瓷的器型只有罐和豆两类，罐类、罐类器物均施釉于器外，豆类器物施釉于豆盘内，不是窑内"落灰釉"，已经是人为施釉。山西夏县东下冯遗址龙山文化晚期也出土原始青瓷约20余片，[12] 器型有罐、钵等，多为素面，有的有篮纹、方格纹，器表有青绿色釉，釉色不稳定，或青中泛黄，或黄中泛绿，釉层薄，光泽度较好，具有原始瓷器特征。偃师二里头文化遗址位于中原，马桥文化遗址位于东南太湖地区，东下冯龙山文化遗址位于晋南，这些遗址出土的原始瓷为我国原始青瓷的起源时间提前到夏代提供了重要的实物资料，为原始青瓷在商代的发展谱写了序曲，吹响了前奏。

继夏而后的商王朝，其手工也生产的规模大、种类多、分工较细，除了最发达的青铜制造业外，制陶业在商代手工业生产部门中也是比较突出的。不同的文化区域都频繁的发现原始瓷器，河南、陕西、山西、山东、河北诸省及南方的浙江、江西、湖北等。目前，浙江出土的商代原始瓷数量多、器型丰富，不仅出土于遗址中，而且出土于商代墓葬中，除此之外，还发现了大规模的原始瓷窑遗址群，例如浙江东苕溪中游商代原始瓷窑遗址群，[13] 共发现商代窑址30多处，集中在德清龙山与湖州青山片区。

江西吴城文化出土原始瓷为代表的南方原始瓷器物造型，与同类陶器的形制一致，罐类多为小口、广折肩、小平底，尊类多为侈口、短颈、窄弧、折肩、凹底。在器物形态上，南北方的原始瓷存在着很明显的差异。虽然北方地区目前没有发现生产商代原始青瓷的窑址，但如果说北方的原始青瓷来源于南方，起码器物形态上要有一致性。朱剑等多位学者将郑州小双桥和江西吴城遗址出土的34枚原始瓷片做了化学测定，[14] 通过INAA测定结果进行主因子分析，否定了小双桥遗址出土的原始瓷来源于吴城地区，认为是本地烧造。

北方地区原始瓷相对于南方来说，出土数量少。而且，原始青瓷在商代墓葬或遗址中出土的器物群体里，相对于青铜器、玉器、陶器、骨蚌器等质地不同的器物类别来讲，更属于小众的一类，数量少，器型少。北方地区商代早中期器类比较单一，仅有尊类，一般为敞口、折肩、圜底内凹，微微的差别是可以按照腹部的深浅，分为浅腹和深腹两种。或者按照底足的不同分为圈足底及圜底类。

一般通体布满纹饰，小方格纹、篮纹或云雷纹，器物的口部、颈部一般都有弦纹装饰。而器物种类有所增加，如豆、罐、尊、瓿等，大部分素面无纹，或仅有简单的弦纹。

在以河南为代表的中原地区，原始瓷器基本出土于大型都城遗址和高等级墓葬。商代中早期的原始瓷主要出土于郑州商城遗址、偃师商城遗址、郑州小双桥遗址。商代后期的原始瓷主要出土于安阳殷墟和辉县琉璃阁等地的墓葬及遗址。河南博物院藏的原始青瓷尊，是中原地区商代墓葬出土原始青瓷的代表之一，器型为大敞口、束颈、折肩、下腹内收、圈底的尊类器，器型区别于江西吴城、湖北盘龙城及浙江地区的原始瓷。这类原始瓷尊在北方延续时间较为漫长，存在于二里岗下层文化二期一直到殷墟一期、二期之间。到商代晚期，大口尊类原始青瓷基本上不存在了。

您知道陶器是怎样变成瓷器的吗？

火烧山、亭子桥原始青瓷窑址

2007年3月至5月和2007年10月至2008年3月，故宫博物院、浙江省文物考古研究所会同德清县博物馆联合组成的考古队，在德清经济开发区的火烧山和亭子桥，进行了大规模考古发掘，发掘了西周末期至战国的古窑址。这些新发现，使相关专家和学者对探究青瓷源头有了新的认识。

火烧山原始青瓷窑址位于德清县武康镇龙山村掘步岭水库，是一处西周晚期至春秋晚期的原始青瓷窑址。主要收获是发现了西周晚期至春秋晚期的3条烧制原始瓷的龙窑窑址，是探索我国龙窑起源发展的的重要依据。发掘出土了大量原始瓷器标本，器类主要有碗、盘、罐、水盂、钵、盆等，还出土了一些仿青铜礼器的卣、鼎等原始瓷产品，制作精美，烧成温度也很高。纹饰也多种多样，有与同期青铜器相似的云雷纹、勾连纹、水波纹、S形纹、绞索状绚纹等。装饰手法采用刻划、模印、堆贴等。釉色饱满，有青、青黄、青绿色，还发现了少量的酱褐色釉和黑釉。发掘出的器物为确定西周晚期至春秋晚期原始瓷的更为详细的分期提供了实物资料。这次发掘还发现了最早的间隔具——圆形托珠的使用。火烧山窑址填补了国内瓷器发展史上关于从西周晚期到春秋末这段历史详细年代序列的空白。此外，它的发掘还证明了德清所在的东苕溪流域早在西周末至春秋早期在原始瓷生产上达到了一个顶峰。发掘者认为，火烧山窑址是目前已知并保存下来的唯一一处西周晚期至春秋晚期的原始瓷窑址，也是目前已发现的最早的纯烧原始瓷的窑址，其出土的原始瓷对于探索中国早期青瓷的烧造技术具有重要的意义。

亭子桥窑址在德清县经济开发区龙胜村东山自然村北，是一处战国时期的窑址。考古发掘揭露出7处窑炉遗迹，其中编号Y2是浙江省发掘的第一条保存完整的战国时期窑床遗迹，它的发现，为研究者了解南方地区早期龙窑的结构形态、探索战国时期的窑炉技术等方面，提供了十分重要的考古资料。

这次考古发掘出土了数以吨计的原始青瓷标本以及各种窑具，也有极少量的印纹硬陶器，表明此窑主要是烧造原始青瓷器。而在此前发现的浙江萧山进化区和绍兴富盛两地的原始瓷窑址都是印纹硬陶和原始瓷同窑合烧，由于这两种产品所用的原料、成型的方法以及烧成温度的高低都有所不同，使得烧成温度要求较高的原始瓷，有的胎没有完全烧结，玻化程度比较差。而亭子桥窑址以烧造原始瓷为主，就可避免此种状况的发生，说明原始瓷烧制的技术已比较成熟。而从揭露的窑炉遗迹集中分布，而且每部分均有2条或3条叠压打破，表明每处窑炉均经过整修与重建，也说明这里在此之前早已开始烧造原始瓷。

出土的原始青瓷产品的器型，除一般的碗、盘、杯、盅、钵、盂等日用器外，主要为大量的仿青铜礼器和乐器，器型有盆形鼎、盂形鼎、豆、盆、三足盆、盘、三足盘、提梁壶、提梁、镂孔长颈瓶、尊、罐、三足壶、鉴、匜等，这也是亭子桥原始瓷窑址与萧山、绍兴富盛原始瓷窑址不同的地方。这些仿青铜的礼器，不仅造型与青铜器一致，往往还贴有青铜器常见的各种铺首，造型工整端庄，做工精巧细致，纹饰极其精美，大多体型硕大厚重，显得庄重而大气，不论是成型工艺和烧成技术，还是产品质量，堪称原始青瓷中的精品。

德清亭子桥窑址是首次发现的战国时期烧造高档次仿青铜器原始青瓷礼器与乐器的窑场。这次发掘所见产品器类，几乎囊括了近年来江浙地区大型贵族墓，特别是江苏无锡鸿山越国贵族墓出土的各类原始青瓷礼器和乐器，如甬钟、鼓座都可在这里找到。表明亭子桥窑址是一处专门为越国王室和上层贵族烧造高档次生活与丧葬用瓷的窑场，据此，发掘者认为，亭子桥窑址已具有了早期官窑的性质，是一处越国时期的"官窑"。

参考文献

[1] 安金槐. 谈谈郑州商代瓷器的几个问题 [J]. 文物. 1960（8）、（9）
[2] 李济. 民国十八年秋季发掘殷墟之经过及其重要发现 [J]. 安阳发掘报告. 第二期 1930
[3] 郑建明等. 瓷之源——原始瓷与德清窑学术研讨会纪要. 中国文物报. 2008年5月9日第007版
[4] 中国科学院考古研究所. 郑州二里岗 [M]. 北京：科学出版社，2008：1.
[5] 河南省文物考古研究所，郑州市文物考古研究所. 郑州南顺城街青铜器窖藏坑发掘简报 [J]. 华夏考古 1998（3）
[6] 孙新民，孙锦. 河南地区夏商周原始瓷的初步研究. 东方博物. 2008（4）
[7] 中国社会科学院考古研究所：殷墟的发现与研究 [M]. 科学出版社 2001
[8] 赵雄、赵丹：质朴如素 大拙至美——馆藏原始瓷器述略 [J]. 文物天地. 2016（11）

[9] 江西省博物馆等：江西清江吴城商代遗址发掘简报 [J]. 文物 .1975(7)

[10] 鲁晓珂等 . 二里头遗址出土白陶、印文硬陶和原始瓷的研究 [J]. 考古 .2012（10）

[11] 陈尧成、张筱薇 . 上海市马桥遗址原始瓷、印纹硬陶科学鉴定 [J]. 考古学报 .1997（2）

[12] 中国社会科学院考古研究所、中国历史博物馆、陕西省文物工作委员会等 . 山西夏县东下冯龙山文化遗址 [J]. 考古学报 .1983（1）

[13] 浙江省文物考古研究所等 . 浙江东苕溪中游商代原始瓷窑址群 [J]. 考古 .2011(7)

[14] 朱剑等 . 小双桥遗址出土原始瓷器的 INAA 分析 [J]. 华夏考古 .2015（3）

填漆描金云龙纹菊瓣式盒

作者：李 莎

　　填漆描金云龙纹菊瓣式盒，漆器，清代，足径36.50厘米，口径44.3厘米，高18.60厘米，现藏河南博物院。

　　填漆描金云龙纹菊瓣式盒整体为菊瓣式，鼓腹，圈足。分为上下两部分，上部为盖，下部为器身，由子母口分出器身和器盖。内里整体髹黑色漆，外部髹枣红色漆地。采用填漆戗金技法，雕刻不留空地，浑然一体，其纹样细如毫发，流畅自然。漆盒盖面装饰云龙戏珠纹，纹饰正中装饰一条张口睁目，须发皆张的五爪团龙；四周是四条云龙在云海中追逐嬉戏。器盖等分为十六瓣，每瓣上均饰云龙戏珠纹。上下口沿饰云蝠纹，器身也等分为十六瓣，均以海水与流云纹装饰，圈足绘有回形纹饰（图1）。

图1 填漆描金云龙纹菊瓣式盒

文化解读

中国古代使用天然漆的历史可以追溯到 7000 多年前。在《韩非子·十过》篇中记载，在尧、舜、禹时代，先民们就能制作"流漆墨其上""墨染其外而朱画其内"的各种实用器了。已知最早的漆器是 1978 年在浙江河姆渡文化遗址中出土的"朱漆木胎圈足碗"（图 2）和缠藤篾筒形器，它们的出土使我们知道早在 7000 多年前的新石器时期，先民就已经利用漆树汁液涂绘在器物表面，来增加器物的美感，延长器物的使用寿命了。

图 2 河姆渡文化遗址中出土的"朱漆木胎圈足碗"

春秋战国时期，人们使用了髹漆工艺生产了许多器型多样的生活器具，装饰纹样丰富多变，祥禽瑞兽充满动感，富有神秘色彩，中国漆器发展进入了第一个辉煌时期。战国漆器以受楚及楚文化影响最为集中的湖北、湖南地区为代表。

秦汉时期，国家的大一统、经济的发展、物质的丰富，促使手工业发展迅速。特别是在西汉时期，漆器工艺在春秋战国发展的基础上，达到审美与实用相统一的发展高峰。（图 3）将西汉与战国时期的漆器发展成就相提并论，是因为漆器在当时社会生活和艺术发展里的重要地位，更为后来漆器的发展打下了坚实的基础，并已被考古发现证实。在湖南、湖北、江苏、安徽、四川、山东等地发现的西汉时期等级较高的墓葬里，可以一次出土数十件乃至上百件漆器。而在较偏远的贵州、广西，甚至在朝鲜、蒙古也有发现。当时出现的金银箔贴花发展成绚丽夺目的金银平脱，成了唐代最具代表的装饰；锥画则演变为精美的戗金银，成了宋元时期漆器的重要代表；而进入汉代才兴盛起来的夹纻胎工艺甚至延续到了清代，发展成为后世的脱胎工艺。

随着瓷器的出现，漆器的实用功能逐渐弱化，开始向单一的审美功能转变。漆器中的食器与酒器类器物逐渐被瓷器替代。而此时漆器的调色技术进一步发展，发展出色泽绚烂斑斓的斑漆、深沉淡雅的绿沉漆。盛唐时期经济繁荣，国力强盛，东、西方文化的交流碰撞，促进了漆器装饰工艺的大发展。金银平脱、镶螺钿等工艺在此时取得了较大的发展；宋代经济的发展促进了漆器产业的商

图 3 西汉彩绘妆奁

图 4 元代广寒宫图 嵌螺钿黑漆盘残片

业化进程，成为当时官方、民间都在大量生产制作、销售的工艺品。在这一时期创制了雕漆工艺，装饰工艺上出现了金漆与犀皮两个新品种。

元代在中国漆器发展史上占有较为重要的地位，为明清两代漆器的发展奠定了坚实的基础。元代漆器的生产过程繁复，留下一批装饰华美、技艺精湛的漆艺精品。《古格要论》记载元代螺钿："元朝时富家，不限年月做造，漆坚而人物细"。戗金、雕漆和螺钿等都是当时的著名品种，张成、杨茂是当时的雕漆剔红高手，有"堆朱杨张"之称。现收藏于首都博物馆，在北京元大都遗址出土的"广寒宫图嵌螺钿黑漆盘残片"，就是《古格要论》的最好注脚（图4）。

明清时期，漆器的发展达到顶峰。明代政府对于漆器生产的重视，超过了之前的任何一个朝代。广泛种植漆树、邀请制漆工艺精湛的工匠到官营的漆器生产作坊制作漆器，成为明代政府在漆器生产管理中的重要一环。由历代漆器工艺发展而来的漆器技艺在这一时期争奇斗艳，每一件漆器作品都镶金嵌银，精雕细刻，极尽奢华之能事。在漆器制作上，明代漆器以近乎于纯粹的装饰，成为突出的时代特色，将漆器技艺汇而总之的《髹饰录》也完成于这一时期。清代的漆器工艺延续了明代的工艺风格，并在清代中期形成具有地方特色的髹漆工艺，例如福建的脱胎工艺、北京的雕漆工艺、扬州的螺钿工艺等（图5、图6）。

图5 清代脱胎朱漆菊瓣式盒

图6 清代黑漆描金嵌染牙妆奁

比较研究

漆器生产进入清代更为繁盛。以康熙、雍正、乾隆三朝为最盛，代表了清代漆器制作的最高水平。清代漆器的生产区域较为广泛，苏州、南京、北京、福州、杭州、江西、广州、山西、四川、贵州等地都是当时重要的漆器产地。根据文献记载，清代的漆器品类有近20种，有朱漆、黑漆、彩漆、仿洋漆、戗金漆、填漆、雕漆、嵌螺钿、百宝嵌、识文描金、漆与其他工艺相结合的器物等。这些漆器品种可以归为以下几大类：

1. 单色漆。单色漆是指在器物表面只髹一种颜色的漆器。这类器物通常都没有纹饰，光素一色，因此单色漆也被称为"一色漆"。又因单色漆朴素无华，没有任何花纹装饰，只以造型和色泽取胜，单纯而不简陋，朴实而不粗糙，光泽柔和，清雅高贵，又被称为"素髹漆器"。单色漆是中国漆器中最古老最常见的品种，距今至少有7000年的历史，也是漆工艺中制作最多的一个品种，《髹饰录》将单色漆分为"黑髹""朱髹""黄髹""绿髹""紫髹""褐髹""油饰""金髹"等（图7），其中"黑髹"器物在乾隆时期是最常见。

2. 雕漆。雕漆是宋元以来新兴的漆器门类，其制作方法是在做好的胎上用制好漆料涂抹出一定厚度，再用刀在平面漆胎上雕刻花纹。作为漆器生产中的一个重要门类，雕漆将髹漆、雕刻、绘画、磨制等多种工艺集于一体，着重展现器物的立体感，因此备受人们的青睐。根据雕漆颜色的不同，将其划分为剔红、剔黄、剔绿、剔黑、剔彩、剔犀等（图8）。从两岸故宫博物院所藏的实物到《各作成做活计清档》的记载都证明，乾隆时期"养心殿造办处"制作了大量的雕漆作品，其中以剔红的数量最多。

3. 填漆、戗金彩漆。填漆有"磨显"和"镂嵌"两种方法，首先是在做好的胎体上用单色漆做出底子，然后在漆底子上刻出凹陷的纹饰，再以厚重而艳丽的单色漆填入纹饰之中，经过磨显工序与原来的漆地等高。填漆成品表面平滑光亮，细腻而润滑（图9）。从两岸故宫博物院所藏实物来看，单纯填漆者数量不多，传世多为填漆与戗金工艺的结合。戗金彩漆为戗金

图7 红漆紫檀文具盒

图8 清代雕漆人物盒

图9 填漆描金云龙纹菊瓣式盒

和彩漆两种工艺相结合形成的，《髹饰录》称之为"戗金细钩填漆"属"斒斓类"，它的做法是在填漆工艺完成后，紧贴着纹饰的边沿及纹饰中间的纹理用针或刀尖刻画出细密的纹饰，并在细密的纹饰里打入金胶，然后将金箔粘在纹饰上，成为金色的花纹，使填漆器物上的纹饰有金色的边框和纹理，比之单独使用填漆工艺更加斑斓璀璨。还有的直接做成填漆锦纹地，再在锦地上装饰花纹。戗金彩漆工艺在康熙时期就已出现，乾隆时期最为鼎盛，并别出心裁的将戗金彩漆工艺和填漆结合，制作的器物造型多变，纹饰华丽，其中以盒类居多，如云龙菊瓣盒、六瓣式盒、桃式盒、双凤长盒、菱花凤盒、海棠仙盒、八仙长盒、双喜方盒等寓意吉祥如意的器物。

4. 洋漆。即描金、泥金画漆。是在黑色或是红色的漆地上描金、洒金、描金彩漆（图10）。《髹饰录》记载："描金，一名泥金画漆，即纯金花文也。朱地、黑质共宜焉。其文以山水、翎毛、花果、人物故事等；而细钩为阳，梳理为阴，或黑漆理，或彩金象。"做法是在器物的表面以黑漆或朱漆作为底漆，等底漆干燥后打磨平滑。用调制好的彩漆，在漆器的表面描绘纹饰，等彩漆将要干燥时，用丝棉球粘上最细的金粉刷在纹饰上，纹饰就成为金色。以黑漆为地的描金最为常见，朱漆地或是紫漆地的描金则较为少见。清代认为这种技法来自东洋，称其为"洋漆"、"仿洋漆"或"洋金"，日本将这种工艺称为"平莳绘"。另外，《髹饰录》中阳识门中的"识文描金"也应该属于洋漆类。

5. 漆镶嵌。乾隆时期的漆镶嵌，主要是嵌螺钿和百宝嵌。虽然镶嵌的图案、纹饰及所用的材料不同，但镶嵌技法类似，都是以朱漆、黑漆做地，再嵌以各种图案纹饰。嵌螺钿工艺大致可分为两类：一类用的是厚螺钿；另一类用薄螺钿。用这两种螺钿镶嵌的漆器在清代都较普遍。从已知的实物来看，嵌螺钿漆器除了单独嵌螺钿外，也有与其他漆器工艺相结合的工艺，如描金嵌螺钿、彩漆嵌螺钿等。而百宝嵌，则是在螺钿镶嵌工艺的基础上，利用珊瑚、玛瑙、玉石、象牙、犀角等珍贵材料的质地、颜色，雕成各种山水人物、树木楼台、花卉鸟兽等图案，镶嵌在彩漆板上（图11）。

图10 民国大漆描金云龙纹柜

图11 漆嵌百宝长寿宝贵捧盒

趣味猜想

您认为漆器能耐高温吗?

相关链接

清代漆器的装饰纹样集成了前朝纹饰的精华,更因乾隆时期经济繁荣,国库充实、满汉文化相容、加之受西方工艺技法的影响,使得乾隆时期宫廷漆器的纹饰繁复多样,新意百出。除了传统漆器中常见的花巧纹饰外,此时较为突出的纹饰有海水龙(兽)纹、吉祥纹(图12)、文人山水图案、佛教图案等。

图 12 清代剔红葫芦形壁瓶

三彩童子傀儡戏枕

作者：李 琴

　　三彩童子傀儡戏枕，陶器，宋代，高9.8～11厘米、面长48.5～48.8厘米、面宽17～18厘米、底长47.6厘米、底宽13.9厘米，1976年济源县勋掌村镇安寺出土，现藏河南博物院。

　　三彩童子傀儡戏枕[1]胎质呈浅红色，坚硬细密。体呈长方形，前低后高，中间微凹。整体模制而成，器形规整。器表施绿、黄、褐红、黑、白诸色釉。枕面中部的主题纹饰为婴戏图，两端为折枝牡丹纹，枕四侧刻划连续花叶纹。

　　婴戏图描绘三个儿童在庭院围栏边、树阴下嬉戏的场面。右边儿童头顶蓄发一撮，两侧挽髻，身着绿衣白裤，坐在绣墩上，右手执一提线木偶；左边的两个儿童配合着他的表演，一人头上无发，身着绿衣黄裤，坐在地上用左手提锣，右手拿槌作击锣状；一人头顶蓄发一撮，黑衣白裤，吹笛而舞。这三个孩童发髻服饰、姿势动作和表情神态各不相同，个个生动传神，稚气十足。装饰采用刻划填彩的传统方法，花纹线条流畅（图1、2、3）。

图1 三彩童子傀儡戏枕局部（枕面）

图2 三彩童子傀儡戏枕局部（前侧部）

图3 三彩童子傀儡戏枕局部（底部）

文化解读

  这件三彩童子傀儡戏枕的装饰主题是三个孩童操作傀儡、吹笛、敲锣的嬉戏场面，属于婴戏图的范畴。婴戏图是以儿童游戏为装饰图案，萌芽于战国时期，后又大量运用于玉器、漆器、陶瓷和织绣等作品中。婴戏图大多刻画的是孩童天真活泼、逗人喜爱的特性，蕴涵着社会民众对美好生活的普遍心理和共同愿望。其盛行主要源于中国浓厚的祈求人寿年丰、多子多福的思想意识，也有学者认为道家"无为、自然"的精神以及其所衍生的"童心说"思想也是婴戏图产生和发展的一个重要原因。

  婴戏题材是陶瓷器装饰中常见的传统纹饰内容。婴戏图用于瓷绘装饰工艺上始见于唐代。唐代婴戏图极为罕见，只在长沙窑及耀州窑有极少量发现。宋代定窑、磁州窑、耀州窑、景德镇窑等瓷器上也有发现，到明中期以后，瓷器上"婴戏图"才开始风行，并一直盛行到清代。随着时代的发展，婴戏题材用于陶瓷上的寓意略有不同。从唐代长沙窑始见婴戏图直至明中期，其寓意以企盼多子多福、吉祥如意为主。进入明晚期后，多子多孙的吉祥意味仍是主流，但随着中国古代科举走向鼎盛阶段，考取功名等本与婴孩无关的寓意也开始被引入到婴戏图中，如五子登科、加官进爵、婴孩读书、指日高升等，表达当时人们望子成龙，希望将来科举高中的美好愿望。到乾隆时期，婴戏图的画面充满着升官发财的祝愿，如五子夺魁、五子连科等。另外，官窑中出现的百子图等儿童嬉戏场景则有粉饰太平盛世之意。乾隆之后的清中晚期婴戏图承袭乾隆作法，亦充满吉祥意味，但已了无新意，婴戏图逐渐走向衰落。

宋人讲求文人情趣、崇尚自然、注重质朴。在这种审美风尚的影响下，一些匠师往往借描绘儿童的嬉闹场面来寄寓自己的情怀，因而儿童在艺人笔

图 4 苏汉臣《秋庭戏婴图》

下就具有了特定的神韵。宋代不论是瓷器作品，还是绘画作品中的婴戏图，内容都非常丰富。以生活气息浓郁著称的宋代磁州窑系瓷器上的婴戏图最为丰富，且画面构图简洁，注重意境的表达，生动表现了宋代人所喜爱的诸多体育和娱乐活动，如蹴鞠、马戏、捶丸、钓鱼、玩鸟、赶鸭、放炮仗、骑竹马、放风筝、抽陀螺等。宋代有些画家也选取儿童生活的日常情景，表达欢快的意趣。苏汉臣、李嵩等就是这方面颇有成就的画家（图4）。

在枕面的两端均刻画一支白牡丹，取"花开富贵"之意，与主题婴戏纹样"多子多福"的寓意相吻合。

 比较研究

这件三彩童子傀儡戏枕上的一个孩童手操傀儡，两孩童吹笛、敲锣作配合状的场面，从一定角度诠释了宋代傀儡戏的多姿与普及。

傀儡，又称木偶。傀儡戏是用木偶进行表演的戏剧，是民间戏曲中一种特殊的表演类型，多由

艺人操作木偶伴随宗教仪式进行表演，今通谓木偶戏。其"源于汉，兴于唐"，历史悠久。[2] 三国时已有偶人可进行杂技表演，隋代则开始用偶人表演故事。表演时，演员在幕后一边操纵木偶，一边演唱，并配以音乐。根据木偶形体和操纵技术的不同，有布袋木偶、提线木偶、杖头木偶等。

　　唐朝是我国文学艺术空前发展的时期，也是歌舞戏与参军戏争奇斗艳的大发展时期。在唐朝文化艺术全面发展的客观条件下，木偶艺术也得到迅速发展。唐玄宗的《傀儡吟》："刻木牵丝作老翁，鸡皮鹤发与真同，须臾弄罢寂无事，还似人生一梦中"，诗中形象而生动地描述了提线木偶巧妙的制作技法和精湛的表演艺术。唐代的木偶戏既在"闾市盛行"，又经常在贵邸演出。《北梦琐言》载：镇蜀要人崔安潜也"频于使宅堂前弄傀儡子，军人百姓，穿宅观看，一无禁止"；率"众千余人"的叛将庞勋深知百姓爱看木偶戏，"每将过郡县，先令倡卒弄傀儡，以观人情，虑其邀击。"可见唐代的木偶戏，已成为举国上下喜闻乐见的艺术形式。我们还可以从敦煌莫高窟第31窟窿顶东北侧的盛唐壁画中见到一些早期木偶的踪迹。上画二位少女，一少女手举人形木偶，做逗引状，另一少女做欲夺状。从画面看，大约是初期的杖头木偶。

　　宋代城市的迅猛发展、商品经济的高度繁荣带动了市民文化的崛起，城市中出现了大批供民间艺人从事文娱表演的场所，即瓦子勾栏。无论北宋的汴梁（今河南开封），抑或南宋的临安（今浙江杭州），都有很多民间艺术演出的场所——瓦子，每一个瓦子中设有数量不等专供表演的勾栏棚。如可从事乐舞表演的"乐棚"、表演惊险武功的"夜叉棚"、训练大象表演的"象棚"、表演傀儡戏的"傀儡棚"，以及用以祭祀和娱乐的"水棚"等。北宋时期，汴京大内东角楼街巷的瓦子最为集中，棚的规模大小不一，最大的可容数千人。据《东京梦华录》卷二称，"街南桑家瓦子，近北则中瓦，次里瓦。其中大小勾栏五十余座。内中瓦子莲花棚、牡丹棚，里瓦子夜叉棚、象棚最大，可容数千人"。汴京的瓦子勾栏，发展到南宋时蔚为壮观。临安城内有南瓦、中瓦、大瓦、北瓦、蒲桥瓦，其中北瓦最大，有勾栏13座。城外有20座瓦子。城市中大批的瓦子勾栏，大大丰富了市民的文化生活。

　　瓦子勾栏内各种艺人的表演，明白晓畅，通俗易懂，艺术形式多种多样，百戏、"社火"、傀儡影戏等都是十分受欢迎的表演。从吴自牧《梦梁录》卷一"元宵"条中可以看出，傀儡戏在南宋临安城的元宵之夜，仅官巷口、苏家巷就有24家演出。宋代的"弄傀儡"，不仅表演内容丰富，形式多样，而且表演团体众多，遍及全国各地，他们除经常在城市的勾栏及村镇的街巷中演出，也被征到宫中演出，不仅深受百姓喜爱，同时受到上层人物的青睐。

　　宋代市民文化的活跃以及丰富的娱乐生活培养了民间高度的审美情趣、鉴赏能力与创作热情。从文献记载和保存下来的诗文、图画及出土文物，可以看出宋代是中国傀儡戏最兴盛的历史时期。在宋代诗歌中的字里行间，可以想见傀儡戏的风行。北宋黄庭坚《题前定录赠李伯牖二首》，其一云："万般尽被鬼神戏，看取人间傀儡棚；烦恼自无安脚处，从他鼓笛弄浮生。"

　　河南济源勋掌村出土的这件北宋三彩童子傀儡戏枕表现的儿童游戏图，展示出宋代木偶戏的盛行不仅广为流行于民间，而且成为了儿童们的一种游艺活动。同时，也可看出，即便是儿童的自娱自乐，吹笛、敲锣、舞蹈等有模有样。与这件童稚木偶戏枕同时发现的还有一件三彩听琴图枕（图5），面长63厘米、面宽23～25厘米，形体之大，实属少见。枕面正中的开光内描绘的是四高士庭园听琴图，四角各为一儿童玩耍形象，其中左下角一儿童举右手操纵着傀儡。这两件同时出土的三彩枕刻画的人物形象一定程度上反映了宋人的精神生活是非常丰富和充实的。

图5 三彩听琴图枕

中国国家博物馆收藏的一件南宋傀儡戏纹方形铜镜（图6），背面描绘的是孩童作杖头傀儡表演的场景。在一高石台阶下支一布幕，一童子双手各举一杖头傀儡，高出布幕表演。左边所举木偶，手持长兵器，而右作进攻状；右边所举木偶系一武将形象，身穿战袍，手持长矛，而向左迎战。幕前有二女童和三男童席地而坐。左侧的三童，一女童作敲击小鼓状；中间一男童，左手扶膝右手撑地，旁边有拍板一具；另一男童左手撑地，右手举某种乐器，这三人像是为木偶戏伴奏的乐队。右侧一男童和一女童正在津津有味地观看傀儡戏。[3]

表现孩童模仿傀儡戏的场景也多在宋代婴戏画家的笔下出现。北京故宫博物院收藏宋代《蕉石婴戏图》（图7）中描绘有孩童进行杖头傀儡戏的表演。现藏于台北故宫博物院的佳作《宋人婴戏图》（图8），画中描绘童子四人，童子眉清目秀，动作天真烂漫，惹人喜爱。一人隔着布幔，专注操作提线木偶，正在演着跳钟馗的民间宗教仪式，一人击鼓，一人打板，另一人作逗趣状。庭院周遭，

图6 南宋傀儡戏纹方形铜镜（镜背）

图7 宋 佚名《蕉石婴戏图》

并装缀花卉蜂蝶等。该幅作品无作者款印,其时代学界多有争议,有学者认为市宋代宫廷画家苏汉臣的作品。有学者认为画中人物五官、发型、服饰,率皆钩染细腻,神情毕具,饶有苏汉臣一派"着色鲜润、体度如生"的意趣。但配景花树,失之刻镂、少自然,加以湖石上附加的苔点,画法已近乎明人习气。[4]

北京故宫博物院藏李嵩的《骷髅幻戏图》(图9)画面中一大骷髅席地而坐,用悬丝在操纵着一个小骷髅。这是宋代市井木偶表演形式之一种——悬丝傀儡演出。骷髅旁有一副演傀儡戏担子,担上有草席、雨伞等物。当然现实生活中这样的表演是由人来操纵的,而以骷髅为主角的寓意可能反映了人生命运的虚幻、无常,倏忽幻灭之意。正如宋代诗人张耒(1054~1114年)在《四月二十日书二首》其二中所感慨的"赋芋狙公曾未悟,牵丝木偶几多时"那样。

北宋时期傀儡戏有了广泛的发展,种类较多,除上述绘画作品中描绘的"悬丝傀儡"和"杖头傀儡"是常见的表演形式外,还有独特的"水傀儡""药发傀儡"等。

《东京梦华录》中已载有"杖头傀儡、悬丝傀儡、药发傀儡"等名目。《梦梁录》:"凡傀儡,敷演烟粉、灵怪、铁骑、公案、史书历代君臣将相故事话本,或讲史,或作杂剧,或如崖词。如悬线傀儡者,起于陈平六奇解围故事也,今有金线卢大夫、陈中喜等,弄得如真无二,兼之走线者尤佳。更有杖头傀儡,最是刘小仆射家数果奇,其水傀儡者,有姚遇仙、赛宝哥、王吉、金时好等,弄得百伶百悼。兼之水百戏,往来出入之势,规模舞走,鱼龙变化夺真,功艺如神。"

"水傀儡"大约是在三国时的"水转百戏"、北齐时的"以水为激轮"的"机关木人"和隋朝"水饰"的基础上形成的。大略可以断定宋代的"水傀儡",已不是靠水力使木偶活动的"水转百戏",而是由情节的木偶艺术。宋代的"水傀儡"一直流传到清代才逐渐失传。

元代是中国戏剧的黄金时代,骤然勃起的元杂剧很快风靡全国,成为流行艺术。与戏剧艺术息息相关的木偶艺术在元代也得到了进一步发展,只是元代木偶艺术见于文

图8 明仿宋 佚名 《宋人婴戏图》

图9 南宋 李嵩 《骷髅幻戏图》

图10 百子喜帐(局部)

献记载的很少，目前仅有《朱明优戏序》及《观傀儡诗》等。

综上所述，傀儡戏自汉代初现端倪，唐代渐趋完善，至宋代则呈现出大盛的局面。宋后，在戏曲的强势冲击下，傀儡戏盛景不再。

但宋代以后，傀儡戏并没有绝对衰落，而是依附于戏曲、民俗等载体之上，顽强地生存至今。如，明清时期的瓷器、织绣等重要物质载体的婴戏图案中也常见孩童手持木偶的形象。

南京博物院珍藏的清代宫廷特制的垂挂百子喜帐（图10），用多种刺绣针法描绘了300多个孩童的欢乐景象。其中有一孩童右手执拨浪鼓、左手拿杖头木偶自娱的场景。

三彩器表呈现出的黄、绿、蓝、褐、红等不同颜色，您知道是由什么因素造成的呢？

锣

从枕面右侧一男童作击锣状可以看出锣在当时已经普遍用于戏剧、歌舞、器乐合奏等艺术形式。而在今天，锣是最常见的乐器之一，除广泛用于各种音乐戏剧艺术，还普遍用于百姓节庆集会、宗教音乐、红白喜事、传信报警、街头杂耍和拉洋片、商贩招徕、龙舟竞赛等生活、生产以及社会活动场所。关于锣的起源、分布与流传，学者曾做了深入研究，此不赘述。锣在我国是何时何地出现的呢？

中国有关锣的文献记载最早见于唐朝杜佑《通典》，内称"沙锣"。后来，宋朝陈旸《乐书》中提及铜锣在中原出现时说："后魏自宣武以后，始好胡音。洎于迁都，……打沙锣。" 也就是说在我国公元515年之后，将敲击一种小锣称作打沙锣。所以，长期以来中外的许多著作皆沿袭此说，认为锣是在后魏，从西北方少数民族或外国传入内地的。

但上世纪中叶以来诸多考古实物材料的不断发现，使我们对锣类乐器的起源，有了新的认识。如1956年以来，多次对云南中部及东部地区的古滇国文化遗址的发掘中，曾经出土过一面铜锣[5]。这面锣为西汉时期，发现于云南

图11 铜锣 西汉

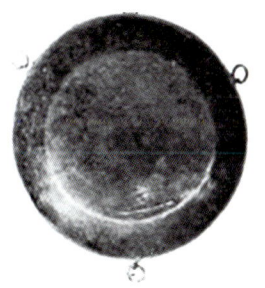

图12 铜锣 西汉初年

晋宁石寨山 12 号墓，整体作斗笠状，直径 54 厘米，边缘有一个用于悬挂的半圆形环钮。（图 11）锣面纹饰以圆圈状布局，饰有八角光芒的太阳纹、锯齿纹、羽人舞蹈纹等。由锣边缘的半圆形钮可知，此锣打击时应是悬挂在架子上，用槌敲打，类似铜鼓打击法。

再如，1978 年在广西贵县罗泊湾一号墓出土的西汉初年的铜锣。[6] 该锣近圆形，锣面横径 32.1 厘米、纵径 33.4 厘米。锣边铸有拱线纹一道，拱弦上系了三个等距的活环。锣面上刻铭文"布"字。这是中国目前已知年代最早的铜锣实物。（图 12）

此外，在广西宁明花山崖壁画中，也保存着许多骆越人集合鸣锣的珍贵形象资料。多数学者认为，花山崖壁画制作的年代应属战国至东汉时期。

由此可见，中国最早使用铜锣的是居住在我国西南地区的少数民族，锣在我国已有 2000 多年的历史，秦汉以后，随着民族间的交往，铜锣逐渐向内地流传，公元 6 世纪前期方至中原。此后的唐宋直至明清时期，铜锣在中原地区被广泛使用，且形制出现了不同的变化。（图13）

图 13 "田"字铜锣 唐 直径 18.4、腹深 4.8、胎厚 0.6 厘米 1990 年陕西西安三桥镇关庙小学出土

参考文献

[1] 卫平复. 两件宋三彩枕 [J]. 文物, 1981（1）: 81

[2] 孙楷第. 傀儡戏考原 [M]. 北京: 上杂出版社, 1952.

[3] 丁言昭. 中国木偶史 [M]. 上海: 学林出版社, 1991.

[4] 台北故宫博物院. 数字典藏与数字学习联合目录.

[5] 中国国家博物馆, 云南省文化厅. 云南文明之光——滇王国文物精品集 [M]. 北京: 中国社会科学出版社, 2003.

[6] 蒋廷瑜. 广西贵县罗泊湾出土的乐器 [J]. 中国音乐, 1985（10）.

崔暟墓志

作者：袁鹏博

崔暟墓志，石质，唐代，高103厘米，宽105厘米，现藏河南博物院。

崔暟墓志并盖，盖高105厘米，宽106厘米，志高103厘米，宽105厘米。崔暟墓志近方形，隶书，28行，行33字。徐珙书丹。志文记载了墓主人崔暟的历官、死葬年月和世系等。志文是典型的唐隶风格，书法价值极高。墓主崔暟一生多艰，少年因恩荫授官，刚正不阿，不与世俗同流，仕途坎坷，多任县令，后升为润州司马，因上司品行不端而主动辞职。崔暟一生廉洁奉公，即使家人在饥荒中差点饿死，也不愿贪墨公家财物。他明练经学，孜孜不倦，孝悌高行，抚养长兄、姐姐遗孤，其德操影响后人，子孙成就者众多，其孙崔祐甫在德宗时官至宰相。

崔暟墓志碑文如下：

有唐朝散大夫守汝州长史上柱国安平县开国男赠卫尉少卿崔公墓志

初，安平公之薨也，以神龙元年十有一月廿四日，假葬于邙山，晋阳县尉吴少微、富嘉谟同为志曰：伊博陵崔公讳皑，岁十有八，以门胄齿太学。明年，精春秋左氏传登科，冠曰慈明，首拜雍州参军事，次左骁卫兵曹,次蒲州司法。中书令李敬玄、侍中郝处俊,国之崇也,时元良监守,朝于李而暮于郝,以率更职典刑礼咨公为丞,俾辑宫事。沛王府功曹暾,公之仲昆;京兆杜续,公之姊婿,以主客郎中终,而兄亦早殁。公奉嫂及姊,尽禄无匮。其后相次沦亡,公家贫,庀丧莫给,乃鬻僮马以葬。群甥呱呱,开口待哺,公之数子,咸孺慕焉,彼餐而厌,以餬予子。时咸通岁,关辅大饥,阖门不粒,几乎毕毙。朝廷嘉之,迁尚书库部员外郎,时年三十八。帝有恤人之命,特除公为喜安令。月给都苑,大走关邃,邮輺无留,赋讼咸理,使虀教不辱,故人颂石而德之。有后宰杜玄演及继演者皆嫉我惠能,戕我图篆,举邑号护,诃怒骤挞而不能禁焉。会江介郡县,吏多贪愿,潭州司马乐孝初、永州司马夏侯彪之,暴猾之魁,赎贿无纪,宪讯累发,皆不

图 1 崔暄墓志盖

敢劾。公以刚直受命,南轺按罪,亲数二墨于朝,咸伏其咎。奸禄者因惮公严正故直,徙为醴泉令。而县之义仓,旧多积谷,朝贵与州吏协谋觖饩,以倾我教禀。公正言于朝,多所讦忤,遂左为钱唐令。故老怀爱而愤冤,号诉而守阙者千有余人。暮而得直,复为旧党所构,卒以是免。闭门十年,寝食蓬藋,终不自列,久乃事白,授相州内黄令,迁洛州陆浑令。南山有银冶之利,而临鼓者不率,公董之,复为鑛氏所罔,免归。人吏奔诉,而又获理焉。登除渑池令,迁润州司马,加朝散大夫。汝州长史范阳卢弘怿,雅旷之守也,既旧既僚,政爱惟允。及卢公云亡,公哭之恸,因有归与之志。无何,张昌期乃莅此州,公喟然叹曰:吾老矣,安能折腰于此竖乎?遂抗疏而归,恶权凶也。皇圣中兴,旧德咸秩,以安平之三百户爵公为开国男焉。

初公皇考洛县府君俨在蜀之岁,公年始登十,而黄门郎齐睿长已倍之,与公同受春秋三传于成都讲肆。公日诵数千言,有疑问异旨不能断者,公辄为之辨精,齐氏之子未曾尝不北面焉。由是博考五经,纂乃祖德,则我烈曾凉州刺史大将军忱、烈祖银青光禄大夫弘峻之世业也。累学重光,于赫万祚。公尤好老氏道德、金刚般若,尝诫子监察御史浑、陆浑主簿沔曰:吾之诗书礼易,皆吾先人于吴郡陆德明、鲁国孔颖达重申讨檄,以传于吾,吾亦以授汝。汝能勤而行之,则不堕先训矣。因修家记,著六官适时论。神龙元年,公七十有四,秋七月季旬有八日,终于东都履道里之私第。公病之革也,命二子曰:吾所著书,未及缮削,可成吾志。伯殒季血,敢守遗简。乃于缄筒中奉春之遗令曰:吾家尚素薄,身殁之后,敛以时服。吾死在今岁,不敢先言,汝知之。公博施周睦,仁被众艰,是以有文昌之拜;大惠不泯,是以有宜阳之歌;守正不回,是以有三涂之归,海浙之远。昔十岁执先夫人之丧,十五执先府君丧,礼童子不杖,而公柴病,孝也;尝与博士李玄植善,植无所居,公亦窶陋,办宅与之,义也;性命之辨,人莫之测,而公先之知,命也。铭曰:古先圣宗,莫大乎炎农;今日世禄,莫盛乎禁族。中有齐子,受邑命氏,裔德明明,夏里长岑,瑗实洪懿之英

英，以暨乎安平。北山菶苍兮封纍纍，蒿棘榛榛兮狐兔悲，城阙倾合兮洛逶迤，全歌剑盖兮相追随。嗟嗟大夫兮独不偶，已焉已焉终何为？

安平公之元子浑，字若濆，居丧不胜哀，既练而殁。御史之长子孟孙，仕至向城县令；嫡子众甫，仕至朝散大夫行著作佐郎，嗣安平县男；少子夷甫，仕至魏县令。天宝之末年，夷甫卒，乾元之初年，孟孙卒；宝应之初年，众甫卒。众甫之子满嬴、贞固，并先众甫卒；贞固之子公度又夭。今有孟孙之子口，仕为大理评事兼澧州录事参军事。夷甫之子契臣未仕。安平公之子沔字若冲，服阕授左补阙，累迁御史，尚书郎，起居，著作，给事中，中书舍人，秘书少监，左庶子，中书侍郎，魏、怀二州刺史，左散骑常侍，秘书监，太子宾客，薨，赠礼部尚书、尚书左仆射，谥曰孝。仆射之长子成甫，仕至秘书省校书郎，冯翊、陕二县尉，乾元初年卒。成甫之长子伯良，仕至殿中侍御史；次子仲德，仕至太子通事舍人；少子叔贤，不仕；并早卒。今有伯良之子詹彦，仲德之一子未名，并未仕。仆射之嫡子佑甫，仕为中书舍人，开元十七年，玄宗亲巡五陵，谒九庙，将广孝道，申命百辟，上其先人之官民伐，悉加宠赠。仆射孝公时为常侍，是以有卫尉之命。初安平公之曾祖凉州刺史自河朔违葛荣之难，仕西魏，入宇文周，自凉州以降，二代葬于京兆咸阳北原。安平公之仕也，属乘舆多在洛阳，故家复东徙。神龙之艰也，御史仆射以先妣安平郡夫人有嬴老之疾，事近家窭，是以有邙之权兆。自后继代，家于瀍洛。及安平公之曾孙也，为四业焉，况属兵舆，道路多故，今之不克西迁也，亚于事周之不谐北葬。通人曰：礼非从天降，非从地出，人情而已矣。此不用情，又恶乎用情！越以大历十三年岁次戊午四月丁丑朔八日甲申，嫡孙妇陇西县君李氏介孙中书舍人佑甫奉安平公之槚迁室于邙山之平乐原，以安平郡夫人王氏附焉，礼也。以九酉窆之。

博陵崔氏为唐代望族，崔氏家族墓志陆续出土，此墓志为崔氏家族系列墓志之一，为补史证史提供了宝贵资料。志文书丹者徐珙，是唐隶书大家，其隶书除点画沿用汉隶笔法圆润而顿挫外，将汉隶中的篆味去掉，以楷入隶，结体加高，波磔消失，成为唐隶书特有的风貌。此志具有重要历史及艺术价值。

文化解读

本文涉及的崔氏祖孙属于唐代博陵崔氏一支，博陵崔氏是士族中历史悠久的旧族之一，有着优良的家学。早在东汉时，博陵崔氏就以儒学闻名于世，数世皆为鸿儒。《后汉书》作者范晔称："崔氏世有美才，兼以忱沦典籍，遂为儒家文林。"东汉崔氏家族名人有崔篆、崔骃、崔瑗、崔寔，其家族的儒学成就和卓越的政绩使其家族跻身东汉名门[1]。

魏晋南北朝时期，世家大族大量南渡，但仍有一部分留于北方，诸如博陵崔氏一族。这批留在北方的门第贵族与南方士族境遇不同。南渡贵族都属名流，留在北方的贵族则门第稍为次之。南渡贵族盘踞上流社会，在南朝社会呈现傲然凌下的姿态，北朝贵族则因处在少数民族武力压迫下，不得不采取谦卑的态度厚结民众，因多历忧患而愈益团结，用心于经术政务以图存。北方士族积极协调与统治者的关系，用心国事政务，使北方自五胡到北魏、北齐、北周的历代王室对士族逐步加以重视并援用，令北方士族最终掌握北方政治中心势力，开启了隋唐的复盛（唐代士大夫多延北朝士族）[2]。

唐代，博陵崔氏延续其家族经学主体地位的家学传统，有崔涣、崔玄暐、崔植、崔元翰、崔仁师、崔璪、崔沔、崔祐甫、崔敦礼、崔湜、崔昭纬、崔宁、崔弘礼、崔仲方、崔楷、崔彭。唐代科举主要分为明经和进士两科，重进士科而轻明经科，从而导致了重文学，轻经学的现象，崔氏像其他大族一样受到冲击，被迫将研究和学习的由经学向文学转移，由此入仕。崔氏在当时文坛上占有一席之地，胡应麟指出："唐诸姓若崔、卢、韦、郑之类，赫奕天下，而崔尤著……能诗之士弥重，他姓远弗如也……初唐之融，盛唐之颢，中唐之峒，晚唐之鲁，皆矫矫足当旗鼓。占籍几十之一，可谓盛矣。他如崔苈、崔璆、崔战、崔琬，群从数十，秉铨列戟，当代所荣，而勋德文章，靡由杰出，无无取焉。"[3]

唐代博陵崔氏，在治史、礼学、文学等方面亦表现突出。大部分家族成员遵循礼法、传家法、励节操、重孝道、敦友于、睦亲族、尚俭约的家族传统来调节家族成员内部关系。崔敦礼"重节义，尝慕苏子卿之为人，"唐太宗派他往幽州召庐江王李瑗，李瑗反叛，将崔敦礼扣押并探问京城的事情，崔敦礼却宁死不屈。崔沔"家以清俭礼法，为士流之则"。其子崔祐甫在德宗朝做宰相时"谋猷启沃，多所弘益，天下以为可复贞观、开元之太平。"时人谓："开元、天宝之间，传家法者，崔沔之家学，崔均之家法。[4]"

早期教育是唐代博陵崔氏雄踞名门望族的重要保证，崔氏家族不仅重视文化知识的教养，而且重视德行的培养。崔氏家族对于女子的教育，能做到与男子同等的重视，殊为难得，这样不仅提高了整个家族的文化水平，而且崔氏女子嫁到别的家族以后，便会将家学带到新的家庭，成为家族间文化传播的使者，对新的家庭中子女培养起到重要作用[5]。

博陵崔氏的婚姻与其他大族一样讲究门当户对，正如陈寅恪所说："唐代社会承南北朝之旧俗，通以二事评量人之高下。此二事一曰婚，二曰宦。凡婚而不娶名家女，与仕而不由清望官，俱为社会所不耻。"崔沔夫人为太原王氏，其兄崔浑娶妻卢氏，崔沔两个姐姐分别嫁给郑氏、李氏，崔祐甫夫人为太原王氏，其女嫁于陇西李氏，崔浑子崔众甫娶妻范阳卢氏，另一子崔夷甫娶妻陇西李氏。

唐代博陵崔氏像当时社会很多人一样，崇信佛教。他们诵念佛经、写经造像、遵循戒律、舍宅立寺、取佛名、薄葬、塔葬。此外，一些崔氏成员也有信奉道教的。唐代的博陵崔氏除小部分归葬长安外，大部分以河南为归葬地，形成了几个较为集中的墓地[6]。西汉崔仲牟徙居博陵安平，创立博陵安平崔氏。其后又分化为博陵宗系、博陵大房、博陵二房、博陵单房。博陵大房伯谦支崔行谨一支自崔涣以后便以洛阳北邙山为归葬地，崔行功一支以河南寿安（今洛阳宜阳）为归葬地。博陵大房鉴支也是以洛阳邙山为归葬地。博陵二房崔楷支自崔暟开始以洛阳邙山为归葬地。博陵二房崔孝暐支后来也以洛阳邙山为归葬地。博陵第三房自崔抗以后均葬于洛阳邙山。[7]

纵观博陵崔氏一族的发展，他们极其重视家教门风，孝悌妇德，传承了两汉经学，博陵崔氏在品德、学识方面堪称中国第一、二流人物的也有很多，这也是他们能兴盛数百年之久的原因。

比较研究

崔暟这一支系的先祖为躲避战乱而迁徙到了京兆,入仕北周。后崔暟外放,任职多在洛阳,从此崔暟这一支系便定居洛阳了。河南博物院保存了崔暟妻子王媛墓志、其子崔沔墓志、其孙崔众甫、崔夷甫、崔祐甫墓志,结合其他存世文献,我们可以对崔暟家族有一个大致了解。

崔暟一生在前文做了大致介绍。其妻王媛字正一,是太原晋阳人,其家族亦为唐初名门。王媛生于贞观二十二年,卒于开元九年,享年七十四岁。王媛从小受到良好的家庭教育,墓志上称其"孝敏自衷,宽明达理,妇道捡身以柔立,家人宅心以潜化"。她十三岁嫁于崔暟,婚后"将顺其美,率由好仁,刻意躬行,服勤立博,衣必命而后袭,膳有嘉而先馈,若奉所尊焉。"(图2)可谓谨守

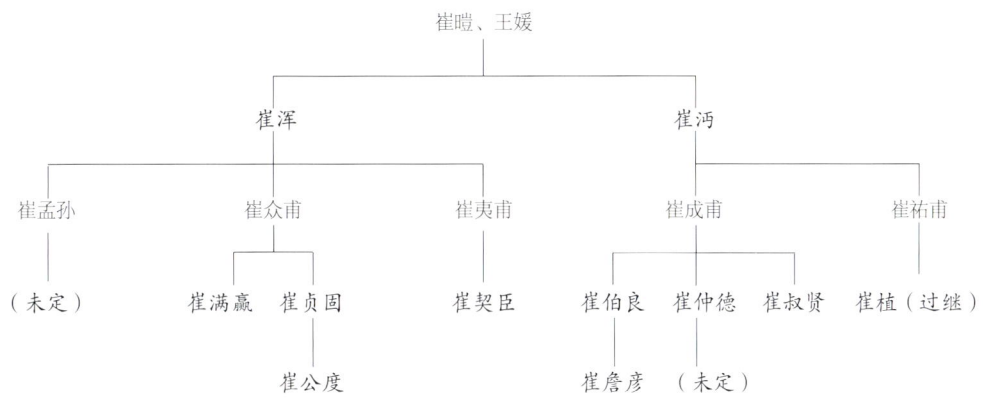

崔暟及后代谱系图

礼法。在后来发生的关中大饥中,她任劳任怨,与丈夫苦心支撑家庭得以度过难关。崔暟因严守正直而被罢官,王媛毫无怨言,一如往昔支持自己的丈夫。崔暟与长子崔浑相继去世后,她心中孤苦,便以佛教为其后半生的精神依托[8]。

崔暟之子崔浑以贤良方正科取第,担任过监察御史、侍御史。唐中宗在政变复位后仍以武氏宗祠为国家宗庙,崔浑谏之,因而得复李氏宗庙。可惜崔浑在崔暟死后不久也去世了[9]。

崔暟少子崔沔,字若冲,天策万岁二年崔沔二十四岁,乡贡进士及第。恰逢武则天封禅中岳,下诏各州县刺史、太守举荐贤良之士,崔沔因被举荐而拜麟台校书郎。崔沔的仕途较为顺利,其后先后任洛

图2 王媛墓志

州陆浑主簿、左补缺、殿中侍御史、起居舍人、祠部员外郎、给事中、中书舍人、虞部郎中、御史中丞、都畿按察使、著作郎、校秘书监、大理寺丞、礼部侍郎、左庶子、中书侍郎、魏州刺史、朝散大夫、左散骑常侍兼判国子祭酒、东都副留守、秘书监、东都留守册太子宾客兼怀州刺史、通议大夫[10]（图3）。

崔浑次子崔众甫，字真孙，为崔暟嫡长孙。玄宗先天元年十五岁的崔众甫继承了祖父"安平县开国男"的爵位。仕途先后历怀州参军、左武卫仓曹参军事、密县县尉、密县主簿、济源县丞、麟游县令。崔众甫为官清廉，以黄老之术为官，无为而治，顺其自然，颇有崔暟之风。他在安史之乱后随玄宗南迁，被授予朝散大夫、著作佐郎[11]。

崔浑次子崔夷甫，字平孙，由恩荫起为太庙斋郎，其后做过泽州参军事、陕州河北县尉、千牛卫录事参军、沧州东光令、魏州魏县令。崔夷甫以才被安禄山发现，极力拉拢他却被拒绝，因而受到打压。安禄山攻陷洛阳后，崔夷甫辞去魏县县令，携家人南避，在路上不幸因疾而亡[12]。

崔沔次子崔祐甫，字贻孙，玄宗天宝四年他二十五岁，进士及第，被授予秘书省校书郎之职。其后任过寿安县县尉、庐陵郡司马、洪州司马、起居舍人、司勋员

图3 崔沔墓志

图4 崔祐甫墓志

外郎、吏部员外郎、江西观察使、著作郎兼殿中侍御史、检校吏部郎中、永平军行军司马、中书舍人、吏部选事、河南少尹、门下侍郎兼同中书门下平章事及崇玄弘文馆大学士、中书侍郎兼同中书门下平章事及集贤殿崇文馆大学士。（图4）崔祐甫无子，去世时立嘱以同辈兄弟崔婴甫之子崔植为自己的子嗣。崔植器量谨厚，也做到了宰辅之职，但他没有开物成务之才，因未处理好在京河朔将领待遇的问题而导致河朔复叛[13]。

崔暟家族结亲，沿袭了崔氏的门第观念。崔暟之妻王媛出自太原王氏。子辈中长子崔浑妻卢梵儿出自范阳卢氏，次子崔沔妻王方大也出自太原王氏。孙辈中崔夷甫妻李乔仙出自陇西李氏，崔祐甫妻出自太原王氏。女子出嫁也大多选取"卢、王、赵、李"家族之子为婚。[14]

从崔暟家族身上，我们可以清晰感受唐初大族以德为传家之宝，以经学立身，代代相传，少有堕失的传统，这对于我们今天提倡家风很有启示作用。

由经学入仕的崔暟，他爱读的书籍，应以儒家经典为主，为什么"尤爱老氏道德、金刚般若"？

唐宋时期贵族门第的消融

唐中叶以后中国一大变迁是南北经济文化的转移。另一大变迁是社会上贵族门第的逐渐衰落。按照先秦以来的儒家政治理论，社会本不该有贵族门第的存在。而东汉以下的读书人却由种种因缘成就了他们的门阀。这种情况大盛于东晋南北朝，到了隋唐，科举制兴，门阀逐渐衰落[15]。

门第消融在社会上的表现有几点：一是学术文化传播更为广泛，由保持在几个大家族逐渐变为社会所公有；二是政治权力的解放，以前官职为世家大族所垄断，现在庶族也有了做官的机会；三是阶级的消融，平民可以为士大夫，士大夫子弟也有降为平民的可能。究其原因，有以下几点：一是印刷术的进步使书籍更为推广，更多的人有机会通过读书获得知识；二是学校书院的兴起，使学术不再囿于家族[16]。

到了宋代，官员出身平民的大有人在。科举制使普通平民有了"朝为田舍郎，暮登天子堂"的机会。北宋进士开科由皇帝钦点，所以进士及第者被荣称为"天子门生"。取士标准的变化对中国社会结构、权力运行机制影响至深。日本学者内藤湖南以此为证据之一来论证他的"唐宋变革论"。

参考文献

[1][3][4][5][6][7] 崔建萍. 唐代博陵崔氏个案研究 [D]. 河北师范大学硕士论文，2006.

[2][15][16] 钱穆. 国史大纲 [M]. 北京：商务印书馆，1991.

[8][9][10][11][12][13][14] 王静涛. 唐崔祐甫家庭变迁研究——以墓志为中心 [D]. 郑州大学硕士学位论文，2011.

乐舞画像石

作者：顾永杰

乐舞画像石，石刻，西汉，右门楣石长160厘米、高40厘米，中门楣石长137厘米、高44厘米，左门楣石长155厘米、高44厘米，现藏南阳汉画馆。

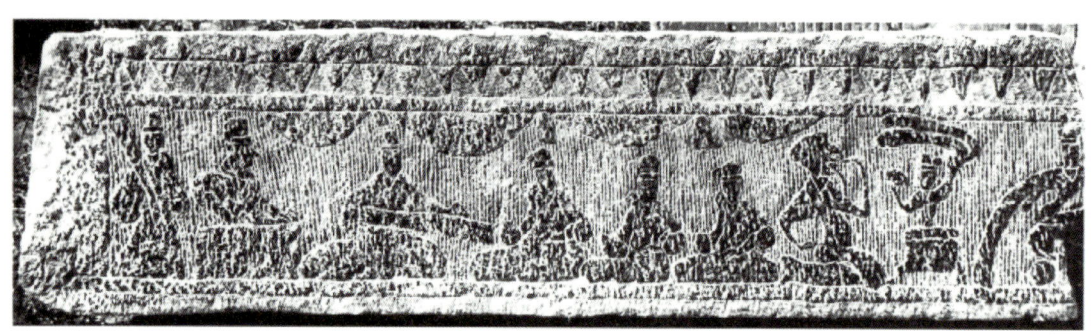

深度品鉴

1936年，在南阳市草店发现了一座大型汉墓，该墓为砖石建筑，多室墓，墓中出土画像石100多块，画像多刻在该墓门扉、门楣、门柱、门限上，这套乐舞画像石就出土于该墓中。乐舞画像石共3块，砌在3个墓门北面门楣上（图1），共刻有侍者、乐伎及主人等25个人物，是南阳

图1 南阳草店门楣乐舞画像石线图

出土汉代画像石中人数最多、场面最大的一幅[1]。1949年后，左门楣上的一块石刻丢失，只剩下右门楣石刻和中门楣石刻。

左门楣石刻。该块画像石上共刻有9个人物，画面分成两部分：右半边刻有5个人物，为表演者，中间一人似吹埙，其余四人皆吹排箫拨鼗鼓；左半边刻有4个人物，为观乐者，其中一人坐于案前，两旁有三名侍者，二人执金吾和便面，另一人端坐。

图 2 南阳草店中门撞钟击鼓画像石

图 3 南阳草店右门弹琴画像石

图 4 南阳县出土画像石

中门楣石刻（撞钟击鼓画像石，图2）。该块画像石上共刻有7个人物，皆为表演者：画面中央立一建鼓，鼓上装饰羽葆，鼓座作连尾兽形，鼓两旁各有一人，皆双手执鼓桴，屈身张臂，跨步奋力击鼓；在鼓的右侧设有一笋簴，笋簴上挂一个甬钟，钟的右侧有一撞钟人，撞钟人跪坐、右手扶簴、左手执长杖撞钟，撞钟人的身后还刻有一人，拱手仰面，似为歌者；鼓的左侧刻有3个人物，皆跪坐，左侧二人双手捧于嘴上，似在吹埙或排箫，另前一人似执桴击小鼓。

右门楣石刻（弹琴画像石，图3）。该块画像石上共刻有9个人物：画面左边第二人坐于案前，当为主人观乐，主人身后，立一侍者，手执金吾；画面左边第三个人似正在鼓琴（或瑟），画面正中的3个人，皆跪坐，似为歌者；画面右侧的3个人，其中一人为俳优正在作滑稽表演，一人右手执物于樽上作单手倒立，另一人扬长袖屈身作舞。

这三块画像石的画面展现了一个宏大的乐舞表演场面，画面中的伴奏乐队由钟鼓管弦各类乐器组成，乐器配置齐全，并有较明确的乐类分组。其对于研究汉代乐器和乐舞表演等有重要的价值，特别是右门楣弹琴画像石中的鼓琴画面为研究古琴的早期形制提供了宝贵的实物材料。

在南阳出土的其他汉代画像石中也有鼓琴的形象，比如南阳县出土的一块画像石（图4）。该石长100厘米、宽37厘米，画面上共有7个人物，画面左侧第一人在击鼓，第二人将琴置于几案上鼓奏，紧挨鼓琴人的两人在演奏竖箜篌，另三人演奏排箫等乐器[2]有关专家考证认为："左起第二人坐于奏乐队中间，是琴、筝类乐器置于架上演奏的较早见证。"[3]

文化解读

琴体形制是传统古琴文化的重要组成部分，并且其对演奏技巧、琴声表达和琴乐表现也有影响。古琴至少有3000多年的历史，自创制至今其形制不是始终如一，而是在不断地发展变化之中。与现代古琴形制基本一致的最早的古琴实物是唐代古琴（图5），唐代以前古琴的形制究竟怎样，目前还缺乏足够的实物证据。

目前考古发现最早的与现代古琴形制较为接近的古代乐器，有1978年湖北随县曾侯乙战国早期墓葬出土的十弦琴、1993年湖北荆门市沙洋区四方乡郭店村1号战国中期墓葬出土的七弦琴（图6）、1980年长沙市东郊五里牌3号战国晚期墓葬出土的十弦琴、1973年长沙市东郊马王堆3号西汉早期墓葬出的七弦琴等，这些琴的形制与现代古琴有明显的差异：一是现代古琴为全箱式，即琴体整体就是一个箱体，但它们都是半箱式；二是现代古琴的琴弦都为七根，而它们的弦数有七根也有十根，并不一致；三是现代古琴的琴面上都镶嵌有十三个琴徽并且琴面平整，而它们的琴面上没有琴徽且起伏不平。

对于这种形制的古代类琴乐器与现代古琴的关系，现在学术界还有分歧，没有形成较一致的观点，主要看法有两种。一种观点认为它们是现代古琴的早期形制，但并不是同一系统，如：《中国古琴珍萃图集》，"它们大体可分为两类：一类是曾侯乙墓十弦琴，这是已知最为古老的华夏系的琴，另一类是郭家店楚墓与马王堆汉墓的七弦琴。这是已知年代较早的楚琴"[6]；王子初《马王堆七弦琴和早期琴史问题》，"'马王堆琴'与流传至今的'古琴'应该是两个系统的产物"，"这种'半箱式'琴，应该是流行于中国古代楚文化范围的一种'楚式琴'"[7]；

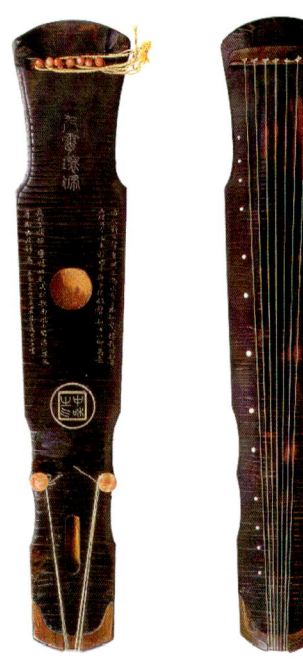

图5 唐代九霄环佩琴，国家博物馆收藏[4]

图6 荆门郭店七弦琴[5]

郑珉中《七弦琴的原始阶段初探》，"曾侯乙墓与马王堆轪侯墓出土的琴，是琴，是弹拨乐器的一种，而流传至今的七弦琴则是弹拨乐器的另一种，两者是同宗异族的昆季，而不是前后者的关系"[8]。另一种观点认为它们是现代古琴的原始阶段，即现代古琴的前身，如：吴钊，"战国初期至西汉时代琴还处在比较原始的阶段，……其音响效果不会太好……整个音乐功能尚不发达，更重要的还是一种能发声的法器。取代法器，正式成为服务于艺术的乐器的过程，其发端大约在春秋之世。……大致在汉末魏晋之际……琴体完成了定型化的历史使命……经历唐宋至今其基本结构无太大变化"[9]。

至于古琴是什么时间定型为现在古琴的形制，虽然学术界还没有较为准确的结论，但是通过对古琴的箱体形制、琴弦数量和有无琴徽三个方面的发展演变过程加以分析，可以大体限定古琴定型的时间范围。

关于箱体形制。东晋顾恺之所画《斫琴图》描绘了斫琴的场景，从图中可以明显看出所斫古琴的全箱体结构（图7），郑珉中先生认为"用斫琴图上的琴论证晋琴的造型应该是较为准确的"[10]，说明当时的古琴已经是全箱式了。1960年南京西善桥南朝大墓发掘出土《竹林七贤壁画》[11]，"画中的琴，已是确定无疑地呈现出其成熟的风姿"，"画中的嵇康和荣启期所弹古琴上，已可清楚地看到'全箱式'琴的造型和徽位"（图8）[12]。另外，1990年发掘出土于山东章丘女郎山战国中期大墓女郎山彩绘抚琴俑[13]、1936年河南南阳市草店大型西汉墓出土乐舞画像石中右门楣弹琴画像石和四川绵阳出土的多件汉代弹琴俑，表明汉代以前在中原和四川地区可能已经存在全箱式古琴了，详见下文"比较研究"。

图7 顾恺之《斫琴图》局部

图8 《竹林七贤壁画》嵇康像和荣启期像[14]

关于琴弦数量。古代文献中较早关于琴弦数量的记载主要有：《礼记》"昔者舜作五弦之琴"，《史记》"舜弹五弦之琴"，汉代《琴清英》扬雄"舜弹五弦之琴而天下治，尧加二弦，以合君臣之恩也"，汉代桓谭《琴道》"五弦，第一弦为宫，其次商、角、徵、羽，文王、武王各加一弦，以为少宫、少商"，汉代蔡邕《琴操》"五弦象五行也，大弦为君，小弦为臣。文王、武王加二弦，以合君臣之恩"。以上文献记载可以表明，在西汉早期古琴可能还使用五根琴弦，而到了西汉晚期古琴的琴弦数量已经基本确定为七根了。

关于琴徽。早期古代文献中，比较可靠的关于琴徽的记载有："《中兴书目》：《琴经》一卷，诸葛亮撰，述制琴之始及七弦之音，十三徽取象之意"[15]，嵇康《琴赋》"弦以园客之丝，徽以钟山之玉"[16]等等。现在已知的最早能清晰看到琴徽的实物资料是南京西善桥南朝大墓发掘出土《竹林七贤壁画》中嵇康和荣启期所弹之琴，画中清晰表明这时期的古琴上已经有琴徽了。这些资料表明至迟到魏晋时期古琴已经有了琴徽；但在魏晋之前，特别是两汉时期的重要琴论文献中都没有明确提到古琴有琴徽，比如《史记》、桓谭《琴道》、扬雄《琴清英》、蔡邕《琴操》以及蔡邕《琴赋》《风俗通义》等都没有提到琴徽，这表明在两汉时期古琴很可能还没有琴徽。由以上资料可知，古琴的琴徽可能产生于汉魏之际[17]。

由以上讨论可以推断：至迟到魏晋时期古琴的大体形制已经定型，与现代古琴的形制已经基本相同了。

比较研究

关于早期古琴箱体的形制，究竟是半箱式还是全箱式，相关的古代文献和现代考古发掘的资料都不甚丰富。现在已经出土的类古琴实物只有前文提到的几件，这些实物都是半箱式，都出土于南方也就是古楚国的范围；在中原和四川地区还出土有一些陶俑，以及前文提到的南阳草店乐舞画像石和南阳县出土的画像石等，则显示了汉代以前可能已经有全箱式古琴的存在；前文提到的东晋顾恺之所画《斫琴图》和1960年南京西善桥南朝大墓发掘出土《竹林七贤壁画》，表明在魏晋南北朝时期古琴已经是全箱式了。

曾侯乙墓十弦琴[18]（图9）。战国早期，湖北省博物馆藏。通长67.0厘米、高11.4厘米、宽19.0厘米。木质，尾狭薄翘起，首宽厚，面圆鼓，底方平，通身髹黑色漆。琴体由琴身和一块活动底板构成，琴身用整木雕成，琴身前部与底板一起构成音箱。

马王堆七弦琴[19]（图10）。西汉早期，湖南省博物馆藏。通长81.5厘米、通高13.3厘米、宽12.6厘米。木质，无徽，底平，外表髹黑漆。琴体近长方体形，由琴身和底板两部分组成，琴身又可分音箱和尾板两部分。"此琴面、底之间的T形凹槽，可能是后世琴上两个共鸣窗（箱）及轸沟（轸池）的前身，琴上的岳山、轸池、焦尾、七弦、七轸等均与后世的古琴相似"[20]。

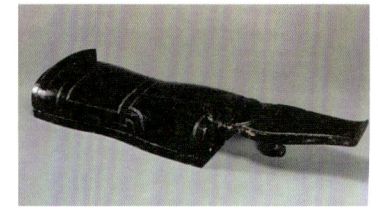

图9 曾侯乙墓十弦琴

图10 马王堆七弦琴

图 11 女郎山彩绘抚琴俑

图 12 四川绵阳弹琴俑

女郎山彩绘抚琴俑[21]（图11）。战国中期，1990年发掘出土于山东章丘女郎山大墓。俑通高8.8厘米；琴与琴桌联体，呈曲尺形，通高3.5厘米、长8.0厘米、宽2.0厘米。抚琴俑弹奏的古琴，有学者认为是一种全箱式古琴：《中国古琴珍萃图集》，"放在几上弹奏的姿势与今天确实非常相像"，"有可能就是临淄等地流行的齐琴"[22]；王子初，抚琴俑"所抚之琴的造型虽然极其粗疏写意，但是其为'非半箱式'琴，则是可以确定无疑的。此琴，很可能就是临淄等地流行的齐琴，一种流行在中国北方的琴。也许，这种琴才与今日'全箱式'琴一脉相承，才是古代文献中所记述的、广泛流传于中原地区的琴，才是魏晋以来七弦琴的直接源头"[23]。

四川绵阳出土弹琴俑[24]（图12）。东汉，多件。"已被中国艺术研究院音乐研究所认定为弹琴的有三件，均被收入《中国音乐史参考图片》第十辑的古琴专辑。三件汉俑所弹的琴为两种形状：一种是头宽尾狭的长条状，另一种是已具有内收弧形琴项的长条状。它弥补了传世七弦琴所缺少的最古形制"[25]。郑珉中先生认为："东汉弹琴俑琴的音箱与左手指法，和后世的音箱、指法是完全一致的，是一脉相承的，经历了两千多年没有变化，从而证明琴在西汉东汉之间发生质变确是不可能的。"[26]

四川出土的其它东汉弹琴俑。新皂抚琴俑[27]（图13），1952年四川绵阳新皂乡东汉崖墓出土，琴置于抚琴俑膝上，琴有岳山，尾端无柄，箱体修长而无弦柱，可证其非瑟而为琴无疑；资阳抚琴俑（图14）、乐山抚琴俑（图15）、彭山崖墓抚琴俑（图16）、彭山弹琴俑[28]（图17）。这些弹琴俑所弹古琴的箱体为明显的全箱式。

故宫博物院藏《斫琴图》[29]（图18），东晋。顾恺之原作，现存作品疑为宋人摹本。绢本，纵29.4厘米、横130.0厘米。图中描绘了斫琴的场景，大体分为制作琴坯、开挖槽腹、制作岳尾、设弦审音等四个部分，附带有制造琴弦的情景。图中明显可以看到合琴前的琴面和琴底，琴面和琴底呈

图 13 新皂抚琴俑

图 14 资阳抚琴俑

图 15 乐山抚琴俑

图 16 彭山崖墓抚琴俑

图 17 彭山弹琴俑

图 18 顾恺之《斫琴图》

全箱式、长短也基本相同，并且在底板上清晰显示有龙池和凤沼设置。

1960 年南京西善桥南朝大墓发掘出土《竹林七贤壁画》[30]（图 19）。南朝。画分为两幅，均长 240.0 厘米、高 80.0 厘米。

以上的考古资料表明：至迟到魏晋时期古琴的琴体已经是全箱式了；两汉以前，在中原及周边地区可能还流行着一种与现代古琴形制较接近的全箱式古琴类乐器，其形制明显区别于马王堆七弦琴等琴[32]，这种全箱式琴类乐器很可能是现在古琴的前身[33]。

图 19 竹林七贤壁画[31]

趣味猜想

前文所述的马王堆七弦琴等琴的箱体为半箱式，而现代古琴的琴体都为全箱式，除了形制不同之外它们之间还有什么不同呢？

相关链接

传统古琴的琴材 [34]

琴材（不包括髹漆的材料）的选择是斫琴工艺的重要组成部分，其不但会直接影响到古琴的结构稳定性和实用性，还会对古琴的声音品质产生重大的影响，因此历代斫琴师都对琴材的选择非常的重视,在不断实践的过程中逐渐形成了独特的琴材选择传统。

一、古代文献记载的琴材

面板和底板用材。春秋《诗经·定之方中》"树之榛栗,椅桐梓漆,爰伐琴瑟",指出椅木、梧桐木、梓木、漆是制作琴瑟的材料,自汉代起斫琴基本已经认可使用梧桐木做面板;汉代傅毅《琴赋》"图兹梧之所宜,盖雅琴之丽朴,乃升伐其孙枝",进一步强调古琴的面板要用梧桐树的孙枝(一般指树枝),并强调用生长在山石之上的梧桐树的朝向南方的孙枝,汉代《风俗通》和曹魏嵇康《琴赋》以及以后的文献也多要求面板用梧桐树的孙枝,因梧桐树孙枝的材质要较树干密实,说明自汉代起就要求面板用木材的材质要疏松,但又不能过于疏松;唐代李勉《琴记》"其身用桐木……其底用梓木",明确古琴的面板用梧桐木、底板用梓木,之后的文献中基本都要求面板用梧桐木、底板用梓木,如宋代《碧落子斫琴法》《琴苑要录·琴书》《太古遗音》《洞天清禄集》以及清代《与古斋琴谱》等等;《太古遗音》"琴不必桐梓,惟木液既竭,浊性去尽皆可选用",认为只要木液已尽除梧桐木和梓木外的其它木材也可作为面板和底板的用材;宋代沈括《梦溪笔谈》"又尝见越人陶道真畜一张越琴,传云古冢中败棺杉木也,声极劲挺",明确杉木可以用来做面板;《琴苑要录·琴书》《斫匠秘诀》《洞天清禄集》等文献提出面板用木材要软硬适度、材质密实、纹理细密顺直宽窄适当、无节,底板用材要木液除尽、避其心材,"惟要紧缓得所,木性条直,阴阳相向,底面无节,是为斲琴之妙朮也";《琴苑要录·琴书》《梦溪笔谈》等指出面板用木材要"轻松脆滑""举则轻,击则松,折则脆,抚则滑",不能过于坚硬,也不能过于松软,过于松软会使声音虚,这一选材标准为后世所接受。

附件用材。嵇康《琴赋》"弦以园客之丝,徽以钟山之玉",指出以玉做琴徽;唐代赵惟暕《琴书》"临岳承露用枣,唇用梓",指出用枣木做岳山和承露,用梓木做龙龈;《碧落子斫琴法》"古者琴徽皆以玉为之,取其珍确洁白,则点无所染。今之并用金石螺蚌之类也",指出玉、金、石、螺、蚌等都可用来做琴徽,其中玉洁白无瑕做琴徽最好;《琴苑要录·琴书》"焦尾、临岳及贴池木,皆用降真香或紫檀、金线木,今时鲜得,但用花梨木或深紫色者代之亦可也,惟贵一片剜就为佳。侧用胶漆粘之。凤足惟用大黄杨木或有黑鹋班者佳也",指出用紫檀等硬木作岳尾、贴池木,用黄杨木作琴足;宋代冯元《广乐记》"轸以竹,取岁寒不改也;徽以玉,取贞清洁白也;首尾用枣木,取赤心若君臣相诚信也;足用黄杨,象凤足也",指出琴轸用竹、琴徽用玉、首尾的附件用枣木、琴足用黄杨木;《梦溪笔谈》"瑟瑟徽碧,纹石为轸",指出玉、石可做琴徽和琴轸;宋代朱长文《琴史》"其所饰之材,以枣、以黄杨、以玉、以金、或以竹,枣赤心,黄杨正色,玉温,金坚,竹寒而青,皆君子所以比德者也",指出琴的附件可以用枣木、黄杨木、竹、金、玉等材料;宋代陈旸《乐书·琴制》"底板有凤足,用黄杨木,表其足色本黄也。岳山若山岳峻极,用枣木,表其赤心也",指出琴足可以用黄杨木,岳山可以用枣木;《太古遗音》"临岳承露用枣木,唇用梓木""徽系于木,所以示其明莹。玉为上,金次之,螺蚌又次之",指出岳山、承露用枣木,龙龈用梓木,琴徽以玉为上、金次之、螺蚌又次之;《洞天清禄集》指出琴足、岳山、琴轸、焦尾宜用枣木心、黄杨木或者乌木；《与古斋琴谱》指出岳山、龙龈、承露、龈托、轸池底木要用紫檀木、枣木等材质坚硬的木材，琴轸最好用紫檀木，螺甸醒目、颜色光彩亮丽还能反光适合做琴徽。

参考文献

[1]《中国音乐文物大系》总编辑部.中国音乐文物大系 河南卷[M].郑州：大象出版社，1996：164.

[2] 南阳汉代画像石编集委员会编.南阳汉代画像石[M].北京：文物出版社，1985：图479.

[3] 李荣有.汉画中的乐器图及其文化价值[J].中国音乐，2004（4）.

[4] 中国艺术研究院音乐研究所，北京古琴研究会.中国古琴珍萃图集[M].北京：紫禁城出版社，1998：24.

[5] 王子初主编.中国音乐文物大系湖北卷[M].郑州：大象出版社，1999：144.

[6] 中国艺术研究院音乐研究所，北京古琴研究会.中国古琴珍萃图集[M].北京：紫禁城出版社，1998.7.

[7][12][20][23][27][31][32] 王子初.马王堆七弦琴和早期琴史问题[J].上海文博论丛，2005（4）：40-45.

[8][9][26][33] 郑珉中.七弦琴的原始阶段初探：与吴钊君商榷[J].故宫博物院院刊，1995（4）：1-6.

[10][14][25] 郑珉中.对两张"晋琴"的初步研究[J].故宫博物院院刊，1991（4）：3-16.

[11] 南京博物院，南京市文物保管委员会.南京西善桥南朝墓及其砖刻壁画[J].文物，1960（9）：37.

[13][21]《中国音乐文物大系》总编辑部.中国音乐文物大系山东卷[M].郑州：大象出版社，2001：204-207.

[15]（清）张澍辑，方家常注译.诸葛亮文集全译[M].贵阳：贵州人民出版社，1997：520.

[16] 杜兴梅，杜运通评注.中国古代音乐文学精品评注[M].北京：线装书局，2011：52-54.

[17] 郑祖襄."徽"字与徽位——兼考古琴徽位产生的历史年代[J].中央音乐学院学报，1986（4）.27-30.

[18] 王子初主编.中国音乐文物大系湖北卷[M].郑州：大象出版社，1999：278，279.

[19] 高至喜，熊传薪卷主编.中国音乐文物大系Ⅱ湖南卷[M].郑州：大象出版社，2006：211.

[22] 中国艺术研究院音乐研究所，北京古琴研究会编.中国古琴珍萃图集[M].北京：紫禁城出版社，1998.

[24] 中国艺术研究院音乐研究所编.中国音乐史参考图片第10辑古琴专辑[M].北京：人民音乐出版社，1987：4-5.

[28] 丁承运.汉代琴制革故鼎新考：出土乐俑鉴证的沧桑巨变[J].紫禁城，2013（10）：46-59.

[29] 郑珉中.故宫古琴图典[M].北京：紫禁城出版社，2010-7.

[30] 南京博物院，南京市文物保管委员会.南京西善桥南朝墓及其砖刻壁画[J].文物，1960（9）：37.

[34] 顾永杰.简论古琴的琴材（一）[J].乐器，2016（9）.

甲辰贞祭祖乙刻辞卜骨

作者：周伟

甲辰贞祭祖乙刻辞卜骨，牛肩胛骨，商代晚期，残长26.5厘米，残宽19厘米，1973年河南省安阳市殷墟遗址小屯村南地出土，现藏河南博物院。

1973年3月至8月、10月至12月，中国科学院考古研究所（今中国社会科学院考古研究所）安阳工作队在殷墟遗址小屯村南地进行了2次大规模的考古发掘，发掘面积430平方米，发现甲骨刻辞5335片。这是中华人民共和国成立以来殷墟甲骨文最重要的一次发现，受到国内外学术界的高度关注[1]。

H24是此次发掘最重要的成果之一，共出土刻辞卜骨1395片[2]，是此次发掘出土甲骨最多的遗迹单位。H24全部是牛肩胛骨，无一片龟甲。根据地层关系和器物类型学的综合比较，发掘者把H24的相对年代划分到殷墟文化第三期后段。

本版甲骨出土于H24的第5层，器物标本号为H24：431。为牛肩胛骨。残断，缺少骨臼部分。正面刻字4行，均自上而下竖行，共35字（其中，有一个祖乙为合文。另不含兆序）（图1，图2）。字体较大，粗壮有力，笔画转折处棱角分明。卜骨背面无字，靠近骨沿有1行凿（残留6个）、灼，无钻。凿呈长方形,腹部近直线或略带弧度,头、尾平圆。这种凿是小屯南地发现卜骨中数量最多的一种形式。

发掘者把文字隶定为 6 段,如下:

(1)□□贞:又㞢岁于祖乙?兹用乙酉。(二)

(2)弜又?(二)。

(3)二牢?兹用。(二)。

(4)三牢?(二)。

(5)弜又?(二)。

(6)甲辰贞:祭于祖乙,又㞢岁?兹用二牢。

现根据隶定意见释读如下:

(1)□□日进行占卜,卜问是否使用侑祭、祔祭和岁祭的方式祭祀祖乙。乙酉这一天进行了祭典。

(2)不要进行侑祭?

(3)祭祀的数量用二牢?这次使用了二牢。

(4)祭祀的数量用三牢?

(5)不要进行侑祭?

(6)甲辰这一天进行占卜,卜问是否同时使用侑祭、祔祭和岁祭的方式祭祀祖乙。祭祀时,祭祀的数量用了二牢。

图 1 H24:431 刻辞卜骨正面局部

以本版甲骨为代表一批甲骨,因在卜辞中只出现了一个贞人——(歷),被称为歷组卜辞。歷组卜辞是甲骨学研究热点,而关于其时代、王系、标准等基本问题学界分歧很大,学者们有着针锋相对的意见。

根据地层关系、器物特征和称谓等,发掘者认为包括本版甲骨在内的歷组卜辞属于殷墟甲骨文第四期的武乙时期,但也有相当数量的学者认为属于武丁晚期到祖庚时期。

1973 年小屯南地考古发掘与发现具有重大意义。最重要的收获是出土了刻辞甲骨 5335 片(经缀合为 4589 片),这是解放后甲骨出土数量最多的一次。小屯南地发现的甲骨,大多有可靠的地层关系,且与陶器共存,为甲骨的分期和殷墟文化分期提供了最准确、最可靠的宝贵资料。特别是此次发掘,发现的歷组卜辞很多,内容也丰富,而且每片都有明确的出土地点和准确的地层关系,这是以往殷墟甲骨发掘所不具备的。因此,发掘者在报告中明确提出:"甲骨的早晚次序同殷代陶器的早晚次序相一致。"[3]

图 2 H24:431 刻辞卜骨正面拓片

本版卜骨著录于《小屯南地甲骨》《王朝秘宝——古中原考古文物展》等[4]。

文化解读

甲骨文是契刻、书写在龟甲和兽骨上的占卜、记事文字。自殷墟甲骨文发现以来，曾被称为"龟""龟甲""龟甲兽骨""龟版文""骨刻文""龟甲兽骨文字""契文""书契""贞卜文字""殷虚文字""卜辞""甲骨文""甲骨文字"等等。1921年，陆懋德提出了"甲骨文"的名称，随后，容庚、王国维、郭沫若、董作宾也都使用了"甲骨文""殷虚甲骨文字"的名称。此后，几部重要的甲骨著录都使用了甲骨文的名称，如著名的《甲骨文编》《甲骨文合集》等。正如胡厚宣所言："总之，一切的名称，都不如叫甲骨文或甲骨文字，比较恰当。"甲骨文在商代、西周遗址都有发现。

（一）殷墟甲骨文的发现

1899年，清朝国子监祭酒、金石学家王懿荣在一次偶然的机缘中发现了甲骨上的刻辞，并认为其是商代文字[5]。此后，罗振玉、王国维、董作宾、郭沫若等学者对甲骨文进行了更为深入研究。1908年，罗振玉掌握了甲骨出于"滨洹之小屯"的证据，确认甲骨卜辞均出自河南安阳小屯村。1910年，罗振玉考证出甲骨卜辞"实为殷室王朝之物"。1917年，王国维利用殷墟甲骨卜辞，证实《史记·殷本纪》所载商代先公先王世系，进一步确认了殷墟甲骨文的重要价值。（图3）

图3 王懿荣（左），罗振玉（中），王国维（右）

（二）殷墟甲骨文数量的统计

殷墟甲骨文自发现以来，已经近120年，到底出土了多少，学者们众说纷纭。2006年，孙亚冰对甲骨进行了再次统计，指出甲骨文包括殷墟和殷墟以外共计出土13万片[6]。孙亚冰文章发表时，故宫博物院公布的院藏甲骨为大于4700片。2010至2014年故宫藏品清理所编《总目》统计为22463片，

自 1899 年殷墟甲骨文发现以来，有 4 次重大考古发现，详见下表。

殷墟甲骨文的 4 次重大考古发现情况表

序号	名称	地点	发现时间	概况
1	YH127 甲骨窖穴	小屯村东北地	1936 年	该窖穴为一圆形坑，共发现刻辞甲骨 17,096 片，包括卜甲 17,088 片，卜骨 8 片。其中完整的龟甲 300 多片。这批刻辞甲骨的时代较为单纯，都属于武丁时期，内容丰富，是殷墟发掘中最大的收获，在甲骨学史上有着重要意义。
2	小屯南地甲骨	小屯村南地	1973 年	小屯南地的 H17、H24、H99 等共发现刻辞甲骨 5,335 片，其中卜骨 5,260 片，卜甲 75 片，包括 4 片朱书。这批甲骨绝大多数为康丁、武乙、文丁时期的卜辞，少量属于武丁时期和帝乙、帝辛时期。内容丰富，为甲骨文和商代历史的研究提供了一批宝贵的资料。同时，这批甲骨出土时，大多有可靠的地层，与陶器共存，对甲骨文的断代和殷墟文化的分期研究有重要的科学价值。
3	花东 91H3 甲骨窖穴	花园庄东地	1991 年	该窖穴为一长方形窖穴，共出土甲骨 1,583 片，包括刻辞甲骨 579 片。其中卜甲 1,558 片，卜骨 25 片。有刻辞的卜甲 574 片，刻辞卜骨 5 片。此坑甲骨以大版刻辞甲骨居多，其中有刻辞的完整卜甲 300 余片。刻辞内容丰富，属于武丁时代早期。这批卜辞是商王以外的贵族进行占卜的记录，被学术界称为"非王卜辞"。
4	小屯村中村南甲骨	小屯村中村南	1986 年—1989 年，2002 年—2004 年	共计 538 片刻辞甲骨，经缀合后为 498 片。其中 1986—1989 年获刻辞甲骨 305 片（缀合后为 291 片），2002—2004 年获刻辞甲骨 233 片（缀合后为 207 片）。这批卜辞分属午组、自组、历组和无名组，内容丰富，为殷墟甲骨文和商代历史研究增添了新的材料。

2016 年"故宫博物院藏殷墟甲骨文整理与研究"项目组年度工作报告提出为 21280 件[7]。因此，孙亚冰原统计数中，公私机构的数量应加上 17,000 片故宫博物院的数量，而去向不明栏目中应相应减去。此外，鉴于自殷墟发掘以来，盗掘活动不止，流散到私人和国外的甲骨无法准确计量。综合董作宾、胡厚宣、陈炜湛、刘一曼、孙亚冰等的统计，殷墟出土甲骨文的数量暂定为 15 万片以上是比较客观的[8]。（上文所说"片"的计量单位，是指有刻辞的甲骨文数量，无刻辞的不在统计之列。本文中提及的片，均指有刻辞的甲骨。）

目前，学术界公认，殷墟甲骨文中共发现单字 5000 多个，有 1000 多个单字已经被释读，其它未被释读的大多是地名、人名、族名或祭名等[9]。

殷墟占卜用甲骨，大部分是完整的龟腹甲和经加工改制的龟背甲，骨都是完整、经改制的牛肩胛骨。此外还见有虎骨、鹿头骨、人头骨、牛头骨、牛距骨、鹿角等。龟甲、牛骨正式占卜前，都要在反面钻、凿加工，占卜时又用火在钻凿处灼烧。甲骨背面一经灼烧，正面就会爆裂出裂纹，即"卜兆"。占卜者则根据裂纹的形态来判断吉凶。因甲骨在土中埋藏 3000 多年，出土时极易破碎，因此见到的甲骨多残片，完整的数量较少，也更珍贵。

腹甲的整治，一般甲首里面均铲平，不留边缘，甲桥只留一小部分，甲桥与腹甲连接处成钝角，边缘呈弧线。背甲的整治有两种方式，一种从中脊锯开，一分为二，边缘经修整刮磨近梭形；另一种将背甲剖开后，锯去首尾两端，边缘修整为弧线，近似鞋底形，有的中部还有圆孔。卜骨的整治，一般是将反面的骨臼削去一半或三分之一，使之成月牙形，再将臼角向下向外切掉，使臼角缺口呈 90°或小于 90°的锐角（少数有大于 90°的钝角）（图 4）。

卜甲上的钻凿灼的分布，一般以反面的中缝（即千里路）或中脊为轴，左右对称，很有规律。

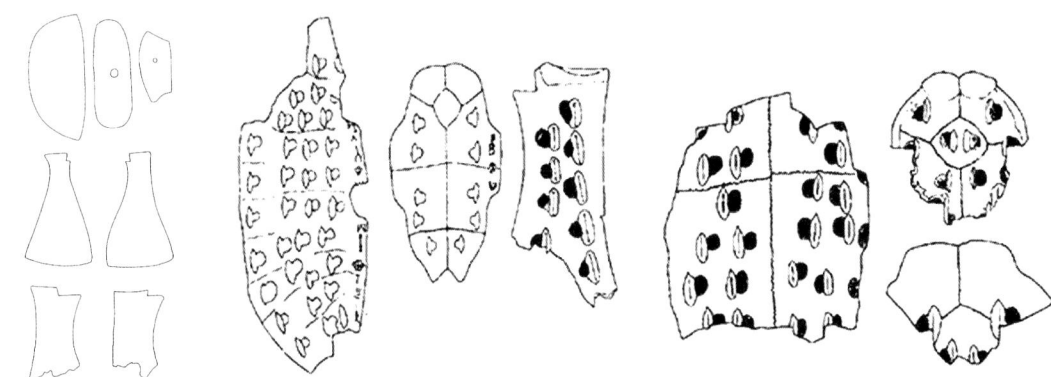

图 4 殷墟卜用甲骨的整治　　　　图 5 殷墟甲骨钻凿灼的分布形式

腹甲的右半部，钻与灼在凿的左侧，左半部则在右侧，均向着中缝。这样形成的兆枝也都指向中缝。背甲的话，右背甲的反面，钻与灼在凿的右侧，左背甲的反面，钻与灼在凿的左侧，即背甲的钻、灼指向中脊[10]。刘一曼通过统计研究，提出这一规律适用于小屯村、侯家庄南地、花园庄东地出土卜甲，而与苗圃北地和花园庄南地的卜甲钻凿灼的分布不合，而与河北藁城台西商代遗址、山东济南大辛庄商代遗址发现的甲骨相近[11]（图5）。

卜骨上凿的排列。刘一曼根据小屯南地较大的167片甲骨的的统计表明，2行凿的数量居多，而苗圃北地、花园庄南地、王裕口南地则3行凿排列形式居多。灼的方向，大多数卜骨反面的灼（或钻与灼），位于凿的同侧，即左牛肩胛骨反面，灼（或钻与灼）在凿的右侧，右牛肩胛骨的反面，灼（或钻与灼）在凿的左侧。他们均向着骨臼的切角，称为"同向"的灼（或钻与灼）。少数卜骨，内沿（指靠近臼角的一边）的灼则与臼角的方向相背，这样以来，卜骨上部内、外沿两排的灼，均指向卜骨的中央，称为"相向"的灼（或钻与灼）。刘一曼等的统计结果表明，小屯出土的卜骨以同向为大宗，而苗圃北地、花园庄南地、王裕口南地、大司空村、薛家庄南地、白家坟东北、四盘磨、后岗等地，相向的灼则较为常见，时代涵盖了整个殷墟时期，延续时间较长[12]。

此外，学术界一般认为，钻是用钻子钻成的，凿是用凿子凿挖而成的。小屯南地甲骨发现后，发掘和整理者经过长期观察和试验，取得了突破性的进展，证实一部分钻和凿是利用砣轮类的工具开槽制成的[13]。

甲骨经过占卜契刻后，有的被有意识地存储起来，如1936年发现的YH127甲骨窖穴（图6）、1973年小屯南地的H24、1991年发现的花园庄东地H3甲骨窖穴等（图7）。有的则在占卜以后散落废弃，如出土于殷商文化层、灰坑等

图 6 1936 年 YH127 甲骨窖穴发掘现场

甲骨小片和一些习刻甲骨等。

（三）甲骨文的书写与契刻

学术界认为甲骨文除了少数是毛笔书写的书辞以外，绝大多数是用青铜刀类的工具契刻出来的。甲骨文是先写后刻还是不书而刻，也一直是学术界讨论的热点。刘一曼通过对各种意见的分析，认为甲骨文大多数是不书而刻，仅少数是先书后刻的，书辞并不都是为刻辞而作，书契有分工，未必为同一人[14]。

图 7 1991 年花园庄东地 H3 第 1 层甲骨发掘现场

2005 年—2008 年，朱清时在用数码式光纤显微镜对 2002 年发现的小屯村中村南甲骨实物进行观察时，发现某些甲骨上的文字发黑，但并非填墨，而是由于当年"灼烧"文字时产生的钙化部分与炭化部分的残余物所致。据此，他提出了殷墟甲骨文字并非全部用刀刻而成，其中有一些是用"灼烧"（灼烧过的金属针契刻）技术而成。同年 12 月，康睿元结合仿刻甲骨文的经验，提出了这类甲骨文是在刀刻基础上再施用灼烧的意见[15]。而根据笔者使用高倍放大镜对甲骨文字口的观察，确实在字口内发现有炭粒的存在，而炭粒的现象在笔者所见的甲骨文中比较普遍。这一现象确实值得关注。

比较研究

商代文字绝大多数是用刀契刻的，如多数的甲骨文、陶文。少数是用毛笔书写的，学术界称之为书辞。材质和器形包括了玉戈、玉柄形器、玉璋、陶片等。书辞文字多用朱色和墨色，字体清晰鲜明，笔画或粗而柔，或细而劲，笔锋或雄浑，或刚劲有力，或纤细柔弱，也反映出当时的书写工具（毛笔）和书法技法已经相当娴熟[16]。

甲骨书辞。1936 年发掘的 Y127 窖穴中首次发现甲骨上有朱书、墨书文字。刘一曼总结了甲骨书辞的规律：绝大多数卜骨书辞倒书于卜骨反面的骨边上；卜甲书辞全部正书于卜甲反面，书辞位置多在甲桥和中缝的两侧，时代都属于武丁时期[17]。内容分为 2 类，一类是记事文字，多数与祭祀用牲或记贡纳有关；一类是卜问文字[18]（图 8、9）。

玉石文字。总体上看，玉石文字比甲骨文、金文、陶文要少的多。从王蕴智统计的 35 件殷墟出土玉石文字看，书辞似乎要比刻铭的多一些[19]。其中，朱书、墨书玉璋是大宗。朱书玉璋文字可以分为三类：一是记贡纳之事，二是记数之词，三是因文字释读不明的不知名类[20]。这一认识应该说对于玉石文字的总体内容是适用的。总的来看，从字体的形态特征、记录方式等来看，玉石文字和同期的甲骨文具有相同的特点。

陶器文字。陶片上多数为契刻文字，少量见有书辞。书辞主要见有朱书和墨书两种。目前共发

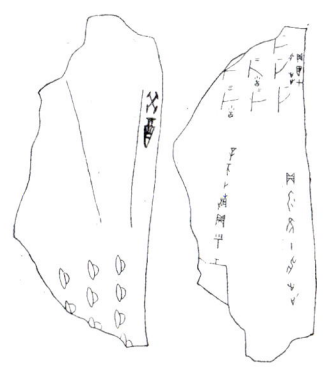
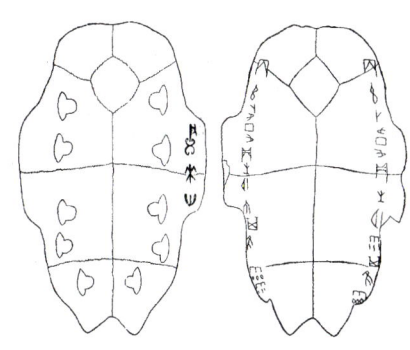

图8 同版卜骨书辞与刻辞比较　　图9 同版卜甲书辞与刻辞比较

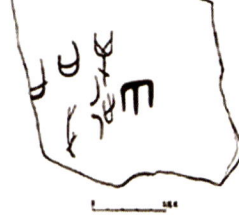

图10 墨书祀字白陶片和朱书文字

现3件。第1件是1932年在小屯村SYPE181A发现了一件墨书白陶残片（R016019），上有毛笔书写的"祀"字。第2件是1987年在小屯村东北地发现的一件"将军盔"器口内壁（87XTH1：16）上，有毛笔朱书的6个字（其中1字残）。第3件是在苗圃北地发现的一件盆口内壁（PNH24：46）上，有毛笔朱书的"郍乙"两字。[21]（图10）。

陶器上的契刻文字，大多数是在陶器制成以后、入窑烧制前刻在陶胚上的。这类陶文，笔划深而宽，字口较平滑。另一部分是在陶器烧成以后刻的，笔画浅而窄，字口多有毛茬儿。根据刘一曼的统计，自殷墟发现契刻陶文以来，共发现95片，单字122个，可释读单字64个，内容包括数字或符号、位置符号、族名或人名、记事、卦辞和其他共6类[22]。

金文。商代中期开始，少数青铜器出现1-2个铭文，多数为图案形式。到了商代晚期的殷墟时代，有铭青铜器明显增多。铭文内容多数简单，只有几个字，主要是族徽和祭祀祖先的称谓或官职爵名等。长篇的到商代末年出现，如戍嗣子鼎，铭文有3行30个字（图11）。与甲骨文相比，金文的象形性强，在动物、器物、人体等字形上表现更明显。金文字体笔势雄健，形体丰腴，笔画的起止显露锋芒，转折处多有波磔[23]。此外，1982年，安阳市博物馆在殷墟戚家庄M63发现的4件殷墟时期的青铜器为刻铭（图12），字体与同期甲骨文相类[24]。从字口痕迹观察，为单刀契刻，笔画较细，起笔收笔处较细较尖锐，长笔画的中部较粗壮。

玺印文字。1998年以来，中国社会科学院考古研究所安阳队先后发现了3方地层清楚、时代清晰的商代玺印（图13），确证了殷墟时期青铜玺印的存在[25]。水利局出土的兽面纹印是经考古发掘出土的首枚殷墟铜印。昍字青铜印为阴文，不仅是殷墟科学发掘的第一方文字玺印，同时因其与武丁时期贞人的关系促进了对商代贞人这一特殊群体的深入研究。冂印印文面锈蚀严重，结合X光射线技术，清晰可见印文上方是两个并列的阳文"冂"字，下方为一条夔龙形象。发掘者分析，整个印文应该突出强调的是"冂"字，而其下的夔龙纹应是辅助作用。

综上所述，殷墟时期的文字，因毛笔或类似工具的出现（目前尚未发现毛笔的实物），存在书

图 11 戍嗣子鼎及其铭文拓片

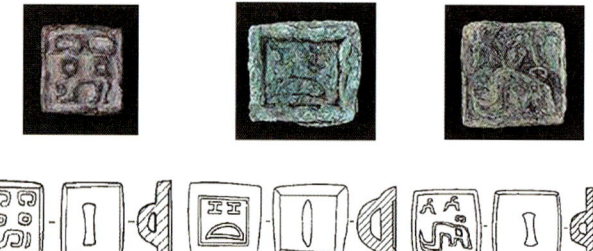

图 12 戚家庄东地 M63:15 青铜斝口沿内的刻铭

辞与刻辞两种不同的方式。这与文献记载"惟殷先人，有册有典"和甲骨文中"册"、"典"字的出现相吻合（青铜器的铭文以铸造为大宗，考虑到铭文是先契刻在外范上再行浇铸成形，因此也应纳入刻辞的范畴）。根据载体材料的不同，又可以分为甲骨

图 13 殷墟考古发掘出土 3 方铜玺印

书辞与刻辞、陶器书辞与刻辞、玉器书辞与刻辞和铜器铭文等。殷墟甲骨文只是商代文字的一种类型。刻在甲骨上的商代文字，一般有简化、线条化、多折笔等特点，和金文、玉石文字、陶文的字形、书写风格相比，还是有一些差异。

殷墟是出土商代甲骨文最多的地方。河南郑州、山东桓台、山东济南大辛庄也陆续发现过甲骨文。此外，学者们认为，在陕西周原地区发现的大量西周甲骨中，不排除有部分商代甲骨文的可能，而殷墟出土的甲骨文中也可能有西周时期的。全国其他地方还发现了商代陶器刻纹、陶器朱书文字等。这一时期的文字与殷墟甲骨文属于同一个系统，已经具备记录语言的功能。但是，因发现数量少、而且比较零散，难以总结出其规律。因此，学术界一般认为，直到目前，具有一定体系和较严密规律的甲骨文字，还是殷墟甲骨文[26]。

你知道商代甲骨文出土最多的地方是哪里吗？

 **相关链接**

殷墟以外地点出土甲骨文统计表

时代	省份	发现地点	发现时间	数量（片）	备注
新石器时代裴李岗文化	河南	舞阳贾湖遗址	1987	11	8片龟腹甲，共11个刻划符号（含2个疑似）；3片骨质，3个刻划符号
岳石文化	山东	桓台县史家遗址	1996	2	羊肩胛骨。残。发掘者释读为6个字，属于岳石文化晚期
商代	河南	郑州二里岗遗址	1953	2	1件为牛肋骨，11（或认为10）字；1件为牛肱骨骨片，1字
商代	河南	河南水利第一工程局	1989	1	二里岗上层灰坑内发现，2字
商代	河南	郑州电力学校H10	1990	1	二里岗上层灰坑，2字
商代	山东	桓台县史家、唐山遗址	1996	5	龟甲5个。发掘者认为是20个字（含刻划符号）。另有羊肩胛骨2个，发掘者认为属于岳石文化晚期
商代	山东	济南大辛庄商代遗址	2003	4	均为龟甲，经缀合为4版，共40字
西周	陕西	岐山凤雏遗址	1977	292	H11、H31出土，903字，合文12个
西周	陕西	岐山周公庙遗址	2003	>800	陆续发现。含卜骨、卜甲。共计2500余字
西周	陕西	扶风齐家遗址	1979	6	超过100字
西周	陕西	扶风强家遗址	1981	1	3字
西周	陕西	西安丰镐张家坡遗址	1956	4	T4⑤、T4⑤：44、T33④：32、T313②：3 各1件
西周	河南	洛阳东关泰山庙遗址LTT53探沟	1952	1	卜甲，1字
西周	山西	洪洞坊堆村遗址	1954	1	卜骨（牛肩胛骨），8字，另有1版，无字
西周	北京	昌平白浮墓	1975	5	共13字
西周	北京	房山琉璃河遗址	1996	3	龟甲，8字
西周	北京	房山镇江营遗址	1980年代末		牛肩胛骨，6个数字的易卦符号
西周	河北	邢台南小汪遗址	1991	1	H75出土，牛肩胛骨，11字

参考文献

[1] 中国社会科学院考古研究所安阳工作队.1973年小屯南地发掘报告[C].考古学集刊·第9集，北京：科学出版社，1995（12）：46. 刘一曼，温明荣，曹定云.前言[A].甲骨学论文集[C].北京：中华书局，2010（7）：1. 关于小屯南地出土甲骨的具体数量，因整理工作一直在进行，又经缀合，所以数据此处用最近的数据。

[2] 发掘报告中的灰坑登记表统计数字与报告正文数字有异，为1245. 参见注[1]：54, 129.

[3] 见注[1]：123.

[4] 中国社会科学院考古研究所.小屯南地甲骨[M].北京：中华书局，1980（10）：262.
台北历史博物馆，高雄市立美术馆.王朝秘宝——古中原考古文物展[M].台北市，台北历史博物馆，2005（12）：52.

[5] 1899年王懿荣发现甲骨文被学界称为"己亥说"。此外，在学界还有1898年王襄、孟定生发现甲骨文的"戊戌说"。

具体的讨论可以参看：胡厚宣. 再论甲骨文的发现问题 [J]. 中国文化，2000（12）：69-83；王宇信. 甲骨学通论（增订本）[M]. 北京：中国社会科学出版社，1989（6）：23-42；王宇信，杨升南. 甲骨学一百年 [M]. 北京：社会科学文献出版社，1999（9）：29-34. 本文认同"己亥说"的意见。

[6] 孙亚冰. 百年来甲骨文材料统计 [J]. 故宫博物院院刊，2006（1）：24-47.

[7] "故宫博物院藏殷墟甲骨文整理与研究"项目博士后杨杨举办故宫甲骨讲座 [EB]，http：//www.dpm.org.cn/learing_detail/237946.html；"故宫博物院藏殷墟甲骨文整理与研究"项目组2016年度工作总结会纪要 [EB]，http：//www.dpm.org.cn/learing_detail/237947.html.

[8] 殷墟出土甲骨数量的统计之难，可参见王宇信，杨升南，甲骨学一百年 [J]. 北京：社会科学文献出版社，1999（9）：50—55.

[9] 中国社会科学院考古研究所. 中国考古学夏商卷 [M]. 北京：中国社会科学出版社，2003（12）：428.

[10] 见注 [8]：112.

[11][12] 刘一曼. 安阳殷墟甲骨出土地及其相关问题 [J]. 考古，1997（5）：56-58.

[13] 萧楠. 小屯南地甲骨的钻凿形态 [A]. 甲骨学论文集 [M]. 北京：中华书局，2010（7）：182-185.

[14] 刘一曼. 试论殷墟甲骨书辞 [J]. 考古，1991（6）：551-554.

[15] 中国社会科学院考古研究所. 殷墟小屯村中村南甲骨 [M]. 昆明：云南人民出版社，2012（4）：60.

[16] 孟宪武，李贵昌. 殷墟出土的玉璋朱书文字 [J]. 华夏考古，1997（2）：75.

[17] 刘一曼. 试论殷墟甲骨书辞" [J]. 考古，1991（6）：546-554.

[18] 同注 [16]：77.

[19] 王蕴智. 中原出土商代玉石文字及其释读 [J]. 中国国家博物馆馆刊，2013（4）：42-47.

[20]] 同注 [16]：74-75.

[21] 刘一曼. 殷墟陶文研究 [A]. 庆祝苏秉琦考古五十五年论文集 [C]. 北京，文物出版社，1989（8）：346-361. 中国社会科学院考古研究所，殷墟的发现与研究 [M]. 北京：科学出版社，1994（9）：248-255.

[22] 见注 [21]：346-361.

[23] 见注 [9]：432.

[24] 安阳市文物工作队，安阳博物馆. 安阳殷墟青铜器 [M]. 郑州：中州古籍出版社，1993（4）：75，76，63，132，133. 见图五九宁簠簋，图五九宁簠斝，图六二□□鼎，图六三宁簠斝. 此图录发表时，误认为是铸铭。发掘报告发表时，发掘者已经修正为刻铭。见安阳市文物考古研究所，安阳殷墟戚家庄东商代墓地发掘报告 [M]. 郑州：中州古籍出版社，2015（11）：177-181.

[25] 何毓灵，岳占伟. 论殷墟发掘出土的三方铜印章及相关问题 [J]. 考古，2012（12）：70-77.

[26] 刘源. 甲骨文不等于商代文字 [N]. 中国文物报，2017-8-11：6.

龙纹玉璜

作者：刘芳

龙纹玉璜，玉器，西周晚期，长9.7厘米、宽1.9厘米、厚0.6厘米，河南省三门峡市虢国墓地出土，现藏河南博物院。

虢国墓地位于河南省三门峡市北部的上村岭一带，是一处西周至春秋时期的诸侯国公墓。自1956年以来，经过两次大规模考古发掘，发现了包括两座国君墓、国君夫人墓、太子墓在内的250余座贵族墓葬。M2009是虢国国君虢仲的墓葬，于上世纪90年代被发掘，出土了大批青铜礼器和十分精美的玉器，仅玉璜就有20件。[1] 该墓出土的此件玉璜为青玉，呈米黄色，玉质温润，半透明。正背两面饰阴线双龙纹。"臣"字眼，眼角线下弯，云纹大耳，头顶上雕出细密平行的曲线作为飘发。双龙尾部相互缠绕融为一体。璜两端各钻有一个圆形穿孔。[2]（图1）玉璜体表雕琢对称龙纹，尾部彼此叠置或相互缠绕的图案设计在西周中晚期较为常见。从该玉璜的大小和两端穿孔判断，当为佩饰用玉。

虢国墓地出土的玉璜上双龙纹居多。其形制与甲骨文中的"虹"字形相似。《说文解字》：虹，蝃蝀也。状似虫。从虫工聲。段玉裁注："虫者，它也。虹似它，故字从虫。"它，即蛇。《山海经》

曰："虹有两头"意雌雄同体相交之意。古人认为虹是雨后出来饮啜水汽的蛇、龙，对其产生崇拜，将双龙纹刻于形状似虹的玉璜上，以此为介质，乞求风调雨顺，五谷丰登，吉祥平安。璜同时也是祭北方玄武之神的礼器，玄武被视为水神，古人祭祀玄武神同样有乞求风调雨顺，避难降福的意愿。

文化解读

璜是一种弧形的玉器，早在新石器时代就已经出现，数量众多，分布区域广。新石器时代中期，玉璜广泛分布于长江、黄河流域，以长江流域的发现最多。新石器时代晚期，玉璜的分布区域开始逐渐扩大，中部包括了长江以及黄河流域，北至松花江流域，南至珠江流域，西至长江上游的昌都县。[3] 夏商周时期，玉璜成为重要礼器之一。

《说文解字》曰："璜，半璧也"。[4] 其实多数璜只是璧的三分之一，有的甚至只是四分之一，只有少数接近二分之一。形制上，比较典型的有半环形、折角形（桥形）、半璧形、扇形等。对于璜的结构形制，有学者认为，璜与珩实为一物，只是佩挂方向不同。孙庆伟先生在《两周"佩玉"考》中提出，璜与珩应加以区别。两者均为佩玉中的主要构件，形制相似，但珩的结构为"隆上而窪下"，即在佩玉中，必须把珩的凸面朝上，凹面向下。而璜正好相反，"隆下而窪上"，是凹面朝上，凸面向下，这是珩与璜的根本区别。此外，玉珩上多有三个以上穿孔，分别居于两端及器身中部，也见只有中部一穿者，但为数不少。珩上穿孔数量的多少直接影响佩玉的结构。璜器身上一般只有两个穿孔。珩、璜这两种器物流行时间也有不同。璜的出现，早在新石器时代，商周继续流行，但以西周为最盛。而珩的出现最早约在两周之际，春秋以后增多，而以战国时期最为流行。珩对璜有替代的趋势。[5]

图 1 龙纹玉璜局部图

西汉双龙形玉珩[6]（图 2），长 10 厘米、宽 2.1 厘米、厚 0.2 厘米，陕西省西安市东郊窦氏墓出土。玉色青白，较为纯净。珩两端各有一龙，均作回首状，体尾相连，龙鼻上翘，云

图 2 西汉双龙形玉珩

纹耳后逆,后肢曲贴于腹。上部正中钻一圆孔,采用镂雕并加线刻的技法,两面纹样相同。珩底部的钻孔与镂空处应为悬挂功能而设。

璜的用途,一是礼器。形体较大。《周礼·春官·大宗伯》载:"以玉作六器,以礼天地四方。以苍璧礼天,以黄琮礼地,以青圭礼东方,以赤璋礼南方,以白琥礼西方,以玄璜礼北方。"此苍璧、黄琮、青圭、赤璋、白琥、玄璜为"六器",是礼神的玉器,璜用于礼北方之神玄武。《周礼》又载:"礼神者,必象其类,璧圆象天,琮八方象地,圭锐象春物初生,半圭曰璋,象夏物半死,琥猛象秋严,半璧曰璜,象冬闭藏,地上无物,唯半天见"。二是佩饰。中小型璜,且有穿孔,多用作佩饰玉,佩戴于颈项间、胸腹部居多,亦有肩部和腰部等。

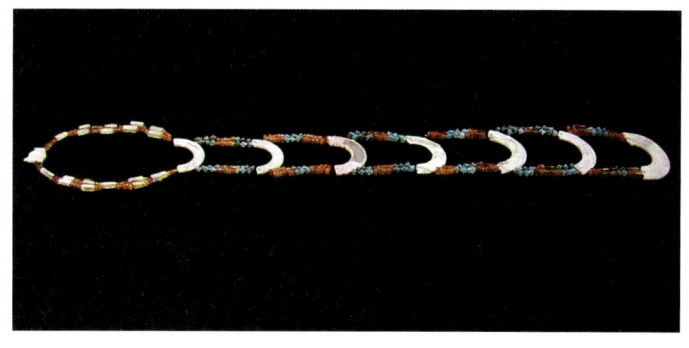

图3 西周七璜联珠组玉佩[8]

有单璜佩,也有多璜佩。玉璜作为单玉佩的记载,如《山海经·海外西经》曰:"夏后启……右手操环,佩玉璜"。[7]河南平顶山应国墓地八号墓中出土一件以玉璜为主体的单璜连珠组佩,可见西周晚期至春秋早期就出现有单璜佩的实物。多璜佩的例证非常多。西周时期组合佩饰盛行,是权贵财富、身份、地位的象征,其用玉的特点和限制性也体现了西周时期用玉已步入制度化、规范化和礼仪化的轨道。虢国墓地上世纪90年代发掘的18座墓葬中就出土了3组精美的联璜组玉佩,分别是M2001虢国国君虢季墓出土的七璜组玉佩、M2009虢国国君虢仲墓出土的六璜组玉佩和M2012虢季夫人墓出土的五璜组玉佩。这三组联璜组玉佩都是由玉璜、玛瑙、料器等不同质地、不同形状的饰件相间连缀而成,连缀方式基本相同,只是细节稍有不同。现藏河南博物院的虢季墓(M2001)中出土的七璜联珠组玉佩(图3)是挂于颈间而达于骨盆以下的大型组玉佩,通长约126厘米。分为上下两个部分,上部是由人龙合纹玉佩、青玉管和红玛瑙珠组成的项饰,下部是由七件自上而下大小依次递增的玉璜,间以左右对称的双排两行红玛瑙珠、绿松石珠连缀而成的胸佩饰。7件玉璜的质地均为上好的新疆和阗玉,玉色呈青白色,玉璜表面饰有双龙纹。三是敛尸。在考古发掘中,玉璜有时也被发现在墓主口中、握于手中或置于身下,说明玉璜也有敛尸的用途。

比较研究

玉璜始见于新石器时代,其后在全国各地的主要新石器文化类型中多有发现。形制包含坠佩形、桥形(或称折角形)、半环形、半瑗形、半璧形、镂空形、不规则形(鸟形、鱼形)等,早期玉璜有的仅在一端穿孔,绝大多数是两端各有一个或两个穿孔。新石器时期玉璜大多光素无纹,但也出现了阴线刻琢、浅浮雕和镂雕的装饰手法。纹饰主要有龙纹、鸟纹、兽纹、神人纹、几何纹、云雷纹等,纹样讲求对称平衡。

仰韶文化时期玉璜[9]（图4），长4.2厘米、宽2厘米、厚0.4厘米，河南省临汝县北刘庄遗址出土，现藏河南博物院。青玉。体呈半环形，素面，璜的两端各有一圆穿孔。

陶寺文化玉璜[10]（图5），长6.7厘米、厚0.4厘米，山西省临汾市尧都区下靳墓地12号墓出土，现藏山西省考古研究所。青白色，有黄色土沁。半圆形，两端各有一个双面对钻穿孔。

良渚文化半璧形镂空璜[11]（图6），浙江余杭瑶山M11号墓出土，白玉，形制略呈扁宽半璧状，两面均以镂空勾勒出复杂兽面纹，兽面纹外阴刻边阑，孔径两侧各对钻两个圆穿系孔。

石家河文化玉璜[12]（图7），内角间距4.7厘米、厚0.4厘米，湖北省天门市石河镇肖家屋脊出土。黄绿色，有粉状白斑。弧形，扁薄，两端宽窄不一，两端各有一个双面对钻的小孔。外缘残存切割痕迹。

夏代玉璜的出土实物至今未见报道，商代早、中期的玉璜发现也较少，商代晚期的玉璜出土量较为丰富，仅1976年安阳殷墟妇好墓就出土玉璜73件。此外山东滕州前掌大村商代墓地、河北武安赵窑晚商墓葬、山西灵石旌介村晚商墓地等也有商代玉璜出土。商代，光素无纹的玉璜仍占一定比例。殷墟妇好墓发现的一批玉璜中有28件均为弧弯形，多数两端平齐，两面抛光，其中有如新石器诸文化中，用两件玉璜可以对合成环的一例。用三件玉璜可以对合成环的一例，用一件璜对剖成两件的两例，其余均不能对合。它们大概是利用小块余料琢磨而成。[13]也可能是直接利用玉璧、玉环等器残断部分，根据大小、形构加工改制而成。商代晚期，图案装饰性玉璜数量增多，根据玉材的初始形状，将玉璜雕琢成

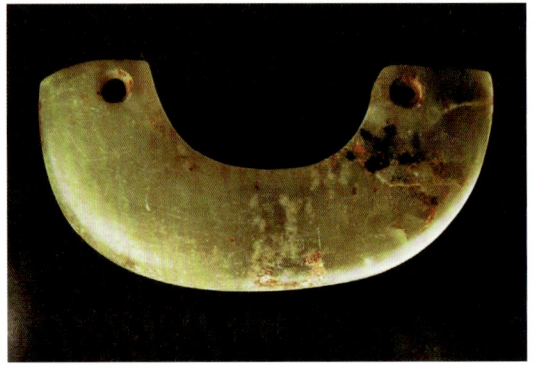

图4 仰韶文化时期玉璜

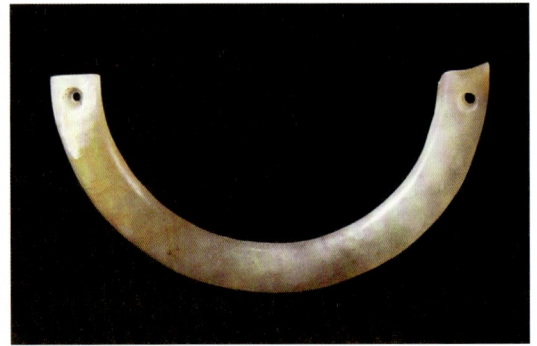

图5 陶寺文化玉璜

图6 良渚文化半璧形镂空璜

图7 石家河文化玉璜

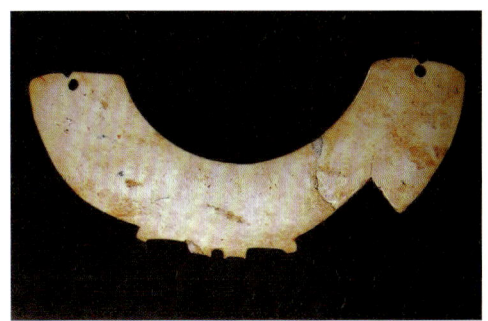

图 8 商代早期玉璜

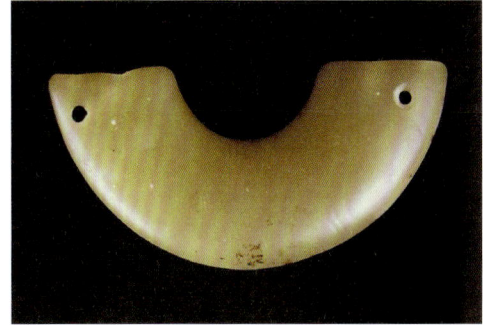

图 9 商代晚期玉璜

图 10 商代晚期璜形玉饰

龙形、鱼形、鸟形、虎形等动物形或人形等，形象仿真、写实，细节突出。如龙形玉璜，一改过去的抽象龙纹，将龙的角、目、口、足、鳞等细部表现的形象生动，这种突出形构写实的雕琢风格，使得玉璜的形制出现了不对称平衡的情况。有的学者认为此时出现的部分鸟形、鱼形、人形等玉饰，其形制虽呈弧形，但有别于璜的标准形体特征，不能笼统的归为璜。笔者认为这一观点有一定的合理性，尤其是形制小、无穿孔或只有一个穿孔的此类玉饰，其可以作为饰物，但用途与璜不尽相同，将其统称为璜，有失严谨性。商代玉璜纹饰主要采用线条构图，常见的纹饰有直线纹、斜线纹、菱格纹、弦纹、折方纹、三角纹、垂鳞纹、兽面纹等，线条刚直方折、强健有力，少有弧形转折痕，表现的图案棱角分明。用双勾线勾成的"回"形纹，玉璜边缘切割出扉牙装饰，动物造型中的"臣"字目纹等均是商代玉璜纹饰的显著特征。

商代早期玉璜[14]（图8），长12厘米、最宽2.8厘米、最厚0.5厘米，湖北省武汉市黄陂区盘龙城杨家湾出土。灰白色，质纯净。由较粗的一端逐渐收窄，上侧有两个凹弧形夹一个方形缺的勾状牙扉。另一端凸起。两端各有一对钻孔。光素无纹。

商代晚期玉璜[15]（图9），长3.7厘米，山西省灵石县旌介村2号墓出土。青玉。两端有圆孔，素面。

商代晚期璜形玉饰[16]（图10），长5.01厘米、厚0.19—0.38厘米，河南省安阳市殷墟出土。青色、白化。由破损之璧环类器物改制而成，原器之凸缘仍保留。纹饰作写意鸟形，低头短喙，双足蹲踞，双翅收拢，尾上扬。尾后呈短刻刀形。首、尾有三个双向穿孔。

西周玉璜多承袭商代玉璜的特征，其形制仍有素面璜、龙纹璜和其他一些动物形璜。其中龙纹璜十分流行，但不同于商代的一璜一龙，而是一璜上饰双龙纹，龙首分置璜的两端，龙身在中部或叠置、或缠绕、或并列对称。到了西周中晚期，玉璜的形制、构图和佩戴方式发生了显著的变化，使其在传承商代玉璜的基础上表现出了鲜明的时代特征。此时，大型组玉佩盛行，玉璜在组玉佩中起到了支撑构架，上下、左右连缀，保持平衡的作用，所以此时玉璜不再刻意强调写实，图案与璜体形构的一致性，转而注重形构、纹饰的对称平衡，璜上一穿和无穿者也少见，至少是两穿以上。西周中晚期，玉璜上的雕琢线条一改商代和西周早期的刚直、方折，而代以大量的弧线，使纹饰更加流畅、圆润。还出现了"大斜刀"的雕琢工艺。

西周玉璜[17]（图11），长7.3厘米，山西省曲沃县晋侯墓地31号墓出土。褐色，玉质透亮。两面纹饰相同，皆以双色阴斜线饰变形龙纹，两端的穿孔为眼，凸出的棱为口，躯干饰有卷云纹，身尾相接。

西周凤鸟纹玉璜[18]（图12），长7.9厘米、宽2.8厘米、厚0.6厘米，陕西省长安县张家坡152号墓出土。青玉，青绿色。璜约为圆周四分之一。两端及外弧均雕琢出鱼尾式齿棱，两端各钻一圆孔，两面纹样相同，雕刻一凤鸟，为尖钩喙，圆目，头上有冠，尾向上卷，腹下缀有云纹。

西周晚期玉璜[19]（图13），长9.4厘米、宽1.6厘米、厚0.45厘米，河南省三门峡市虢国墓地2009号墓出土，现藏三门峡市虢国博物馆。青玉，浅豆青色，大部受沁成棕黄色。玉璜双面饰尖尾双龙纹，两端为龙首，尾部相叠，龙身饰云纹。

春秋战国时期，组玉佩发展兴盛，推动玉璜的数量和制作工艺达到了一个新的高度。春秋早期龙纹（形）璜继续流行，其中双首连体龙形璜最为常见。璜体表面少见完整龙纹，而呈现的是以龙纹局部特征为"单元"加之辅助装饰的繁密重组的图式。构图精细、复杂，抽象化。春秋中后期，诸侯国政治、经济、文化领域内的不断变革和治玉工艺的进步，使得玉璜表现出明显的地域形差别。出现了如楚式玉璜、秦式玉璜、吴式玉璜、中原地区玉璜等不同风格。

战国是玉璜发展繁荣的一个高峰期。战国玉璜造型生动，构图奇巧，富于动感。出现了"出廓璜""镂空透雕璜""分段套合璜"等精美之作。此时，"微雕"阴线刻，亦称"游丝工"大量出现，极大的丰富、细化了玉璜形构、纹饰的层次与内涵，将传统的阴线刻技法推向极致，体现了战国玉璜线刻工艺精工细作的高水准。

春秋玉璜[20]（图14），长9.5厘米、宽2.1厘米、厚0.2厘米，河南省光山县宝相寺黄季佗父墓出

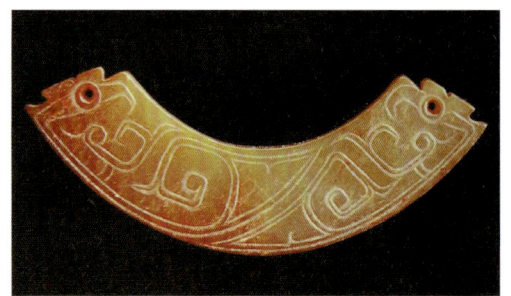

图11 西周玉璜

图12 西周凤鸟纹玉璜

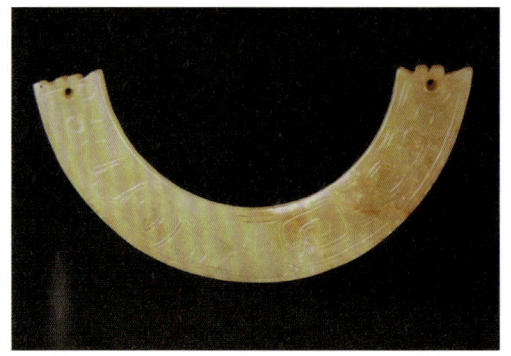

图13 西周晚期玉璜

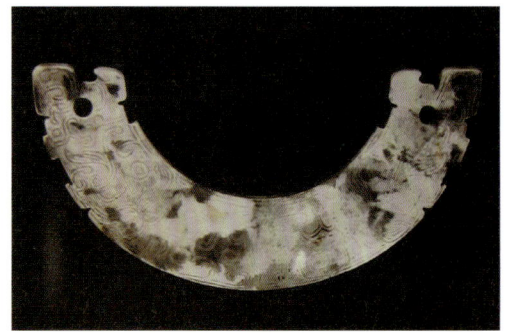

图14 春秋玉璜

土，现藏河南博物院。深褐色，体呈半环形片状。两端饰龙首并连体，龙首为张口，通身饰鸟兽纹，龙首上下边沿各有突脊。两端各有一孔可穿绳系佩。

战国早期玉璜[21]（图15），1对。上：长12.8厘米、宽3.7厘米、厚0.4厘米，下：长13.1厘米、宽3.8厘米、厚0.35-0.5厘米，湖北省随州市曾侯乙墓出土。青色，有杂质及沁色。体较宽，两端各有单向钻孔两个。表面残存切割痕迹。

图15 战国早期玉璜

战国玉璜[22]（图16），长5.4厘米、高1.6厘米，河北省平山县七汲村中山国1号墓出土。玉呈白色，半透明，质地温润。器为扇面形，周边有齿脊。器表雕琢勾连纹，两端各钻一孔供穿系。此璜表面琢磨光洁，工艺极精。

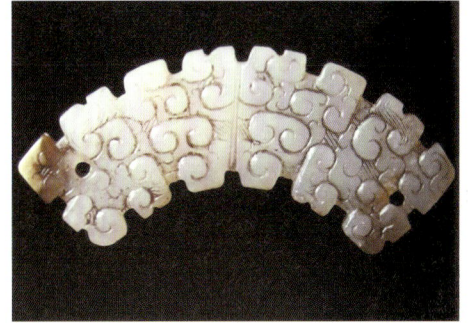

图16 战国玉璜

战国玉镂雕双凤式璜[23]（图17），长13.7厘米、高6.2厘米、厚0.3厘米。1977年安徽省长丰县柳公乡2号墓出土。璜玉色暗青，表面有沁斑，并有较亮的玻璃光泽。器呈扇面形，较薄，边缘呈凹凸齿状。璜两面形式和雕纹相同，表面铺饰谷纹，谷粒呈菱面状，微凸起，谷纹间又有6处卷云纹，其形与凤尾相似。璜顶部镂雕一对相背的凤，细身长尾，尾端粗而回卷，与凤首相对，凤身局部有较多的镂孔，可穿绳系挂。这件玉璜表面的云纹及顶部的双凤饰纹在目前已知的战国玉璜中是仅见的。

图17 战国玉镂雕双凤式璜

战国玉璜[24]（图18），长20.5厘米、宽4.8厘米，1950－1951年河南省辉县固围村一号墓祭坑出土。这件玉璜由七块和阗青白玉和两个鎏金青铜兽首衔接而成，中间五块玉以铜片穿连，青铜片从五块玉中穿出后，左右两端各装饰鎏金青铜兽首，两只兽首分别衔着透雕的椭圆形玉，青铜片与玉衔接吻合严密，至今毫无松动。这件玉璜集阴刻、浮雕、镂空、接榫、碾磨等多种工艺于一身，尤其用若干节玉片配合金属衔接，制作难度极大，代表了当时玉器制作工艺的最高水平。

图18 战国玉璜

西汉玉璜承袭战国风格，双首合体龙形璜、谷纹璜流行，此外涡纹璜、蒲纹璜、素面璜、勾连云纹璜、阴线刻龙纹璜、出廓式璜、镂空式璜等均有出现。西汉中期，玉璜的种类逐渐减少，形制、纹饰更加简约、朴实。西汉晚期到东汉时期玉璜数量骤减、质量下降，其发展转入衰弱期。唐代以后，玉璜的制作和使用渐少，形式无新的变化，明清两朝亦乏有精品。

西汉玉璜[25]（图19），长10.3厘米、宽3.1厘米，北京市丰台区大葆台1号汉墓出土。青玉质，灰色中略带褐色沁斑。扁平弧形，形若圆环的三分之一，阴刻回纹。左边和中央各有一孔，一孔单面钻，另一孔两面钻，可供系佩。

图19 大葆台1号汉墓出土西汉玉璜

西汉玉璜[26]（图20），1对。上：直径16.7厘米、内径7.1厘米、厚0.4厘米，下：直径16.7厘米、内径7.2厘米、厚0.4厘米，湖南省长沙市咸家湖陡壁山1号墓出土。青色，有黑色沁。半圆形，两面纹饰相同。纹饰以阴刻四道弦纹为界分两层，外层主纹为细线阴刻凤纹，凤高冠曲喙，身躯卷曲。内层雕琢蒲纹。中间为阴刻弧线。璜为整璧对剖，截面粗糙，留有茬口，未经打磨。

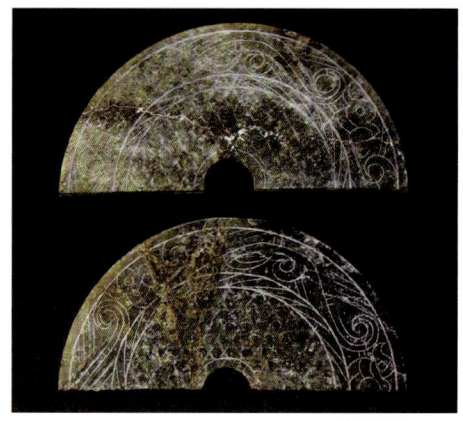

图20 长沙市咸家湖出土西汉玉璜

趣味猜想

周代，一些弧形的动物形玉饰，不能笼统的归为璜。如其中的"玉鱼"，或称"鱼形器""鱼形饰""鱼形佩"。你知道玉鱼有哪些功能吗？

相关链接

组玉佩又称全佩、大佩、杂佩、玉组佩，是以环璧、璜珩为主体，杂以珠管、琚、瑀、冲牙等，按一定规律组合悬挂于人体的饰物。新石器时代已出现组合性玉饰，而真正意义上的组玉佩，最早见于商末周初，兴盛于两周时期，汉代以后作为官方与贵族的礼仪用玉延续下来。社会生活中，组玉佩是贵族身份在服饰上的体现之一。用玉多少、佩饰的复杂程度、长短则成为区别身份地位高下的重要标志。身份愈高，用玉愈多，佩饰愈复杂，长度愈长，相应地就要求走路时，步子愈小，走的愈慢，起到了节步的作用，这样更能显现出威严气派和君子风度。据《礼记·经解》记载，在佩戴组玉佩时"步行则有环骊之声"。即佩者在行走中，玉佩之间因轻轻撞击而发出悦耳玉振之声。周代组玉佩渐礼制化，成为周代丧葬礼制的一个重要组成部分，而流行于高级贵族墓葬中。

参考文献

[1] 王斌. 虢国墓地的发现与研究[M]. 北京：社会科学文献出版社，时代（远东）出版社，2000.

[2][8][9][16][19][20] 田凯. 中国出土玉器全集·河南篇[M]. 北京：科学出版社，2005：157，134，1，70，159，191.

[3] 王维. 中国新石器时代出土玉璜研究[D]. 南京：南京师范大学，2007.

[4]（汉）许慎. 说文解字[M]大徐本. 北京：中华书局，2012.

[5] 孙庆伟. 两周"佩玉"考[J]. 文物，1996（9）.

[6][18] 刘云辉. 中国出土玉器全集·陕西篇[M]. 北京：科学出版社，2005：138，40.

[7]（汉）刘向，刘歆. 山海经[M]. 沈阳：万卷出版社，2008.

[10][15][17] 宋建忠. 中国出土玉器全集·山西篇[M]. 北京：科学出版社，2005：23，70，101.

[11] 杨玉彬，邢伟. 史前玉璜清赏（下）[J]. 收藏界，2012（1）.

[12][14][21][26] 张昌平，郭伟民. 中国出土玉器全集·湖北、湖南篇[M]. 北京：科学出版社，2005：23，56，81，202.

[13] 周南泉. 玉璜综论古玉研究之六[J]. 故宫博物院院刊，1996（8）.

[22][25] 于平，常素霞，赵文刚. 中国出土玉器全集·北京、天津、河北篇[M]. 北京：科学出版社，2005：180，20.

[23] 故宫博物院官网，探索之藏品专栏.

[24] 中国国家博物馆官网，藏品欣赏专栏.

白釉玉壶春瓶

作者：古花开　张帅华

白釉玉壶春瓶，瓷器，宋代，口径7厘米，腹围40.5厘米，高25.7厘米，现藏河南博物院。

深度品鉴

白釉玉壶春瓶，侈口，细长颈，鼓腹下垂，圈足。通体白釉，圈足露胎。这种瓶式又可称之为"胆式瓶""长颈瓶""鹅颈瓶""鹅项瓶"等，虽素面无纹，但因为瓶式曲线转折自然流畅，成为自宋代至明清人们倍加珍视的瓶式。在宋代为世人所喜爱，不同窑厂如定窑、钧窑、耀州窑、龙泉窑、景德镇窑等竞相烧制，以满足人们的需要。元代及明清时期，这种瓶式都

图1　白釉玉壶春瓶倒置图

有延续，瓶式的整体都是敞口、细颈、鼓腹，但曲线略有变化，装饰也日渐丰富多样。河南博物院收藏这件白釉玉壶春瓶（图1）即属于宋代玉壶春瓶，造型简约含蓄、优雅可爱。

文化解读

玉壶春瓶可做盛器，唐代司空图《诗品·典雅》有"玉壶买春，赏干雨茹屋。座中佳士，左右修竹"的记载。亦可作插花之具，本文试图就这件玉壶春瓶来管窥宋代士人插花之习俗。

中国人对花草的热爱源远流长，花草是人获取美感与表达情感的重要的媒介。而插花作为一种艺术形式，则更讲求花的选材、保鲜、搭配、造型、构思与情感表达。相比于盆栽，插花艺术的诞生则较晚，南北朝时期插花艺术才具备雏形，但多为佛前供花。隋唐及五代时期，插花艺术日益发展与完善，形式日渐丰富，晚唐罗虬著《花九锡》，以九锡之礼待牡丹，系统地展示了唐代以牡丹为代表的插花艺术的花材品第、择配、剪折、道具、花器、搭配、品赏等整套流程，插花理论与日渐成熟。宋代，插花艺术进入鼎盛期，形成了举国上下皆赏花、插花的习俗，形成了宋人独有的插花风格，理论日臻完善。明代插花成为文人雅趣，出现自由花、意象花等新形式。清代插花艺术日趋衰微，流于装饰与因袭。

插花不是宋人的首创，却广为宋人喜爱。宋人对花的需求，不仅是宫廷宴会、外交礼仪等正式场合，民间的节庆、婚丧活动，日常生活都要消费大量的鲜花。《武林旧事》记载帝王赏花的情景："起自梅堂赏梅……间列碾玉壶及大食琉璃、官窑等瓶，各簪奇品，如姚魏、御衣黄、照厣红之类几千朵。"宋代君王时常依官品对官员赐花作为奖赏。由于帝王的重视，宋代花事频繁，场面壮观，北宋西京洛阳、南宋都城临安、都举办有不同规模的万花会。《墨庄漫录》中记有："西京（今洛阳）牡丹闻名天下，花盛时，太守作万花会。宴集之所，以花为屏障，至梁、栋、柱、拱，以筒储水，簪花钉挂，举目皆花。"在宫廷及达官贵人的推动下，民间买花、插花、赏花之风亦盛。欧阳修《洛阳牡丹记》中记载："洛阳之俗，大抵好花，春时城中无贵贱，皆插花，虽负担亦然。"南宋《西湖老人繁胜录》记载都城临安端午风俗，即使小家无花瓶者，亦要用小坛也插一瓶花供养。北宋张择端《清明上河图》长卷中也描绘有市民买花的画面（图2）。都城汴京、临安的熟食店，也插四时花、挂名人画，装点门面，以便吸引顾客。插花是宋人生活中不可或缺的风雅与点缀，与烧香、点茶、挂画并称为"生活四艺"，宋代将插花等事纳入四司六局的排办局掌管。《都城纪事》记载："官府贵家置四司六局,各有所掌,故筵席排当,

图2 清明上河图（局部）

凡事整齐……常时人户，每遇礼席，以钱倩之，皆可办也……故常谚曰：烧香点茶，挂画插花，四般闲事，不许戾家。"这段记载可一窥四艺的普及程度及专业化。

宋代文人普遍重视插花（图3），也给花赋予新的生命与活力，书斋里书香、花香与墨香相和，怡然自得，即便是出游也要携

图3 宋赵佶文会图（局部）

带桌几，"列炉焚香、置瓶插花，以供清赏"。因此，宋代文人留下了大量关于赏花、插花题材的作品，如南宋诗人杨万里的《赋瓶里梅花》："胆样银瓶玉样梅，此枝折得未全开。为怜落莫空山里，唤入诗人几案来。"类似的场景，在宋人的作品之中十分常见，不仅欧阳修、苏轼、苏辙、邵伯雍、范成大等宋代名儒记述吟咏，帝王、画师丹青描绘，就连普通士人也留下了大量的描写瓶花的作品。如陈亮的《咏梅》："为探梅魁策蹇驴，竹梢疏处见清癯……夜窗却恐劳清梦，速剪寒梢浸玉壶"等等。由此可以看出宋代文人爱花、插花的情结。

宋代文人的重视直接促进了插花理论的成熟，宋代有关花卉品鉴、养植的书籍众多，如范成大著《梅谱》，王贵学著《王氏兰谱》，史正志著《史氏菊谱》等等。苏轼、欧阳修等皆作文记述花枝保养的技巧，如苏轼在《格物麤谈》中记述梅花的插花及保鲜："梅花半开者，同蜜投入罐中，镕蜡封口，同时挑三四朵同蜜点汤，花开香如新摘。""将折枝干槌碎，抹盐插入则花不黄"。宋代插花艺术之发达，瓶花保养之考究，由此可见一斑。

宋代文化理性、内敛、精微，注重个体的体验，这种时代文化精神的融入，使得宋代插花艺术呈现出清、雅、疏、洁的独特风格。宋人以花为友，以花为客，赋花以人格，推崇花德，寄情于花，以花抒怀，以花喻人，曾慥作《花十友》，黄庭坚作《花十客》，宋代著名的诗人林逋更是以梅为妻。文人们将淡泊的人格，清雅的气质，理性的精神融入花卉，以花为媒，彰显淡泊、高洁、坚韧的儒家理想人格。因此，宋人在花材选择上喜用梅、兰、竹、菊、杉、柏、水仙等富于象征性的花卉，且犹以梅花最为突出，文人墨客赏梅、咏梅的作品比比皆是。插花在花、枝、叶的选择上，则以"清"为精神所在，"疏"为意念依归，注重线条，脉络分明，条例有序[1]。从而使宋代插花呈现出独特的气质与意韵，清雅、高洁、兼具理性、哲思，同时也具备强烈的象征意义与教化功能。

促成宋代插花繁盛与独特的因素众多。北宋初期，政府为鼓励农业生产，推行"田制不立、不抑兼并"的土地政策，土地私有化程度加深，农民与地主的人身依附关系减弱，农业生产技术的进步，将农民从土地上解放出来，并直接促进了商业、陶瓷业等手工业的发展。同时，在宋代，城市旧有的坊、市分隔的格局被打破，商店、作坊临街而立，商品经济的迅速发展，市民阶层的形成，特别是陶瓷业的发展，以及高型家具的普及，这些都为花卉业的发展、插花艺术的繁荣提供了物质基础。

另一方面，宋代采取崇文抑武的国策，推行与文人共治的政策，实现了国家的长治久安。特别是宋代大兴科举，广开恩科，极大地促进了儒学的发展，也直接导致了文人阶层的庞大。北宋历太祖、太宗两朝，至仁宗时期，文风大盛，理学渐兴。宋代理学重性理，崇尚探究天道，因此，宋代文人普遍主体意识强烈，以实现政治理想，穷理、立德为精神依归，讲求格物以致知，重视心性体悟。理学奠基人程颢即书："万物静观皆自得，四时佳兴与人同"。这种文化心理与时代精神，也间接引发了宋代文人以花为媒，悟性理、明品格的鉴赏行为。如方回所做《开奁见瓶梅》："开奁见明镜，聊以肃吾栉。旁有一瓶梅，横斜数枝人。真花在瓶中，镜中果何物。玩此不能已，悠然若有得。"这首诗便是宋代文人以花为媒，进行个人体悟的直接体现。

由此可见，宋代插花艺术是宋代社会政治、经济、文化综合发展的结果，是宋代修文偃武以安内的格局与视野的体现，是宋代克制自持、宁静自适的内趋性文化心理的反映，也折射出了宋代儒学淡泊儒雅、宁静致远的精神追求。

比较研究

花器一般分为盆景器及插花器两种，盆景器通常指栽种花草的容器，插花器则通常指折枝花卉贮花、造型的容器。插花讲求的是花命的维持，花材的搭配，造型姿态，注重的是花卉内涵的昭示，追求花与器整体的和谐与意境的营造。宋代是插花从花材的选择、保养、搭配，以及花器的选择方面都十分考究，花器的材质通常有陶瓷器、铜器、竹器、藤器等。宋代宫廷也常用古彝器等礼器插花。此外，竹、藤皆可因形取材，就地成为花器。截竹为筒鲜花是宋人花事中的雅趣之一。邓深《竹簧养梅置窗间》："竹与梅为友，梅非竹不宜。截笛存老节，折树冻疏枝。静埔初安处，

图 4 盥手观花图

清泉满注时。暗香披拂外，细细觉春吹。"宋人所做的《盥手观花图》花器可明显看出其材质是竹（图4）。宋代花器的造型主要有瓶、盘、花篮、铜器、花插等。

1、瓶式花器

宋代陶瓷花器中，以瓶类造型最多。宋代制瓷业迅猛发展，各大窑口几乎都生产专门用于插花的花瓶。目前文献可见的"花瓶"一词便出自北宋，《琐碎录》记载"冬间花瓶多冻破，以炉灰置瓶底下，则不冻。"宋代花瓶的造型以胆瓶、玉壶春瓶、梅瓶、琮式瓶、筒式瓶、壶与罍器型等最为常见。北宋武宗元《朝元鲜仗图》人物所持多种式样的花瓶（图5）。花瓶通常贮水较多，便于插花。一般来讲，宫廷及厅堂的堂花通常选择大花瓶，插置花材较多，花束较大，华丽富贵。书斋等

图 5 北宋武宗元《朝元鲜仗图》（局部）

图 6 药山李翱问答图

屋室则使用小瓶，花材相对较少，也可插独枝花卉。明代袁宏道认为："大抵斋瓶宜矮而小，如花觚、觯、尊罍、方汉壶、素温壶、匾壶、窑器如纸槌、鹅颈、茄袋、花樽、花囊、蓍草、蒲槌，皆须形制短小者，方入清供。不然，与家堂香火何异，虽旧亦俗也。"从这段论述可以看出明代插花与宋代插花花瓶选择上的延续关系。宋代书斋及文人插花崇尚单瓶独枝的插花，强调清、雅、洁，重视线条的疏朗，如一枝梅的形式。如宋代方回《丙申元日五绝》记载："昨夜隔年书未点，瓶梅灯畔一枝低"。日本南禅寺藏南宋马公显《药山李翱问答图》即可看出宋人瓶插的韵致（图6）。

胆瓶。因器型如悬胆而得名，常见造型为直口，细长颈，削肩，肩以下渐硕，腹下部丰满。如台北故宫博物院藏北宋汝窑胆瓶（图7），以及安徽潜山县博物馆藏南宋时期的胆瓶（图8）造型简洁优雅、长颈鼓腹，是陶瓷器型中的经典，因而成为宋人喜爱的花器。宋代文献及诗词中有很多关于胆瓶的记载，如杨万里《昌英知县叔作岁。坐上赋瓶里梅花，时坐上九人，七首》诗中有云："胆样银瓶玉样梅，北枝折得未全开。"刘克庄也有"胆瓶茉莉尤香"之语，可见胆瓶插花之普遍。

玉壶春瓶为宋代瓷瓶常见的造型，其基本造型为撇口，细颈、垂腹、圈足，线条柔和，如河南

图 7 北宋汝窑胆瓶

图 8 南宋时期胆瓶

图 9 玉壶春瓶

图 10 "香花奉神"玉壶春瓶

博物院收藏这件白釉玉壶春瓶（图9）。宋辽金时期，玉壶瓶的釉色包括白釉、青釉、黑釉、白地黑花等不同种类。玉壶春在宋代后虽然作为酒瓶使用，但也有插花的功用，北宋曹组《临江仙》有"青琐窗深红兽暖，灯前共倒金尊。数枝梅浸玉壶春"可见玉壶春瓶也可作为花器使用。南宋类书《锦绣万花谷》中有诗云："公余终日坐闲亭，看得梅开梅叶青。可是近来疏酒盏，酒瓶今已作花瓶。"苏辙的《戏题菊花》："春初种菊助盘蔬，秋晚开花插酒壶。"可见饮酒之后，随手酒壶注水插花也是生活之中常事。洛杉矶亚洲博物馆收藏有一件白地黑花玉壶春瓶，瓶上书"香花奉神"四字，则说明了此瓶的功用为花器，且是作为佛前供花使用。（图10）

此外，筒式瓶与琮式瓶、长颈瓶（图11）、梅瓶（图12）、折肩瓶、棒槌瓶、壶、罂等适用范围十分广泛，既可作为观赏器、容器，也可作为花瓶使用。这类器型的花瓶在宋代十分常见，传世及出土的瓷瓶数量众多，如河南博物院所藏北宋当阳峪窑白釉剔花梅瓶折肩瓶以及四川遂宁金鱼村窖藏的南宋时期的琮式瓶，台北故宫博物院南宋修内司官窑浅粉青花筒（图13）等等。南宋苏汉臣《妆靓仕女图》看便可见用筒式瓶作为花器（图14）。

2、盘与钵状花器

除使用花瓶外，盘状花器也是宋人插花使用的花器，通常包括盘与钵。钵状花器由盘类花器发展而来，也是口大底小的器皿，高于盘。如台北故宫博物院所藏这件南宋修内司官窑灰青钵，高8.7厘米，口13.1厘米，足8.5厘米（图15）。盘状花器的特点是口径大，这类花器一般插折枝、花朵较大的花材，由于开口面积大、阔朗容可插多种花材，且易于四面造型，短花枝可直接浸润或浮于浅水，也可聚成一束、丛、簇花的形态。南北朝以来，盘花一直是佛寺道观插花的重要形式，花材多以莲花为代表，花器选择方面以盘、钵为主。宋代有关佛教题材的绘画作品中常有仙人捧盘花的形象出现（图16）。宋代厅堂的堂花也多有盘花的形式，如台北故宫博物院收藏的宋代人物图册（图17）里描绘的宋代文人生活空间里，便有钵状插花，连同画面里的焚香、点茶、挂画，体现出了宋人生活不可或缺的四艺。

3、花插

花插是宋人花器的独特发明，继五代占景盘面世后，为了更好地固定花枝、防冻，宋人用锡管

图11 南宋盘口长颈瓶

图12 北宋当阳峪窑白釉剔花梅瓶

图13 南宋修内司官窑浅粉青花筒

图14 苏汉臣《妆靓仕女图》

图15 南宋修内司官窑灰青钵

图16 南宋刘松年天女献花图卷（局部）

图17 宋人物图册（局部）

作内胆，发明了花插（图18），目前可见的有三十一孔瓷花器，十九孔花插等。花插的发明，使宋人更易于对花材进行固定与造型，并可四面造型、造景，体现宋人对插花造型的构思与追求。

4、花篮

篮状花器一般是由柳、竹、草、藤编制，外形如篮，插花成品称为篮花。花篮可插置众多花材，易于整体造型，主要用于插制多种花材，强调花材的搭配，以及花材与花器的纵深感及层次感。宋人笔记及诗词、绘画也有不少关于花篮的记载，《东京梦华录》中《秋社》一节记载："八月秋社，各以社糕、社酒相赍送贵戚……归时各携花篮、果实、食物、社糕而散。春社、重午、重九、亦是如此。"刘克庄《三和》"花篮果担更嗷呼，幰绚烂车骑都。"北宋李嵩亦绘制有多幅《花篮图》（图19），缤纷绚烂，充分显示了宋人插花构图、配花、造型的高超水平。

5、古器

宋代，金石学兴起，古代青铜器受到了宋人重视（图20），因此宋人除欣赏外，亦喜用古铜器插花，常见的有鼎、炉、觚、瓶等。黄公度《对瓶花独酌》记载："红红白白两铜瓶"，北宋赵佶的《听琴图》（图21）中以鼎为花品器，北宋《瑶台步月图》（图22）里以觚为花器。以古铜器为花器使宋代插花呈现出一种古朴的风格。此外，用古铜器插花，还因铜器有保养的功用，如赵希鹄在《洞天清录》中说："古铜器入土年久气深，以之养花鲜明如枝头开速而谢迟，或谢则就瓶结实，若水锈传世古则否，陶器入土千年亦然"。以古

图18 北宋官窑粉青莲花式花插

图19 李嵩《花篮图》

图21 宋 赵佶《听琴图》局部

图22 北宋 刘宗古《瑶台步月图》（局部）

图20 南宋 刘松年博古图（局部）

器为花器，使宋代插花呈现是高、雅、奇、古的特质。

综上所述，宋代花器较宋以前相比，材质与造型都呈现出多样性的特点：花器材质多样，瓷、铜、藤等，花器造型多样，瓶、盘、钵、花插、花篮等等，还有古器插花等形式。花器中以陶瓷花器为主流，崇尚雅洁，造型简约，强调自然韵味，含蓄内敛。陶瓷花器尤以瓷瓶为主流，瓷器造型简约，线条流畅，釉色主要以单色釉为主，匀净素雅，或有刻花、划花的装饰，花器实用且美观，且宋代各大窑口均有生产。并且出现专门用于插花的器具——花插。宋代花器使用范围广泛，有宫室、书房雅舍、闺阁、村居、商铺、寺院等等，宫室及厅堂花器较大，插置花材较多，缤纷富贵，书房雅舍等使用花器较小，素雅，插置花材一至两种，清疏简洁。由此可见，宋代花器种类丰富，宋人对于插花的热爱，特别是宋代文人含蓄、内敛的特质，直接影响了陶瓷器的发展，使宋代陶瓷呈现出了独特的意韵。

唐人和宋人都爱花，唐人偏爱牡丹，宋人偏爱梅花，您认为其中的缘由是什么？

宋代花俗

宋代社会长治久安，商品经济繁荣，花卉栽培技术、保鲜技术取得了迅猛发展，花卉不仅品种繁多，诸如牡丹、菊花等花卉的新品种达数百种之多，而且数量繁多，南宋都城临安周边的花卉种植面积动辄百亩之多，文人士大夫留下了许多南宋临安马塍鲜花业的记载。鲜花业的繁盛直接带动了宋代城市的花卉消费，花卉进入宋人生活，并在宋人生活中占有重要地位，宋人除了赏花之外，还插花、簪花、食花、赠花等，花与宋人的生活密切相关。

食花：食花习俗由来已久，宋代以前都有关于食菊的记载，唐代亦有食牡丹的记载。宋时，食花的种类更为丰富，菊花、牡丹、梅花、豆蔻、百合均可入食。《清异录》《山家清供》中便有关于食莲花饼、梅花饼的记载，花卉可入食制作成饼、糕、粥，亦可单独食用，还可入酒，酿制桂花酒，菊花酒等等。

簪花：宋人盛行簪花习俗。牡丹、茉莉、兰花、菊花等皆是女子簪花的常见花材，《武林旧事》："六月茉莉为最盛，初出之时其价甚穹，妇人簇截图，多至七插，所直数十券，不过供一饷之娱耳。"一些名贵稀有的花品也常被簪戴。且每逢佳节必簪花。女子日常皆簪花，不仅女子簪花，男子亦簪花。这是宋代独特的一种风尚。宋代文人墨客有诸多关于簪花的记载，苏轼便有"人老簪花不自休，花应休上老人头"等诗句。此外，在宫廷的各种重大活动中，皇帝也常常将赐花佩戴作为一种奖赏。历史上便有宋真宗亲自为大臣戴花的记载。簪花被视为一种恩宠，上行下效，簪花习俗因此在民间也逐渐盛行。不仅指佩戴鲜花，也常常佩戴绢花。

此外，宋代文人之间也流行赠花，尤其流行赠梅花等花德高洁的花卉。宋代达官贵人还并养植花卉盆景等，花卉也被加工，制造成香水，制作成囊佩戴。

参考文献

[1] 黄永川. 中国插花史研究 [M]. 杭州：西泠印社，2012.

云纹铜禁

作者：韩凯英

云纹铜禁，青铜器，春秋晚期，长131.00厘米，宽67.60厘米，通高28.8厘米，重量95.5千克，南阳淅川下寺出土，现藏河南博物院。

深度品鉴

云纹铜禁出土于淅川下寺2号春秋晚期楚墓，此墓虽然被盗挖，仍出土大型青铜礼器80余件，经过考证墓主人是楚庄王的儿子王子午（公元前558年为令尹，公元前552去世）。

云纹铜禁纹饰繁缛，工艺复杂，是我国最早的失蜡法工艺铸造的青铜器之一。十二条龙形附兽昂首鼓腹翘尾，头顶的冠饰与两旁的角饰都是浮雕透孔云纹，兽尾插着尾花。兽首面对禁面张嘴吐舌，舌头翻卷着置于禁面其上，盯着禁上的美酒，垂涎欲滴。禁底有12个龙形兽支撑着禁身，挺胸凹腰。

这件铜禁发掘出土时，禁体破裂成十余块，铜梗残断，云纹剥落，附兽、座兽全部从本体脱落并且大部分残缺不全，已成数百块碎片，铜梗和铜渣装了几个袋子（图1）。河南博物院王长青先生带着他的几位徒弟，用了4年时间，通过拼接、矫形、粘接、翻模、补配、做旧处理等手段，最终将云纹铜禁修复完成。修复过程中，首先用较完整的兽体制作石膏模，用锡浇注成两个半兽，视兽体缺少什么，就从上面截取补配。头顶上的顶花以及尾部的尾花脱落及残断，几乎找不到完整的，用较大的残块翻模补配粘接。附兽及足兽的顶花、尾花几乎都是补配的。铜禁破碎到如此程度,让人惋惜,但为仔细观察铜禁结构、研究铜禁铸造工艺提供便利条件。

云纹铜禁由禁体、12条龙形附兽、12条龙形坐兽三部分组成。禁体由禁面及四周侧壁组成,壁厚不足5厘米,中空。在铜禁不足5厘米的厚度中,有五层结构:第五层由特粗直铜梗组成口字型;第四层细铜梗,一端附着在第五层口字型铜梗上,平伸后弯曲向上或者向上分叉后支撑第三层铜梗;第三层铜梗为较细直梗;第二层立于第三层铜梗上,是逐渐变得更细的小圆立柱或者下面分叉的人字形立柱。这四层铜梗穿插连接,形成一个长方形的框架,支撑着云纹图案,起到稳定及承重作用。第一层亦是最外面一层是云纹,大多由C形纹、变形人字纹和X形纹组成,它们互相

图1 修复前的云纹铜禁

图2 禁体铜梗断块背面结构

交错但不交叉,形成透雕的云纹平面。禁面中间由一块长方形平面铜板组成,在铜板的背面有一根起加强作用的横梁(图2)。

底座四角及禁下端承托铜禁的12个座兽的臀部上方有12个浇口,浇口处留有残柱。在禁侧底边每两个座兽的中间点有12个冒口痕迹。再根据禁面及禁体四周上有明显的分界线以及云纹重复出现的规律性,分辨出是由24块带云纹图案的蜡模和禁面中间一块平面蜡模共25块蜡摸组成。禁体没有合范缝隙,也没有铸接、焊接的痕迹,有的铜梗相互缠绕、弯曲,铜梗粗细以及交接处有手捏的痕迹,不规整。从现代铸造技术来看,云纹铜禁只能是失蜡法铸造而成,在5厘米的厚度空间中呈现这么复杂的结构,范铸法根本无法脱模。据此分析,禁体是将25块蜡模拼接在一起,边缘用蜡焊接,整体制范后将范翻转,采用失蜡法一次浇注而成。

禁的四周攀附着12条龙形怪兽,前后各四个,左右两侧各2个。附兽与禁体是卯榫结合,禁体上有12个榫头,12个附兽的肚子上各有一个卯。足兽也是如此,禁底部有12个凸出的柱状,足兽

腰部有一个孔，可以穿插进去。

淅川下寺春秋晚期楚墓云纹铜禁的出土，界定了云纹铜禁铸造年代不晚于公元前552年。失蜡法见诸文献记载较晚，据《唐会要》记载，中国最早使用失蜡法工艺的时间在唐代初年；至南宋赵希鹄《洞天清禄集》一书有关于失蜡铸造法的记述。直到70年代中叶以前，先秦铜器中没有可证实的失蜡法铸件，汉以后的铜器中失蜡法铸件较为多见。云纹铜禁的出土，不仅将我国失蜡法铸造工艺出现的时间至少提前到春秋晚期，也证明我国早在2500年前的春秋时期，已经熟练掌握了失蜡法铸造工艺。但目前仍有学者认为云纹铜禁不是失蜡法铸造的，存在不同观点。认为：从青铜范铸技术发生、发展的过程来看，虽然缓慢，但每一个阶段的特征都会留在器物上，而且有一个逐步完善的过程；失蜡法铸造工艺是在一个十分短暂的阶段内出现的，没有看到其发生、发展和完善的过程，而且铸造出的青铜器数量不多，这不得不让人怀疑；不能因为现在不能更好的解读云纹铜禁的铸造方法，就说云纹铜禁只有失蜡法才能铸造出来。

云纹铜禁禁面上铸造出的云纹好似白云朵朵，龙型的附兽、足兽形态可爱，头上戴着头花，尾部插着尾花，学者推测与楚王爱细腰，以及楚人爱美，崇尚龙的习俗有关。

文化解读

禁，承放盛酒器为案子。《仪礼·士冠礼》："尊于房户之间，两甒，有禁。"东汉郑玄注："禁，承尊之器也，名之为禁者，因为酒戒也"。《礼记·礼器》："天子诸侯之尊废禁，大夫、士棜禁，此以下为尊也。"。东汉郑玄注："棜，斯禁也。谓之棜者，无足有似于棜，或因名云耳，大夫用斯禁。士用禁，如今方案，隋（椭）长局句，高三寸"、"棜之制，如今之大木舆矣，上有四周，下无足。"。可见，禁有两型：一型形如方案，椭长曲足，称为禁。另一型形如棜（车舆），有四周边，无足，故称棜，亦称"斯禁"。另在古代等级制度森严，大夫尊于士，从使用的器物上就有区别，虽然功能相似，区别不大，但规定大夫用棜，士用禁，这是不得逾越的。其实，棜与禁的最大区别就在于棜无足而禁有足，在祭祀神灵的时候，供放祭物要使用无足之棜，亦不能称为斯禁，是因为要尊神不能为神设戒。

据记载，商纣王终日饮酒作乐，在王宫设"酒池""肉林"，不理朝政，最终导致商朝的灭亡。周王汲取商代灭亡的教训，颁布最早最严格的禁酒令《酒诰》，其中规定：王公诸侯不准非礼饮酒，只有祭祀时方能饮酒；民众聚饮，押解京城处以死刑；不照禁令行事执法者，同样治以死罪。当时禁的使用，有提醒、警示王公大人戒酒的作用。周初，农业不是很发达，酿酒的原料谷物产量不高，酒应该属奢侈品，不是一般的百姓消费得起的，只有达官贵人才有条件享用，所以禁酒令的颁布，其适用范围主要是针对大夫、士人等统治阶层这一少数群体的，这样也就能够理解盛酒用禁较之于其他器物数量有限的原因了。

比较研究

禁最早出现在商代晚期，消失于战国，流传的时间不长。到目前为止共发现出土的青铜禁有8件，木禁1件。国内各大博物馆及美国共收藏了6件铜禁，1件木禁，除了河南博物院收藏的云纹铜禁之外，还有如下几件：美国纽约大都会美术博物馆收藏的端方铜禁。天津市博物馆收藏的西周夔纹铜禁。湖北博物馆收藏的曾侯乙墓铜禁。宝鸡石嘴头铜禁。江陵望山楚墓出土漆木禁。

图3 端方铜禁线描图

图4 西周夔纹铜禁

1、端方铜禁

1901年在陕西宝鸡斗鸡台出土的端方铜禁（图3），最初由端方收藏，后流入美国，现藏于美国纽约大都会美术博物馆。该器扁平立体长方形，无足，禁面素面，前后两边侧壁各有两排8个穿孔，左右各有4个穿孔。长87.6厘米，宽46厘米，高18.7厘米，泥范法铸造。四周及侧面饰夔蝉纹。年代应为商晚期至西周初期。

2、西周夔纹铜禁

1968年，天津文物管理处整理收到的文物时，发现了破碎为数块的铜禁。1972年5月经过北京中国历史博物馆进行修复，现收藏于天津市博物馆。铜禁（图4）时代为西周初年，泥范法铸造，扁平立体长方形，中空，无足，长126厘米，宽46.6厘米，高23厘米。前后侧壁各有两排16个穿孔，左右各有两排4个穿孔。禁面素面无纹，四周饰夔纹，禁面中心为3个并排椭圆形子口，周缘凸起，中间子口较大，两边子口较小且相等，专为放置酒器为制作。

3、曾侯乙墓铜联禁对壶

1978年在湖北省中北部的随县擂鼓墩发掘出土曾侯乙墓铜联禁对壶（图5）。扁平立体长方形，禁长117.5厘米，宽53.4厘米，高13.2厘米，重35.2千克，时代为战国早期。禁面前后长边对称有四个足兽（图6），是分铸后焊接在禁

图5 曾侯乙墓铜联禁对壶

图6 曾侯乙墓铜联禁对壶兽足

面下。禁面上有两个并列凹下的圆圈，出土时联禁大壶一对放置在两个圆圈之上。

4、宝鸡石嘴头铜禁

2012 年 6 月 22 日，宝鸡市渭滨区石鼓镇石嘴头村一村民在自家宅基地发现文物，他将消息上报给村委会，村委会上报有关部门，经过抢救性发掘，出土了两件铜禁（图 7），这是宝鸡出土的几件铜禁中，唯一经过科学发掘出土的。禁呈扁平立体长方形，中空，无足，长 95 厘米，宽 45 厘米，高 21 厘米，重 41.8 千克。禁面中心平素无纹，四周饰夔纹，侧面饰夔纹两道，中间竖弦纹。禁面上放置方彝一件，铜卣 2 件。此铜禁为商晚期至西周早期。

图 7 宝鸡石嘴头铜禁

5、漆木禁

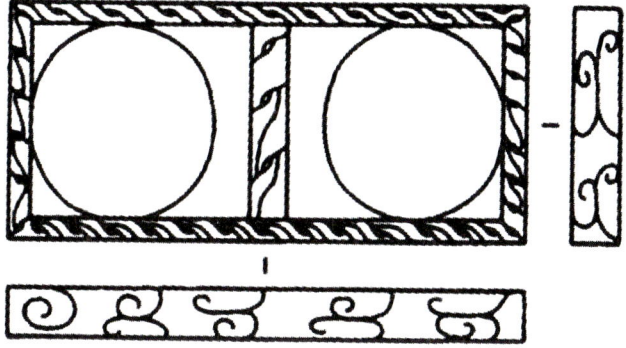

图 8 江陵望山楚墓漆木禁线描图

湖北江陵望山 1 号楚墓出土一件漆木禁（图 8），原发掘报告《江陵望山沙冢楚墓》将其定名为俎，时代为战国中期。该禁呈扁平立体长方形，无足，长 74 厘米，宽 29 厘米，高 7 厘米，通体髹黑漆，红漆绘花纹。木禁制作工艺粗糙，禁面放置非青铜礼器，应当是专供殉葬用的明器。

也有专家考证，1925 年 11 月，陕西军阀党玉琨带领部队盗挖古墓，不到半年时间挖出青铜器 1000 多件，在陕西宝鸡斗鸡台戴家沟古墓盗挖出土 3 件铜禁，西周夔纹铜禁就是其中之一。此件夔纹铜禁初由将领宋哲元所得，并一直保存在宋哲元天津的家中。抗日战争期间，日军占领天津英租界，宋哲元的公馆被查抄，连同此铜禁在内的大量财物在劫难逃，宋哲元三弟宋慧泉得知此事后多方打点才将这件铜禁及其他文物从日军手中赎回。后藏于放煤球的箱子中，五十年代铜禁一角等碎块被家中子女当作废铜卖掉。文革初期红卫兵抄家时躲过一劫，直到 1968 年，天津文物管理处在宋氏亲属家中，发现了被砸成几十块的铜禁碎块，加上文物工作者在物资回收部门找到的部分铜禁碎块，于 1972 年 5 月送到北京中国历史博物馆由高英、张兰惠等老师傅进行修复，经过整形、焊接、补配、錾花、做旧处理，西周铜禁又恢复了昔日的风采。其余 2 件被党玉琨盗掘过程中损坏被丢弃埋藏于凤翔城一角，至今下落不明。

趣味猜想

2500年前，老前辈已经掌握了技术复杂高超的失蜡法铸造工艺，使用的蜡是怎样制成的？蜡的成分及配比是什么？现代失蜡法铸造工艺使用的蜡，要加入一定量的硬脂酸，2500年前没有硬脂酸，里面添加什么材料方能既保证蜡的可塑性，又保证蜡模的硬度及强度？

相关链接

南阳淅川下寺春秋楚墓

南阳淅川县位于河南省的西南部，西接陕西，南邻湖北，北面和东边连接伏牛山脉，丹江、淅水贯穿全境，丹江与淅水交汇的川地及丹江下游的顺阳地势平坦，土地肥沃，是这一地区古人类主要生活集聚地。下寺，位于淅川县城南五十公里丹江西岸的龙山脚下，东距丹江西岸六公里。此处是一座香火旺盛的佛教寺院，与西北方向的上寺遥相呼应，可惜自丹江水库建成蓄水后下寺及龙山大部被水淹没。

1977年秋，库区水位下降，在原下寺北约一公里处的龙山南端一座古代墓葬里的青铜器、玉器等露出水面，引起了当地文物管理部门的重视。1978年3月淅川县文物管理委员会派专业人员对该区域进行了深入细致的调查，重点地区经考古钻探发现了二十四座古代墓葬，遂将这一新情况上报南阳地区文化局和河南省文化局。河南省文化局会同南阳地区文化局抽调省、地、县三级文物部门多名工作人员组成了丹江库区文物考古发掘队。自1979年3月至4月30日对淅川下寺墓地开展了科学发掘，共计清理出大中型墓五座，小型墓十五座，车马坑五处等，出土珍贵文物一千余件。在淅川下寺已经发掘的24座春秋大墓中，2号墓虽然被盗挖过，但出土大型青铜礼器80余件，车马器、兵器、玉器、金箔、古贝等6000多件。2号楚墓中出土了一组共七件铜鼎，鼎上铭刻有"王子午"字样，七鼎形制、纹饰相同，大小相次，称为列鼎，列鼎内腹与盖内均饰有铭文八十余字。其中最大的鼎（图9）通高76厘米，口径66厘米，侈口、

图9 王子午鼎附匕

束腰、鼓腹、平底、三蹄形足，口沿上有两外侈的长方形耳，旁边攀附6条龙形兽，腹部满浮雕的攀龙和窃曲、弦纹。王子午鼎是楚庄王之子、楚共王的兄弟、曾任楚国令伊（宰相）之职的王子午（又名子庚）的器物，中有确切的人名与地名。

西周时期，随葬的青铜礼乐器已经形成稳定的组合，鼎、簋组合已经固定化，天子专享九鼎八簋，诸侯七鼎六簋等。淅川下寺春秋楚墓出土的青铜器造型宏大，纹饰华丽，工艺精湛，具有独特的民族和地域风格。王子午鼎成为研究楚文化的标准器。

参考文献

[1] 任常中，王长青.河南淅川下寺春秋云纹铜禁的铸造与修复[J].考古，1987（5）.
[2] 胡厚宣.关于"西周夔纹铜禁"问题[J].华夏考古，1987（4）.
[3] 朱凤瀚.古代中国青铜器[M].天津：南开大学出版社，1995（6）.
[4] 牛长立.宝鸡地区出土铜禁考识[J].宝鸡文理学院学报（社会科学版），2013（2）.
[5] 张松莉，周理远.河南淅川下寺云纹铜禁源流考[J].中原文物，2014（6）.
[6] 李京华.淅川春秋楚墓铜禁失蜡铸造法的工艺探讨[J].文物保护与考古科学，1994（6）.
[7] 蒋伟国.党玉琨盗宝与西周夔纹铜禁的流传[J].民国春秋，1995（2）.
[8] 赵世刚.春秋时期失蜡法铸造工艺问题探讨[J].中原文物，2006（12）.
[9] 天津市文物管理局.西周夔纹铜禁[J].文物，1975（4）.
[10] 周卫荣，董亚巍，万全文，王昌燧.中国青铜时代不存在失蜡法铸造工艺[J].江汉考古，2006（5）.

黑釉双龙柄尊

作者：朱宏秋

　　黑釉双龙柄尊，瓷器，唐代，口径13.5厘米，足径12厘米，高50厘米，现藏河南博物院。

深度品鉴

　　黑釉双龙柄尊，也可称作黑釉双龙尊，前者强调双龙造型在器物上的适用性，龙身如同器身上对称分布的两柄，便于人们双手提携。后者强调双龙的装饰性，名称的不同反映了人们对该器物认知的侧重点和视角的不同。

图1 黑釉双龙柄尊局部

　　该尊整体以隋唐时期的盘口类瓶为造型基础，盘口，颈部长而细，肩部微丰，圆鼓腹，下腹斜收，圈足略外撇，腹部最大径在腹部中部略上。瓶口部与颈部交接处、颈部中间、颈部与腹部交接处、腹部与圈足交界处，都有较粗的凸弦纹装饰，如同金银器造型一般，凸弦纹箍在瓶体不同部位，第一较为适用，凸弦纹加固了器身，也便于人们手握。除了适用，也兼顾到外形，起到装饰作用。相对于这种低调的装饰来说，攀附于瓶口与瓶身的两条龙（或称之谓螭），龙爪紧紧抓住盘口、瓶身，龙身挺拔，矫健有力，龙尾摇摆在瓶腹。龙瞪大眼睛，张大嘴巴，死死咬住瓶口，似乎正在努力向上爬，看看瓶里有什么，贪婪的惦记着瓶子里或是美酒之类的液体。

双龙柄尊通体黑釉，因施釉不匀，腹部有的地方没有釉，露褐色胎，圈足外底部无釉。唐代墓葬出土的双龙柄尊有很多，白釉双龙柄尊数量最多，三彩双龙柄尊也很常见，但黑釉双龙柄尊却很稀少。立体的堆贴、捏塑，使得器物的装饰手法丰富多样，造型挺拔有力，展现出唐代人蓬勃的创造能力和陶瓷艺术的灿烂辉煌。

文化解读

在中国陶瓷发展史上，隋唐五代是其中一个辉煌的时期，生产繁盛。瓷窑数量众多，仅见诸于考古发掘的资料便数以百计，分布范围广泛，有陕西、山西、河北、河南、山东、安徽、江苏、浙江、江西、湖南、福建、广东、四川等地，遍布大江南北。其中以河南及浙江窑厂最为密集，有的规模很大，陶瓷生产形成了"南青北白"的局面。河南地区的唐代瓷窑有：郏县黄道窑、密县西关窑、登封曲河窑、鹤壁集窑、鲁山窑、巩义窑、内乡窑、禹州苌庄窑等等，器型涵盖了生活用瓷的方方面面，有碗、盘、盏、钵、盆、罐、塔式罐、壶、执壶、双系壶、龙柄壶、盘口瓶、葫芦瓶、双系葫芦瓶、净瓶、双耳瓶、长颈瓶、小口瓶、三足炉、盏托、盒等，分期不同，同类器物的器形略有变化，但器物种类每个分期都有。

黑釉与青釉一样，主要成色剂是氧化铁。当釉料中的氧化铁含量达到8%左右时，烧成后就呈赤褐乃至暗褐色。如果釉层加厚，颜色就会变浓。厚度积累到1.5毫米左右，釉色就会纯黑了。除了氧化铁以外，黑釉釉料里还含有微量到少量的氧化锰、氧化钴、氧化铜、氧化铬等其他着色剂，虽然含量很低，但是有时对色调也有一定的影响。较早的黑釉瓷出现在东汉中晚期，两晋到南朝初的浙江德清窑，用含铁量很高的紫金土来配制黑釉，使釉内含铁量高达6-8%，釉面光泽明亮，色黑如漆。

双龙柄尊是时代特征较为明显的一种器物，由北朝及隋代盘口壶、鸡首壶发展演变而来，有鸡首龙柄盘口壶，这类壶只有一条龙攀附于壶口与肩部，是双龙柄尊的前身。因而双龙柄尊，有的发掘报告也称之为双龙柄壶。这类器物主要流行于初唐、盛唐、中唐时期，晚唐就不见出土了。唐代宋祯墓随葬双龙柄尊是纪年墓葬中发现时代较晚的一件，为神龙二年（公元706年）。近年来，2002-2004年洛阳市关林出土的双龙柄尊，也是目前所见纪年墓中时代较晚的一件，该墓墓主人卒于景云三年（公元712年）。出土地也比较集中，主要出现在唐王朝最为繁盛的京畿之地——西安和洛阳。生产的主要区域也集中于北方地区，生产窑口集中于河南、陕西、河北地区。

这件黑釉双龙柄尊，于1985年8月出土自鹤壁市鹤壁集第六中学校园。[1]是目前有确切纪年墓葬中时代最晚的一件，墓主人卒于开元二十六年（公元738年），这为我们对双龙柄尊类器物的断代提供了重要依据。整体施釉欠佳、器物腹部有局部露胎痕迹，这与鹤壁集窑初期烧造、做工不精的情况也是相符。再者，该墓的地理位置又紧靠鹤壁集窑遗址，发掘者认为这些瓷器很可能就是鹤壁集窑生产的。笔者同意这种判断。

比较研究

双龙柄尊的整体造型是在盘口壶的基础上，口部与肩部对称部位置双龙形柄。盘口壶的造型变化比较小，盘口部、颈部长短有差异，颈部装饰有不同。有的简练大方，线条优美流畅，有的略显繁缛，细节上千差万别，各具特色。比如釉色上，除了黑釉双龙柄尊之外，还有白釉、蓝釉、黄釉、黄褐釉、黑褐釉、三彩釉等的不同。质地上有瓷质、釉陶质地的分别。装饰手法上也各自有别，有堆贴、捏塑、刻划等。下面就各式各色双龙柄尊做一比较，概况如下：

白釉双龙柄尊[2]（图2），唐代，高51厘米、口径8.4厘米、底径11.5厘米，1992年出土于河南省巩义市北窑湾唐墓。尖唇，卷沿，杯形口较深，竹节状细长颈，圆肩，双龙形柄对称系于瓶口、肩部，龙首作衔口吸水状，龙身背部等距离装饰三个突起的乳钉。采用雕塑、戳印圆圈纹、刻划短线纹相结合的手法制成，做工复杂而精细。鼓腹，下腹斜收，平底，底边略有刀削修饰痕迹。通体白釉，施釉至下腹，釉色微微泛青。考古人员根据墓葬形式及出土器物特征判断，该白釉双龙柄尊应为7世纪末的武则天时期。

白釉双龙柄尊[3]（图3），唐代，高41.2厘米、口径8.8厘米、底径8.8厘米，1992年出土于河南省巩义市食品公司唐墓。圆突唇，盘口较深，细长颈，颈部2道突起的箍圈，圆肩。口、肩部连接双龙柄，龙口衔瓶口沿，尾部连接瓶肩，龙柄为扁圆带状，上有竖向凹槽，龙柄背部等距离贴塑三个扁状乳钉。圆鼓腹，胫部斜收，小平底。通体白釉，釉色略泛灰黄色，施釉不及底部。

白釉双龙柄尊（图4），1992年偃师市邙岭乡刘坡村唐墓出土[4]，通高29.7厘米。浅盘状小口，细颈，圆肩，小平底。柄部及腹部以上施白釉，白釉泛青。墓主人终于长寿三年（公元694年），葬于圣历元年（公元698年）。

图2 北窑湾出土白釉双龙柄尊　　图3 巩义市白釉双龙柄尊

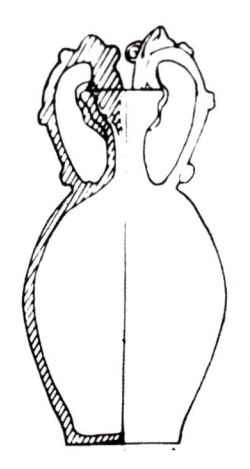

图4 白釉双龙柄尊线描图　　图5 白釉双龙柄尊

   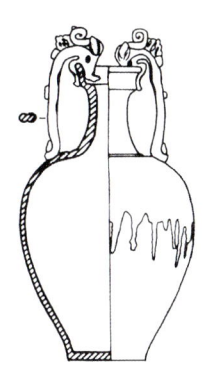

图6 黑褐釉双龙柄尊　　图7 蓝釉双龙柄尊　　图8 黄釉双龙柄尊　　图9 三彩双龙柄尊线描图

　　白釉双龙柄尊（图5），唐代，高44.5厘米、腹径22.5厘米、底径10厘米，河南省洛阳市东郊杨凹村出土。盘口较深，细长颈，颈部密布略显粗大而又突起的箍圈，圆肩。口、肩部连接双龙柄，龙口衔瓶口沿，尾部连接瓶肩，龙头顶端各有一昂首小鸟，呈卧姿，龙柄背部中间有略突起的乳钉做装饰。圆鼓腹，胫部曲收，小平底。通体白釉，釉色略泛灰青色，施釉不及底部。

　　黑褐釉双龙柄尊（图6），唐代，洛阳红旗纵队采集，洛阳博物馆藏。

　　蓝釉双龙柄尊[5]（图7），唐代，高32厘米，盘口，长颈，鼓腹，平底。口、肩部饰以双龙柄，龙头、身、尾部无任何装饰，线条简洁流畅。通体施多层蓝釉，釉色匀净。现藏洛阳博物馆。1998年洛阳偃师唐恭陵哀皇后墓出土。恭陵是武则天长子李弘的陵墓，"哀皇后"逝于唐上元三年（公元676年），葬于公元687年。

　　黄釉双龙柄尊（图8），1998年洛阳偃师唐恭陵哀皇后墓出土。造型及风格与蓝釉双龙柄尊类似。

　　三彩双龙柄尊[6]（图9），1992年河南省巩义市食品公司唐墓出土。通高41.2厘米。盘口，长颈，圆肩，鼓腹，平底。对称双龙柄，龙首衔盘口沿。柄较直，上有竖面凹槽。饰褐、绿、黄三色釉。

图10 洛阳龙门出土三彩双龙柄尊　　图11 陕西西安唐墓出土三彩双龙柄尊

此墓的年代上限与偃师北窑湾村2号唐墓相当或略晚，下限与偃师杏园宋墓相当或略早。其时代定于咸亨三年（公元672年）至神龙二年（706年）间。

　　三彩双龙柄尊[7]（图10），2005年出土于洛阳市龙门镇政府南侧，高34.4厘米、口径6.8厘米、底径9.2厘米。属于盛唐时期。

　　三彩双龙柄尊（图11），唐代，高32厘米，1984年陕西省西安市唐墓出土。陕西历史博物馆藏。

　　黄褐色釉双龙柄尊[8]（图12），河南偃师宋祯墓出土。高35厘米、口径7厘米、底径9.2厘

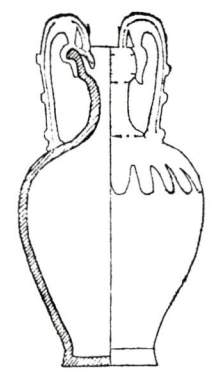
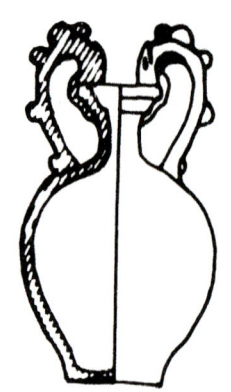

图12 河南偃师宋祯墓出土黄褐色釉双龙柄尊线描图　　图13 偃师市山化乡唐墓出土褐黄釉双龙柄尊线描图　　图14 双龙柄盘口壶2件

米。盘口，细颈，圆肩，深腹，平底。龙形柄对称的置于口肩部。肩部以上施黄褐色釉。纪年墓葬中发现时代较晚的一件，为神龙二年（公元706年）。

褐黄釉双龙柄尊。1989年偃师市山化乡石家庄村唐墓出土褐黄釉双龙柄尊[9]（图13）。通高29.3厘米、口径7厘米、底径8厘米。此墓葬属于盛唐时期。

双龙柄尊2件。1984年伊川县白元乡白元村唐墓出土双龙柄盘口壶2件[10]（图14）。图

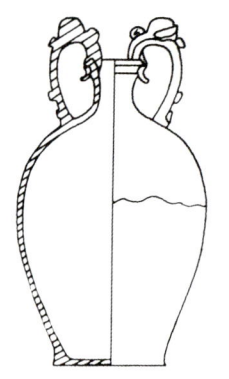
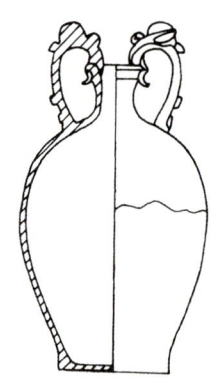

图15 酱黄色釉双龙柄壶线描图　　图16 酱红色釉双龙柄尊线描图

左为青釉双龙柄尊，高41、口径12、底径10厘米，器身上部施青釉。图右为三彩双龙柄尊，高36厘米、口径7厘米、底径9厘米，器身矮胖，口、颈及双柄施橙黄釉，肩部间施三彩釉。两件器物形制相同，皆为盘口，细颈，弧肩，鼓腹，平底。该墓年代为盛唐。

酱黄色釉双龙柄壶[11]（图15），2002-2004年洛阳市关林出土，通高31.2厘米、口径4.5厘米、底径10厘米。小口微敞，圆唇，细短颈，斜肩鼓腹，平底。两只细长的龙柄对称安于壶的口、肩部，龙嘴衔于壶口部位。腹部以上外施酱黄色釉，青白色瓷胎。该墓葬为盛唐时期。

酱红色釉双龙柄尊[12]（图16），2002-2004年洛阳市关林出土，通高35.8厘米、口径6厘米、底径12厘米。小口微敞，圆唇，细短颈，斜肩鼓腹，平底。两只细长的龙柄对称安于壶的口、肩部，龙嘴衔于壶口部位，腹部以上外施酱红色釉，胎为白色高岭土。该墓墓主人卒于景云三年（公元712年）。

综上所述：双龙柄尊在唐代的存在，型式有一定的普遍性，但也有差异，釉色、工艺都有所不同，从中我们可以看出：唐代人对陶瓷釉色的追求分两方面：一方面追求单一釉色的纯粹：白釉、黑釉、蓝釉、黄釉、黑褐釉、酱黄釉、酱红釉、褐黄釉双龙柄尊等。另一方面压抑不住对色彩斑斓的渴望：

三彩釉的斑驳淋漓、变化万千，渗透了唐代人们对生活的热爱。

出土双龙柄尊的墓葬，墓葬形制大小的不同，随葬品的数量，以及在陶俑和瓷器组合等方面也存在着一定的等级差别。

1、有确切墓主人的墓葬：例如，偃师唐恭陵哀皇后墓出土的蓝釉、黄釉双龙柄尊，虽然墓葬遭到破坏，追回的器物类别包括葫芦瓶、盘口壶、盂、盆、灯、长颈瓶、带盖三足罐、带盖罐、四系罐、三彩豆、三彩注子等，都是陶瓷罐为主的生活用器，器物制作精良。墓主人为武则天长子李弘（公元652-675年），是唐高宗李治的第五子，"哀皇后"是唐左金吾将军裴居道之女，属于皇室级别的墓葬。

河南偃师宋祯墓，随葬器物共29件，漆盒3件，铜镜、铜簪、银钗等、铜灯、铜壶、陶砚等，墓主生前任延州刺使，葬于神龙二年（公元706年），授正议大夫，官阶已至四品。

偃师市邙岭乡刘坡村唐墓出土白釉双龙柄尊，墓葬已被破坏仅追回部分文物，镇墓兽2件，武士俑2件，文官俑1件，驼俑1件墓志砖一方。墓主盛才，长寿三年(公元694年)二月十四日终于私第，圣历元年(公元698年)十月十二日合葬于冯王山之北，白马寺之东。

2、无法确定墓主人的墓葬：巩义市北窑湾唐墓出土的双龙柄尊，随葬器物多达90余件包括四大类：镇墓兽和武士俑，车和仪仗俑，男女侍俑及舞乐俑，庖厨明器和家用器具模型等，虽然墓志磨灭不能分辨，但推测一定不是普通人。

同样，巩义食品公司唐墓，除了白釉双龙柄尊，随葬品99件。其中包括彩绘陶俑56件、三彩器23件、陶模型明器及家畜等10件、瓷器7件、铜饰件等3件。墓主应具有一定身份和地位，可能是县丞或与之身分相近的人。

伊川县白元乡白元村唐墓，出土器物还有：三彩碗2件、胡俑1件、骆驼2件、马2件；菱花铜镜1件，属于盛唐时期。

偃师市山化乡石家庄村唐墓，陶器37件，天王俑、男女俑、骑马俑、骆驼俑、牛车、陶鸭猪狗鸡等，属于盛唐时期。

洛阳市龙门镇政府南侧墓葬，遗物30件，有陶俑、陶器、三彩器、铜器、铁器、开元通宝铜钱等，属于盛唐时期。

由此可以看出，有双龙柄尊出土的墓葬，随葬器物一般数量比较多，品类也比较丰富。器物组合大致可以有五种。第一种，有镇墓驱邪类俑，比如镇墓兽、天王俑之类。第二种，有表现墓主人生前地位男女服侍俑、杂役俑等。第三种，有表现出行、驮物性质的马俑、驮物使用的骆驼俑等。第四种，有表现家居生活内容的俑和动物小品模型：磨、灶、井、铜镜、铜剪子等以及鸡、鸭、猪、狗等。第五种，以陶瓷罐、瓶、炉等为主的生活用器。

河南博物院藏的这件黑釉双龙柄尊，来自鹤壁地区，墓主王仁波祖籍山西太原人，唐开元二十六年(公元738年)三月十一日卒于私第，属于开元盛世时期，随葬的瓷器19件、陶器7件、玉珠一颗，"开元通宝"铜钱8枚，墓志一合等，墓主人得"硕人之称"，乡党称之为楷模。

这些与或陶质或瓷质地的双龙柄尊一起反映了初唐、盛唐时期的墓葬流行的随葬品组合，墓主人一般都有一定的地位，比如洛阳唐恭陵，级别高至皇室。即使是无官品的庶族，其身份也可能与普通的地主阶层接近，经济实力比较强。

可能是鹤壁集窑的产品与洛阳、西安地区的窑厂有差异，该尊在形制上与本文所列出的15件器物有相同的地方，比如：盘口，口沿部分微外侈。细长颈，颈部有类似于金银类器物的凸箍圈，圆肩，鼓腹。龙柄背部等距离贴塑凸出的圆形乳钉，龙头及龙身都有形似，龙眼圆瞪，口衔瓶口，龙头内探。但也有很多不同之处，例如，列出的15件器物都是平底，施釉多不及器体的下半部分，龙身只在口部和肩部，龙的容貌较为柔和，比如洛阳市东郊杨凹村出土的龙柄尊，龙头上卧着小鸟，小鸟是怎样的动物呀，人还没有靠近它，它就会吓得飞走。将动物世界中食物链条上相差甚远的两种动物放在一起，呼风唤雨、吞噬一切的龙也一定是温柔可爱的。还有的龙柄趋于简化，比如洛阳唐恭陵的蓝釉、黄釉双龙柄尊，没有具体的耳朵、爪子，只有大概的样子。总之，整体风格比较简单温和。而河南博物院藏的黑釉双龙柄尊的为圈足，仿金银器造型的风格浓郁，龙身自器物口部、肩部及腹部，力量感很强，龙尾也紧紧地贴在器物腹部，整体风格比较狰狞可怕，加上通体黑黑的釉色，这种感觉不由自主的更强烈了。

1. 拿着双龙形的柄，真的能举起这个双龙柄尊吗？
2. 现在我们举行体育等活动时的奖杯跟唐代的双龙柄尊有可以比较的地方吗？

张柏主编《中国出土瓷器全集》卷12，科学出版社。这本书可以了解河南地区的出土器物，有确切的出土地点，可以为了解古代陶瓷器提供真实可靠的资料。

尚刚：《隋唐五代工艺美术史》，人民美术出版社出版，2005年。这本书从工艺美术考察，唐代的成就最辉煌、影响更深远，而隋可视为唐前期的酝酿，五代该看作唐后期的延续。

陕西历史博物馆编：《泥火幻彩：唐两京三彩精华展》，三秦出版社，2016年，这本书可以了解西安、洛阳，作为唐代最重要的京畿之地，所出土的唐三彩器物的概貌、相同之处以及不同的风采。

孙锦：河南地区出土唐三彩研究，2010年郑州大学硕士论文。该论文收集河南地区出土唐三彩资料的基础上，运用考古类型学尝试对河南地区唐三彩进行综合性研究。

杨浩森，《河南地区唐宋金时期黑釉瓷器的类型与分期》，郑州大学，2014年硕士学位论文。本课题在河南地区窑址和墓葬等遗址出土的黑釉瓷材料的基础上，对不同装饰品种的黑釉瓷器进行类型学研究。

参考文献

[1] 王文强，霍保成.鹤壁市发现一座唐代墓葬[J].中原文物，1988（2）.

[2] 河南省文物考古研究所，巩义市文物保管所.巩义市北窑湾汉晋唐五代墓葬[J].考古学报，1996（3）.

[3][6] 郑州市文物考古研究所，巩义市文物保护管理所.河南省巩义市孝西村唐墓发掘报告[J].文物，1998（11）.

[4][9] 偃师商城博物馆.河南偃师唐墓发掘报告[J].华夏考古，1995（1）.

[5] 刘舫宁.恭陵美陶[J].中原文物，2000（3）.

[7] 洛阳市文物工作队.河南洛阳市龙门镇唐墓发掘简报[J].考古，2007（12）.

[8] 中国社会科学院考古研究所河南第二工作队.偃师杏园村的六座纪年唐墓[J].考古，1986（5）：429.

[10] 伊川县文化馆.河南伊川发现一座唐墓[J].考古，1985（5）.

[11][12] 洛阳市文物工作队.洛阳关林镇唐墓发掘报告[J].考古学报，2008（4）.

红绿釉陶灯

作者：张建民 王琼

红绿釉陶灯，陶器，西汉，通高27.8厘米，1969年河南省济源轵城泗涧沟出土，现藏河南博物院。

深度品鉴

红绿釉陶灯，灯上圆盘为施红绿釉昂首振翅欲飞的金乌造型，盘中央有一较短的插蜡烛锥状尖，盘下有一绿釉圆柱，柱上端塑有一蹲坐姿兔形动物，柱下雕塑有四肢柱立拔地绿釉短足蟾蜍形座。灯上的金乌造型与汉代画像石上的金乌均有相同之处。据传说，金乌象征着太阳，兔和蟾蜍象征着月亮，日、月相合为"明"，意为昼夜常明。灯柱上的兔和蟾蜍是所表现的是西王母世界，是西王母图像的重要组成部分，希望能得到西王母的护佑。此灯造型独特、生动优美，是汉代灯具难得的一件艺术佳作。

文化解读

灯具是何时出现的，目前尚无定论。《韩非子·五蠹》中说"有圣人作，钻燧取火，以化腥臊，而民说之，使王天下，号之曰隧人氏"。最早的人类因火的出现，由火熟食、取暖、御兽、由火而照明，拿在手里的一把火称作"烛"，而后又利用油脂，或做蜡烛、或制成油灯，于是就产生了灯具。

早在殷商时期，人们就会使用松脂火把照明。殷墟甲骨文中的"明"字，有两种写法：一是由月亮表意和一个圆形窗子构成，意思是月光照进窗内，表示光亮之意。二是由日月两字组成，用来计时，表示月落日出、日月交替之际，即拂晓时分。"灯"字在甲骨文中尚未发现。最早出现照明器具名称是在战国时期，为"镫"。据《楚辞·招魂》载："兰膏明烛，华镫错些"，这是文献中最早对照明用具名称的记载。可见这个"镫"字，就是后来"灯"字的起源。那么，"镫"字从何而来的呢？是从当时食器陶器、铜器中的豆演变来的。豆是商周时期的一种饪食器，后来用作古代祭祀的礼器。其形似高足盘，多为陶制，出现于新石器时代晚期，盛行于商周。据《尔雅·释器》："瓦豆谓之登。"灯的形制基本上与豆是相同的。可见，陶豆是最早灯具的雏形。这一时期多为铜制或陶制的"豆"形灯，也有少量的玉制类灯。其造型简单：上为灯盘，下为底座，以柱相连。此时灯具一般大部分出土于王室贵族墓葬中，是墓主人生前的实用器皿。如山东诸城葛埠口出土的人形铜灯，俑粗壮有力，手握灯柄，双臂张开，双脚立于透雕盘龙之上。故宫博物院藏勾莲云纹高柄玉灯，灯由底座、柄、盘三部分构成，并用三块玉雕琢粘合而成型，柄上浮雕仰形三叶纹和勾莲云纹，底座饰有勾莲云纹和五瓣柿蒂纹。

秦朝时期，出土的灯具数量不多，材质大多为青铜类和陶质类，其造型可分为人俑形灯和仿日用器形灯。据《西京杂记》卷三云："高祖初入咸阳宫，周行库府。金玉珍宝，不可称言，尤其惊异者，有青玉五枝镫，高七尺五寸，作蟠螭，以口衔镫，镫燃，鳞甲皆动，焕炳若列星而盈室焉。"这足以说明这一时期出土的灯具同样是极其华丽高贵的。实物代表有1966年陕西省咸阳塔儿坡出土的雁足铜灯，其造型为一大雁之腿，股部托住一环形灯盘，盘上有三个灯柱，可同时点燃三支烛。

汉代，随着社会的经济繁荣，灯具的造型与功能都达到了一个高水平发展阶段。灯具的使用、种类以及制作工艺都超过了战国和秦代。由于两汉盛行"事死如生，事亡如存"的丧葬观念，灯具也就成了随葬品的常见物。从汉墓中出土的众多实物来看，这一时期的灯具数量明显增多。材质上，青铜灯具继续盛行，陶制灯具已逐渐成为主流，且有少量的玉石、铁质、木质、瓷质灯具等。从考古资料得知，这一时期墓葬中出土的灯具造型生动、姿态各异。常见的有豆形、人俑形、动物形、树形、多枝形、浅盆形、雁足形等等。从使用功能上看：不仅有座灯，还有行灯和吊灯。根据照明燃料的不同，又可分为油灯和烛灯。青铜座灯是以长信宫灯为代表的一批带烟道的座灯，由灯盘、灯罩、灯盖、烟道和多用灯座等几部分组成，在使用上更趋合理性。吊灯是一种用来悬挂的灯具，由灯盘、"人体"、悬挂三部分组成。整座器物中心平稳，造型独特。行灯也叫拈灯，一般没有底座和立柱，是在灯盘下设有三足，在灯盘的一侧装有扁型长柄，可以在行动中持之照明。汉代灯具在装饰技术上，采用漆绘、鎏金、错金银等。其纹饰也极为丰富，几何纹主要包括三角纹、水波纹、菱形纹等；人物纹饰有吹排箫、骑羊、骑鹿、吹羌笛、驰马、舞人、抚琴等各种形象，表现手法有浮雕、刻画、堆塑等，使其灯具层次分明、栩栩如生。如河北满山汉代中山靖王刘胜之妻窦绾墓中出土的一件铜鎏金长信宫灯,因灯上刻有"长信"字样而得名。灯点燃后,虹吸装置使蜡烛燃烧时的烟烬通过宫女的手臂纳入体内,灯座可以盛水,这样可以将吸入宫女体内的烟烬溶于水中,以保持室内空气的清洁。从整体造型上看,为一宫女跪坐持灯状,宫女身着汉代流行的曲裾深衣,头梳髻,形象生动逼真。在装饰上采用鎏金的方法,使其显得富丽华美。这件铜灯设计精巧,体现出较高的艺术造诣。并且把采光、避风、除尘、省油等科学原理和优美的造型,有机结合为一体,从而反映出汉代人们的审美意识和精湛的合金冶炼技术。1985年山西平朔照什八庄出土的彩绘雁鱼铜灯,灯整体作鸿雁回首衔鱼站立状,雁颈、鱼腹、体内部中空,灯照明时,烟雾从鱼形灯罩将烟导入雁颈的烟管,再经烟管进入盛有水的雁腹,最后被水溶解。灯罩为两片挡板,可左右转动开合,即能任意调节灯光亮度和照明方向,又能挡风。通身饰红、绿、白、黑等色彩作装饰。这件灯具造型优美、实用性强,并将环保原理与实用功能有机的结合在一起,体现了汉人高雅的生活情趣与卓越智慧。

比较研究

在汉灯中,动物形象灯具数量众多,可谓千姿百态,其中有不少精美之作,有的庄严而华丽,有的质朴而憨厚,令人赏心悦目。较为代表性的有:彩绘雁鱼铜灯、朱雀铜灯、黄釉狮形灯座、羊形青瓷烛座、错银铜牛灯等。其动物纹饰主要有龟、朱雀、兔、鹿、蟾蜍、蛙、羚羊、麒麟、狮子、飞龙、狼、猪、狗、蝉、马、猴、熊等;这些以动物和瑞兽为创作原型的灯具,设计巧妙,栩栩如生,被赋予吉祥、和平、生活美满的美好寓意,意趣盎然,充满了浓郁的生活气息和较高的艺术欣赏价值。

彩绘陶百花灯(图1),汉代,通高108厘米,底座直径50厘米,现藏河南博物院。灯由灯盏、灯干、灯座三大部分构成。分别手、轮和雕塑制作而成型,泥质灰陶胎。灯顶上部为一只昂首展翅欲飞的彩绘朱雀形灯盏;灯干部、平底灯盘口沿和壁处各有四个圆孔,交替插入10支曲枝灯盏和9条细长龙;灯座象征着群峰环抱的山峦,山峦中塑有跪坐俑、拉弓欲射俑、抱子俑、骑马俑等,动物中主要有羊、兔、蝉和兽等,另外还有4棵常青树,挺立在山峦之中。这些人物、动物以奔腾跳跃或坐卧蹲伏的姿态展现在山峦之间。整体造型与装饰完美结合,可谓巧夺天工。汉代灯具造型大多取自吉禽瑞兽形象,寄寓了汉代人祈求幸福、长生不老、羽化登仙的美好愿望。

红釉抱熊陶灯(图2),西汉,高25.5厘米,1969年河南省济源县轵城泗涧沟出土。灯上有灯盘圆形喇叭状,敞口,盘内中心有插蜡烛的锥形器,下雕塑有两熊相互拥抱置于圆柱上端,柱下有三角形灯座,座上周围模印有三

图1 彩绘陶百花灯

图 2 红釉抱熊陶灯

图 3 黄釉卧狗陶灯

图 4 绿釉熊顶陶灯

图 5 黄釉龟座陶灯

个不同姿态的裸体人物和一个展翅的羽人，羽人口衔二棒状物。其间塑有象征的山林、丛林杂草以及奔獐、飞蝉等动物，通体施红釉。熊的形象在汉代艺术中多有出现，其含义就是护卫辟邪，《周礼·夏官·方相氏》中记载的方相氏戴熊头面具披熊皮，在傩戏中方相氏也同样是戴熊头假面具，披熊皮，扮演熊的模样，驱逐鬼怪和疫疾，保护墓主人的安全。山海经中所记载的熊，常常和圣王墓葬联系在一起，是用来镇守墓葬的，以圣王墓葬守护兽的身份出现。

黄釉卧狗陶灯（图3），西汉，通高8.7厘米，灯盘径9.5厘米，1969年河南省济源轵城泗涧沟M24出土，河南博物院藏。上有窄平沿较浅的灯盘，盘中有锥状尖，盘下有短圆柱，柱下塑有一卧姿陶狗。狗膘肥体壮，头向右侧，昂首竖耳，浓眉大眼外凸，目视前方，如意形鼻，短尾，通体施黄釉。

绿釉熊顶陶灯（图4），东汉，高38厘米，盘径17厘米，底径19厘米，河南博物院藏。灯红陶胎，模制而成型，由盘、柱、座组合一体。盘为敞口，直壁，平底，柱下为一蹲坐熊，上肢头顶竹节形圆柱，下肢臀部座于喇叭底座上。通体施绿釉。

黄釉龟座陶灯（图5），西汉，通高12.7厘米，盘径11厘米，1969年河南省济源轵城泗涧沟M16出土。灯上有窄平沿较浅的灯圆盘，盘下竹节状圆柱，柱下塑有一老龟。龟伸颈昂首，小嘴紧闭，小眼圆睁，目视前方，四肢短爪向前伸出，做爬行状，龟背饰圆桌纹组成的龟背纹，其纹饰清晰可见，通体施黄釉。这件龟座陶灯美观、大方、实用。

绿釉堆塑人物鸟兽灯座（图6），高27.50厘米，底径41.40厘米，现藏河南博物院。灯座泥质红陶胎，轮、模兼制。整体呈截锥体形的圆形器座，喇叭形口，束颈，溜肩，鼓腹。底部中空呈玉瑗式座底，瑗唇呈双唇形，座身堆塑有骑射和其他人物、凤鸟、龟兽等。

辟邪石灯（图7），东汉，通高46厘米，河南省淮阳出土。灯为青石质，雕刻而成型。上端有四个方柱支撑着圆形灯盘，盘平沿，直壁。下端座为较厚的实心圆盘，盘面中央有一半蹲辟邪。辟邪昂首，双角自然弯曲，呈倒八字形，浓眉宽目，圆耳微张，如意大鼻，张口露齿，胡须呈勾形置于胸前，四肢粗

图 6 绿釉堆塑人物鸟兽灯座　　　图 7 辟邪石灯　　　图 8 卧羊铜灯

壮微微弯曲，四爪张开用力拔地，脊背上顶立一圆柱，臀部上翘。灯造型古朴优美，雕刻技法采用慢圆刀法，刀法细腻，其夸张写意的手法将辟邪雕刻的栩栩如生，它是石器灯中少见的精品。

卧羊铜灯（图8），汉代，通高 14 厘米、长 13.5 厘米、宽 6.5 厘米，1932 年河南省项城县小郑庄布袋冢出土。羊为跪卧式，头平仰，双眼平视前方，长胡须下垂直于胸前，双角向下自然曲卷，嘴前伸紧闭，羊头后面设有活钮，身从尾下分开，可向上翻 180 度，背部有一个三角形小钮，即可作为羊尾，又可将羊背向上翻起，翻起平放于羊头上就成了圆形灯盘。体腔为中空，推测是用来储存灯油的，当灯置不用时，可将灯盘内剩余的油通过小嘴注入腹腔内，通体素面无饰。灯盏的造型雕塑十分精美。羊，在古代被认为是一种吉祥的瑞兽。以羊为造型的灯具寓意吉祥、平安，以表达人们祈福纳祥的思想。该铜灯与河北满城陵山中山靖王刘胜墓出土的卧羊铜灯极为相似。

从以上灯具来看，汉代的陶灯虽然没有青铜器灯具那么精美，但它独特粗犷豪放风格，浑厚奔放深沉而宏达的精神，是汉代社会的见证。由于汉代盛行厚葬之风，人们崇尚"厚资多藏，器用如生人"的思想，讲究阴阳变异和祥瑞，认为，幽冥世界是一个黑暗凄凉之地，"将即幽都，凉风惨怵"（汉·孟孝锯碑文），而古老的灯具能给另一世界带来光明。所以从发掘汉墓出土中有众多随葬中陶器制作的灯具是重要的冥器之一。两千年前的汉灯对早期战国和秦代灯具既有继承，又有创新。这一时期人物器座大为减少，动物器座逐渐增多，其形式多样、造型优美，这在其他时代是不多见的，探究其根源是汉代人对一些动物有崇拜的风俗。表达了汉代人的丧葬观和灵魂观以及企慕长生不老、欲飞成仙的美好愿望。汉代灯具直到今天仍不失为艺术珍品。

趣味猜想

1. 两汉时期为什么数量较多的动物造型灯具会集中出现在墓葬中？
2. 影响灯具使用的主要结构是什么？

 相关链接

汉代灯具的等级

汉代灯具因使用者的身份不同,材质也有所不同。

在王室和贵族大墓中出土较多的是青铜灯具,部分为铁质,有少量的陶质和石质灯具。通过灯具铭文判断应系王室贵族的实用器,墓中的主人主要为汉王室和及其下属官吏、地方诸侯王、地方官吏以及地主等。这些青铜灯具制作精良、造型别致、内容纹饰丰富,文化内涵丰富。之所以在王室和诸侯王墓中出现诸多的精美考究的青铜灯具,是因为青铜灯具的制作需要较高的生产成本,只有统治阶级才能承担其生产,且价格昂贵。另外,青铜灯具成为身份地位的象征,也是皇宫贵族嫁妆的重要组成部分。如1968年发掘的西汉中山国靖王刘胜和王后窦绾墓,就属于诸侯王墓,刘胜的墓中出土了铜羊尊灯等15件铜灯,刘胜之妻窦绾墓中发现的灯具"长信宫"、朱雀灯等5件铜灯,1980年江苏邗江甘泉二号墓出土的铜雁足灯、错银铜牛灯等一批灯具。这些青铜灯具造型气势宏伟,充分出王室贵族的身份和气派。

在平民墓葬中出土的多为陶制灯具,在制作工艺上虽不如诸侯王墓中的灯具华丽考究,但也制作巧妙、工艺高超,多姿多彩。这是由于陶制品生产成本不高,价格低廉,制作相对容易,且产量较大,因而使用人群很广泛。这也就说明了为什么在众多的汉墓里出现大量的陶灯,可见陶器在汉代人们心中的地位和重要性。

从汉墓中出现众多的灯具来看,上至王室贵族,下至平民百姓,不论是中原的繁荣地区还是在偏远的西南地区,都有大量的灯具出现,这足以说明灯具在汉代人的生活中已是必不可少的生活用品。

参考文献

[1] 李梅. 两汉灯具的特性以其文化内涵 [J]. 淮北煤炭师范学院学报,2007(4).
[2] 蒋晓红. 两汉灯具 [D]. 清华大学,2007-4.
[3] 蔡媛媛. 中国古代灯具演变中传统文化元素在西安南门广场灯饰造型艺术的可行性研究 [D]. 西安建筑科技大学,2006-5.

"黄夫人" 甗形盉

作者：赵乐

"黄夫人"甗形盉，青铜器，春秋，通高18.5厘米，口径11.2厘米，腹径15厘米。1983年河南省信阳市光山县春秋早期黄君孟夫妇墓出土，现藏河南博物院。

深度品鉴

"黄夫人"甗形盉[1]，顶部有圆形素面平盖，敛口，圆肩下收，鼓腹，下部分裆式，有三足较短。器内有一圆形木箅，无孔。腹部一侧有一向上卷尾状柄，即"曲形鋬"，鋬与一足上下垂直，两足间上端的腹部有一兽首流状孔，与流口成90°直角，该特征明显。底部中心有一小孔，有铸模痕迹。铸有铭文，器壁较薄，无纹饰。（图1、图2）

"黄夫人"甗形盉，顶（甑）部口沿下有铭文六行共十六字："黄子作黄甫（夫）人行器，则永宝宝霝冬霝後"。"霝冬"是金文里的习惯用语，即"令终"。"令"，

图1 "黄夫人"甗形盉及剖面、立面俯视图

解善的意思，即善始善终。"令终令后"意谓得享福禄名位而终，又有好的后嗣[12]（图3）。此四字用语，推断很可能是专为女子言喻，很可能是由于黄夫人去世时四十多岁，且没有生育，故在随葬品上铭刻文字，以此祭奠逝者。

甗形盉在盉形器中较为稀有，特别是像"黄夫人"甗形盉，其形制即是甗形，又有曲柄（鋬）特征，并且铸有精美铭文，器型比例小巧精致。证明了"黄夫人"甗形盉不仅是十分珍稀的春秋时期黄国的礼器青铜皿，同时也是研究春秋早期青铜盉形制与功用的重要物证。

图2 "黄夫人"甗形盉顶、底部

图3 "黄夫人"甗形盉铭文与拓本

文化解读

青铜"盉"形制通常被分为八大类，分别是：腹身作圆底罐形。腹身近似扁形，三足。腹身近似扁鼎形，直颈，腹鼓，四柱足。腹身作壶形。腹身作深袋足形，封口，管状流斜作在隆起的圆、方形封顶上，封顶上留有鸡心状口，与流对应的腹侧有一鋬。深腹封顶形，平底内凹，无足。腹身与流位置近，底部作短圈足，形制特异。腹身作长筒形，颈部与上腹部处作长管状流侧出，颈部两侧有贯耳，有鋬，鋬与流伸出方向作直角，底接圈足，盖作拱形，盖上有环钮[3]。

青铜盉盖部作钮多见环形钮、丁字钮、提梁式钮、拱形钮、兽形钮等。其流口部作兽首曲啄状流、直啄状流、短管状流、长管状流等。其鋬部形制多见镂空铸饰形、半圆形、兽首形、直柄形、曲柄形，实心和空心等等。足部型式包括三棱形尖足、圆底三足、四足、锥形足、柱形足、短袋足、四兽足、短蹄足、簋足形等。

春秋早期铸有铭文的铜器增多，水器中盘和匜也最为常见。"盉"与"匜""盘"相伴一组出土的情况常见，由于盘、盉都是盥洗用具，铸盘时大都也铸盉，所以就把盘铭铸在盉上"[4]。我国所出土的青铜盉在"中国青铜器图录"中被归类为水器。西周中后期，盉与匜功用近似，所以盉是否亦用来做酒器仍待证明[5]。本文所述"黄夫人"甗形盉"鋬"

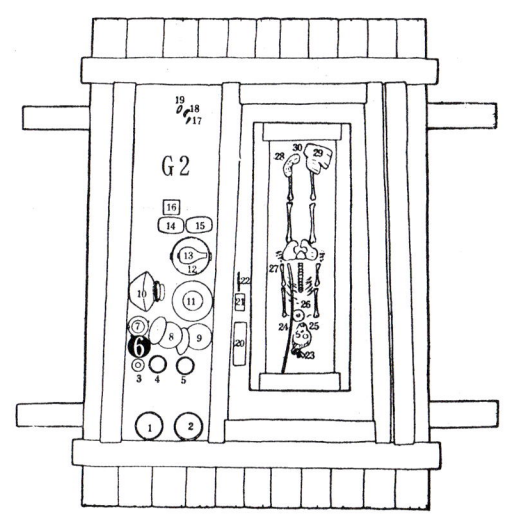

图4 春秋早期黄君孟夫妇墓G2平面图

为曲柄形制,且柄部素面无纹饰,顶部下沿铸刻精美铭文,此形制在同时期出土的盉中是比较少见的。

"黄夫人"瓢形盉出土于河南省信阳市光山县春秋早期黄君孟夫妇墓,该墓出土的大部分器物形制与纹饰与中原地区墓中器物相近似,显然属于中原丧葬习俗。因该墓出土青铜器中许多都铸有"黄君孟"或"黄子作黄夫人孟姬"等铭文,所以被专家推断墓主为黄国国君孟及其夫人合葬墓,年代在春秋早期偏晚。《春秋公羊传》记载:"僖公十二年……冬,楚人灭黄。"即楚人消灭黄国在僖公十二年(公元648年)。因此,黄君孟夫妇合葬墓的年代下限应是在公元前648年[6]。其出土的铜器、玉器、漆木器和丝织品是春秋早期晚段的标准器群。

河南省信阳市光山县春秋早期黄君孟夫妇墓位于信阳光山县城西北宝相寺北侧,海拔高58米。墓制为土坑竖穴木椁墓,形制分为两个椁室,分别编号为G1、G2,"黄夫人"瓢形盉被置在G2椁室内。G2椁室分二椁一棺。外椁四周的侧板保存高度不一,东壁保存最高,有七块侧板。位置靠里面的椁室为内椁,底板由7块木板拼合。内椁四壁的侧板存有4块。内椁中的主棺长2.35米,宽1米,高1.08米。棺盖通体黑色髹漆,盖面四周朱红色髹漆,绘有窃曲纹和波纹图案。G2随葬青铜器22件,玉器131件,漆器6件,丝织品6件,竹节44根,竹席残片一组,麻鞋2件[7]。图4中所示⑥为"黄夫人"瓢形盉出土的位置。(图4)

 比较研究

瓢形盉的基本特征不仅涵盖了"甗""鬲"器型的两大特征,而且其形制铸有曲形柄和管状流口,现列举两周时期出土的青铜盉与"黄夫人"瓢形盉作以比较。

瓢形盉(图5),西周,通高18.7厘米,口径15.2厘米,1971年安徽省肥西县柿树岗小八里村出土。该盉上为甗部,敞口敛沿,口下铸饰一周连续重环纹。下为鬲部,有三足为连裆短足,也称三袋足式。在两足中间铸有管状流口,流口与一足平行对称,流口平行的肩部铸圆筒形曲柄座,空心并有对穿孔。

图5 瓢形盉

龙柄盉(图6),西周晚期,通高18.2厘米,口径12.6厘米。1979年安徽省铜陵县钟鸣乡出土。该器上端铸盘口,盘口向下收敛,面饰有一周连续式几何变形窃曲纹。束颈,肩上铸一圆柱龙首錾向上曲高于盘口,龙首口鼻凸出,双目探视盘口。鼓腹,腹部有管状短流,下部三足分裆,裆底足短。囚铸龙首曲錾,见《左传》昭公二十九年:"龙,水物也。"固可视为水器。

图6 龙柄盉

鬲形盉(图7),春秋,口径9.2厘米,腹围16.4厘米,高17厘米,

图7 鬲形盉

1983年在河南省光山县春秋早期黄君孟夫妇墓出土。该器鬲形特征较为明显，上部无甗，口有平盖，三足。直口卷沿，两足中间铸有圆状短流，与之平行铸有一向上卷状的曲柄形兽首鋬，兽头朝盉口，器面光滑无纹饰。

甗形盉（图8），春秋，通高19.7厘米，口径10.7厘米。1974年安徽省舒城县五里村出土。该盉由钵形甗和鬲形三足构成，上部敞口钵形，口沿内收，鬲部前段在两足中间铸有管状流口，流口与一足对称，流口平行的肩部铸圆筒形鋬座，曲柄（鋬）向上内卷呈尾式，鋬座与曲柄衔接处各有对穿孔，通体素面无纹饰。

图8 甗形盉

曲柄盉（图9），春秋，通高20.2厘米，口径11.5厘米，腹围55.5厘米，1989年安徽省六安市毛坦厂镇燕山村出土。该盉鬲形，弧形盖，盖顶部有两层钮，三袋足，盖和肩部各铸饰一周龙纹，钮部饰瓦纹。在腹部前段与两足中间的上方，铸有管状流口，流口与一足对称，流口平行的腹部铸圆筒形柄座，内装曲柄（鋬）向上呈内卷尾式，柄座与曲柄衔接处各有对穿孔。

图9 曲柄盉

曲柄盉（图10），春秋，通高20厘米，口径14.5厘米，1989年安徽省六安市毛坦厂镇燕山村出土。该盉上部盘口束颈，盘口下铸饰一周交龙纹。下部为空足分裆鬲，圆鼓腹，腹前段两足中间上方有管状流口，流口与一足上下垂直，一足上部铸圆筒形柄座与流口平行，内装曲柄（鋬）分为两段，向上呈内卷尾式，柄座与曲柄衔接处各有对穿孔。曲柄顶部有小残缺。

图10 曲柄盉

兽鋬盉（图11），春秋中期，通高17厘米，口径14.4厘米，1973年安徽庐江泥河盔头胡岗出土。该盉上部铸盘口束颈式，下部款足鬲状，腹部有一短流较细，腹部还铸有较大兽首曲鋬（柄）高过盉口，兽首正对盉口，器身素面。

目前所见铜盉体量普遍小于甗形器，形制小巧，多具管状流口、方便执握的鋬柄，实用性强。比较研究中所列春秋时期的铜盉多在鋬柄处作以曲柄，兼具美观性。目前所见曲柄盉集中出土于河南、安徽、湖北三省交界处，进一步印证了当时黄国人的主要活动范围即在这一地区。

图11 兽鋬盉

您知道春秋时期青铜盉上的主要纹饰有哪些吗？

黄国

"黄夫人"甗形盉上的铭文所示"黄子"即黄国国君，此盉是为其夫人孟姬所制。黄国青铜器在春秋中期以后出现的与中原铜器不同的形制，说明了这一时期社会发展的动向，黄国作为独立的小国灭亡时间早，受到江淮徐、舒青铜文化的影响。

20世纪七八十年代，河南省考古工作者曾在潢川县城西北隆古乡发现黄国故城址。黄展岳所著《黄姓源头——青铜器里的潢川黄国》一文刊登在《大众考古》2015年第9期，文中阐述了：根据考古发现资料，参照先秦两汉文献二重证法，认为黄国属"嬴"姓，封地在今河南潢川，其时代约在春秋早期。

金荣权所著《古黄国历史变迁与文化特征综论》一文阐述了：黄国先民即夏商时期东夷之一支的黄夷。黄国所处的地理位置特殊。黄国文化在保留东夷本土文化因子的基础上，深受中原文化的影响，并在器物制造技术、纺织技术、雕刻与绘画技术方面达到了相当高的水平，有些甚至超过当时的中原文化水准。其墓葬制度、生活习俗等方面自成一格，并对周边地区产生了很大的影响。它既是一个文化的传播区域，又是东西、南北文化的交汇与融合区域。

黄国被楚国灭了之后，黄姓族人大批被迫迁至楚国腹地，定居在今湖北黄冈、黄石等地。还有一支则内迁至今湖北江陵、荆州一带。目前所见曲柄盉集中出土于河南、安徽、湖北三省交界处，进一步印证了当时黄国人的主要活动范围即在这一地区。

参考文献

[1][6][7] 河南信阳地区文管会，光山县文管会.春秋早期黄君孟夫妇墓发掘报告[J].考古，1984（4）.

[2] 李学勤.光山黄国墓的几个问题[J].考古与文物，1985（2）.

[3] 朱凤瀚.中国青铜器综论（上）[M].上海：上海古籍出版社，2009-12.

[4] 唐兰.陕西省岐山县董家村新出西周重要铜器铭辞的译文和注释[J].文物，1976（5）.

[5] 朱凤瀚等.文物鉴定指南[M].西安：陕西人民出版社，1995-12.

黄绿釉狩猎纹陶壶

作者：王元黎　段佳薇

黄绿釉狩猎纹陶壶，陶器，汉代，高32.5厘米，口径12.5厘米，腹径24.2厘米，底径12.2厘米，现藏新乡市博物馆。

深度品鉴

黄绿釉狩猎纹陶壶，泥质红陶，侈口、粗颈、圆肩、鼓腹、胫部渐收、平底、假圈足。器身施釉，颜色棕黄，光泽匀亮。内壁及外底不施釉，局部釉面呈"银釉"状（图1）。在肩腹之间一周饰浅浮雕狩猎纹，中有对称的铺首衔环分布在两侧。整体画面充实，形象生动，以两汉流行的云气纹为底环绕，云气纹呈带状，穿插起伏，使整幅图像首尾相连，并将画面分隔成六个主题单元，分别为骑马回首持弓引箭的射猎者、奔走跳跃的猴子、张口翘尾的猛兽、头上生角昂首嘶啸的怪兽、四爪腾空的白虎和类似应龙的怪兽，上有一人驭之。中间穿插分布着飞禽走兽，可辨有豹、犬、鹰、鹿等。画面中动物奔腾跳跃，上下有序，疏密虚实，都

图1 黄绿釉狩猎纹陶壶

图 2 肩部纹饰　　　　　　　图 3 纹饰细部图　　　　　　图 4 纹饰细部图

处理得十分巧妙自然，变化中显动势，严谨中藏生动。整器造型饱满，古朴敦厚，曲线给人以丰满、圆润的美感，为典型的汉代黄绿釉狩猎纹陶壶，是低温铅釉陶器中的精品(图2、图3、图4)。

文化解读

汉代长期安定局面和农业发展的基础，使手工业和商业得到了迅速的发展，有较大规模的官营和私营手工业，各种陶作坊遍布，陶瓷是当时最重要的手工业之一。

汉代陶器主要是各种饮食器、贮藏器、生活用具，以及专为随葬而制作的明器。大体上可分为灰陶、硬陶、釉陶三大类[1]。其中铅釉陶制作的成功，是汉代陶瓷工艺的杰出成就之一[2]。它是以铅的化合物作为基本助熔剂，在氧化气氛中烧成。由于铅的熔点较低，大约在700℃左右即开始熔融，因此是一种低温釉。它的主要着色剂是铜和铁，铜使釉呈现翠绿色，铁使釉呈黄褐和棕红色[3]。因釉药中含氧化铅，故称"铅釉"；由于主要流行于黄河流域和北方地区，所以也称"北方釉陶"[4]。低温釉陶最早见于陕西关中地区，发展速度极快，东汉时已遍及整个北方，并扩展到长江流域[5]。

秦汉以来，用陶质器皿殉葬的风气日盛。釉陶作为殉葬明器，满足人们厚葬的要求，比一般陶器和瓷器更加理想，表现社会形态方面的内容更为广阔，因此专门为殉葬而生产的陶质明器的制作兴盛发展，有官方设立的明器制造厂，并设有专门负责制作明器的官吏。汉墓随葬陶器的数量之多、品种之广，大大超过了以往各代墓内随葬的陶器，除一部分实用器外，绝大多数均属仿商、周青铜器和漆器烧制的陶明器[6]。相比日用陶器，陶质明器原料颗粒较粗，质地不够致密坚硬，器表釉料附着不很牢固，易脱落，吸水率高，实用价值不大。但在艺术效果上，铅釉陶器却更胜一筹。由于铅釉的折射指数比较高，高温粘度比较小，流动性比较大，熔融温度范围比较宽，熔蚀性比较强，因此可以避免石灰釉和石灰-碱釉中比较常见的"桔皮""针孔"等等缺陷，同时釉层中无气泡和大量残余晶体的存在，使釉层清澈透明，表面平整光滑，富于装饰感[7]。更为重要的是，低温铅釉陶的发明，打破了当时以彩绘为主的装饰局面，为陶器的美化开辟了广阔的前景。它的应用和推广，为后来各种不同色调的低温釉的出现，奠定了基础[8]。

在汉墓中发现的铅釉陶则纯系丧葬用的明器，至今还没有发现实用器。这可能与它的低温烧成不宜实用有关[9]。此黄绿釉狩猎纹陶壶即为仿青铜壶而烧制的陶明器，在器形设计、线条的使用和装饰内容的安排上庄重雄伟，有青铜礼器的气魄，是汉代低温釉陶壶中的典型样式。

比较研究

狩猎是人类最古老的生存手段和生产方式。在原始社会，先民"食草木之实，鸟兽之肉，饮其血，茹其毛，衣其羽皮"[10]，狩猎是赖以生存的谋生手段之一。随着人类文明与生产力的不断发展，其生产角色不断削弱，政治、军事、娱乐色彩逐渐增强。因此，从春秋战国时代的青铜器到漆器，从汉代的画像石到西晋的墓葬壁画，以及唐代金银器、辽金玉器、元明清绘画，以狩猎为题材的装饰广泛出现在各种器物上。

1. 东周青铜器、漆器上的狩猎纹

在周代，狩猎在社会生活中具有多种意义，周人的狩猎活动有服务于祭祀、经济、政治、军事和娱乐等诸多方面的目的[11]。四季狩猎皆有不同的名称和目的，《左传·隐公五年》："春蒐、夏苗、秋狝、冬狩，皆于农隙以讲事也。"讲事，即军事演习，说明狩猎是带有明显的军事训练目的。两周时期狩猎还是具有浓厚政治色彩的娱乐活动，并与祭祀、诸侯会盟、军事训练、宫廷宴飨等联系在一起，形成了一种"礼仪"制度。东周青铜器上流行使用狩猎纹，表现内容为宴乐、弋射、采桑、狩猎以及水陆攻战等题材，反映了当时的社会生活状况。

青铜狩猎纹壶[12]（图5），春秋晚期，现藏美国旧金山亚洲艺术博物馆。通高39.4厘米，平唇，束颈，宽肩，阖底，圈足，肩部一对环耳垂环。花纹共分八层：第一、第八两层为鸟纹，第二、第五层为云纹，第三、四、六层为狩猎纹，第七层为射鸟纹。圈足上饰斜方格纹。此器造型美观，纹饰清晰，尤以狩猎纹形象生动活泼，是件不可多得的艺术珍品。

图5 春秋晚期 青铜狩猎纹壶及其细部

狩猎纹铜壶（图6），战国，成都青羊小区工地出土。高41.4厘米，腹径26厘米。壶口微侈，颈部瘦长，椭圆形腹，矮圈足。肩部两侧有对称的铺首衔环一对。从壶颈口部至圈足，全身分为七段，均有不同的图案和纹饰组成。主题图案有羽人仙鹤图、狩猎图、三足乌向日图等，在三组图案之间，分别由几何菱形纹、蟠螭纹、云雷纹等纹饰间隔。壶盖微鼓，盖顶分布有三个编索纹环钮。盖面三等分，分别有相同的狩猎图布满四周。

嵌错宴乐攻战纹铜壶[14]（图7），也称嵌错采桑宴乐射猎攻战纹铜壶，战国，通高40厘米，口径13.4厘米，腹径26.5厘米，足高2厘米。1965年四川省成都市百花潭中学10号墓出土。该铜壶侈口、斜肩、鼓腹、圈足，有盖，盖面微拱，三鸭形钮，并饰卷云纹、

图6 战国 狩猎纹铜壶及线描图[13]

圆圈纹及兽纹。肩部有对称兽面衔环双耳。壶身满饰嵌错图案，以凸起的箍状带纹饰分为四层：第一层为习射和采桑。第二层为宴乐战舞戈射图，场面宏大，左边为宴乐战舞图，右边为弋射图。第三层为水陆攻战图，左为步战仰攻，右为水陆战争。第四层为狩猎图象及饰双兽相背组成的桃形图案一周。圈足饰菱形纹和四瓣纹。嵌错精致、工艺高超、内容丰富、结构严谨。画面反映了战国时代生产生活、军事礼俗等社会的多个侧面。

宴乐渔猎攻战纹青铜壶[15]（图8），战国，现藏故宫博物院。高31.6厘米，腹径21.5厘米。壶侈口，斜肩，鼓腹，矮圈足，肩部有两只兽首衔环。壶身上有三层图景，分别是采桑习射、宴乐舞蹈、水陆攻战的场景。图中有人物178人、鸟兽鱼虫94只，形象极为生动，艺术地再现了2300年前的生活画卷，是古代青铜器纹饰从抽象神秘的兽面纹、蟠螭纹过渡到人类社会真实生活场景的经典之作。

彩绘狩猎纹漆樽[17]（图9），战国，高12.5厘米，口径11.2厘米，底径11.4厘米，1952年湖南长沙颜家岭乙35号墓出土。木胎漆绘，无盖。器表在褐漆地上朱绘三道变形凤鸟纹，将纹饰分成上下部分，狩猎图位于上部。左侧有两兽据地而斗，形状动态均似野猪；右侧两猎人分持箭戟，围捕林中野牛。前一人持戟刺向野牛，后一人作引弓待发状，牛低首扬角、殊死抵御。其构图情节紧张，特别是猎人和野牛的殊死斗争，富有生气和活力。下部绘有老者牵狗、猎犬追鹿、凤鸟飞奔和两鹤啄食等图案。

2. 秦汉至西晋时期画像砖、墓葬壁画上的狩猎纹

秦汉时期，狩猎不仅是当时风行于上层社会的娱乐方式，也象征身份等级，用以表现贵族的日

图7 嵌错宴乐攻战纹铜壶及纹饰摹本

图8 宴乐渔猎攻战纹青铜壶及纹饰展开图[16]

图9 彩绘狩猎纹漆樽及纹饰展开图

常生活。上自天子诸侯，下至贵族豪强，走马放犬，驰骋田猎。天子、诸侯为自己建立了专门狩猎的苑囿。猎捕的对象亦十分广泛，麋鹿雉兔，是当时常见的猎物。此时青铜器之盛世已过，然狩猎图像却未受影响，作为一种已经成熟的题材仍频频出现于画像砖等其他材质的器物上。

猎虎、山林骑猎画像砖，西汉晚期至东汉前期，河南地区出土[18]。猎虎画像砖（图10），河南郑州出土。浅浮雕，画中有一虎，昂首直尾，纹斑清晰，奔腾前扑，口中一矢。前有一骑手操弓射虎，虎后两人跌倒在地，远处一人张惶疾走。

山林骑猎画像砖（图11），河南禹县出土。浅浮雕，画面下部山岭绵亘，树林葱郁，右有一野猪在奔窜逃，后有二人驱马追赶。

猎鹿、纵鹰猎兔图[19]（图12），西晋，甘肃省嘉峪关市4号墓前室壁画，1972年发掘。高17厘米，宽36厘米。东壁为猎鹿图，以娴熟流畅的线条勾划了一男骑马射鹿的情景，长角鹿在前面奔跑，猎人已近在咫尺，穷追不舍，动态真实、生动，气氛紧张。西壁为纵鹰猎兔图，绘两猎人放猎

图10 猎虎画像砖

图11 山林狩猎纹画像砖

图12 纵鹰猎兔、猎鹿图

纵鹰追赶一只野兔，兔子在奔跑中回首环顾，加强了画面的戏剧性效果。

3. 唐代铜镜、银器上的骑马狩猎纹

唐代是封建社会鼎盛时期，狩猎活动较为盛行，且更具普遍性，尤其是宫廷贵族，狩猎出行是其喜爱的一项重要活动。政府特设有养鹰坊，有专门驯养鹰犬的专职人员。除传统的鹰、犬外，猎豹亦是他们追逐的对象，进而成为一种时髦风尚，贵族男女均醉心于此。唐代狩猎元素文物主要有墓葬壁画、铜镜、金银器、陶塑等。如最有名的狩猎出行图出现在李寿墓、章怀太子墓、韦浩墓中。

唐，骑马狩猎纹铜镜[20]（图13），1963年河南省扶沟县出土，直径28.5厘米，河南博物院藏。八出菱花形，圆钮，钮外以高浮雕工艺刻绘四座仙山，四株神树，并以此为中心将镜面分成四区，每区皆饰策马奔驰的狩猎纹。骑手形象分别为射兔、逐鹿、猎野猪、执长矛与猿相搏，间饰雀鸟、蜂蝶、折枝花。镜缘饰折技花和蜂蝶一周。此镜尺寸特大，应是皇威贵族所用之物。

唐代狩猎纹八瓣银杯[21]（图14），高4.2厘米，直径9.0厘米，1983年西安市未央区马旗寨出土。银杯整体为八瓣花形，平折沿，连珠唇。环形杯把，外缘缀连珠。腹杯壁8朵花瓣以柳叶条带作界栏，形成8幅既独立又相互关联的画面。4幅为男子狩猎图，男子身着袍衫，跃马奔驰在丛林中，或搭弓回射飞禽，或持刀追杀野兔，或抛投绳索套捕獐子，或紧追仓皇逃窜的花鹿；4幅为仕女图，女子或乐舞，或戏婴，或梳妆，或游玩。此银杯画面感极强，可从中一窥唐代的风土人情。

4. 辽金玉器上的狩猎图

辽金时期，契丹与女真族的帝王每年都要举行春秋两季的游猎活动，除"会议国事"和外交活动外，还"时出校猎讲武"，将"随水草，逐寒暑，往来渔猎"的生活习俗引入到政治管理中，谓之"四时捺钵"。以反映这种特有的捕猎活动为题材的玉器谓之"春水""秋山"玉，它记录了契丹、女真等北方渔猎、游牧民族狩猎于春秋的娱乐活动，充满着淳朴的山林

图13 骑马狩猎纹铜镜

图14 狩猎纹八瓣银杯

图15 玉鹘攫天鹅带饰[22]

图16 玉秋山饰[23]

野趣和浓郁的北国情调，是极具民族特色的玉器作品。

玉鹘攫天鹅带饰（图15），采用透雕的形式，图写荷叶、莲花环生，天鹅曲颈展翅，拼命挣扎，海东青体小却凶猛敏捷，直扑鹅头。

秋山玉为山林虎鹿题材的玉器，表现的是女真族秋季射虎哨鹿的情景。图案为山石、柞树，有的虎鹿并存，有的双鹿伴游，有的双鹿挡虎，还有的柞树藏虎。在雕琢技法上，常留赭色玉皮巧作秋色。场面不像春水玉残酷无情，而是兽畜共处山林，场面恬静安逸，一幅世外桃源的北国秋景（图16）。

5. 元代至清代画卷中的狩猎图

对于古代游牧民族来说，狩猎不仅是他们重要的生产补充方式，还是其部落军事训练和精神娱乐的方式。《蒙鞑备录》载："生长马鞍间，人自习战，自春徂冬，旦旦逐猎，乃其生涯。"元代政府按节令出行打猎，皇帝坐于特制大木楼上，内用织金锦及貂皮、银鼠皮等装饰，外覆狮子皮，四大象抬木楼前行，场面壮观。

图17 元 刘贯道《元世祖出猎图》

《元世祖出猎图》[24]（图17），元代，刘贯道，绢本，纵182.9厘米，横104.1厘米，现藏台北故宫博物院。此画描绘了元世祖忽必烈于深秋初冬之时率随从出猎的情景。画面上荒漠广袤无垠，远处沙丘起伏，载物的驼队正缓缓而行。近处人骑数众，或张弓射雁；或手架猎鹰；或绳携猎豹，皆为马上行猎之状。其中骑乘黑马、身穿白裘、侧身向后张望者，应为元世祖。旁为一衣着华丽的妇人，似为帝后，其余八人，应是侍从，其中尚有中亚黑奴一名。图中人物描绘细腻，表情神态自然生动，犬马装备刻画精细，亦极传神写实。

清代自康熙则有木兰秋狝的习俗，皇帝每年秋天到木兰围场巡视习武，行围狩猎，这实际上是继承了契丹、女真、蒙古等北方民族纳钵制的传统，具有重大的政治、军事意义：一是遵循祖制，二是习武练兵，三是怀柔蒙古。通过这种带有游乐性质的狩猎活动，将满人弯弓射箭的传统习俗发扬光大。

《乾隆皇帝射猎图》轴[25]（图18），清代，郎世宁等绘，绢本，设色，纵115厘米，横181.4厘米。此图表现乾隆帝及近亲王公大臣在南苑猎场捕射野兔的动感瞬间。作者通过骑在骏马上精悍的人物与狂奔逃命的野兔准确而且传神的刻画，成功地展示出乾隆皇帝娴熟的骑技和尚武骑射的创作主题。

器物是物质和文化的载体，代表了不同时代、不同阶层的审美情趣与价值取向。汉代艺术，追

图18 清 郎世宁等《乾隆皇帝射猎图》

求整体粗放的神似美,注重表现力量、运动和气势,不事细部的忠实刻画,而是抓住其基本特征,将其形体大动作展现出来,给人以粗放刚劲之感。汉代陶壶上的狩猎图,不同于东周青铜器上叙事画性质的纹饰,也有异于唐代、辽金具有胡风元素或民族特征的特点,更区别于元代、清代着重展示皇家气势的狩猎场景,而是有着鲜明的时代气息,它寄寓了汉代统治阶层希望像仙人一样置身于祥瑞之中,祈求长生不老的美好愿望[26]。图像中,"猎人瞄准的猎物变成祥禽瑞兽,紧张的搏斗变成漂亮的表演,狩猎图外延开始向祥瑞扩展",这种图像的产生与当时盛行的祥瑞观点很大,即"祥瑞化的狩猎图"[27]。从中也可以看出封建社会上升时期,社会思想已经摆脱了商周奴隶制的禁锢,艺术创作往往从社会现实生活中取材,大胆想像,奇妙构思,寓真实于夸张之中,表现力丰富,体现了汉代生机勃勃的时代精神。

作为明器的陶壶,除了低温铅釉,还有没有别的装饰手法呢?

 相关链接

弋 射

图19 东汉收获弋射画像砖及拓片

弋射就是用带绳的箭仰射飞鸟。《汉书·司马相如传》颜注："以缴系矰仰射高鸟谓之弋射。"缴即系在箭矢上的绳子，结缴的"短矢"名矰。使用这种猎具，便于将射中的飞禽收回。为避免受伤的鸟带箭曳缴而逃，缴的下端还坠有圆球状物体，谓之磻。《说文》："磻，以石著弋缴也。"

弋射对象是飞禽，主要是体形较大、飞行较慢的野鸭与雁。《诗经·郑风·女曰鸡鸣》："将翱将翔，弋凫与雁。"凫即野鸭，雁就是大雁、鸿雁。由于大雁是候鸟，因此弋射又是一种季节性较强的狩猎活动。古代礼制中常以活雁作为礼物相赠，如士大夫初次见面要用活雁作为交往的信物，婚姻六礼亦要用雁作聘礼。春秋战国时代，雁还是国家之间相互赠送的外交礼物，故弋射的主要目的是为了活捉。因此弋射与一般的射箭有所不同，这种箭杆上装备的箭头是没有锋刃的平头箭镞，是通过箭镞的重力使箭尾系的丝绳缠绕在雁的身上，使其不能飞翔而落地，从而活捉它[28]。

《礼记·射义》："天子将祭，必先习射于泽。泽者，所以择士也。已射于泽，而后射于射宫，射中者得与于祭，不中者不得与于祭。"[29]弋射原是一种狩猎手段，在阶级社会里，它同围猎、骑射一样逐渐成了统治阶级的消遣方式。弋射图常作为宴乐的一种描绘出现在青铜礼器上，这是原因之一[30]。

弋射的应用和弩的发明，把人类向自然斗争的智慧和能力，更推进了一步。是我国古代劳动人民进行生产、征服自然一项极其智巧的重要发明。汉代以后，猎鸟捕鱼工具有了多样化进展，弋射的应用已失去了重要性，这种工具就慢慢失传了[31]。

东汉收获弋射画像砖[32]，1972年四川省大邑县安仁镇出土。长45.6厘米，宽39.6厘米。整个画面分上下两部分：上部弋射图，右为莲池，池内浮着莲叶，水中有鱼鸭遨游，空中有大雁正东西两边疾飞，左边树荫下隐蔽着两个弋人张弓欲射。下部为收获图，一人挑担提篮，三人俯身割穗，两人手持长镰刈禾，表现了收获季节田间劳作的情景，具有浓厚的生活气息。（图19）

参考文献

[1] [4] 刘庆柱，白云翔主编. 中国考古学·秦汉卷 [M]. 北京：中国社会科学出版社，2010：675，678.

[2] [3] [7] [8] [9] 中国硅酸盐学会主编. 中国陶瓷史 [M]. 北京：文物出版社，1982：114，114，116，106，115.

[5] 王然主编. 中国文物大典，第1卷 [M]. 北京：中国大百科全书出版社，2001：525.

[6] 冯先铭. 中国陶瓷 [M]. 上海：上海古籍出版社，2001：59.

[10] [29] （清）孙希旦撰，沈啸寰、王星贤点校. 礼记集解 [M]. 北京：中华书局，1989：587，1446.

[11] 黄琳斌. 周代狩猎文化述略 [J]. 文史杂志，2000（2）.

[12] 美国旧金山亚洲艺术博物馆网站 http：//searchcollection.asianart.org/view/objects/asitem/19396/111?t：state：flow=b03e7eb2-bc03-4673-9c6d-6881aa98aebd

[13] 笔者2016年9月拍摄于成都博物馆展厅.

[14] 四川省博物馆. 成都百花潭中学十号墓发掘记 [J]. 文物，1976（3）.

[15] 中央电视台《国宝档案》栏目组编著. 国宝档案：青铜器案 [M]. 北京：中国民主法制出版社，2009：98.

[16] [25] 故宫博物院网站，探索-藏品-青铜器、绘画专栏.

[17] 湖南省博物馆，首都博物馆编. 凤舞九天：楚文化特展 [M]. 北京：科学出版社，2015：120.

[18] 周到，吕品，汤文兴. 河南汉代画像砖 [M]. 上海：上海人民美术出版社，1985.

[19] 中国美术全集编辑委员会. 中国美术全集·工艺美术编12 [M]. 北京：人民美术出版社，1986：36，38.

[20] 张文军主编. 河南博物院 [M]. 北京：长征出版社，2009：55.

[21] 朱歌敏，李喜萍. 千年古都，金辉玉润——西安博物院藏金银玉器大珍 [J]. 收藏，2013（13）.

[22] 马未都. 玉之器 [M]. 南宁：广西美术出版社，2014：190.

[23] 中国美术全集编辑委员会. 中国美术全集·工艺美术编9，玉器 [M]. 北京：文物出版社，1986：140.

[24] 台北故宫博物院网站，典藏精选专栏：http：//theme.npm.edu.tw/selection/Article.aspx?sNo=04000995

[26] 刘芳芳. 战国秦汉妆奁研究 [D]. 南京大学，2011.

[27] 刘静. 战国两汉狩猎图探析 [D]. 中央美术学院，2006.

[28] 凌皆兵，王清建，牛天伟主编，南阳汉画之社会生活 [M]. 郑州：中州古籍出版社，2015：254.

[30] 宋兆麟. 战国弋射图及弋射溯源 [J]. 文物，1981（6）.

[31] 沈从文. 中国古代服饰研究 [M]. 北京：商务印书馆，2011：108—109.

[32] 四川博物院网站，特色藏品专栏.

何次飤簠

作者：张超华

何次飤簠，青铜器，春秋，通高19.5厘米，口长29.2厘米，口宽23.3厘米，足高3厘米，重6.1千克，1978年河南淅川下寺8号墓出土，现藏河南文物考古研究院。

深度品鉴

何次飤簠共两件[1]，1979年出土于河南淅川下寺8号墓，M8：3器保存较好，仅器盖上部一侧稍残。长方形，大口，直沿，斜腹，平底。铜簠口沿下有较短的直壁，盖沿设有四个兽首卡扣。斜腹两端各附有一个兽首形竖环耳。矩形足呈喇叭状外撇，四足之间留有果叶状空档。器表饰蟠螭纹。器底与器盖内顶部均铸有铭文，内容基本相同，唯底铭较盖铭多一"吉"字。盖铭共四行，每行6-9字，计30字，内重文二（图1）。现释铭文如下：隹正月初乙亥，毕孙何次，自作飤簠。其眉寿万年无疆，子=孙=永保用之。底铭共

图1 何次飤簠盖铭　　图2 何次飤簠底铭

四行，每行 7-10 字，计 30 字，内重文二（图 2）。现释铭文如下：隹正月初吉乙亥，毕孙何次，自作飤簠。其眉寿万年无疆，子=孙=永保用之。

毕孙何次，"何次"当为人名。"何次"前冠以"毕孙"或许与毕氏有关系。

周代毕氏，始自毕公高，源于文王。《左传》僖公二十四年曰："管、蔡、郕、霍、鲁、卫、毛、聃、郜、雍、曹、滕、毕、原、酆、郇，文之昭也。"《顾命》正义引《世本》："毕、毛，文王庶子。"毕氏以封地得氏。《史记·魏世家》称："高封于毕，于是为毕姓。"《左传》僖公二十四年杜预注："毕国在长安县西北。"

文化解读

关于铜簠的起源，郭宝钧先生认为最初是由竹木器演变而来[2]。仔细观察现藏于故宫博物院的最早的夔纹铜簠（图 3），其形状确与日用的竹筐相似。《说文解字》："匡，饭器。"《诗经·良耜》："载筐及筥"郑玄笺曰："筐吕所以盛黍也。"可见，筐是作为盛粮之器。铜簠的出现可能与筐有一定的联系。甚至有学者认为筐当是簠的异称[3]。

关于铜簠之用途，《仪礼·公食大夫礼》有"宰夫膳稻于梁西"的记载，郑玄注："进稻粮者以簠"。《周礼·秋官·掌客》郑"簠十"，郑玄注："簠，稻粱器也"。这些文献记载基本认同"簠"是装盛黍稷稻粱的器物。部分铜簠铭文也自铭其功用，如叔家父簠铭文"用盛稻粱"，伯公父簠铭文"用盛稻糯粱"等。此外，考古发现进一步印证了其盛粮食的功用。在山东长清仙人台出土的铜簠，器内发现有黄色食物，经化验为粟类粘糕性物质，盖、器皆有铭文"用实旅粱"[4]。山东薛国故城 M1：76 铜簠出土时其内盛炭化的粟米类食物[5]。综合文献和考古实证基本可以断定铜簠主要是用来盛放稻粱粟类的食器。

西周贵族"重食器、轻酒器"。主要表现在西周时期始于商代的传统酒器大为减少，与此相对的，诸多食器如鼎、簋、豆、鬲等，不论从数量上还是形制上都空前发展，尤其是新出现了长方形斗状簠，进一步印证了周人重食的风气。

青铜簠的使用基本贯穿整个两周时期。但是，到了战国早期以后青铜簠便逐渐走向衰亡。其原因主要有以下几个方面。一、铜敦、铜盒等新器物的产生导致了铜簠的衰落。铜敦是春秋中期新生的食器，是铜簠的派生物。其自诞生之日起，便在食器组合中占有一席之地，极大的限制了铜簠的发展。铜盒是春秋晚期新兴的食器，主要流行于南方地区。战国早期，铜盒的地位开始上升，在礼器组合中大有取代铜簠之势。二、在铜簠的影响下出现了新的方形器，一定程度上挤压了铜簠的发展空间。如方豆的出现，尤其是方豆，到了战国早期以后在器物组合中的地位迅速上升。三、这一时期青铜文化衰落是大的趋势，铜簠的衰落也就在所难免。

比较研究

依据相关学者的研究，笔者将铜簠的发展分为 8 个阶段，并挑选典型器物来进行比较研究，以此来探讨铜簠的发展演变规律。

西周中期，故宫博物院所藏夔纹铜簠（图3）。通高37厘米，口长55.8厘米，重17.5千克。器形高大，无耳，圆唇折沿，腹壁较陡，圈足不外侈。腹部饰以形似辐射状的直线纹，直线纹的上下两端，以及圈足上均饰云雷纹衬地的夔纹。盖与器的纹饰相同。无铭文。

西周晚期，三门峡虢国墓地M2001：78号季簠[6]（图4）。浅盘，直口，平折沿，方唇，腹壁近直，浅圜底。喇叭形圈足，腹部饰S形无目窃曲纹，柄部凸箍饰一周无珠重环纹，柄部饰镂孔垂鳞纹，圈足饰镂波曲纹。簠盘底部有铭文，竖款排列。

春秋早期，原氏仲簠[7]（图5）。1975年出土于河南省商水县朱集村。器长28.3、宽21.5、通高18厘米，矩形圈足长18、宽13厘米。长方形口，口沿宽平，近口处有一段直壁。腹向内斜收。平底。圈足外侈，足口平直，圈足的四边中间各有一梯形缺口。近口处直壁饰交叠式兽体卷曲纹，腹部饰变体鸟兽纹，其间饰两排乳钉纹，腹两侧各饰一兽型环耳。圈足饰对称式走兽纹。器底外部饰对称

图3 夔纹铜簠

图4 虢季簠

图5 原氏仲簠

图6 洛阳中州路出土铜簠

式卷体兽纹。簋内有铭文。

春秋中期，洛阳中州路 M4: 18 铜簠[8]（图6）。口作规整矩形，唇外折成平缘，腹部有一段直壁，然后斜向腹底收缩，底附向外张的矩形圈足，圈足四边中间有一段缺口。在两短边的腹部各有兽首形钮。腹部饰蟠螭纹。

春秋晚期，蔡侯簠[9]（图7）。1955年安徽寿县西门内春秋蔡侯墓出土。通高24.1、口纵24.4、口横31、腹深6.5厘米，重9.15千克。盖器相同。长方口，直壁较长，斜腹，平底，四个矩形足外侈，两侧有兽首耳一对，除盖顶和器足用四个蝙蝠纹作边饰以外，通体无纹饰。

战国早期，曾侯乙铜簠[10]（图8）。1977年出土于湖北随州市曾侯乙墓。通高25.4、口纵24、口横31厘米，重13千克。长方口，腹上部直壁下折内收，平底下有四只对称的蹼形足，腹部两端各有一兽首形耳。盖沿设有六个兽面形卡扣。全器以绿松石镶嵌勾连云纹、蟠螭纹。器内有铭文。

战国中期，葛陵楚墓铜簠[11]（图9）。1994年出土于新蔡葛陵楚墓。通长35.6厘米，宽23厘米，高12.7厘米。仅存铜簠的下半部，盖缺失。口部平面呈长方形，窄沿，沿面微向内斜，簠口微内敛，腹上部直壁，中部内折，下腹斜向内收至底部，平底。底部四角附四只凹弧形外侈的蹼形足。下腹部各装一兽形器钮。器物外表通体饰细密的三线勾连蟠螭纹。

战国晚期，故宫博物院藏楚王酓肯簠（图10）。通高12厘米，长31.9厘米，重5千克。此器长方形，方足中空，腹饰云纹。

结合上面器物比较和学者研究，初步总结不同时期铜簠的特征：西周中期，器形高大，腹壁斜直下收。无耳。口沿转角处呈圆口，圈足呈无缺口的封闭状，盖沿向下弯曲。纹饰以直线纹为

图7 蔡侯簠

图8 曾侯乙簠

图9 葛陵楚墓簠

图10 楚王酓肯簠

主题，云雷纹衬底的夔龙纹上下相间。

西周晚期，器形低矮，腹壁斜长，附耳以环形耳为主，兽首形耳较少。圈足出现矩形缺口。纹饰以夔龙纹、波曲纹、窃曲纹为主。

春秋早期，腹壁内折下收，兽首形耳成为附耳的主要形态。口沿下有较短的直壁，平底承圈足。圈足开有缺口，缺口或为凹弧，或无凹弧。纹饰以夔龙纹为主，风格较为粗犷，波曲纹逐渐减少。

春秋中期，铜簠的口沿上均有较短的直壁，流行兽首形耳，盖沿设有四个兽首卡扣。圈足外侈，缺口较大。除矩形缺口外，出现"凸"字形缺口和果叶形缺口。纹饰仍盛行夔龙纹，但风格一改早期粗犷的风格，显得规矩精细。波曲纹、重环纹等逐渐退出历史舞台。

春秋晚期，器形普遍增高，腹部直壁加长。圈足缺口的凹弧度幅度增大，附耳粗壮，耳孔较小。纹饰细密繁缛，交缠龙纹仍占主导地位。素面器开始出现。

战国早期，腹直壁继续加深，有的已超过腹深的一半，器底下承分离的四足。纹饰风格延续上期，绞缠龙纹细密而繁缛，此外，纯粹的几何纹饰开始出现。

战国中期，大部分器形较高，但一些器物开始向矮小发展。纹饰沿用前期的蟠虺纹、变形几何纹等，但素面器的数量有所增加。

战国晚期，器形较高，无唇，无耳，口沿下直壁的长度超过腹深的一半，圈足缺口极大，有的下承四足，有的仍为圈足。纹饰风格总体上较为简单，以几何纹为主，素面器仍然存在。

由上可以大致看出两周时期的铜簠发展演变的基本轨迹：器腹逐渐加深，斜直腹壁上端出现折壁，折壁长度不断加长，直至超过整个腹深的一半，器足由圈足到四足，圈足上缺口从无到有，缺口不断增大。

1. 铜簠的兴起是否与竹木器的筐有关系？
2. 何次飤簠铭文涉及毕氏，而毕氏主要活动于陕西地区，其铜簠为何出现于千里之外的楚国墓地？

淅川下寺楚墓 M8

下寺楚墓位于河南省淅川县城南约 50 千米丹江水库西岸的龙山脚下，东距丹江西岸 6 千米。自丹江水库建成蓄水后，下寺及龙山已大部分被淹没。

M8 位于龙山最南端，为长方形土坑竖穴墓，其上未见封土。墓口稍大于墓底，墓口东西长 7.25、南北宽 5.68 米、深 4.3 米。墓向 110°。墓内置一椁两棺，椁室四周有二层台。

墓室早年多次被盗。墓中棺椁已经腐朽，仅留一些黑色痕迹。从残存的遗迹来看，为一椁两棺。椁东西长 4.56、南北宽 3.18、残高 0.15 米。椁室内置两棺，南北并列。棺内骨架已腐朽。南棺内的骨架隐约可现，仰身直肢，头向东，据牙齿判断，可能为一男性，年龄 50 岁左右。北棺由于被盗墓者扰乱严重，葬式和性别皆不明。

墓葬虽多次被盗，但残存的遗物仍然较多。其中铜器占绝大多数，余有少量的玉器、石器等。铜器按照用途分为礼器、车马器、兵器、工具、杂器五类。礼器有鼎、簠、缶、匜、盉五种。车马器主要有车軎、车辖、马衔、铜环、合页等。兵器主要有戟、戈、矛、镞等四种。工具主要有镬、锛、削三种。杂器有双轴连环器、棺钉、条状环钩器等。玉器全部是装饰品，有玉环、玉人、玉牌、玉蚕、玉鱼、料珠等。

下寺 M8 共出土有铭铜器八件。其中以邓器四件，毕孙何次簠三件，上都公簠一件。毕孙何次簠为毕国后人之器，上都公簠为番国器，两者均为异国器，不应当是墓主人。以邓器有鼎一件，匜一件，戈两件，所以"以邓"当为 M8 的墓主人。以邓在鼎和匜的铭文中自称为楚叔之孙，进一步印证了其当为墓主。

下寺楚墓，墓内出土大批精美的青铜器，其中许多都铸有铭文。这些对研究楚国历史文化的发展，楚国与周围各诸侯国的关系，当时的鼎礼制度，以及古文字书法等方面都有着极为重要的参考价值。

参考文献

[1] 河南省文物考古研究所等. 淅川下寺春秋楚墓上册 [M]. 北京：文物出版社，1991：9.

[2] 郭宝钧. 商周铜器群综合研究 [M]. 北京：文物出版社，1981：74.

[3] 孔德成. 簠、簋、觚、觯说 [J]. 说文月刊，四卷合刊本.

[4] 山东大学考古系. 山东长清县仙人台周代墓地 [J]. 考古，1998（9）.

[5] 山东省济宁市文物管理局. 薛国故城勘察和墓葬发掘报告 [J]. 考古学报，1991（4）.

[6] 河南省文物考古研究所，三门峡市文物工作队. 三门峡虢国墓第一卷 [M]. 北京：文物出版社，1999：56.

[7] 秦永军，韩维龙，杨凤翔. 河南商水县出土周代青铜器 [J]. 考古，1989（4）.

[8] 中国科学院考古研究所. 洛阳中州路 [M]. 北京：科学出版社，1959：93.

[9] 安徽省文物管理委员会，安徽省博物馆. 寿县蔡侯墓出土遗物 [M]. 北京：科学出版社，1956.

[10] 湖北省博物馆. 曾侯乙墓 [M]. 北京：文物出版社，1989.

[11] 河南省文物考古研究所. 新蔡葛陵楚墓 [M]. 郑州：大象出版社，2003：47.

四神柱础

作者:杜卓

四神柱础,青石质,三国魏,1984年许昌县张潘乡盆李村出土,现藏河南博物院。

深度品鉴

四神柱础出土于许昌县张潘汉魏许都故城范围内。1984年冬,许昌县张潘乡盆李村农民在村西100多米的"古城岭"上植树时,在距地表约1米左右深的土层内,挖出了一块雕刻有古代四神图像的青石柱础,遂上交国家文物行政部门。

柱础平面近方形,边长62.5×63.5厘米,高15.5厘米,青石质。柱础表面以"剔地起突"雕刻手法高浮雕古代四方定位之神即东部方位之神青龙、西部方位之神白虎、南部方位之神朱雀、北部方位之神玄武等四神形象。青龙北行而回首,与南部方位之神朱雀相戏一鱼族;白虎踞地,虎头北回,口衔缠绕在北部方位之神龟身之上的蛇尾;朱雀挺胸振翅,回首张口与东部方位之神青龙追戏一鱼族;玄武伸首东行,龟背之上一蛇盘绕。四神之中,为一直径28厘米的柱櫍,去除周边出露部分尺寸,可以知道其上柱子的直径约为当时的1.2尺,根据汉代柱径与柱高、柱高与其上建筑构成部分的比例规律,推测该柱础所在区域的建筑应属于中等体量的殿堂建筑。

历史上学者多将该柱础的信息集中在四神形象方面，实际上在柱櫍表面还隐刻着一只汉代常见的捣药的长寿兔。兔子屈蹲，长耳上竖，双手执杵作捣药状。画面的雕刻手法与南阳汉画像石的雕刻手法类似，即将图案周边减地后再斫斧，使得画面犹如充满动感的速写。若中间为兔子，则柱櫍可视为太阴即月亮，而该柱础表面的图案就呈现出四神与星象的组合，其文化寓意应为祈求长寿与平安，类似以四神围护中心人物的构图亦见于汉代石刻中，但借柱櫍之圆形设计出吉祥图案的艺术手法的确罕见。根据古文献关于公元196年"曹操迎献帝黔许"的记载以及《元和郡县志》关于许都古城的描述，结合考古勘探发掘工作结果，该石柱础出土位置应位于汉献帝所居内城的宫殿区范围，似为汉献帝宫殿遗物，其图案内容组合也许折射了幽居于此的汉献帝的一种内心的渴求。

图1 四神柱础

文化解读

础，形声，从石、楚声。"础"的本义系指垫在柱下的石礅，《淮南子·说林》"云蒸柱础润"是也。宋《营造法式》第三卷记载了宋代及其之前柱础的名称："柱础，其名有六，一曰础，二曰礩，三曰舄，四曰磩，五曰碱，六曰磉，今谓之石碇。"后引申为事物的基底、根基，其文化含义和社会影响早已超越了本义。

柱础具有重要的科学意义。柱础是我国建筑构件的一种，在传统木结构建筑中用以扩大支承面积、防止建筑塌陷，同时起着防潮的作用。在新石器时代仰韶文化时期的陕西半坡村遗址和陕县庙底沟遗址的建筑遗迹中，柱脚下已出现陶片甚至砾石以分解柱根传下的荷载的结构。在河南新石器时代瓦店遗址的建筑房基遗址中，发现了在地表面之下的木柱下与周边使用层层胶泥进行防潮的构造。经奴隶社会至封建社会，木柱逐渐升至地表面之上，其下垫以柱础，柱础的防潮、分解传导建筑荷载的作用日渐凸显。最迟至北宋，柱础的三维比例基本被固定下来，其平面边长为柱径两倍，厚度随柱础边长数据的不同在其50%—80%范围内调整。宋代柱础的这种比例一直传承至中国封建社会末期，反映了中国封建社会建筑科学的发展水平。

柱础在建筑艺术构成中具有重要的意义。柱础作为中国传统建筑中最基本的构件，因机能上的需求而产生，由于柱础接近人们的视线，往往成为艺术家施展技艺的好地方，成为中国文化艺术内涵的重要表现部位。在汉代的诗赋和如汉献帝宫殿区中出土的四神柱础实物中，我们已经看到了柱础装饰所起的重要的托物言志、隐喻寄情的作用。宋、元以前比较讲究柱础的雕刻，有宝装莲花、蟠龙、卷草纹饰等。经明代发展至清代，多为素平的鼓镜式，但民间建筑中柱础形貌及其装饰却繁花似锦，雕刻出鼓型、瓜型、花瓶型、宫灯型、六锤型、须弥座型等多种式样的柱础。河南省赊店古镇闻名于世的清代山陕会馆中,其石质柱础以中轴线为中心,依序向两侧布置等级与艺术造型、装饰母题不同的柱础,成为珍贵的古代艺术珍品。柱础是中国古代建筑艺术的亮点,是中国古代建筑装饰艺术发展水平的缩影。

比较研究

中国古代建筑的柱础有悠久的历史,在历史长河发展过程中逐渐成为技术与艺术完美结合的建筑构件。(图2、3、4)

陕西半坡村新石器时代的遗址中发掘出的木柱下已有掺陶片的夯土基础;陕县庙底沟的屋柱下也有用扁平的砾石做的基础。原始社会的柱根是在地表之下,其下的基础构造呈现着以分解柱子负荷为主要功能的特点。

中国奴隶社会逐渐重视建筑关键承重构件柱子下部的防潮防腐问题,柱脚下垫以石块成为通行构造。安阳殷墟遗址中,不但使用天然卵石为础石已经成为共识,还在础石上发现了青铜柱槥构造,是对柱础功能认识的飞跃。

先秦时期大多用卵石做柱础。战国时期,块石基础多现。秦代已有方达1.4米的整石巨形柱础。汉代是中国古代第一次建筑技术与艺术发展的高潮时期,从画像石中看到,柱础已经有了清晰的构造形象,覆盆式、反斗式柱础均出现,许昌张潘汉魏许都故城范围内出土

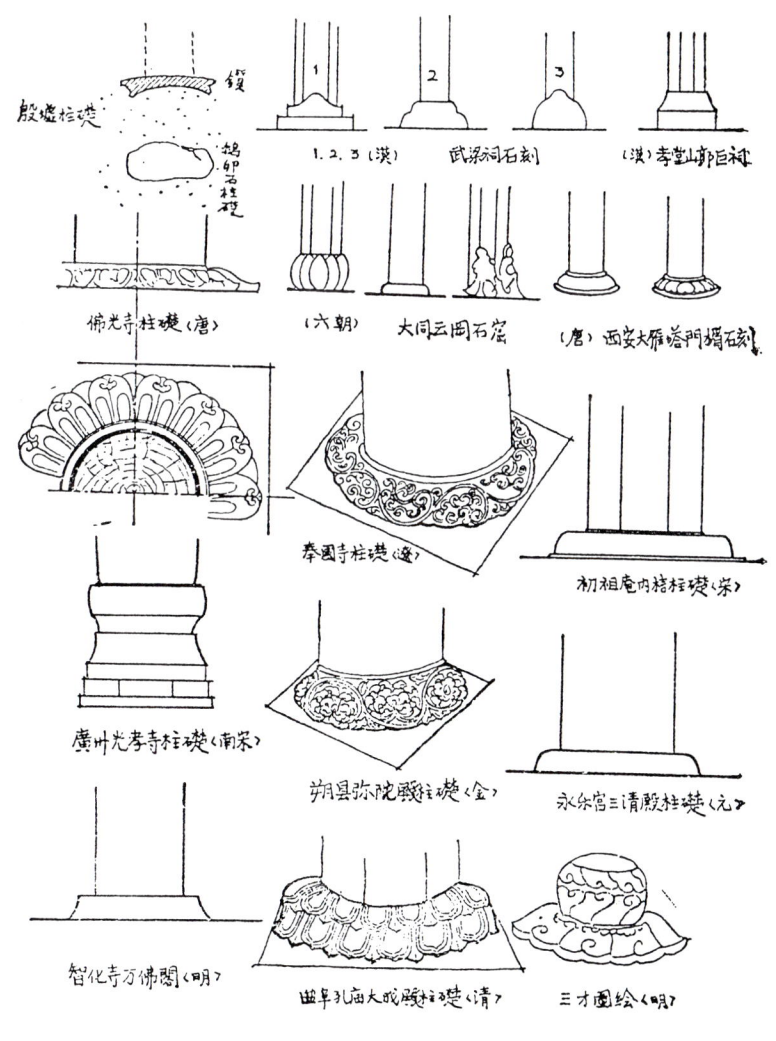

图2 各时代柱础-1[1]

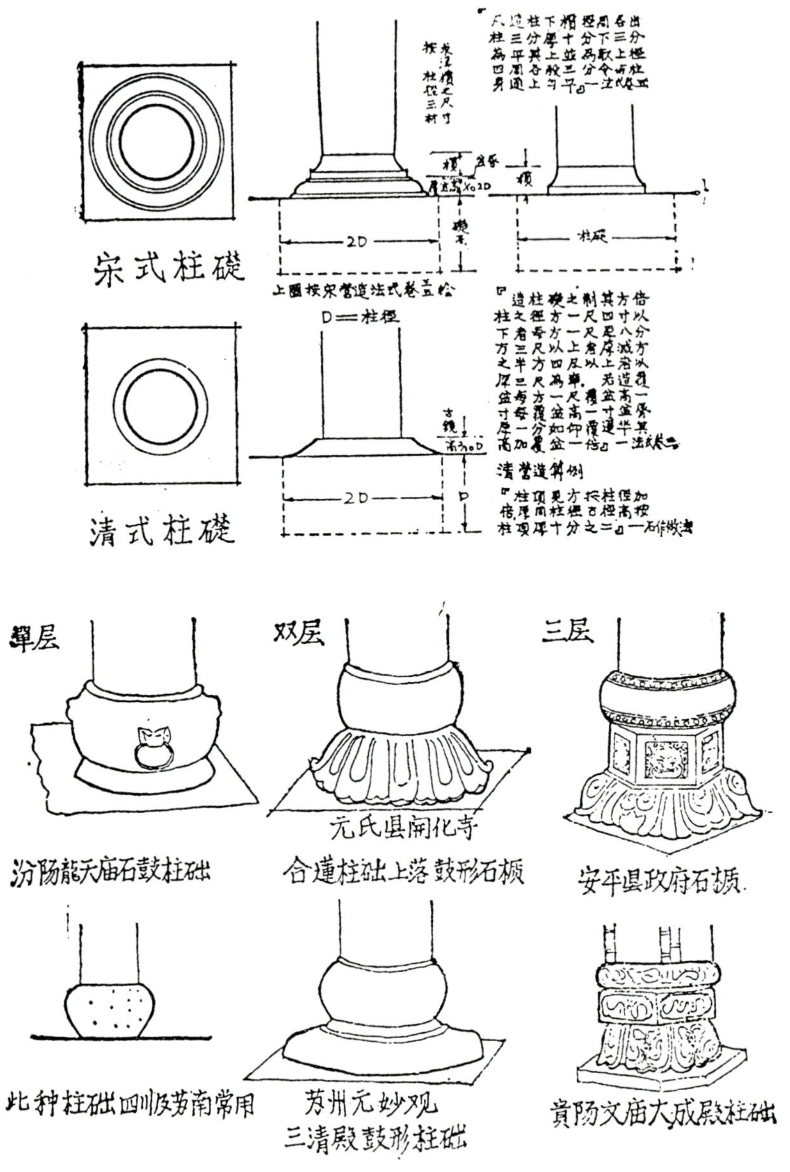

图 3 各时代柱础-2[2]

的四神柱础，代表着汉代建筑技术与艺术发展的水平。大同出土的北魏太和八年司马金龙墓中的覆盆式柱础精美细致、玲珑清新，一改秦汉粗犷的风格，是六朝时期柱础的代表作。六朝时期还有人物、狮兽、莲瓣样式的柱础出现，反映当时石雕工艺已达到很高的水平。

唐代早期，部分石柱础尚与台基表面平齐，但后来柱础均凸出台基表面，彻底改善了柱脚的水害问题。唐代雕有宝装莲花的覆盆式柱础最为流行，其莲瓣饱满硕大，装饰华丽，是大唐帝国政治经济文化高度发展水平的表现。宋代柱础一般由石墩、覆盆与盆唇、柱櫍组成，并对柱础各部比例进行了具体规定，《营造法式》卷第三石作制度·柱础曰："造柱础之制，其方倍柱之径，谓柱径二尺即础方四尺之类。方一尺四寸以下者，每方一尺厚八寸，方三尺以上者，厚减方之半；方四尺以上者，以厚三尺为率。"关于柱础的雕饰，宋《营造法式》卷第三石作制度·造作次序规定："其所造花纹制度有十一品：一曰海石榴花；二曰宝相花；三曰牡丹花；四曰蕙草；五曰云文；六曰水浪；七曰宝山；八曰宝阶；九曰铺地莲花；十曰仰覆莲花；十一曰宝装莲花。"宋代柱础制度各部比例尺度在封建社会后续时段产生了巨大的影响。

明清时期，官式柱础为单调的鼓镜式，但民间却一反常态，在中国广袤的大地上，与建筑艺术

河南社旗山陕会馆大拜殿石雕柱础

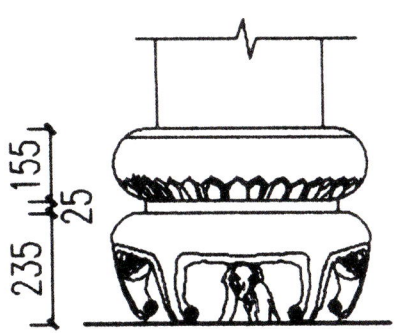
河南温县王薛祠堂山门柱础

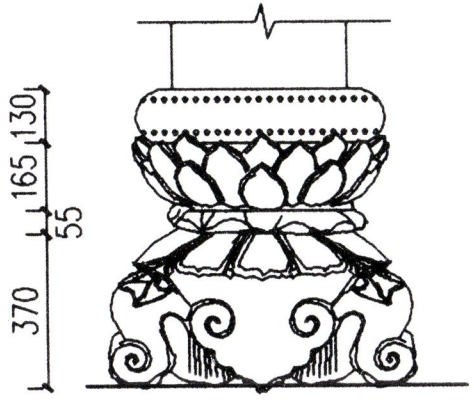
河南禹县怀帮会馆拜殿后金柱柱础

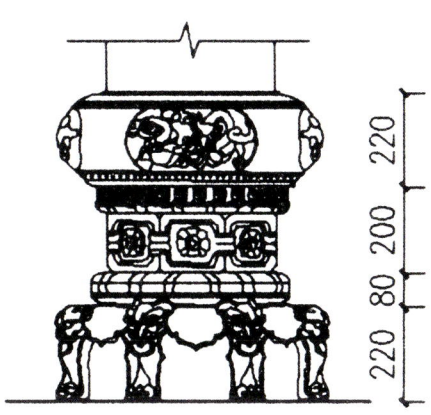
河南洛阳潞泽会馆大殿后金柱柱础

图 4　各时代柱础 -3[3]

的发展同步，柱础的形制和雕饰异常丰富绚丽，形制上出现吉祥动物异兽、须弥座形、鼓形、瓶形、兽形、六面锤形及上述元素的组合体等多种造型。柱础的雕饰图案多以人物故事、龙凤云水、麒麟飞鹤为主体，结合具有宗教色彩的佛家八宝、民间八宝、道家八宝以及花鸟鱼虫、家具陈设等内容，达到无石不斫的地步。雕刻手法上善于把高浮雕、浅浮雕、透雕与圆雕相结合，装饰性与写实性相比衬，使装饰作用与独立欣赏价值相统一，充分体现了当时工匠的高超技艺，同时也展现出了建筑使用者的人文素养。但这一时期的艺术装饰过于繁缛、程式化，甚至于过于追求艺术形象，反而损伤了柱础的结构部位，是封建社会建筑艺术走向穷途末路的表现。

综上，柱础的发展大体经历了从地下到地上，从卵石或石块到形制定型，从素平到表面附加时代艺术雕饰的阶段，是中国古代建筑技术与艺术发展历史的缩影。

在河南省自北向南行走，为什么古建筑柱础高度呈现出从低到高的变化趋势？

汉魏许都故城

汉魏许都故城（图5），又称张潘故城，第七批公布的全国重点文物保护单位。公布所在地为河南省，公布类型为古遗址，公布批号为7-0328-1-328，公布地址为河南省许昌市许昌县。

汉魏许都故城遗址是东汉建安元年（196）至建安25年（220）的汉魏皇城所在地，位于河南省许昌市东南19千米，城址现分布在张潘镇古城村、焦庄村、城脚徐村、盆李村、盆南村以及营王村周围。具体位置在东经114°0′54.59″、北纬34°0′8.58″与东经114°2′1.69″、北纬33°59′12.2″之间。

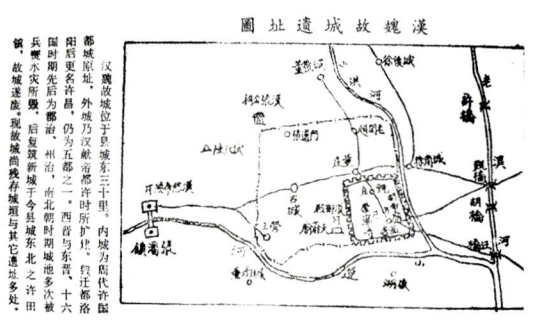

图5 民国二十二年《许昌县志》中的"汉魏故城遗址图"

故城分为内外两城，外城遗址依稀可见，外城周围约7.5千米，其城垣蜿蜒起伏，状如小丘。内城系皇城，坐落在外城的东南隅，呈方型，周围约1.5千米，轮廓分明，呈土丘状，高出地面约3米。现内城西南隅有毓秀台，高15米，面积500平方米，为汉献帝祭天之坛。据勘探，故城文化层堆积厚约6米，上层为汉文化层，中层为西周和春秋战国时期文化层，下层为二里岗文化层，文化层内涵丰富。当年，毛泽东同罗章龙等人北上北平途经许昌时，曾专程到此游览，并留下《过魏都》诗篇。

1985年对遗址首次进行调查，1993年对此城址进行的考古勘探，基本探明了内城、主要街道和城门的位置。外城仅有部分遗迹存留，内城在外城东南部，呈正方形，城墙高出地面约3米，面积约1.44平方千米。其西南隅有一处传为毓秀台的高台，是汉献帝祭天之坛。上世纪七十年代发现有汉代铜鼎、铜司马将军印、铜矛等，上世纪八十年代发现有玉璧、部曲将军印、四神青石柱础和青石炉斗、青石方板、青石奠基石、刻有卯槽的覆盆式青石柱础，以及完整的"万世千秋、千秋万岁"和"万岁"铭文瓦当及斜面小砖等千余件遗物。

参考文献

[1][2][3] 祁英涛. 怎样鉴定古建筑[M]. 北京：文物出版社，1981.

蔡 杰

中央党校法律专业,本科学历,就职于河南博物院社会教育服务部,文博副研究馆员,致力于炎黄文化和历史研究。

贾齐超

郑州大学信息管理学院,南召县猿人博物馆馆长,致力于文物及古籍方向的研究。

杨晓燕

郑州大学文博专业硕士,现就职于甘肃省文物考古研究院。

陈晓琳

河南博物院文保中心,文博副研究馆员,致力于文物保护修复研究。

李 洁
本科学历，现就职于山西永乐宫文物保管所，致力于文物保护修复工作与研究。

杨红梅
郑州大学历史学院文物与博物馆专业硕士，安阳博物馆研究部主任，副研究馆员，致力于文物、博物馆及文化遗产方面的研究。

李 晶
郑州大学历史学院考古学及博物馆学硕士，安阳博物馆保管部，助理馆员，致力于夏商考古学文化及博物馆学等方面的学习研究。

朱宏秋
江西师范大学历史学专业历史文献学方向硕士，就职于河南博物院藏品管理部，文博馆员，致力于古陶瓷的学习与研究。

杨 扬
郑州大学法学学士，就职于河南博物院办公室，文博馆员，致力于博物馆学及历史文化研究。

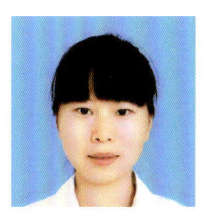

李庆玲
郑州大学历史学院唐宋考古方向硕士研究生

龚 曼
西安美术学院，美术史论系艺术考古方向硕士，就职于河南博物院藏品管理部，文博馆员。

熊丽萍
本科学历，就职于河南博物院办公室，文博馆员，致力于博物馆学和文化历史研究。

李诗海
毕业于华东师范大学，中国古代史硕士研究生，致力于历史教学与研究工作。

郭灿江
郑州大学历史学硕士，河南博物院藏品管理部副主任，文博研究馆员，致力于院藏瓷器等文物的管理和研究，尤其是河南出土汉代建筑明器和河南出土瓷器等方面的研究。

闫　睿
郑州大学历史学院历史学硕士，就职于河南博物院陈列部，文博助理馆员，致力于中国古代文物及展览陈列方面的学习及研究。

梁　爽
云南大学高等教育学院教育原理方向硕士，就职于河南博物院社教部，文博馆员。

王文析
本科学历 就职于河南博物院社教部，助理管员。致力于博物馆青少年社会教育研究和实践工作。

顾永杰
中国科学院科学技术史博士，就职于河南博物院河南文化信息中心，副研究员，致力于中国古代和近现代技术史等领域的研究。

贾雪飞
毕业于安阳师范学院艺术设计专业，本科学历，现就职于安阳博物馆社教部，助理馆员，致力于博物馆社会教育研究和实践工作。

周 伟
河南大学博物馆学专业毕业，文博馆员，现任安阳博物馆馆长。致力于考古学、文化遗产保护、博物馆学研究。

许小丽
就职于河南博物院保管部,文博馆员,致力于书、画等文物的保管和研究。

张 滢
四川美术学院影视艺术系动画专业,本科学历,就职于河南博物院社会教育服务部,文博馆员。

杨伟朋
郑州大学法学院,本科学历,就职于河南博物院保卫处,助理馆员,致力于博物馆安全和历史文化研究。

刘 战
助理馆员,本科学历,河南省委党校,就职于河南博物院监察科,从事博物院监察工作和历史文化拓展研究。

何　娟
就职于河南博物院文物保护科技中心,文博副研究馆员,致力于石质、陶质等文物的保护研究工作。

古花开
河南大学汉语言文学专业,本科学历,河南博物院信息管理处副处长,副研究员,致力于博物馆学与非物质文化遗产保护研究。

吕恩子
毕业于武汉大学图书馆专业,现就职于河南博物院,文博助理馆员。

郝飞雪
郑州大学新闻系专业,就职于河南博物院社教部,文博馆员,致力于博物馆学及历史文化等方面的研究。

季 伟
河南南阳师范学院汉文化研究中心研究员、音乐学院副教授,音乐理论研究室主任。主要从事音乐图像学、秦汉乐史及艺术理论的研究与教学。

李 莎
现就职于河南博物院保管部,文博馆员。

李 琴
郑州大学中国古代史专业,硕士研究生,河南博物院陈列部主任,从事陈列展览内容策划,先秦考古与文化研究。

袁鹏博
河南博物院助理馆员,致力于魏晋南北朝史和近代史的研究。

刘 芳

山西大学历史文化学院中国古代史专业,硕士研究生,就职于河南博物院办公室,文博馆员,致力于历史、博物馆学等方面的研究。

张帅华

现就职于河南博物院办公室,助理工程师

韩凯英

河南工学院化工系毕业,本科学历,原河南博物院文物保护中心文物保护实验室主任,现就职河南省文物考古研究院资料室。文博副研究馆员,致力于文物预防性保护工作、石质文物及青铜文物的保护修复研究工作。

张健民

河南大学文博专业,本科学历,河南博物院藏品管理部副主任,副研究馆员,河南省文物鉴定委员会委员,致力于藏品管理与陶瓷等方面的研究。

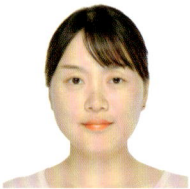

王 琼
郑州大学历史学院考古学及博物馆学博士,致力于陶瓷、史前及夏商考古研究

赵 乐
郑州大学历史系历史学学士,就职于河南博物院陈列部,文博馆员,致力于历史、考古、博物馆学及陈列展览的研究。

王元黎
河南师范大学历史文献学硕士,就职于新乡市博物馆社教部,文博助理馆员,致力于博物馆教育与馆藏文物研究。

段佳薇
中原工学院人文学院播音与主持专业,现就职于新乡市博物馆社教部,主要从事博物馆教育与馆藏文物研究。

张超华
现为河南大学历史文化学院考古学专业博士研究生,师从王巍先生学习先秦考古。

杜 卓
河南大学历史专业,现就职于河南省文物考古研究院,致力于中国古代文物古迹研究与文物多媒体图像表现技术研究。

后记
POSTSCRIPT

　　中原文物藏珍研究系列《中原藏珍品鉴·卷伍》与读者们如期见面了。《中原藏珍品鉴·卷伍》的文字初稿来自河南博物院网站《每周一品》栏目收录的2016年52件（套）文物品读。河南博物院院长马萧林对本书的编撰提出了宝贵的指导性意见。本书的编写工作由河南博物院副院长翟红志负责主持，主编工作小组的同志分工合作，在文图内容的审阅与修改、审校工作方面做了大量卓有成效的工作。

　　为了品读好每件文物，相关作者对负责的分项内容进行了翔实的再考证和认真修改。作者们尽可能找到历史发掘报告等第一手资料，了解最新的考古发现成果，并大量查证文献，力求全面了解学界对文物的探讨与解读。本卷的照片多为历史上曾发表过的资料，其中部分为牛爱红同志拍摄，部分由作者自行拍摄，部分照片由相关地区文物、文化、宣教部门的同志提供。作者们在照片的遴选、编排、说明编写方面做出了大量而繁琐的工作，以上工作使得本卷更具图像史料方面的珍贵价值。经过大家团结一致，忘我工作，终于把《中原藏珍品鉴·卷伍》如期奉献到了读者的面前接受检阅。

　　《中原藏珍品鉴·卷伍》延续了《品鉴》系列丛书独特的品读体例——"文物名片、深度品鉴、文化解读、比较研究、趣味猜想、相关链接"，六位一体，雅俗共赏。其品读思路，犹如抽丝剥茧，排布有序，层层深入，既丰富多彩，又生动活泼。本卷的编撰过程是一个对中原古代文明再整理、再学习的过程，所有参编人员继续秉承科学、严谨的治学思路，通过品鉴文物这种传播形式，去梳理、考证、辨析文物本身所承载的丰富的文化信息与内涵，并传承中华文化遗产的精华，传递勤于思考、勇于探索的科学态度。

　　《中原藏珍品鉴·卷伍》在河南博物院业务人员品读的基础上，更有另外8个单位的十四位新作者加盟，知名专家的品读，高校专业人士、社会公众的参与，使得《中原藏珍品鉴.卷伍》的视角更宽、亮点更多，引导我们从不同方向品味华夏文化的神韵。

《中原藏珍品鉴·卷伍》品读的文物更为宽泛，涉及的文物品类更为丰富，部分省内博物馆的馆藏品也被纳入《中原藏珍品鉴》的品读范围。

由于客观条件所限，本书所提供的资料还未尽准确、详尽，部分可能还存在纰漏，敬请读者及专家指正。《中原藏珍品鉴·卷伍》期待着各位同仁继续批评指正。

感谢郑州大学历史学院、河南大学历史文化学院、北京大学公众考古与艺术中心对本栏目的大力协助！

衷心感谢热情的读者对河南博物院网站《每周一品》栏目的喜爱与支持！

编　者

二〇一八年七月

POSTSCRIPT

Great Collection of Central Plains Artifacts (Vol. 5) of the serial on studies of the collection in the Central Plains is the result of team work. Its compilation officially started in May 2016, and the initial draft came from the texts published in the "Weekly Selection" section of the website of the Museum. The Editorial Committee of Henan Museum reviewed the book carefully and offered professional guidance. Ma Xiaolin, Director of Henan Museum, also provided valuable instructive opinions. Zhai Hongzhi, Vice Director of Henan Museum, presided over the compilation, while the seven members of the editorial group cooperated closely with one another and made enormous and fruitful efforts to define the outline and style, check and revise the photos and texts, and proofread the book.

To give a correct interpretation of each artifact, authors carefully re-examined and revised the content they were responsible for. They tried as hard as they could to find the historical excavation reports and other first-hand materials, understand the latest archaeological findings, and read through many documents to comprehensively master the exploration and interpretation of artifacts in the academia. In this process, authors took field trips to the sites where artifacts were unearthed to check the specific information and ensure accurate, correct and exact interpretation. Most of the photos in this volume had been published before. Most of them were taken by Niu Aihong, some by the authors, and some others were provided by staff from local authorities of cultural heritage, culture, publicity and education in related regions. Authors made a lot of complicated efforts to select and arrange these photos and write the captions, making the book more valuable as a collection of historical images. After more than 100 days of strenuous effort by dozens of colleagues Great Collection of Central Plains Artifacts (Vol. 5) is finally presented to readers as scheduled.

The Great Collection of Central Plains Artifacts (Vol. 5) retains the unique pattern of its predecessor. With each component paper consisting of six sections in both Chinese and English, i.e. 'Artifact Information', 'Detailed Description', 'Cultural Interpretation', 'Comparative Study', 'Interesting Question(s)', and 'Related Link', the book appeals to both scholars and laymen alike. It adopts a structure so well arranged that it presents the knowledge from elementary to profound like reeling silk from cocoons. As a result, it is not only rich and variegated, but also vivid and intriguing.

Compiling Great Collection of Central Plains Artifacts (Vol. 5) is a course of rethinking and relearning. Under the scientific and prudent guideline, by means of the spreading forms of appreciating and "savoring" the artifacts, all of the writers and editors conduct sorting, verifying, analysing, and distinguishing the rich cultural information and connotation carried by the artifacts, as well as carrying on the essence of the Chinese cultural heritage, publicizing the scientific attitude of meditating and bold exploration.

Besides the staff of Henan Museum, a dozen of new authors have also contributed their appreciative papers to the book (Vol.5), including noted scholars, professional staff of universities and colleges, and foreign authors. Their contributions have added more perspectives and more highlights to the book and guided us to appreciate Chinese culture from different angles.

The cultural relics included in the book are more diversified, covering a greater variety of categories, for example, some artifacts in the collection of museums, universities and colleges of Henan province.

Due to limited resources, Great Collection of Central Plains Artifacts (Vol. 5) is not an exhaustive guide, and errors and omissions may occur. We look forward to comments from peers, experts and general readers.

We hereby express our sincere gratitude to the School of History under Zhengzhou University, the School of the History and Culture under Henan University, and the Center for Public Archaeology and Art under Beijing University for their generous support.

Our special thanks go to readers for their love and support to "Weekly Selection" on the website of Henan Museum.

Editors in July 2018

图书在版编目（CIP）数据

中原藏珍品鉴. 卷伍 / 河南博物院编. —郑州：中州古籍出版社，2019.3
ISBN 978-7-5348-8566-2

Ⅰ.①中… Ⅱ.①河… Ⅲ.①博物馆—历史文物—鉴赏—河南 Ⅳ.①K872.61

中国版本图书馆CIP数据核字（2019）第062902号

责任编辑：吕兵伟
责任校对：米　敏
出 版 社：中州古籍出版社
　　　　　（地址：郑州市金水东路39号　　邮政编码：450016）
发行单位：新华书店
承印单位：郑州新海岸电脑彩色制印有限公司
开　　本：787mm×1092mm　　1/16
印　　张：25.75
字　　数：580千字
印　　数：1500册
版　　次：2019年3月第1版
印　　次：2019年3月第1次印刷
定　　价：200.00元

本书如有印装质量问题，由承印厂负责调换。